Die Gedanken sind nicht frei.

*Meiner Mutter*

Georg Steinmeyer

# DIE GEDANKEN SIND NICHT FREI.

## Coaching: eine Kritik

Lukas Verlag

Erstausgabe, 1. Auflage 2018


Lukas Verlag für Kunst- und Geistesgeschichte
Kollwitzstraße 57
D–10405 Berlin
www.lukasverlag.com

Umschlag: Lukas Verlag
Layout und Satz: Alexander Dowe (Lukas Verlag)
Druck: Westermann Druck Zwickau GmbH

Printed in Germany
ISBN 978-3-86732-307-9

# Inhalt

# Vorwort

> Als ergebnis- und lösungsorientierte Beratungsform dient Coaching der Steigerung und dem Erhalt der Leistungsfähigkeit. [...] Durch die Optimierung der menschlichen Potenziale soll die wertschöpfende und zukunftsgerichtete Entwicklung des Unternehmens / der Organisation gefördert werden. [...] Der Coach ermöglicht das Erkennen von Problemursachen und dient daher zur Identifikation und Lösung der zum Problem führenden Prozesse. Der Klient lernt so im Idealfall, seine Probleme eigenständig zu lösen, sein Verhalten / seine Einstellungen weiterzuentwickeln und effektive Ergebnisse zu erreichen.[1]

So lautet die Definition des Deutschen Bundesverbandes Coaching DBVC. Coaching liegt voll im Trend: Ob in der Berufsberatung, in der Weiterbildung, in den Career-Zentren von Schulen und Universitäten, in den Ratgeberspalten von Zeitschriften, in Online-Blogs, auf Selbstmanagement-Webseiten oder in der Lebenshilfeliteratur: Fast flächendeckend bieten Coachs ihre Dienste an und versprechen Unterstützung gerade in Phasen beruflicher, persönlicher oder organisatorischer Veränderung. In der Mitarbeiterschulung und Personalentwicklung kommt das Instrument ebenso zum Einsatz wie in der Betreuung von Arbeitslosen, im Gesundheitswesen trifft man es genauso an wie bei Stiftungen, Verbänden, in der Verwaltung oder den Kirchen. Coaching-Institute existieren mittlerweile in fast jeder Stadt, Ausbildungen zum Coach werden als Bildungsurlaub anerkannt und finanziell gefördert. Dabei ist der Anspruch vieler Berater längst über den ursprünglichen Gegenstand, die Arbeits- und Berufswelt, hinausgewachsen. Coachings nehmen heute den ganzen Menschen und sämtliche Bereiche seines Lebens ins Visier. Es gibt Systemisches Coaching, Business-Coaching, Life-Coaching, Neuro-Coaching und Provokatives Coaching. Es werden Balance-Coachings, Vier-Elemente-Coachings, Empowerment-Coachings oder Resilienz-Coachings angeboten. Man kann Einzel- und Gruppencoachings, Paarcoachings, Familiencoachings und für den Nachwuchs Kinder- und Jugendcoachings buchen – die Spezialisierungen, die sich mit Interventionen bei Überlastung, Burnout und Depressionen immer öfter auch als »effektive« Alternative zur klassischen Psychotherapie vorstellen, lassen sich kaum noch überblicken. Andere Angebote springen mit der Offerte spiritueller Orientierung in die Lücke, die die Abnahme

1 www.dbvc.de/der-verband/ueber-uns/definition-coaching.html.

traditioneller religiöser Bindungen hinterlassen hat. In einer Zeit, in der das Selbst für viele die einzig verbliebene Rückversicherung darzustellen scheint, sich dieses aber zugleich durch Globalisierung, Digitalisierung und das Wegbrechen vertrauter Strukturen massiv bedrängt sieht, wird dem erfolgreichen »Selbst-Management« eine fast überirdische Wirkungsmacht zugeschrieben. In der »Optimierung der Selbstwirksamkeit« mit einer »Wählbarkeit« des eigenen emotionalen und mentalen Zustands und der nahezu unbegrenzten Lösungskompetenz, die Coachings dem Einzelnen zuschreiben, liegt angesichts der Ohnmachtsgefühle, die viele infolge immer härterer Verteilungskämpfe erleben, ein verlockendes Versprechen der Rückgewinnung eigener Macht. Aus dieser Attraktivität – wer will denn nicht gerne hören, der »Schöpfer seines Lebens« zu sein und sein Glück unabhängig von äußeren Bedingungen selbst »machen« zu können – dürfte sich die erstaunliche Expansion erklären, die das Coaching in den letzten Dekaden erfahren hat. Beobachter geben die Zahl der Berater mit mindestens 8000 an[2] – damit liegt Deutschland weltweit auf Platz drei hinter den USA und Großbritannien, die Branche beziffert ihren Jahresumsatz auf satte 23 Milliarden Euro.[3] Dabei ist unbestreitbar, dass in einer hochdifferenzierten Industriegesellschaft, die mit umwälzenden technologischen und gesellschaftlichen Veränderungen konfrontiert ist, Beratungsbedarf auch jenseits bekannter Angebote wie Berufsberatung, Psychotherapie und Seelsorge bestehen kann. Und auch wenn die Geschäftszahlen astronomisch sind und sich im Mentaltraining deshalb naturgemäß auch Scharlatane tummeln, soll nicht in Abrede gestellt werden, dass ein großer Teil der Coachs ihre Profession sicher aus Überzeugung und dem ehrlichen Wunsch, anderen zu helfen, betreibt.

Doch unabhängig davon gilt: Coachings und die darin enthaltenen kognitiven Verfahren stellen erhebliche Eingriffe ins Seelenleben und die psychische Integrität von Menschen dar – und bergen damit auch Risiken. Das Bewusstsein dafür scheint aber – und zwar nicht zuletzt bei den Coachs und Trainern selbst – nur mäßig ausgeprägt. Eine breit angelegte gesellschaftliche Diskussion über das Phänomen Coaching fehlt bisher in Deutschland. Zum Teil mag dies der Tatsache geschuldet sein, dass das Instrument noch relativ jung ist und diskursive Reaktionen oft zeitversetzt auftreten. So erscheinen seit kurzem erste Analysen negativer Nebenwirkungen von Coachings.[4] An der Universität Kassel gibt es mit dem Studiengang »Supervision, Coaching und Organisationsberatung« Ansätze, ein eigenes Fachgebiet »Beratungswissenschaften« zu entwickeln. Der Osnabrücker Wirtschaftspsychologe Uwe Peter Kanning hat

2 www.welt.de/debatte/kommentare/article130876436/Modeberuf-Trainer-wir-coachen-uns-zu-Tode.html.

3 www.coaching-report.de/coaching-markt.html.

4 Vgl. z.B. Schermuly u.a. 2014, S. 17–33; außerdem Aeberli 2011.

in mehreren Untersuchungen die mangelnde wissenschaftliche Fundierung vieler Selbstmanagement- und Personalentwicklungsverfahren kritisch unter die Lupe genommen.[5] Auch Dokumentarbeiträge im Fernsehen hinterfragten schon den wachsenden Trend zu Mentaltrainings.[6] Insgesamt aber steckt die Auseinandersetzung noch in den Anfängen.

Zu dieser Auseinandersetzung will das vorliegende Buch einen Beitrag leisten. Auch ich werde die Frage der Wissenschaftlichkeit gängiger Beratungsmethoden aufgreifen. Als Politikwissenschaftler interessiert mich aber noch ein anderer Aspekt: In ihrer Selbstdarstellung präsentieren sich Coachings gern als objektiv und unabhängig. Sie beschreiben ihre Verfahren meist als »neutrale Werkzeuge«, vergleichbar einer Kulturtechnik wie dem Erlernen einer Sprache oder einer Sportart. Vieles spricht jedoch dafür, dass dies nicht stimmt, sondern in Coachings in erheblichem Umfang gesellschafts- und menschenbildliche – und damit letztlich auch weltanschauliche und ideologische – Positionen vermittelt werden. Diese zu dokumentieren, ist ein Hauptanliegen meiner Untersuchung: Welche Ideengebäude scheinen in Coaching-Konzepten eigentlich auf? Welche Wertesysteme lassen sich hinter bestimmten Beratungsmethoden erkennen? Und in welchem Verhältnis stehen diese Werte zu denen einer freien, menschenrechtsbasierten Zivilgesellschaft? In unserer modernen Demokratie besteht Konsens darüber, dass sämtliche Teilbereiche an ihre Grundwerte und ihr humanistisches Menschenbild rückgebunden sein müssen. Wissenschaft, Medizin, Wirtschaft, Medien, Kultur und Religion müssen sich diesem Anspruch durch eine kritisch beobachtende Öffentlichkeit immer wieder stellen und sich an den Maßstäben eines aufgeklärten, sozialen und menschengemäßen Miteinanders messen lassen. Für die meisten Selbstmanagementverfahren, so meine These, steht der Nachweis der demokratischen Kompatibilität dagegen noch aus. In diesem Zusammenhang will ich auch beleuchten, was an Vorwürfen dran ist, denen zufolge Coachings oft mit Bausteinen esoterischer Denkschulen arbeiten, die Gewaltverharmlosungen und sozialdarwinistische Gesellschaftsbilder einschlössen.

Für meine Analyse habe ich exemplarisch drei Beratungsmethoden herausgegriffen – weil sie bei aller Vielfalt der Verfahren so dominierend sind, dass sie als repräsentativ für das Instrument des Coachings insgesamt betrachtet werden können. Da ist einmal das »Neurolinguistische Programmieren«, kurz NLP. Ein NLP-Zertifikat steht bei weit über 50 Prozent aller Anbieter von Coachings im Profil. Da ist zum zweiten die »Positive Psychologie«, eine umstrittene neue

5 Vgl. z.B. Kanning 2009 und Kanning 2013.
6 Vgl. z.B. Daniela Hoyer und Franca Leyendecker: Der Coachingwahn, Dokumentarfilm, ausgestrahlt am 1.10.2015 auf 3sat. http://www.3sat.de/mediathek/?mode=play&obj=53753.

Richtung innerhalb der Psychologie, bei der über das gezielte Fokussieren der eigenen Wahrnehmung auf Positives optimistische Lebenseinstellungen und damit krisenfeste (resiliente) Persönlichkeiten generiert werden sollen. Immer mehr Coachs nehmen bei ihrer Arbeit Bezug auf Thesen und Studien der Positiven Psychologie. In diesen Kontext fügt sich der auf den ersten Blick vielleicht anachronistisch erscheinende Exkurs über die ehemalige DDR. Doch auch wenn das Instrument des Coachings noch jung ist, so ist der dahinter stehende zentrale Grundgedanke – nämlich dass jeder über das Kultivieren eines bestimmten Charakters und das »Programmieren« einer optimistischen Haltung ein »gutes Leben« nach objektiven Kriterien selbst *herstellen* könne – sehr viel älter und hat gerade hierzulande mit dem deutschen Idealismus und seiner Idee der pädagogischen »Vervollkommnung« des Menschen eine nicht immer nur gute Tradition. Die »allseitig entwickelte Persönlichkeit« in der DDR lässt sich durchaus unter dem Konzept einer »Programmierung« des Menschen und seiner Denkweisen subsumieren – und ist deshalb ein mahnendes Beispiel dafür, wie schnell aus der Idee eines angeblich »erlernbaren Glücks« ein ins Totalitäre kippendes erzwungenes »Glück« werden kann. Als drittes Selbstmanagement-Verfahren nehme ich schließlich noch die Methode »The Work« der Amerikanerin Byron Katie ins Visier – denn auch sie taucht inzwischen in immer mehr Beratungsangeboten und sogar in Schulen, Behörden und der Gesundheitswirtschaft auf. Zwischen NLP, Positiver Psychologie und The Work gibt es zudem eine Reihe interessanter Querverbindungen.

Als Grundlage herangezogen wurden neben der noch nicht sehr umfangreichen Literatur zu Coachings vor allem die Selbstzeugnisse der Branche: Webseiten, Blogs, Broschüren von Coaching-Dachverbänden, Interviews mit Beratern, Online-Veröffentlichungen, Erfahrungsberichte von Klientinnen und Klienten, Lehrbücher, Masterarbeiten, Ratgeber und Magazine. Für sämtliche zitierten Internetquellen sind Screenshots hinterlegt, ebenso für einige anonymisierte Mail-Korrespondenzen im Rahmen kleiner »investigativer« Befragungen von Coachs. Freilich konnte es sich dabei nur um Stichproben handeln, denen im Kontext des Gesamtmaterials aber meines Erachtens durchaus ein Aussagewert zukommt.

Ohne das Ergebnis meiner Untersuchung vorwegzunehmen, deutet sich im Titel – »Die Gedanken sind nicht frei« – meine Hauptthese bereits an: Coachings, wie sie sich heute darstellen, sind entgegen ihrem Anspruch meist kein Instrument von Selbstbestimmung und Emanzipation, sondern forcieren im Gegenteil die Aufgabe selbständigen Denkens. Der »flexible« und widerstandslose Mensch, der sich und seine Überzeugungen stets nach Maßgabe ökonomischer Verwertbarkeit anpasst und einer Gesellschaft oder eines Staates nicht mehr bedarf, ist das offensichtliche Ziel gängiger Coaching-Verfahren. Die kognitiven Mechanismen, mit denen dieses Ziel erreicht werden soll, weisen dabei teilweise Muster auf, die erschreckend an totalitäre Strukturen erinnern. Entsprechend steht am Ende meines Buches die dringende Frage, was wir tun können, um dieser aus demokratischer Sicht beunruhigenden Entwicklung etwas entgegenzusetzen. Dazu gehört meines Erachtens nicht zuletzt die Diskussion, ob wir uns über die Formulierung neuer Menschenrechte verständigen müssen, um auch in Zukunft eine Gesellschaft mit menschlichem Antlitz zu bleiben.

Berlin, im April 2018 *Georg Steinmeyer*

# Das Neurolinguistische Programmieren

## »Wer sagt, er kann nicht, der will nicht.«

Man kann keine Untersuchung über das Phänomen Coaching unternehmen, ohne mit dem Neurolinguistischen Programmieren, kurz NLP, in Berührung zu kommen: Es stellt die mit Abstand häufigste Coaching-Methode dar. Bei mehr als der Hälfte aller Anbieter taucht als Qualifikation mindestens der sogenannte »NLP-Practioner« auf, viele verfügen auch über den »NLP-Master«. »Coaching *ist* NLP« heißt es in einer Broschüre des Deutschen Verbandes für Neuro-Linguistisches Programmieren (DVNLP), der 1995 mit dem Ziel gegründet wurde, angesichts unübersichtlicher und teils unseriöser Ausbildungsangebote verbindliche Standards für die Methode festzulegen. »Die Berufsbezeichnung »Coach« ist rechtlich nicht geschützt«, deshalb verpflichte man sich »zur Anerkennung hoher Qualitätsstandards und zur Einhaltung unserer ethischen Richtlinien.«[7] Entsprechend vergibt der etwa 1200 Mitglieder starke Dachverband ein begehrtes Qualitätssiegel, das in der Bundesrepublik mittlerweile das verbreitetste Coaching-Zertifikat sein dürfte. In anderen Ländern existieren ähnliche NLP-Vereinigungen, so in Österreich der Österreichische Dachverband für Neurolinguistisches Programmieren ÖDVNLP. In Deutschland sind viele DVNLP-zertifizierte Berater zudem Mitglied in weiteren Coaching-Dachverbänden wie dem Deutschen Bundesverband Coaching DBVC.

Für die Analyse, wie im NLP gedacht wird und welche Menschen- und Gesellschaftsbilder dort aufscheinen, habe ich mit wenigen Ausnahmen nur Quellen aus dem zertifizierten Teil der NLP-Branche herangezogen. Zunächst werde ich einige der zentralen Instrumente und Verfahren des Neurolinguistischen Programmierens vorstellen und untersuchen, welche methodischen Schwächen sich darin ausmachen lassen. Anschließend widme ich mich ausführlich einem der Hauptkritikpunkte am NLP: Dem Vorwurf einer Vermengung mit esoterischen Wertesystemen.

7 DVNLP 2009, S. 12.

## Herkunft des Neurolinguistischen Programmierens

Entwickelt wurde das Neurolinguistische Programmieren in den 1970er Jahren in den USA: Der Mathematikstudent Richard Bandler und der Linguistikprofessor John Grinder beobachteten damals das Denken erfolgreicher Persönlichkeiten und analysierten einige seinerzeit neue Therapieformen: Die Gestalttherapie von Fritz Perl, die Familientherapie von Virginia Satir und die Hypnosetherapie von Milton H. Erickson. Ihre Schlussfolgerung war, dass außergewöhnliche Fertigkeiten und herausragender Erfolg primär keine Frage der Begabung oder des Fleißes eines Menschen seien, sondern vor allem eine der richtigen Strategie und Kommunikation. Wenn es gelänge, so die These, die hinter privatem und beruflichem Erfolg, positiver Ausstrahlung und guten Gefühlen liegenden kognitiven Prozesse zu erfassen (daher die Vorsilbe *neuro*) sowie deren Sprachmuster zu entschlüsseln, die nach Bandlers und Grinders Ansicht die kognitiven Prozesse steuern (daher der Begriff *linguistisch*), müsse sich der Erfolg eines Menschen durch eine andere Person quasi »kopieren« lassen, indem diese ihre eigenen Denk-, Sprach- und Einstellungsmuster nach denen des Vorbilds ausrichte (darum das Wort *programmieren*). In den Worten Richard Bandlers: »Was jemals irgendein Mensch tun konnte, das kannst du auch.« In diesem Modell sind Glück und ein gelingendes Leben deshalb weder Schicksal noch ein von äußeren Bedingungen abhängiger Zustand – sondern vor allem anderen ein vom Einzelnen selbst herzustellender Zustand.

Kritiker monierten indes schon damals, dass die der neuen Erfolgsmethode angeblich zugrundeliegenden Forschungen nirgends dokumentiert sind. Der Verhaltensbiologe Hansjörg Hemminger spricht deshalb von einer Legendenbildung bei der Entstehungsgeschichte des NLP.[8] Indem die Technik Elemente anderer Schulen kopiere, erfülle sie zudem nicht die für eine eigene Fachrichtung nötige Originalität.[9] Von NLPlern wird das Fehlen eines theoretischen Fundaments gar nicht bestritten, aber als Vorzug kommuniziert: NLP sei eben nichts Abgeschlossenes, sondern entwickele sich ständig weiter – und sei deshalb zur Bewältigung einer sich ebenfalls ständig weiterentwickelnden Welt bestens geeignet und »limitierten« Verfahren wie der klassischen Psychotherapie überlegen, so Robert Dilts, neben Bandler und Grinder einer der Pioniere des NLP: »NLP […] ist nicht wie irgendeine Art von Psychotherapie, die kommt und geht. Die eine limitierte Anzahl von Techniken hat, die dann obsolet […] werden. […] NLP ist […] nicht limitiert.«[10] Auch Richard Bandler grenzt sich

8 Vgl. Hemminger 2004b, S. 5–6.
9 Ebd. S. 3 u. 7.
10 www.zhi.at/news/robert-dilts-exklusivinterview.

gegen Forderungen nach stärkerer theoretischer Verankerung des NLP ab: Ein Vorgehen ohne theoretische Basis sei oft viel effektiver und führe schneller zum Ziel: »Mir kommt es komisch vor, wenn die Menschen [...] Theorien [...] verteidigen. Ich habe das nie getan. Und deshalb bin ich auch so schnell so weit gekommen. [...] Alles, was mich interessiert hat, war [...] möglichst schnell zum Ziel zu kommen.[11]

Für den Kern des NLP – das Beobachten und Strukturieren von herausragenden Fertigkeiten, um sie dann angeblich auf jeden beliebigen Menschen übertragen zu können – bedürfe es auch gar keiner festen Grundlage, ergänzt Robert Dilts: Das Besondere am NLP sei gerade, dass es von jeder Person vorangetrieben werden könne. »Gib ihm einen Namen, strukturiere es, und dann kannst du es sogar verkaufen.«[12] Auffällig ist die große Zahl ökonomischer Begriffe, die von NLPlern verwendet werden: *Verkaufen, Effizienz, Wachstum*. Dem Wachstum und Expandieren tat der Einwand des Theoriemangels in der Tat keinen Abbruch: In den 1980ern gelangte NLP nach Europa und fand seit den 1990er Jahre seinen festen Platz in der aufkommenden Coaching-Branche. Ein wissenschaftlicher oder zumindest wissenschaftsfundierter Anspruch wurde dabei stets aufrechterhalten: Es handele sich, so der deutsche Dachverband DVNLP, um eine »Disziplin im Bereich der Kognitions- und Verhaltenswissenschaften, die sich explizit und in umfassender Weise dem Studium der menschlichen Subjektivität« widme und uns bewusst mache, »wie wir unsere Erfahrungen selbst generieren«.[13]

Der letzte Satz markiert so etwas wie den ideologischen Kern – ideologisch hier zunächst ganz wertfrei gemeint – des Neurolinguistischen Programmierens: Die Realität, mit der wir konfrontiert sind, interpretiert das NLP als *subjektives Produkt unserer eigenen Kognition und Informationsverarbeitung*: Wir »erschaffen« demnach unsere Erfahrungen.[14] Das bedeutet zugleich: Äußere Gegebenheiten – das Verhalten anderer Menschen, die politische, wirtschaftliche und soziale Situation, die Verteilung von Chancen und Ressourcen, die Beschleunigung, Digitalisierung und Ökonomisierung des beruflichen und privaten Umfeldes, die Frage individueller Grenzen, der Einfluss von Krankheiten, Traumata usw. – treten im NLP stark in den Hintergrund. NLP stellt damit die Spielart eines – wie wir sehen werden durchaus radikalen – Konstruktivismus dar. Formuliert wird dieser Konstruktivismus in den »Grund-« und »Vorannahmen« des Neurolinguistischen Programmierens, einem Katalog von – wie NLPler selbst zugeben, wissenschaftlich nicht abgesicherten – Hypo-

11 www.nlp.de/presse/deutschland/ms-0999b.shtml.
12 www.zhi.at/news/robert-dilts-exklusivinterview.
13 DVNLP 2017, S. 7.
14 Seidl 2015, S. 8.

thesen, die statt eines Theoriegebäudes so etwas wie eine gemeinsame Basis aller NLP-Interventionen bilden sollen. Eine zentrale Grundannahme lautet: Die Landkarte ist nicht das Gebiet.[15] Gemeint ist das oben Gesagte, also dass die Welt, die einem Menschen gegenübertritt – die »Landschaft« – nicht identisch sei mit der »Landkarte«, die dieser von ihr im Kopf zeichne und daher die Frage, ob es sich um eine helle, freundliche oder um eine bedrohliche, düstere Landschaft handelt, primär durch die »Glaubenssätze« – englisch »beliefs« – und Überzeugungen des Betrachters beantwortet und bestimmt werde.

> Je nachdem, wie wir uns selbst und unsere Umwelt wahrnehmen, wie wir denken, wie wir fühlen und diese Gefühle bewerten, kann ein und dieselbe Situation als angenehm und wohltuend oder aber als schwierig und belastend erlebt werden. [...] NLP untersucht das Zusammenwirken unserer Wahrnehmungsfilter, Gedanken, Gefühle und Handlungen, um unsere ureigene subjektive Erfahrung zu erschaffen.[16]

Glück oder Leid, Freude oder Schmerz, freie Bahnen oder Blockaden sind im Weltbild des NLP deshalb primär keine Frage des objektiv Faktischen, sondern sozusagen des »subjektiv Taktischen« – also einer »günstigen« oder eben »ungünstigen« Interpretation der Erlebnisse, mit denen der Einzelne konfrontiert ist. Gern wird das Bild des halb gefüllten Glases bemüht, bei dem man sich frei entscheiden könne, ob man es halb voll (positiv) oder halb leer (negativ) sehen wolle. Auch der römische Philosoph und Stoiker Lucius Annaeus Seneca der Jüngere (ca. 1–65 n. Chr.) wird häufig bemüht, hatte der doch schon vor 2000 Jahren festgestellt:

> »Es sind nicht die Dinge, die uns beunruhigen, sondern was wir über die Dinge denken«. Nicht das, was passiert, erzeugt unsere Gefühle. Unsere Gefühle entstehen durch die Interpretation der Ereignisse. [...] Für den einen bedeutet Arbeitslosigkeit eine Katastrophe. Für den anderen ist es eine Herausforderung, die es zu überwinden gilt. [...] Im Grunde brauchen Sie sich [...] nur dazu entscheiden, dass Sie einer Sache eine andere Bedeutung geben wollen.[17]

Wenn aber die Frage, ob sich jemand in einer guten oder schlechten Lage befindet, in erster Linie eine Frage seiner eigenen »frei wählbaren« Interpretation und Deutung ist – dann trägt über die Art zu denken und zu deuten jeder auch bereits das Potential in sich, seine Situation aus sich heraus positiv zu verändern. Genau diesen Gedanken formuliert eine zweite zentrale NLP-Grundannahme:

15 Ebd., S. 17.
16 DVNLP 2017, S. 7.
17 www.zeitzuleben.de/machen-wir-uns-unsere-gefuhle-selbst/.

Menschen besitzen bereits alle Ressourcen, die sie für eine Veränderung brauchen.[18] Damit ist gemeint, dass über das »Umprogrammieren« seiner Kognition und seiner »negative beliefs« jeder sich selbst sofort eine bessere Welt erschaffen könne: Eine gute Wirklichkeit und ein gutes Leben werden so quasi zur persönlichen »Entscheidung« für die »richtige Meinung über die Dinge«.[19]

> Der Kern der NLP-Methodik liegt [...] in der Annahme, man könne in jedem Fall die innere Konstruktion des Selbst- und Weltbilds mit Hilfe der Sprache, auch durch einige Übungen [...] verändern. [...] Eine allgemeingültige Persönlichkeitsdiagnostik oder eine Problem- und Störungsdiagnostik gibt es beim NLP [...] nicht. Vielmehr gehen Theorie und Praxis davon aus, daß man jeweils die wesentliche Ursache eines Problems erfaßt hat, wenn man kognitive Defizite, negative »beliefs« [...] erfassen konnte. [...] Ziel ist dabei, die »krankmachende« Sprache, die Veränderungen verhindert, zu erkennen und damit zusammenhängende negative Grundüberzeugungen umzuwandeln.[20]

»Eine Persönlichkeitsdiagnostik gibt es nicht« – Hansjörg Hemminger spricht damit einen fundamentalen Schwachpunkt des NLP an: Dessen Menschenbild geht nicht von der Existenz eines *festen Kerns jedes Einzelnen* mit unverwechselbaren Eigenheiten, Talenten, Prägungen und *Grenzen* aus, der einen Menschen über alle Lebensabschnitte und Erfahrungshorizonte hinweg auszeichnet und sich einer »Umprogrammierung« entzieht. Demokratien und menschenrechtsbasierte Gesellschaftsordnungen glauben dagegen unbedingt an einen solchen Kern jedes Menschen, der mit dem Begriff der »Persönlichkeit« und »Würde« beschrieben wird und Träger umfassender grundrechtlicher Schutzgarantien ist. Auch die klassische Psychotherapie geht von einer einmaligen, nicht beliebig austauschbaren Substanz jedes Menschen aus, deren oft mühevolles und langwieriges Hervorholen und Ernstnehmen erst den Zugang zum Individuum und damit die Voraussetzung für den angemessenen Umgang mit Problemen bildet. Anders im NLP: NLP interessiert sich nicht für Inhalte, sondern für Prozesse, wie Robert Dilts formuliert, und diese Haltung bestimmt auch seine Herangehensweise an den Menschen: Der Zugang erfolgt nicht von innen über das Individuum, sondern von außen über die Kontexte und Systeme, in denen sich das Individuum gerade bewegt. Menschen werden nicht mittels »gemessener« Charaktereigenschaften kategorisiert, sondern NLP schaut immer auf die situativen, systemischen Komponenten einer Situation, in der jemand handelt. Verhalten bezieht sich immer auf eine situative Gegebenheit, in der sich die

18 DVNLP 2017, S. 11, Seidl 2015, S. 21.
19 www.landsiedel-seminare.de/php/gesetze-des-erfolges.html.
20 Hemminger 2004b, S. 2.

Person befindet. NLP ist damit ein »State«-Ansatz (state = Zustand) und kein »Trait«-Ansatz (trait = Charaktereigenschaft).[21]

Entsprechend plädiert zum Beispiel die Zeitschrift *ManagerSeminare* dafür, die Biographie von Klienten im Coaching möglichst nicht zu behandeln. Das in der Traumatherapie anerkannte Verfahren, gemeinsam mit dem Betroffenen seine Geschichte behutsam hochkommen zu lassen, um sie zu integrieren, wird vielmehr als »neuropsychologisch größter Blödsinn« bezeichnet. Allein das NLP mache es richtig, indem es die individuelle Geschichte des Menschen außen vor lasse.[22] Die Idee vom Menschen im NLP darf damit *reduktionistisch* genannt werden. Sie weist eine Nähe sowohl zum Menschenbild der Neurobiologie als auch zu dem der Esoterik auf, die beide, wenn auch mit je unterschiedlichen Begründungen, die Existenz eines substantiellen »Ich« mit einer eigenen Identität und unverwechselbaren Geschichte als Illusion betrachten.

## Techniken des Neurolinguistischen Programmierens

### Refraiming-Technik: Aus Schlechtem Gutes machen

Sichtbaren Niederschlag findet dieses Menschenbild in der NLP-Technik des *Refraimings*. Darunter wird die positive »Umdeutung« einer zuvor negativ interpretierten Sache verstanden, ohne dass sich am Sachverhalt etwas ändert.

> Menschen geben allem, was sie wahrnehmen, eine Bedeutung, d. h. sie stellen es in einen ganz bestimmten Rahmen. Wird dieser Rahmen gewechselt, so bekommt dasselbe Ereignis eine neue Bedeutung – im NLP spricht man dann vom Refraiming. [...] Es eröffnet einen neuen positiven Blickwinkel auf eine negativ bewertete Situation.[23]

Refraiming meint also das umgangssprachliche »Sieh' es doch mal positiv« – mit dem Unterschied, dass im NLP davon ausgegangen wird, dass eine solche neue Sicht keine Frage der individuellen Umstände, Persönlichkeit und Prägungen eines Menschen ist, sondern eine des *Willens* und der Anwendung der richtigen kognitiven Technik. »Wenn jemand meint, in einer verfahrenen Situation zu sein, und keinen Ausweg sieht, so könnte das an seinem inneren Atlas liegen, mit dem er sich selbst den Weg verstellt.[24]

21 DVNLP 2017, S. 10.
22 Kommunikation mit NLP. Beilage zur Zeitschrift *ManagerSeminare*, Heft 96, März 2006, S. 8–13.
23 Seidl 2015, S. 121.
24 Zitiert nach Hemminger 2004b.

Wie weit die Vorstellung einer Entscheidungsfreiheit bei der Bewertung von negativen Erlebnissen geht, zeigt die Behauptung mancher NLPler, dass sich sogar eine traumatische Kindheit nachträglich in eine glückliche »refraimen« lasse.[25] Während in der Sozialwissenschaft defizitäre Lebenslagen der komplexen Wechselwirkung zwischen Individuum und Gesellschaft zugeschrieben werden, bei der Eigen-, aber auch viel Fremdverantwortung eine Rolle spielen kann und über die der Einzelne deshalb keineswegs immer die Kontrolle hat, unterstellt das NLP eine weitgehend stabile Ursache-Wirkung-Zuschreibung an das Individuum. Auf das Problematische eines solchen Menschenbildes weist das Online-Lexikon der Evangelischen Kirche in Deutschland hin:

> Autoren, die behaupten, dass der Mensch mittels seiner Vorstellungskraft [...] die Wirklichkeit ändern kann, werden bis heute gerne gehört, klingt doch die Vorstellung einer magischen Kraft der Gedanken verlockend. Wenn [...] Misserfolge, Niederlagen oder Rückschritte passieren, wird dies als persönliches Versagen interpretiert und hat häufig Selbstvorwürfe und Depressionen zur Folge.[26]

## Anker-Technik: Gute Gefühle auf Knopfdruck

Als erlern- und programmierbar gilt im NLP-Modell auch der emotionale Zustand eines Menschen: NLP geht davon aus, dass Gefühle den Gedanken folgen, dass wir also nicht denken, was wir fühlen, sondern *fühlen, was wir denken*. Positive oder negative Gefühle sind demnach mechanische Erzeugnisse des Gehirns, die kognitiv *beherrscht* und in eine erwünschte Stellung gebracht werden können. Anders gesprochen: Im NLP »haben wir« keine Gefühle, sondern »wir entscheiden uns« für Gefühle – und sind deshalb auch *immer voll und allein selbst für sie verantwortlich*. In den Worten eines DVNLP-zertifizierten Coaching-Instituts:

> Viele Menschen glauben, die Gefühle kämen einfach so daher und man sei ihnen praktisch ausgeliefert. Im NLP wissen wir jedoch, dass der Mensch seine Gedanken und Gefühle produziert und immer wieder neu entscheidet, wie er das innere subjektive Erleben aufrechterhält oder verändert. [...] Wer sich mit diesen Erkenntnissen beschäftigt, hält den Schlüssel für Glück und Erfolg in der Hand.

25 Vgl. Nico Rose: Es ist nie zu spät für eine glückliche Kindheit, in: Nico Rose: Rosige Zeiten. Vom Leben, vom Coaching und dem ganzen Rest. 1. Teil NLP – oder: Lieber Klient, tut mir leid, dass ich ein Scharlatan bin, S. 6–8. Als Download unter www.excellis-coaching.de/uploads/media/Rosige_Zeiten_I.pdf Immerhin räumt Rose ein, dass die mentale nachträgliche Umwandlung einer schlechten Kindheit in eine gute womöglich nicht in jedem Fall realisierbar sei.

26 www.ekd.de/ezw/Lexikon_2423.php.

Für viele Menschen ist das eher bedrohlich. Denn die Behauptung, ein Opfer der eigenen Stimmung oder irgendwelcher Umstände zu sein, lässt sich mit diesem Wissen leider nicht mehr aufrechterhalten. Die Verantwortung wächst.[27]

In dieselbe Richtung argumentiert der Selbstmanagement-Blog »Zeit zu leben«:

> Eigenverantwortung zu übernehmen ist sehr wichtig […] und Verantwortung für unsere Gefühle zu übernehmen, ist […] von ganz besonderer Bedeutung. Dazu ein grundsätzlicher Gedanke: Viele Leute denken, dass andere Menschen oder die Umstände dafür verantwortlich sind, wie man sich fühlt. […] Das stimmt nicht. […] Niemand anderes als wir selbst machen unsere Gefühle.[28]

Ein »Werkzeug«, um seine Gefühle zu steuern, ist im NLP die Technik des »Ankerns«. Es handelt sich dabei um ein – extrem simplifizierendes – Konditionierungsmodell, nach dem ein Schlüsselreiz (Bild, Geräusch, Geruch, Berührung), eben der »Anker«, Erinnerungen an ein bestimmtes Erlebnis auslöst. Um gezielt »positive Anker« herzustellen, schlagen NLP-Trainer vor, schöne Erlebnisse oder Zustände guter Gefühle mit bestimmten körperlichen Reizen – etwa einer Berührung der Handinnenfläche oder einem Druck auf den kleinen Finger – zu kombinieren: Hierdurch würden die Reize neuronal mit dem positiven Gefühl gekoppelt und zusammen abgespeichert. Wiederhole man später den körperlichen Reiz, löse dies wie beim Betätigen eines Schalters die guten Gefühle erneut aus – auch wenn man sich in einer ganz anderen und belastenden Situation befinde.

> Der (oder besser die) Momente, in denen sich eine Person einfach super gefühlt hat, […] [wird] als ressourcevoller Anker gespeichert […] Du möchtest das Gefühl Glück aktivieren. Denke an eine Situation in Deinem Leben, in der Du wirklich glücklich warst. […] Wenn dieses Gefühl am stärksten ist, dann lege Deine rechte Hand auf Dein Herz. Konntest Du das Ankern erfolgreich ausüben, dann wird ab sofort das Gefühl Glück auftreten, wenn Du mit der rechten Hand Dein Herz berührst.[29]

Auch die Gesundheitscoach und zertifizierte NLPlerin Lynn Henning bekräftigt in einem Aufsatz für das »Patenmodell Arbeit durch Management« – einer Initiative der Evangelischen Diakonie, bei der Arbeitslose unter Anleitung ehrenamtlicher Coachs ihre Arbeitslosigkeit selbst beenden sollen – dass gute Gefühlszustände durch entsprechende Programmierung unabhängig

27 www.zeitzuleben.de/meine-gefuhle-mache-ich-mir-selbst/.
28 http://www.zeitzuleben.de/meine-gefuhle-mache-ich-mir-selbst/.
29 Tischer 2013, S. 14. Vgl. auch https://www.alexander-training.de/nlp-aktuell-2013-Juni/.

von äußeren Bedingungen quasi auf Knopfdruck jederzeit verfügbar gehalten werden könnten:

> Wie kann ich mich jederzeit in einen gewünschten Zustand versetzen? [...] Sie möchten [...] den Zustand [...] »Entspannung« [...] schnell zur Verfügung haben, dann können Sie das wie folgt erreichen: 1. Wählen Sie eine Körperberührung [...] aus, [...] z. B. Berührung von Daumen und Zeigefinger der linken Hand. 2. Erinnern Sie sich an eine Situation, in der Sie Entspannung intensiv erlebt haben. 3. Wenn Sie intensiv in der Situation sind, führen Sie die Körperberührung aus.[30]

In voller Tragweite erfassen kann man die dem »Ankern« zugesprochene Bedeutung aber erst, wenn man eine weitere im NLP verbreitete Vorstellung hinzuzieht: Die auch als »Gesetz der Anziehung« bezeichnete Behauptung, dass positive Gefühle im Innern automatisch auch eine positive Veränderung der äußeren Lebensumstände zeitigten: Von den – selbst erzeugten – Gefühlen hänge es ab, welche Menschen ins eigene Leben träten (solche, die uns guttun oder solche, die uns schaden) und mit welchen Ereignissen man konfrontiert werde (Beförderung oder Entlassung, Gesundheit oder Krankheit, Glück oder Unglück). Neben dem »Ankern« propagieren NLPler noch weitere Formen eines »Gefühlsmanagements«. So fordert die NLP-Lehrtrainerin Ulrike Dorsch in ihrem ebenfalls für das »Patenmodell« der Diakonie verfassten Text »Drei... Zwei...Eins: Dieser Job ist meins« Erwerbslose auf, regelmäßig zu lächeln – und zwar gerade dann, wenn ihnen überhaupt nicht danach zumute und das Lächeln vollkommen unecht sei: Dem Gehirn sei nämlich egal, wie der lächelnde Mensch sich wirklich fühle. Es verarbeite die beim Lächeln ausgeführten Muskelbewegungen – etwa das erzwungene Hochstellen der Mundwinkel bei einem mechanisch-künstlichen Lächeln – automatisch als Signal »Ich habe Spaß«, auch wenn die betreffende Person überhaupt keinen Spaß habe. Durch dieses Signal programmiere das Gehirn anschließend dann aber auch die tatsächliche Stimmung positiv um.

> Weltweite wissenschaftliche Untersuchungen zeigen [...]: Man muss den Körper nur richtig einsetzen, dann erhält man genau das gewünschte Gefühl! [...] Lächeln Sie [...], signalisiert das einen positiven Gefühlszustand, selbst wenn das Lächeln mechanisch, oder besser gesagt, nicht echt ist. Wenn Sie lächeln, wird dem Gehirn mitgeteilt: Hier macht etwas Spaß. [...] Dabei ist es nicht erheblich, ob Sie es auch so meinen. Tun Sie es einfach, das Gehirn erledigt den Rest![31]

30 Henning o.J., S. 126 und 147. Als Download unter www.ausbildungsbruecke.patenmodell.de/jobpaten-schreiben-fuer-jobpaten/.

31 Dorsch o.J. bzw. www.ausbildungsbruecke.patenmodell.de/jobpaten-schreiben-fuer-jobpaten/

Die möglichen Einwände gegen ein solches »Gefühlsmanagement« – vom Hinweis seriöser Therapeuten und Psychiater, dass gerade gekünstelte gute Laune die Entstehung psychischer Erkrankungen massiv befördern kann über die Frage, wie es eigentlich ethisch zu bewerten ist, Menschen dazu anzuhalten, nicht zu ihren wahren Gefühlen zu stehen bis hin zur Erörterung, inwieweit gerade für demokratisch-pluralistische Gesellschaften die Existenz und Integration auch »negativer« Emotionen konstitutiv ist – werden uns in späteren Abschnitten beschäftigen. An dieser Stelle sei nur festgehalten, dass die meisten Wissenschaftler die NLP-Modelle der Konditionierung, auf denen Techniken wie das »Ankern« und die Annahme einer »Programmierbarkeit« von Gefühlen beruhen, für völlig fehlerhaft halten. Noch einmal der Verhaltensbiologe Hansjörg Hemminger:

> [Es] muß [...] festgestellt werden, daß die neurophysiologischen Vorstellungen des NLP falsch sind. Der kognitive Verarbeitungsweg von Sinneserfahrungen, der schließlich durch unzählige assoziative Verknüpfungen zu einer inneren Repräsentation der Welt führt, ist viel komplizierter, als das NLP annimmt. Der Zusammenhang zwischen dieser komplexen Hierarchie assoziativer Verknüpfungen und sprachlichen Äußerungen ist ebenfalls viel komplizierter, als es die NLP-Theorie will, die vom NLP benutzten Analyseverfahren sind deshalb neurophysiologisch und psychologisch mehr als unzulänglich.[32]

## »Modellieren« als Kern des NLP

> »Wenn irgendein Mensch etwas kann,
> kannst du es auch!«

Die NLP-Technik des Modellierens, manchmal auch »Meta-Modellieren« genannt, bezeichnet die Vorstellung, dass Erfolge und Leistungen einzelner Menschen – sei es auf dem Gebiet der Mathematik, der Kunst, der Literatur, der Technik, der Musik oder des Sports –, die normalerweise einer besonderen Begabung zugeschrieben werden, »aufgeschlüsselt«, das heißt in einzelne »Bausteine« und Schritte unterteilt und anschließend von jeder beliebigen anderen Person »kopiert« werden könnten. NLP-Gründer Richard Bandler: »Wenn irgendein Mensch etwas tun kann, kannst du es auch«.[33] Die Vorbildperson und deren außergewöhnliche Leistung werden so zum nachzubildenden »Modell«.

32 Hemminger 2004b, S. 6.
33 DVNLP 2017, S. 31.

»Modelling beschäftigt sich damit, worin sich Nicht-Erfolg und Exzellenz unterscheiden. Dahinter steht die Überzeugung, dass jedes Verhalten erlernbar ist, wenn die zugrunde liegenden Prozesse bekannt sind.«[34] In den Worten des Schulrektors a. D. Heinz Raab, heute NLP-Berater und Mitbegründer des »Verbandes für neuro-linguistische Verfahren in Bildung und Erziehung e. V.«: »Durch genaues Beobachten [...] kann der Lehrer herausfinden, wie sein Spitzenschüler fehlerlos rechtschreibt, wie sein bester Fußballer seine Tore schießt usw. Wenn er diese Fähigkeiten in ihre Bestandteile aufschlüsselt, kann er sie auch Minderbegabten beibringen.«[35]

Von vielen NLPlern und Coachs wird das Modellieren als der zentrale Baustein des NLP beschrieben. Wir hatten einleitend gesehen, dass Richard Bandler und John Grinder das NLP aus genau diesem Gedanken heraus entwickelten. Man könnte deshalb sagen: NLP *ist* Modellieren.

> NLP-Prozesse und -Strategien sind das Ergebnis von Forschungen, die untersuchten, wie genau Experten oder Persönlichkeiten mit außergewöhnlichen Begabungen und Fähigkeiten ihre Leistungen erreichen. NLP machte es möglich, anderen Menschen Fertigkeiten zu vermitteln, die einst als Genie, Talent oder Intuition bezeichnet wurden und für andere unerreichbar schienen. [...] Die Fähigkeit zum Modellieren ist der Schlüssel zur Kompetenz im NLP.[36]

Dabei komme es darauf an, nicht allein das äußere Verhalten eines Vorbilds zu übernehmen, sondern auch die dahinterliegenden Einstellungen – also auch die eigenen Werte, Überzeugungen, Glaubenssätze und Weltanschauungen nach denen des »Modells« auszurichten. »Stellen Sie sich in die Schuhe des Modells, [...] befragen Sie Ihr Vorbild auf allen neurologischen Ebenen.«[37]

Verhalten und Können werden im NLP somit nicht als Ausdruck einer einzigartigen Persönlichkeit, sondern umgekehrt die Persönlichkeit als – jederzeit reproduzierbares und beliebig veränderbares – Produkt übertragener Kognitionsmuster und »beliefs« begriffen, wie der NLP-Kritiker Robert Jansen in seiner kritischen Analyse der ideologischen Parameter des NLP treffend feststellt. Beim Modellieren gehe es gerade nicht darum, so Jansen

34 Seidl 2015, S. 116.

35 Heinz Raab: NLP in der Schule. Eine Bereicherung für die Schule. Beitrag für die Schulverwaltung Hessen über die Auswirkungen NLP-fundierten Handelns auf den Schulalltag. www.nlp-gruppe.de/home/news/NLPInDerSchule.pdf.

36 DVNLP 2017, S. 9.

37 Seidl 2015, S. 242.

> sich von einem anderen inspirieren zu lassen, [...] und zu schauen, ob dieses der eigenen Persönlichkeit überhaupt entspricht, [...] um letztlich über Versuch und Irrtum, verbunden mit einer steten Erkenntnis darüber, was da im Wirken des anderen tatsächlich nachahmenswert ist und was nicht, zu Einsichten [...] zu gelangen, [sondern darum], dass man genauso werden kann, wie ein anderer [...], wenn man dessen Verhalten und seine Art eine bestimmte Tätigkeit auszuüben, nach seinem Schema auf sich selbst überträgt.[38]

Damit unterscheidet sich die Sicht des NLP auf den Menschen abermals grundlegend von der, die wir aus der tradierten jüdischen, christlichen und humanistischen Perspektive kennen, die für unsere westlichen Gesellschaften maßstabsetzend ist. In dieser Tradition wird die Einzigartigkeit jedes Menschen immer durch zwei Pole bestimmt: Durch sein individuelles Können (also sein Vermögen und seine Ressourcen) und durch sein individuelles Nicht-Können (also sein Unvermögen und seine Grenzen). Ja, jeder ist mit wunderbaren Gaben ausgestattet, jeder hat auf seine Weise ein einmaliges Potential. Aber jeder offenbart sich in seiner Einmaligkeit immer auch durch das, was er *nicht* kann, nicht schafft, wofür er keine Begabung besitzt und keine Begeisterung aufbringt. Wir alle kennen das von der Erinnerung an unsere Verstorbenen: Es sind, wenn wir genau hinschauen, nie nur die Geschichten ihrer Erfolge, in denen sie uns nach dem Tod wieder lebendig werden, sondern ebenso die Erzählungen ihrer Missgeschicke, Macken, Dramen, Fehler und, ja, auch ihres Scheiterns. Und auch wenn wir uns zu Lebzeiten vielleicht darüber ärgerten, sind es meist liebevolle Erinnerungen: Weil auch dies – das, was ein geliebter Mensch *nicht* konnte, *nicht* wollte, *nicht* schaffte oder *nicht* mochte – zu ihm, zu seiner Person und zu seiner ganz eigenen Geschichte gehört, die ihn fortleben lässt in den Herzen der Zurückgebliebenen. Das Unwiederholbare und damit die Würde des Einzelnen scheint gerade *zwischen* den beiden Polen auf – den individuellen Ressourcen und den individuellen Grenzen jedes Menschen. Aus dieser Erfahrung konstituiert sich überdies jede Idee von Gesellschaft: Die Erkenntnis des Aufeinander-Angewiesen-Seins, weil jeder etwas kann, aber niemals jeder alles kann. Auch der moderne Verfassungsstaat bezieht daraus letztlich seine Legitimation: Denn wenn jeder alle seine Probleme allein lösen könnte, wozu brauchte es dann noch eine gemeinsam gestaltete demokratische und soziale Verantwortung?

Im Gegensatz dazu besitzt das Individuum im Menschenbild des Neurolinguistischen Programmierens keinen festen, auch von Grenzen bestimmten Persönlichkeitskern. Vielmehr wird Identität im NLP gerade mit permanenter Flexibilität, Veränderung und Anpassung gleichgesetzt:

38 Jansen 2013, S. 98.

> Manche Menschen befürchten, Modellieren würde sie von sich selbst entfremden. Sie wollen niemanden nachmachen. [...] Diese Einstellung beruht auf einem verbreiteten Missverständnis. [...] In Wirklichkeit ist das Festhalten an Gewohnheiten die Entfremdung. Das einzig Konstante im Leben ist die Veränderung. Menschsein bedeutet [...] Erhöhung von Flexibilität [...] Identität ist [...] der Bereich eines Menschen, der mit der Erhöhung von Flexibilität und Wahlfreiheit [...] einhergeht [...] Identität liegt im NLP jenseits von [...] Werten und Überzeugungen.[39]

Die im NLP immer wieder beschworene »Erhöhung der Wahlfreiheit« markiert zugleich einen seiner zentralen Widersprüche: Denn wo Veränderung um jeden Preis zur Leitlinie allen Denkens und Handelns erhoben wird, dort gibt es ja gerade keine Wahlfreiheit mehr. Denn echte Wahlfreiheit hieße, sich angstfrei – also ohne deshalb aus der Gesellschaft herauszufallen – auch gegen eine Anpassung, gegen eine unbegrenzte Flexibilität und für das Festhalten an Überzeugungen entscheiden zu können. Mir fällt da ein Interview des Deutschlandfunks mit dem großen französischen Publizisten, Politologen und Jahrhundertzeugen Alfred Grosser ein, in dem dieser anlässlich seines 90. Geburtstages auf die Frage, ob es in seinem langen Leben eigentlich etwas gebe, worauf er stolz sei, ohne zu zögern antwortete: Ja – dass er sich nie verändert habe.[40] Ein bemerkenswertes, ja ermutigendes Statement in einer Zeit, in der das permanente Sich-»Modellieren« zunehmend zur Norm erklärt und dem, der sich nicht jede Woche neu erfindet und nicht alle zwei Wochen seine Meinungen austauscht, um seine »Flexibilität« zu erhöhen, fast schon das Menschsein abgesprochen wird.

## »Walt-Disney-Strategie«: Kreativ sein als Überlebensvorteil

Dem Modellieren verwandt bzw. aus diesem heraus entwickelt ist die sogenannte »Walt-Disney-Strategie« von Robert Dilts: Nach dem »Modell« des Filmemachers und Mickymaus-Erfinders könne mit NLP auch jeder andere Kreativität in sich freisetzen. Die »Walt-Disney-Strategie« besteht aus drei Elementen: In einer »Träumerphase« gehe es darum, seine Idee frei zu entwerfen, ohne sie mit rationalen Einwänden gleich wieder abzuwürgen. In einer zweiten »Macherphase« hole man dann das Entworfene auf den Boden der

39 www.nlp-nielsen.de/modellieren.htm.
40 Deutschlandfunk, *Interview der Woche* vom 1.02.2015. www.deutschlandfunk.de/publizist-alfred-grosser-franzoesische-gefaengnisse.868.de.html?dram:article_id=310325.

Realität: Überlegen, welche Schritte in welcher Reihenfolge erforderlich sind, wie das Vorhaben realen Bedingungen angepasst werden kann usw. In einer dritten »Kritikerphase« komme es darauf an, innere Distanz zum Projekt zu gewinnen, um Schwachstellen, Hindernisse und den Preis zu erkennen: Was spricht gegen eine Realisierung, auf welche Schwierigkeiten könnte sie stoßen, sind diese beherrschbar, wo müssen Kompromisse gemacht, werden, sind diese vertretbar, mit welchen Kosten ist zu rechnen?

Auch wenn es hart klingt: Man kann sagen – und das wird einem im NLP öfter begegnen – dass hier eigentlich banale Vorgänge zu einer »Strategie« aufgebläht werden. Wer je kreativ tätig war, und sei es, dass er im VHS-Kurs eine Vase getöpfert hat, weiß, dass er im Kleinen ganz intuitiv die drei Phasen durchlaufen hat: Er hat sich zuerst die Vase vorgestellt, ihre Form, Farbe und Größe »geträumt«. Er hat dann überlegt, was er braucht, um den »Traum« umzusetzen: Material wie Ton, Geräte wie Töpferscheibe und Ofen, eventuell Hilfestellung in Form eines Kursleiters, Geld, um alles zu bezahlen. Schließlich hat der innere Kritiker »geklärt«, ob das realisierbar ist: Gibt es am Wohnort eine entsprechende Infrastruktur z. B. in Form einer Volkshochschule oder wenn nicht, kann eine solche in einem Nachbarort erreicht werden, wäre man zu dem Aufwand bereit, sind ausreichend Geldmittel da, gibt es eine Verwendung für die fertige Vase usw. Die drei Phasen sind ganz selbstverständlich in jedem schöpferischen Prozess enthalten, ohne dass sie erst gelernt werden müssten. Aber Kreativität zu »lernen« ist bei näherem Hinsehen auch gar nicht das Ziel der »Disney-Technik«. Es gehe vielmehr darum, so ihr Erfinder Dilts, »Kreativität zu managen.«[41] Schöpferische Betätigung wird im NLP zu einer Art »mentalem Rohstoff« umgedeutet, der zwar schon da ist, aber durch ein entsprechendes »Management« *zu jeder Zeit und an jedem Ort verfügbar* gemacht werden soll:

> Ziel […] ist, […] Kreativität hervorzubringen […] speziell an solchen Orten und zu solchen Zeiten, wo sie gebraucht wird. […] Zum Beispiel […] sage ich zu mir selbst, ich schreibe jetzt von dieser bis zu jener Stunde, und dann muss ich kreativ sein, exakt zu dieser Zeit.[42]

> Menschen wie z. B. Künstler, Schriftsteller und Schauspieler können […] NLP […] gezielt für ihr Schaffen nutzen. […] NLP- Methoden wie z. B. die von Robert Dilts (USA) entwickelte Disney- Strategie [unterstützen] kreative Prozesse […] Kräfteraubende Selbstzweifel und Kreativblockaden können erfolgreich aufgelöst werden.[43]

41 https://www.zhi.at/news/robert-dilts-exklusivinterview.
42 Ebd.
43 DVNLP 2017, S. 23.

Dass »kräfteraubende« Zweifel und Blockaden gerade ein wichtiger Teil kreativer Prozesse sein können, ja dass manche bedeutenden Musiker oder Maler – z. B. Ludwig van Beethoven, Anton Bruckner, Vincent van Gogh, um nur drei zu nennen – immer wieder von ernsten Schaffenskrisen und Selbstzweifeln erschüttert wurden und manches Werk dem seine Existenz verdankt, dass gerade die Spannung von Zuversicht und Hadern, von Freude und Traurigkeit, einen zentralen Antrieb von Kunst und Kreativität bilden kann – all dies ist dem NLP-Ansatz fremd. Kreativität ist dort nicht im Humboldtschen Sinne ein zweckfreies, individuelles Ausdrucksmittel, sondern eine Ressource zur ökonomischen *Verwertung*, zur Erzielung und Maximierung von Gewinnen. Noch einmal Robert Dilts:

> Kreativität ist einer der Schlüssel für Erfolg. [...] Wenn du das Überleben einer Spezies betrachtest, da zeigen sich immer Arten von Kreativität. [...] Wenn wir auf erfolgreiche Unternehmen [...] blicken, sehen wir, dass Kreativität essential für das Überleben im Wettbewerb ist. Einfach um konkurrenzfähig zu bleiben, die Latte höher zu legen.[44]

Im NLP geht es also nicht darum, kreativ sein *zu dürfen*, um darüber mit sich selbst, mit der Welt und mit dem Nächsten in Beziehung zu treten, sondern darum, kreativ sein *zu müssen*, um »erfolgreich« zu sein, »die Latte höher zu legen« und im gnadenlosen Wettbewerb zu bestehen. So wird Kreativität, eine der schönsten, lebendigsten und menschlichsten Eigenschaften, in einem fast schon darwinistisch anmutenden Sprachduktus mit Begriffen wie »Spezies« und »Überleben« unter das Vorzeichen eines leblosen Vermarktungszwecks gestellt.

## Konstruiert oder erinnert? Die NLP-»Augenzugangshinweise«

Eines der bekanntesten »Werkzeuge« des NLP, das immer wieder zu Diskussionen und Mythen Anlass gibt, sind die sogenannten »Augenzugangshinweise«, auch als »Blickrichtungsdiagnose« bezeichnet. Dahinter verbirgt sich die von Bandler, Grinder und Dilts aufgestellte und in jedes NLP-Lehrbuch übernommene Behauptung, von den Augenstellungen eines Menschen (rechts oben/gerade, rechts unten/gerade, links oben/gerade, links unten/gerade) könne man auf die in ihm aktive kognitive Ebene schließen – also darauf, ob sich

44 www.zhi.at/news/robert-dilts-exklusivinterview.

die Person Bilder (visuelle Ebene), Geräusche (auditive Ebene) oder Gerüche und Gefühle (»kinästhetische« Ebene) vorstellt. »NLP geht davon aus, dass die sogenannten Augenzugangshinweise [...] Indizien dafür sind, welche Verarbeitungsvorgänge gerade vonstatten gehen. [...] Mit etwas Übung ist es [...] möglich zu erkennen, ob eine Person in diesem Moment in Bildern, Klängen oder Gefühlen denkt.«[45] Die Augenpositionen eines Menschen verrieten dem trainierten NLPler außerdem, ob sein Gegenüber das, was es gerade erzähle, *konstruiere* oder *erinnere.* »Festzuhalten ist [...]: Augenbewegungen geben Aufschluss darüber, ob [...] Informationen [die die betreffende Person abruft] konstruiert oder erinnert sind.«[46] Blicke ein Klient beim Gespräch z. B. nach links, *so erinnere* er Dinge, *die er tatsächlich gesehen oder gehört habe* (z. B. die Einrichtung eines Hauses oder ein bestimmtes Musikstück).[47] Stünden die Augen hingegen rechts, bedeute dies, dass die Person gedanklich Dinge *konstruiere, die noch nicht existierten oder sich noch nicht ereignet hätten.*[48] Der aufgrund solcher Aussagen regelmäßig erhobene Vorwurf lautet: NLP postuliere, anhand der Augenpositionen Lügner enttarnen zu können und begebe sich damit eindeutig aufs Feld der Esoterik. Von NLP-Seite wird dieser Vorhalt mit derselben Regelmäßigkeit zurückgwiesen: »Das ist [...] seit 25 Jahren von keinem ernstzunehmenden NLPler behauptet worden«[49], hieß es in einer Stellungnahme des DVNLP, als 2012 eine in der renommierten *Public Library of Science* veröffentlichte Studie der Universität Edinburgh die Aussagekraft der »Augenzugangshinweise« als Mythos entlarvte.[50] Die Wissenschaftler hätten die Begriffe »konstruiert« und »erinnert« fälschlich mit »unwahr« und »wahr« gleichgesetzt, so die NLPler. Nur: In bestimmen Kontexten sind diese Begriffe deckungsgleich – immer dann nämlich, wenn sich Aussagen auf Handlungen, Situationen oder Geschehnisse beziehen, die real stattgefunden haben und zu denen der Aussagende deshalb über abrufbare Erinnerungen verfügen muss. Nehmen wir die »Kommissar«-Frage: Was haben Sie gestern zwischen 21 und 22 Uhr gemacht? Wenn ein Befragter antwortet, er habe gegessen und dann

45 Seidl 2015, S. 29.
46 www.openpr.de/news/648279/Verraten-Augenbewegungen-unsere-Gedanken-Stellungnahme-des-DVNLP-e-V.html.
47 Seidl 2015, S. 29/30.
48 Ebd.
49 http://www.facebook.com/inntalinstitut/posts/332726873478609.
50 Richard Wiseman / Caroline Watt / Leanne ten Brinke / Stephen Porter / Sara-Louise Couper / Calum Rankin: The Eyes Don't Have It: Lie Detection and Neuro-Linguistic Programming, in: PLOS, 11. Juli 2012. www.journals.plos.org/plosone/article?id=10.1371/journal.pone.0040259 – Vgl. außerdem www.welt.de/gesundheit/psychologie/article108264618/Luegner-verraten-sich-mit-den-Augen-Ein-Irrtum.html www.tagesspiegel.de/wissen/ich-schau-dir-in-die-augen-kleines-augenbewegungen-entlarven-luegner-nicht/6868254.html.

noch den Abwasch erledigt und seine Augen stünden dabei rechts – dann hätte er laut NLP-»Augenzugangshinweisen« diese Aussage nicht aus erinnerten Sinneseindrücken abgerufen, sondern aus Eindrücken, die real nicht stattgefunden haben, konstruiert. Das aber hieße: Er hätte gelogen. Die Behauptung, die Stellung der Augen ermögliche Urteile darüber, ob jemand eine Information erinnere oder konstruiere, beinhaltet also im Kontext von Fragen, die auf reale Erinnerungen abzielen, automatisch die Behauptung, man könne anhand der Augenstellung eines Menschen erkennen, ob dieser die Wahrheit oder Unwahrheit sage. Kritische wissenschaftliche Studien zur »Blickrichtungsdiagnostik« beziehen sich im Übrigen auf sämtliche behaupteten Zusammenhänge – also auch auf die These, die Augenstellung verrate, ob jemand in Bildern, Geräuschen oder Gefühlen denke. Belege dafür konnten nicht gefunden werden. Der Wirtschaftspsychologe Uwe Peter Kanning, der seit Jahren intensiv über Kommunikationsmethoden forscht, verweist auf Untersuchungen, bei denen die angeblich korrelierenden Augenpositionen bei ein- und derselben Person zusammen mit jeweils völlig unterschiedlichen Denkebenen auftraten.[51] Die Fragwürdigkeit der »Augenzugangshinweise« scheint sogar Vertretern des NLP selbst klar zu sein. Barbara Seidl etwa schränkt in ihrem NLP-Buch ein: »Jeder Mensch ist einzigartig. Daher müssen Augenzugangshinweise immer individuell überprüft werden.«[52] Auch das Kölner NLP-Institut »Die Denkweisen« räumt ein: »Das Erkennen von Augenmustern […] ist keine leichte Sache. […] [Die Augen]Muster treffen […] nicht auf alle Menschen zu. […] Obwohl die Augenmuster bei der Mehrheit normal organisierter Rechtshänder auftreten, kann man nicht davon ausgehen, sie überall und bei jedem vorzufinden.«[53]

Vorgeschlagen wird, durch Nachfragen beim Klienten herauszufinden, ob ein vermeintlich erkanntes Augenmuster mit der ihm zugeordneten inneren Erlebnisebene tatsächlich übereinstimmt: »Wahrscheinlicher ist, dass eine Frage ein ganzes Bewegungsmuster der Augen auslöst, also eine ganze Abfolge verschiedener Augenpositionen. Hier lohnt sich ein Nachfragen, was da gerade intern abgelaufen ist.«[54]

51 Vgl. Uwe Peter Kanning: So banal, dass es gar nicht falsch sein kann, Interview im *Tagesanzeiger* vom 1.10.2015. www.tagesanzeiger.ch/wissen/medizin-und-psychologie/So-banal-dass-es-gar-nicht-falsch-sein-kann/story/24288166.

52 Seidl 2015, S. 30.

53 www.diedenkweisen.typepad.com/diedenkweisen/2012/07/nur-tr%C3%A4nen-l%C3% BCgen-nicht.html.

54 Ebd.

Der Klient muss dem Coach also erst selbst erklären, was gerade bei ihm abgelaufen ist – ein überzeugenderes Eingeständnis der nicht vorhandenen Aussagekraft der Augenpositionen lässt sich kaum beibringen.

Wichtiger als alle Fragen nach der Aussagekraft erscheint mir aber – wie übrigens bei den anderen NLP-Werkzeugen auch – die Relevanz für das Menschliche, also für die Frage: In was für einer Gesellschaft wollen wir eigentlich leben? Wollen wir – bezogen auf die NLP-Technik des »Ankerns« – in einer Gesellschaft leben, in der wir nicht mehr zu unseren wahren Empfindungen stehen, sondern uns jederzeit in einen »perfekten Zustand« versetzen und lächeln, auch wenn es unecht und mechanisch ist? Wollen wir – bezogen auf die Technik des »Modellierens« – eine Gesellschaft, in der alle versuchen, vermeintlich erfolgreiche Vorbilder zu kopieren und sich selbst darüber vergessen? Wollen wir – bezogen auf die »Walt-Disney-Technik« – eine Gesellschaft, in der wir uns Kreativität nicht mehr als zweckfreies Ausdrucksmittel unseres Menschseins erschließen, sondern sie zu einem Markt- und Wettbewerbsinstrument degradieren, das in uns nur noch das hervorholt, was sich auch verkaufen lässt? Und wollen wir – bezogen auf die »Augenzugangshinweise« – eine Gesellschaft, in der wir das gesprochene Wort nicht mehr ernst nehmen und einander nicht mehr zuhören, sondern uns stattdessen nach äußeren »Zugangshinweisen« und körperlichen »Signalen« abtasten, um darauf unsere weitere Gesprächs-»Strategie« aufzubauen? Es wäre nicht die Vertiefung von Kommunikation, wie NLPler und Kognitionsenthusiasten meinen, sondern ihr Ende – zumindest das Ende einer zivilen, demokratischen und menschengemäßen Kommunikation.

## Absolute Verantwortlichkeit, Entsolidarisierung und »Opferbashing«

Wir können bis hierher festhalten: Das Neurolinguistische Programmieren ist nicht einfach ein »Werkzeugkasten« mit einer Anzahl »neutraler« Techniken. Vielmehr entfalten diese Werkzeuge oder »Formate«, wie es im NLP auch heißt, sehr wohl so etwas wie ein Ideengebäude – und damit eindeutige Elemente eines Menschen- und Gesellschaftsbildes. Das wichtigste dieser Elemente ist die Vorstellung einer absoluten Verantwortlichkeit des Einzelnen für sein Schicksal: Weil der Einzelne als immer kompetent gesehen wird, alle ihm begegnenden Herausforderungen aus sich selbst heraus zu lösen, müssen in dieser Logik sowohl sein äußerer Status – also seine materielle, soziale und gesundheitliche Situation, – wie auch sein innerer Zustand – seine Gefühle, Empfindungen und Erfahrungen – als selbst produzierte Artefakte des eigenen Geistes und Denkens erscheinen. In den Worten zertifizierter NLP-Anbieter: »Jeder Erfolglose ist reich – an Ausreden. [...] Du bist selbst verantwortlich für Deinen Zustand.«[55] »Jeder Mensch wird als Gewinner geboren. [...] Du kannst jede Erfahrung für Deinen Aufstieg oder Deinen Abstieg benutzen.«[56]

> Ein Bettler ... den sieht man in jeder Stadt, ärmlich angezogen sitzt er da mit einem Hundeblick und [...] hofft, dass das Glück ihn endlich anlächelt [...]. Vielleicht [...] jammert [er] nur wie unfair die Welt da draußen ist [...] Bei allen anderen klappt es alles so gut, nur nicht bei ihm ... der Arme ... [...] Die beste Nachricht ist es, dass es uns selbst überlassen ist, unser eigenes Leben in die Hände zu nehmen und etwas daraus zu machen.[57]

Anders gesprochen: *Im Weltbild des NLP gibt es grundsätzlich keine Opfer* – es sei denn diese machen sich selbst dazu. Leid, Schmerz, Scheitern, Ohnmacht oder Traurigkeit, jede Lage von Armut, Ausschließung, Unglück und Desintegration sind im NLP primär eine »frei gewählte Entscheidung« der Betroffenen. Der DVNLP-zertifizierte Lehr-Coach Michael Begelspacher:

> Leidest Du noch oder lebst Du schon?« [...]. Ich möchte, dass Sie erkennen und direkt erleben, dass es möglich ist, ihr Leiden jetzt zu beenden, sich von der Opferrolle zu lösen und [...] Verantwortung für Ihre Gefühle [...] zu übernehmen [...]. Jeder Mensch ist selbst verantwortlich für seine Gedanken und Gefühle.[58]

Ähnlich sieht es der DVNLP-zertifizierte Coach Michael Gippert:

> Jeder schafft sich sein eigenes Modell der Wirklichkeit und lebt darin. [...] Ändere Deine Bewertungen und sofort änderst Du Dein Leben. [...] Alles Negative ist positiv, wenn ich darin das Positive erkenne. [...] Du allein triffst die Entscheidung, wie Du Dich fühlen möchtest.[59]

Die Macher des Selbstmanagement-Blogs »Zeit zu leben« ergänzen:

> Viele von uns sehen sich selbst als Opfer. [...] Wir verlieren [...] unseren Job oder Freunde, wir werden krank oder arm [...] und »können gar nichts dafür«. [...] Tatsächlich ist die Einsicht der Eigenverantwortung in diesem Bereich mit einer gewissen Härte verbunden: Durch eine solche Sicht [...] verlieren wir unsere vielen [...] Entschuldigungen [...], z. B. dafür, Dinge nicht geschafft zu haben, [...] einen Job verloren zu haben, [...] unglücklich und einsam zu sein [...] So hart das klingen mag, aber Sie selbst entscheiden.[60]

55 www.michael-gippert.de/zitate.htm.
56 Ebd. – Vgl. außerdem http://nlpportal.org/nlpofflimits/trainer/2666/Michael_Gippert.
57 www.lifecoach-bensheim.de/bettler-oder-dieb.
58 www.institut-fuer-nlp-und-hypnose.de/de/component/content/category/12-ueber-mich.html.
59 www.michael-gippert.de/zitate.htm.
60 www.zeitzuleben.de/der-schlussel-zu-einem-aktiven-leben-eigenverantwortung-ubernehmen/.

Christoph Bördlein, Professor für Psychologie an der Hochschule für angewandte Wissenschaften Schweinfurt-Würzburg und langjähriger engagierter NLP-Kritiker, fasst es treffend zusammen: »Wie auch das »positive Denken« behauptet das NLP, dass jeder bereits alle Fähigkeiten besitzt, um mit Schwierigkeiten fertig zu werden [...] Wem es dreckig geht, der hat zum Schaden auch den Spott, denn er ist einfach nicht fähig, sein Potential zu nutzen.«[61]

Nimmt man die Selbstzeugnisse der NLP-Branche ernst, schließt diese totale Selbstverantwortlichkeit sogar die beiden verstörendsten Erfahrungen menschlicher Existenz ein: Die Erfahrung von *Leid durch andere Menschen* und die Erfahrung von *Leid durch Krankheit*. Aus der Trauma-Arbeit weiß man, dass wir Verletzungen, die uns von anderen Menschen zugefügt werden, sehr viel schlechter verarbeiten als solche durch einen Unfall oder eine Naturkatastrophe. Der Grund ist, dass letztere irgendwo erklärlich erscheinen, Natur ist unberechenbar, Technik fehlbar. Dass aber Menschen ihresgleichen absichtlich Leid antun und vielleicht sogar noch Spaß daran haben, bringen wir mit unserem Bild vom Menschen – und damit auch mit unserem Bild von uns selbst – nur schwer in Einklang. Das NLP »löst« dieses Problem durch eine Umkehrung der Verantwortlichkeiten: Denn wenn jeder in jeder Lage doch selbst der »Macher« seiner Gefühle ist – dann ist es ja gar nicht möglich, dass ein Mensch einen anderen »verletzt«. Sondern dann kann es immer nur der Verletzte selbst sein, der seine schlechten Gefühle erst »erschafft« und sich »als Opfer ausliefert«. »Kein Mensch kann dafür sorgen, dass Sie sich schlecht fühlen, wenn Sie es ihm nicht erlauben.«[62] »Opfer geben Macht ab. Machen Sie sich einmal klar, wieviel Macht wir anderen Menschen über uns in die Hand geben, wenn wir uns ihnen als Opfer ausliefern.«[63]

Wenn etwa in der Arbeitswelt hinterrücks über einen Kollegen hergezogen werde – ein im Kontext von Mobbing häufiges Phänomen – dann sei für die daraus entstehenden seelischen Verletzungen ganz allein der verleumdete Mitarbeiter verantwortlich – und nicht diejenigen, die über ihn lästerten:

> Wenn ein Kollege schlecht über dich redet und du erfährst es, dann fühlst du dich vielleicht [...] traurig oder frustriert. Aber wenn du jetzt denkst, dass dein Kollege dafür verantwortlich ist, dass du dich schlecht fühlst, dann liegst du [...] falsch. Dein Büronachbar macht nicht deine Gefühle, sondern das bist du

61 Christoph Bördlein: So genannte Psychotechniken aus wissenschaftlicher Sicht- am Beispiel NLP. Herausgegeben von der Elterninitiative zur Hilfe gegen seelische Abhängigkeit und religiösen Extremismus e.V. München o. J. A. Als pdf unter www.sektenwatch.de.

62 www.zeitzuleben.de/der-schlussel-zu-einem-aktiven-leben-eigenverantwortunguberneh-men/2/.

63 Ebd.

selbst. Und es ist nicht einmal die Tatsache, dass jemand hässlich über dich geredet hat, weswegen du dich schlecht fühlst! Stell dir vor, du hättest es nie erfahren…, dann hättest du dich auch nie darüber aufgeregt. Das zeigt doch deutlich, dass deine Gefühle wirklich nur von dir selbst abhängen.[64]

Entsprechend stehe ein Opfer von Mobbing auch ganz allein selbst in der Verantwortung, sich zu schützen und könne keine Solidarität von seinen Mitmenschen oder der Gesellschaft erwarten. »Es wirkt schnell hart und unfair, bei einem Mobbing-Opfer an die Eigenverantwortlichkeit zu appellieren. Aber […] Sie können […] nicht erwarten, dass sich jemand anders Ihres Problems annimmt. […] Machen Sie sich klar, dass nur Sie selbst Ihre Situation verändern können.«[65] Zur Wahrnehmung dieser »Eigenverantwortung« gehört nach Ansicht des Coachingbloggers vor allem die Analyse, ob man nicht durch eine »Opfer-Ausstrahlung« die Angriffe überhaupt erst selbst ausgelöst habe. In diesem Fall komme es darauf an, mit NLP die eigenen Einstellungen und Überzeugungen so zu verändern, dass Angreifern kein Grund mehr für Attacken geliefert werde.

Auch wenn es Ihnen vielleicht ungerecht erscheint, so sollten Sie […] die Frage beantworten, was Sie selbst zu dieser Situation beitragen. […] Haben Sie eine »Opfer-Ausstrahlung«? […] Vielleicht können Sie Ihre Ausstrahlung […] durch einen […] NLP-Kurs verbessern? […] Finden Sie […] heraus, welche Fähigkeiten, Einstellungen und Überzeugungen Sie brauchen, um sich aus Ihrer Opferrolle befreien zu können.[66]

Der Schutz vor Demütigung, übler Nachrede, Ausgrenzung oder Bedrohung wird sozusagen »privatisiert« und an den Einzelnen delegiert, der über seine »Ausstrahlung« und das »Heraustreten aus der Opferrolle« selbst dafür zu sorgen hat, nicht gefressen zu werden. Man fühlt sich an »Argumentationen« erinnert, die Frauen bei Übergriffen eine Mitverantwortung zuschieben, weil sie doch durch ihr knappes Kleid oder ihren Blick »Signale ausgesandt« hätten, an »Ratschläge« gegenüber alternativen Jugendlichen, besser keine bunten Haare zu tragen, weil sie damit den Neonazis doch selbst den Grund zum Zuschlagen lieferten oder an achselzuckende »Das-Opfer-hat-aber-sicher-Angst-ausgestrahlt«-Kommentare nach brutalen Gewaltattacken in der U-Bahn. Der zivilisatorische Konsens einer Gesellschaft, in der die Würde des Menschen als unantastbar gilt – und zwar immer und vollkommen unabhängig davon,

64 www.zeitzuleben.de/meine-gefuhle-mache-ich-mir-selbst/.
65 www.zeitzuleben.de/das-problem-mobbing/3. Immerhin kriegt der Artikel ganz am Ende noch die Kurve und fordert dazu auf, Zivilcourage zu zeigen und Mobbern entgegenzutreten. Die Verantwortungszuweisung an das Opfer dominiert aber.
66 Ebd.

welche »Ausstrahlung« oder »Rolle« jemand gerade vermittelt –, und in der eine engagierte Zivilgesellschaft gemeinsam mit einer handlungsfähigen Exekutive und einem starken, entschlossenen Rechtsstaat dies zu jeder Zeit an jedem Ort durchsetzt, wird verlassen zugunsten eines archaisch-vorzivilisatorischen »Rechts« des Stärkeren. Es ist gewissermaßen die Schablone für den widerwärtigen Trend des »Opferbashings«, der inzwischen nicht nur auf unseren Schulhöfen zum traurigen Alltag gehört, wo »Opfer« mittlerweile zu den schlimmsten und schäbigsten Schimpfwörtern zählt: Erst wird jemandem gezielt Ausgrenzung, verbale oder gar körperliche Gewalt angetan, anschließend wird die Verantwortung dafür wie für die entstandenen Verletzungen ihm selbst zugeschoben, um ihn ein zweites Mal zu bloßzustellen: »Du Opfer!« Und seit einiger Zeit erleben wir das neue und erschreckende Phänomen, dass sich dieses Bashing noch ausweitet auf jene, die professionell oder privat an der Seite von Opfern stehen: Polizistinnen und Polizisten, Notärztinnen und Notärzte, Sanitäts- und Feuerwehrkräfte, aber auch Sozialarbeiter, Ehrenamtliche, die Opfer von Straftaten betreuen, Flüchtlingshelfer und Menschen, die Zivilcourage zeigen oder sich Mobbing und Ausgrenzung entgegenstellen, sind in unserem Land fast täglich Spott, Beleidigungen und tätlichen Angriffen ausgesetzt.

Neben Gewalt gehören ernste Erkrankungen zu den Erfahrungen, in die sich Betroffene mit der quälenden Frage »Warum gerade ich?« hineingestellt sehen. Auch für dieses Erleben bietet das NLP-Modell ein radikalkonstruktivistisches Deutungsmuster an: Krankheiten als Produkte der eigenen Kognition. Maßgeblich eingeführt wurde diese Vorstellung vom NLP-Mitbegründer Robert Dilts. Dilts sieht das menschliche Gehirn als »kybernetischen Mechanismus«, der bei entsprechendem mentalen Input, z. B. einem formulierten Ziel, Körper, Geist und sogar die äußere Umgebung autonom so »programmiere«, dass das formulierte Ziel eintrete. Laute das formulierte Ziel zum Beispiel »Reichtum«, dann sorge das Gehirn dafür, dass am Ende tatsächlich finanzieller Gewinn stehe. Als Beleg führt Dilts eine fragwürdige Untersuchung an, laut der Studierende, die zu Beginn ihres Studiums Ziele aufschrieben, später exorbitant höhere Einkommen erzielt hätten als solche, die keine Ziele aufschrieben: »Das ist ein Beispiel dafür, wie ihr Gehirn ihr Verhalten organisieren wird, damit Sie ein Ziel erreichen.«[67] Diesen unseriös-magischen Ansatz – es handelt sich hier um nichts anderes als eine Spielart des esoterischen »Gesetzes der Anziehung« – übertrug Dilts in den 1980er Jahren auf den Gesundheitsbereich. Mittels NLP sei es z. B. möglich, bei einer Allergie das Immunsystem so »umzuprogrammieren«, dass es die allergische Reaktion verlerne – und zwar nicht, wie bei der medizinischen Desensibilisierung, durch die Konfrontation der

67 Dilts u.a. 1991, S. 19.

Immunzellen mit den Allergenen, sondern durch die Konfrontation des Allergikers mit seinen »Glaubenssätzen« über die Allergie.[68] Dilts ist überzeugt, dass sogar die Heilung des bereits metastasierten Karzinoms seiner Mutter auf systematische NLP-Interventionen zurückzuführen sei:

> Meine Mutter und ich verbrachten lange Tage damit, mit ihren Glaubenssätzen [...] zu arbeiten. Ich benutzte jede NLP-Technik, die angemessen erschien. [...] Als Ergebnis dieser Arbeit [...] war sie in der Lage, beeindruckende Verbesserungen in ihrer Gesundheit zu erzielen [...], sie entschied sich gegen eine Chemotherapie, Strahlentherapie oder irgendeine andere traditionelle Therapie. [...] [Heute] erfreut sie sich hervorragender Gesundheit [...], schwimmt mehrmals in der Woche [...], lebt ein glückliches, erfülltes Leben, reist nach Europa und spielt Rollen in der Fernsehwerbung.[69]

Zwar ist nicht zu bestreiten, dass sogenannte Spontanheilungen ein reales Phänomen sind. Auch ist die berühmte Metapher, dass »der Glaube Berge versetzt« Teil vieler religiöser Überlieferungen. Dort aber – man denke etwa an den beeindruckenden katholischen Marienwallfahrtsort Lourdes – werden solche Heilungen als »Wunder« kommuniziert, das heißt als außergewöhnliche Einzelereignisse einer auf eine außerhalb des eigenen Selbst gerichteten Hoffnung. Sie gelten daher als nicht kopier- und schon gar nicht durch eigene Kognition »herstellbar«, sondern beziehen ihre Wirkung gerade aus ihrem sich jeder Verfügbarkeit entziehenden Geheimnis. Demgegenüber beansprucht NLP ja gerade keine Religion zu sein, sondern eine Sammlung objektiver »Techniken«, deren Effekte prinzipiell wiederholbar seien: Dilts generalisiert die glückliche Einzelerfahrung der Spontanheilung seiner Mutter zu etwas, das mit NLP auch von jedem anderen erreicht werden könne: «Sie ist eine Inspiration [...] für das, was für Menschen mit lebensbedrohlichen Krankheiten möglich ist.»[70] Die problematische Kehrseite ist der darin enthaltene Umkehrschluss, dass derjenige, dem die Heilung seiner Krankheit nicht glückt, dann eben seine »Möglichkeiten« nicht genutzt habe, er also letztlich selbst dafür verantwortlich sei, ob er weiterlebe oder sterbe. Ein in jeder Hinsicht inhumanes Gedankenkonstrukt – aber ein in der Coachingszene durchaus verbreitetes: Auch das DVNLP-zertifizierte Kölner Personalentwicklungsunternehmen »Training Deluxe« deutet ernste Erkrankungen als Äußerungen des »Unterbewussten«, die der Patient durch eigene Denkstrukturen selbst evoziert habe – und die er deshalb durch Änderung dieses Denkens auch selbst

68 »Der Kern des Allergieformats von Robert Dilts ist eine einfache Konditionierungstechnik, um die Immunreaktion zu verändern.« Vgl. http://nlpportal.org/nlpedia/wiki/Allergieformat.
69 Dilts u.a. 1991, S. 17/18.
70 Ebd.

wieder beheben könne: »Die Zahl der Fälle, in denen Menschen eine schwere Krankheit überleben und danach einen anderen Weg gehen, nimmt immer mehr zu. Die Veränderung ist meist umso größer, je mehr das eigene Denken dazu beigetragen hat.«[71]

Eine lebensbedrohliche Krankheit gebe dem Patienten sozusagen die »Anweisung«, seine gesamte bisherige Identität zu vergessen und stelle ihn vor die Entscheidung, entweder dieser Anweisung zu folgen und zu leben – oder sich ihr zu verweigern und zu sterben. »Es ist [...] so, daß man zuerst alles vergessen muß, was man vorher über sich und sein Leben geglaubt hat. [...] Brandon Bays, die einen 20 cm großen Tumor im Bauch hatte, [...] war klar, wenn sie dies nicht umsetzt, wird sie sterben.«[72]

Auch Sonja Volk, vom DVNLP zertifizierte Coach und Gesundheitspädagogin, sieht in Krankheiten eigenverantwortete geistige Konstrukte, über die wir durch unsere Gedanken selbst die Kontrolle hätten: »Wir bestimmen mit unseren Gedanken selbst darüber, ob wir fit bleiben oder krank werden! [...] Haben Sie sich schon einmal gefragt, warum einige Menschen mit gewohnter Regelmäßigkeit jedes Jahr ihre Grippe bekommen, während andere Menschen davon verschont bleiben?«[73]

Die radikalkonstruktivistische Idee der absoluten Verantwortlichkeit, die in diesen Beispielen aufscheint, ist für die Gesamtbewertung des NLP aus zwei Gründen relevant. Erstens enthält sie eine gefährliche politische Dimension. Denn sie liefe, konsequent weitergedacht, auf die Delegitimierung von Staat und Gesellschaft hinaus. Wenn bei einem Übergriff die Verantwortungskette nicht beim Übergriffigen, sondern beim Opfer beginnt, das dem Täter durch seine »Opferausstrahlung« erst «die Macht eingeräumt» habe, übergriffig zu werden – warum sollten ihm dann Polizei, Rechtsstaat und Zivilgesellschaft noch zu Hilfe kommen? Wenn Krankheit etwas ist, das der Erkrankte über seine Gedanken selbst kreiert und durch eine Änderung seiner Gedanken selbst heilen kann – wozu braucht es dann noch ein öffentliches Gesundheitssystem und eine verpflichtende Krankenversicherung? Und wenn Gefühle und Schmerz Zustände sind, die jeder frei wählen kann – warum sollen wir dann Empathie mit Menschen haben, die trauern, bedrückt sind oder leiden? Coaching-Blogs und Selbstmanagement-Ratgeber plädieren denn auch auffallend häufig für eine Abschaffung des Mitleids. Dieses sei zu beseitigen und durch ein »erfolgreiches Mitgefühl« zu ersetzen, das sich durch strikte Nicht-Identifikation mit dem Leidenden auszeichnen müsse.

71 http://blog.training-deluxe.de/2009/09/11/wenn-krankheiten-zu-lehrern-werden/.

72 Ebd.

73 www.agitano.com/sonja-volk-erfolg-beginnt-im-kopf-erkaeltung-oder-fit-auf-die-einstellung-kommt-es-an/64755.

> Stell dir vor, du siehst einen alten Mann [...] Er läuft gebückt am Stock [...] Seine müden Augen schauen leer. [...] Denkst du dir [...]: »Der Arme!« [...] dann hast du Mitleid. [...] Du verbindest dich emotional mit dieser Person [...], weil du [...] dir [...] vorstellst, wie es wäre, wenn du in dieser Lage bist.[74]

Mit dieser Vorstellung füge man sich Schaden zu – weil man dabei selbst Gefühle von Traurigkeit erleben könne. Anders bei einem distanzierten Mitgefühl: »Mitgefühl hingegen heißt mit-fühlen. Du fühlst dich in die Lage der Person hinein, [...] aber [...] du leidest nicht mit, weil du einen emotionalen Abstand zu ihr hast und dich nicht an ihre Stelle setzt.«[75] Da der Reflex zum Mitleid jedoch angeboren sei, müsse seine Ausschaltung durch kognitive Interventionen systematisch eingeübt und trainiert werden.

> Es ist nicht einfach, kein Mitleid zu haben, aber mach dir bewusst, dass du nicht für das Leben anderer verantwortlich bist. [...] Wenn du das nächste Mal einen alten Mann [...] siehst, dann bewerte die Situation nicht. Nimm sie wahr, ohne sie zu beurteilen. Dann hast du erfolgreich Mitgefühl.[76]

Die Ideologie der absoluten Selbstverantwortlichkeit – das ist der zweite wichtige Aspekt – stellt darüber hinaus die zentrale Schnittstelle des NLP zum Welt- und Menschenbild der Esoterik her, eine Schnittstelle, die wir uns nachher ausführlich ansehen werden.

## Methodische Defizite des NLP

Vorstellungen, dass Krebs durch Mentaltrainings heilbar sei oder Augenpositionen die Gedankenebenen eines Gegenübers verrieten, liefern immer mehr Indizien dafür, dass es sich beim NLP um keine wissenschaftsfundierte Methodik handelt. Doch je mehr solcher Indizien auftauchen, desto lauter wird der Anspruch auf Gleichrangigkeit mit den Wissenschaften artikuliert. So entwickelte der Deutsche Verband für Neuro-Linguistisches Programmieren für die Landtagswahlen in Niedersachen 2013 sogar eigene Wahlprüfsteine – also einen Fragenkatalog, der den politischen Parteien vorgelegt wird, um aus den

74 Vgl. Bettina Hielscher: Warum du das Mitleid aus deinen Gefühlen streichen solltest. www.zeitzuleben.de/warum-mitleid-deinen-gefuehlen-streichen-solltest/ – Auszublenden, dass die emotionale Identifikation mit dem Anderen und Nächsten gerade die Voraussetzung für den Impuls zum Handeln sein könnte, ist nur eine der zahlreichen Schwächen dieses Konstrukts eines »erfolgreichen Mitgefühls«. Der »Duden«, den man für unsere Sprache nach wie vor für die maßgebliche Instanz halten darf, kennt jedenfalls zu Recht keine Unterscheidung der Begriffe, sondern behandelt »Mitleid« und »Mitgefühl« synonym.

75 Ebd.

76 Ebd.

zurückgesandten Antworten den eigenen Anhängern Orientierung für ihre Wahlentscheidung zu geben. Die Wahlprüfsteine des DVNLP lauteten unter anderem:

> Unterstützen Sie Anwendungen von NLP [...] im schulischen Bereich? Inwieweit sorgen Sie dafür, dass NLP in Forschung und Lehre an Hochschulen aufgenommen wird? Unterstützen Sie, dass eine DVNLP-Coaching-Ausbildung als Qualifizierungsmerkmal für [...] öffentliche Einrichtungen (Kitas, Jugendarbeit, Verwaltungen) akzeptiert wird? Unterstützen Sie das Ziel, dass im psychotherapeutischen Bereich [...] nach Erfolgen bezahlt werden sollte? Unterstützen Sie die Bestrebungen, dass psychologische Behandlungen mit [...] NLP [...] über die Krankenkasse abgerechnet werden können?[77]

Letzteres ist der NLP-Lobby in Österreich gelungen. Die dortige Zulassung der Kognitionstechnik als Kassenleistung im Jahr 2008 war und ist allerdings hochumstritten. Von einer »rein politischen Entscheidung« sprach Markus Hochgerner, damals Mitglied des Psychotherapiebeirates im österreichischen Gesundheitsministerium. Es existiere »keine andere vergleichbare Therapierichtung, zu der es eine so eindeutige und klare Ablehnung gibt.«[78] Auch renommierte Mediziner wie der Leiter der Innsbrucker Universitätsklinik für Medizinische Psychologie und Psychotherapie, Prof. Dr. Gerhard Schüssler, warnten vor einer Anerkennung und verwiesen auf das »fehlende [...] theoretische Gesamtkonstrukt« des NLP.[79] Einige Kennzeichen dieses fehlenden Gesamtkonstrukts möchte ich im folgenden Abschnitt veranschaulichen.

## Generalisierungstendenz

Das zentralste Defizit des NLP ist seine Tendenz zur Generalisierung. NLP-Anwender neigen dazu, Erfahrungen, die in einem bestimmten Kontext richtig sein können, unzulässig zu verallgemeinern. Hier liegt wohl auch eine Erklärung für das erstaunliche Vereinnahmungspotential des NLP. Wenn diese Form der »Persönlichkeitsbildung« mittlerweile den Weg in Behörden, Unternehmen, Schulen, Kliniken und sogar Kirchen gefunden hat, ohne sich allzu kritischen Nachfragen stellen zu müssen, muss sie über einen »Aufhänger« verfügen, der wie ein Türöffner wirkt. Dieser Aufhänger ist ein »wahrer Kern« in einigen Postulaten des NLP. Etwa die Subjektivität der Wahrnehmung, ausgedrückt

77 www.nlp.de/aktuell/arc/wahlpruefsteine.dvnlp.NI-2013.pdf.
78 www.springermedizin.at/artikel/8540-streit-um-neue-therapierichtung.
79 Ebd.

in der Grundannahme *Die Landkarte ist nicht die Landschaft.* Innerhalb eines bestimmten Rahmens ist diese Aussage natürlich richtig: Kein Mensch würde behaupten, die Wirklichkeit, die wir erkennen, sei in einem absoluten Sinne objektiv. Was allerdings keine Erkenntnis des Neurolinguistischen Programmierens ist, sondern eine der europäischen Aufklärung. Bei Siegfried Kracauer, einem der Mitbegründer der modernen Soziologie, mündete das in den Satz: »Die Wirklichkeit ist eine Konstruktion«.[80] Im NLP-»Werkzeugkasten« wird nun diese an sich richtige Erkenntnis generalisiert und dadurch verzerrt. Denn wenn auch jede Wahrnehmung durch den Hintergrund des Einzelnen subjektiv gefärbt ist, hebt dies die Existenz objektiver Gehalte von Wirklichkeit niemals auf. Wo ein Haus steht, steht ein Haus, egal welche Brille man auf hat. Die Wirklichkeit ist eine Konstruktion, ja – aber ein erheblicher Teil der Koordinaten dieser Konstruktion ist (vor-)gegeben. Man kann das im Alltag leicht erkennen: Wenn Sie Ihre Hand auf eine glühende Herdplatte halten, weil Sie sich sagen, dass es nur Ihre »innere Landkarte« und Kognition sei, die die Platte heiß und gefährlich erscheinen lasse – dann werden die Brandblasen am nächsten Tag Ihnen plastisch zeigen, dass dem nicht so ist, sondern es sehr wohl eine Objektivität gibt, die man auch mit NLP-Grundannahmen nicht außer Kraft setzen kann. Indirekt gibt das NLP dies sogar zu, indem es einen sogenannten »Öko-Check« eingeführt hat[81], bei dem der Klient Wechselwirkungen mit der äußeren Realität, die plötzlich doch irgendwie existiert, abschätzen soll. Am grundlegenden Fehler der Überschätzung des Subjektiven ändert dies nichts. Beispielhaft für diese Überschätzung ist die schon beschriebene NLP-Technik des »Modellierens«, der zufolge unabhängig von Talenten jeder alles erreichen könne. In der klassischen Psychologie ist dagegen zwar unbestritten, dass Talente in ihrer Entfaltung gefördert oder behindert werden können – nicht aber generiert, wo sie nicht da sind.[82] Nur ganz vereinzelte Stimmen in der Wissenschaft behaupten eine Erlernbarkeit jeder Fertigkeit durch jeden, wobei auffällt, dass sie durchwegs von Vertretern

80 Kracauer 1930.

81 Seidl 2015, S. 68/69.

82 Erwähnt seien hier die Forschungen des amerikanischen Psychologen *David Z. Hambrick* von der Michigan State University. Vgl. David Z. Hambrock, Elizabeth J. Meinz: Sorry, Strivers: Talent Matters. *New York Times* vom 19.11.2011. www.nytimes.com/2011/11/20/opinion/sunday/sorry-strivers-talent-matters.html?_r=0 – Vgl. ferner den Artikel *Psychologists Defend The Importance Of General Abilities* auf der Homepage der Association for Psychological Science (APS) – www.psychologicalscience.org/index.php/news/releases/psychologists-defend-the-importance-of-general-abilities.html – sowie *What Do Great Musicians Have in Common? DNA. New study shows it's a myth that a lot of practice will necessarily bring greatness* unter www.scientificamerican.com/article/what-do-great-musicians-have-in-common-dna/.

eines reduktionistisch-neurobiologischen Menschenbilds geäußert werden.[83] Im NLP wird also die richtige Kernbeobachtung, dass mit einer gezielten Förderung signifikante Verbesserungen von – im Ansatz aber immer schon vorhandenen – Fähigkeiten erreicht werden können, zur These generalisiert, dass, bildhaft gesprochen, mit der richtigen Kognitionstechnik auch der Unmusikalische Konzertmeister, der Sprachunbegabte Fremdsprachenkorrespondent, die Zahlenvergessliche Mathe-Ass und die Unsportliche Kunstturn-Meisterin werden könne. Das muss Enttäuschungen durch falsche Hoffnungen erzeugen, vor allem aber generiert es einen unmenschlichen, destruktiven Erwartungsdruck: Denn in einem Modell, in dem angeblich jeder jede Leistung erbringen kann, die jemals von irgendeinem Menschen auf der Welt erbracht worden ist, ist der Schritt, sie auch von jedem zu fordern, nur sehr klein. Oder in den Worten einer NLP-Masterarbeit: »Wer sagt er kann nicht, der will nicht.«[84]

## Falsche Umkehrschlüsse

Der Generalisierungstendenz verwandt ist ein zweites Defizit des NLP-Denkens: Die Neigung zu falschen Umkehrschlüssen. Wenn A immer B ist, könnte man meinen, dass B auch A sein müsse. Klingt logisch, stimmt nur nicht. Konkretes Beispiel: Unreife Äpfel, egal welcher Sorte, sind grün. Aber die umgekehrte Aussage »Grüne Äpfel sind unreif« ist falsch: Es gibt Apfelsorten, die auch in reifem Zustand grün bleiben. Im NLP wird oft in genau solch verkürzten Umkehrungen gedacht. Beispiel: Niemand bestreitet heute mehr, dass seelische Belastungen sich körperlich massiv niederschlagen können – die ganze Psychosomatik ist aus dieser Erkenntnis entstanden. Die von vielen NLPlern vertretene Umkehrung aber, nach der körperliche Erkrankungen *immer* »mentale« Ursachen hätten, ist Unfug. Nach allem, was die moderne Medizin weiß, haben Gesundheitsprobleme unterschiedlichste Ursachen: Dispositionen, Gendefekte, Umwelteinflüsse, Gifte, Stoffwechselstörungen, Alterungsprozesse, Viren, Bakterien, Fehlbelastungen – und auch seelische Faktoren. Aber auch Menschen, die seelisch immer stabil waren, bekommen Herzinfarkte oder Depressionen. Auch Menschen, die sich sehr gesund ernähren, erkranken an

83 Vgl. Siefer 2009. – Siefer gilt Kritikern als Exponent eines dezidierten Neurobiologismus, von einer »Verbindung von Halbwissen mit Wunschdenken« sprach etwa der Materialdienst der Evangelischen Zentralstelle für Weltanschauungsfragen anlässlich seines Buches *Ich. Wie wir uns selbst erfinden.* »Die Vorstellung eines willkürlichen »Psycho-Designs« nach dem Motto »Werde zu der Person, die du sein möchtest!« ist leider keine Fiktion mehr, sondern wird zum Teil massiv propagiert.« Vgl. Michael Utsch: Streit um Geist und Seele. Wie die Hirnforschung das Menschenbild prägt. Materialdienst der Evangelischen Zentralstelle für Weltanschauungsfragen, Ausgabe 3/2006, S. 85–92.

84 Tischer 2013, S. 8.

Diabetes oder Darmkrebs. Aus wissenschaftlicher Sicht ist die Wirklichkeit viel zu komplex, um sie in simplen Ursache-Wirkung-Schemata erfassen zu können. Kritiker wie Hansjörg Hemminger sehen hinter den Generalisierungen denn auch persönliche Erfahrungen von NLPlern, die diese unreflektiert für ein allgemeines Gesetz hielten:

> Bei vielen positiven Stimmen zu NLP stellt man die motivierende Wirkung eigener Aha-Erlebnisse bei den Autoren fest. Sie haben die anregende und kompetenzsteigernde Wirkung erlebt, die davon ausgeht, wenn man sein Erleben und Verhalten auf einer kognitiven Meta-Ebene reflektiert [...] Was diese Autoren in der Regel nicht wissen ist, daß fast jede beliebige Theorie diese Aha-Effekte hervorruft [...] Eine typische Unkenntnis [...], die zu einer Überschätzung von NLP aufgrund der eigenen positiven Erfahrungen führt.[85]

## Irrtümer

Die Idee, man könnte einen Menschen und sein Problem mit wenigen »Handgriffen« von außen erfassen, ohne sich erst langwierig seiner individuellen Geschichte nähern zu müssen, klingt in einer Epoche allgegenwärtigen Zeitdrucks verlockend. Sie beruht nur – das ist das dritte Defizit im NLP-Werkzeugkasten – auf Irrtümern. Ein solcher Irrtum ist die schon erwähnte NLP-typische Annahme, dass unsere Gefühle unseren Gedanken folgten und somit »programmierbar« seien. Erkenntnisse aus Hirnforschung und Verhaltensbiologie legen – entgegen landläufigen Behauptungen der NLP-Szene – das genaue Gegenteil nahe. Auch wenn man jedem reduktionistischen Menschenbild ablehnend gegenübersteht und das Bild vieler Hirnforscher von der menschlichen Seele als synaptischer »Illusion« in aller Schärfe zurückweist, ist eines unbestreitbar: Selbst wenn es eine unsterbliche Seele geben sollte, die sich wissenschaftlicher Erfassbarkeit entzieht, wird ihre Entfaltungsmöglichkeit vom Gehirn und seinen Strukturen bestimmt, solange sie sich im Körper befindet. Das Gehirn bildet gewissermaßen das »Gebäude«, in dessen »Stockwerken«, »Verbindungsgängen« und »Zimmern« unsere Seele »umherläuft«, es stellt ihr die zur Artikulation nötige »Infrastruktur« aus (Nervenzellen)-Straßen zur Verfügung. Deshalb hält ein Buch wie das der Hirnforscher Gerhard Roth und Nicole Strüber *Wie das Gehirn die Seele macht*[86] auch für den überzeugten Nicht-Atheisten wichtige Erkenntnisse bereit. Zu diesen Erkenntnissen gehört die Relativierung der Kognition als wirksames Instrument neuronaler Intervention. Roth und Strüber zeigen: Nicht die Kognition

85 Hemminger 2004b, S. 9.
86 Roth/Strüber 2014.

bedingt unsere Emotion, sondern umgekehrt bringen unsere Emotionen erst unser Denken hervor:

> Aus neurobiologischer Sicht kritisch zu betrachten ist die [...] Annahme [...], dass die Gedanken die Emotionen bedingen und dass daher psychische Störungen das Ergebnis »falscher Kognition«, d. h. unzutreffender Vorstellungen des Patienten von sich selbst, seinem Handeln und seinem Verhältnis zu Anderen seien. Dagegen steht die wohlfundierte Einsicht der Neurobiologie, dass es umgekehrt die bewussten und unbewussten Emotionen sind, [die] [...] das [...] Denken bestimmen. Deshalb kann eine kognitive Umstrukturierung allein keinen therapeutischen Effekt haben.[87]

Neurowissenschaftlich ist deshalb die Vorstellung, Menschen seien die willentlichen und verantwortlichen Erzeuger ihrer Gefühle, geradezu abenteuerlich. Wir sind nicht verantwortlich für unsere Gefühle – sondern für unsere Handlungen. Das heißt wir sind verantwortlich für den Umgang mit unseren Gefühlen, dafür also, dass aus Frust nicht Vandalismus, aus Wut nicht eine Beleidigung und aus erotischem Begehren nicht eine Grenzverletzung wird. Die Gefühle selbst können wir dagegen oft kaum beeinflussen. Die Erkenntnis, dass wir meist nichts für unser emotionales Befinden können, bedeutet zudem nicht, dass dann immer ein anderer »schuld« daran sein muss. Wenn sich jemand etwa unglücklich verliebt, ist das für die Beteiligten eine belastende Situation – aber keiner ist dafür »verantwortlich«: Der Verliebte muss sich seine Gefühle nicht vorwerfen, aber da sich die Erwiderung von Zuneigung ebenfalls dem Willen entzieht, zeichnet auch der Abweisende nicht für den Schmerz verantwortlich, den sein Korb beim Gegenüber auslöst. Im literarischen Bild: Goethes Werther ist für seine Leiden nicht verantwortlich – aber Lotte eben auch nicht; schon gar nicht ist sie verantwortlich für Werthers Tod.

Auch bei einem anderen, uns Deutsche besonders betreffenden Thema, erhärten wissenschaftliche Erkenntnisse den Befund, dass unsere Gefühle primär gegeben und nicht »erschaffen« sind. Im Zuge der sogenannten »Kriegskinder-« und »Kriegsenkel«-Debatte[88] verdichten sich die Hinweise, dass unser emotionales Sein nicht nur, wie die Psychoanalyse bislang annahm, durch das geprägt ist, was wir in frühester Kindheit erlebt haben – sondern vermutlich

87 Ebd. S. 377.

88 Der Begriff »Kriegskinder« hat zwei Bedeutungen: Er bezeichnet zum einen Kinder, die während eines Krieges durch Besatzungssoldaten oder Zwangsverschleppte mit Partnern aus der Nation des Kriegsgegners gezeugt wurden – und deshalb später oft Diskriminierungen ausgesetzt waren. Zum anderen bezeichnet der Begriff Menschen, die als Kinder unmittelbar oder mittelbar Kriegseinwirkungen ausgesetzt wurden. Deren Kinder, die manchmal ähnliche Traumatisierungsmuster aufweisen wie die Elterngeneration, bilden dann die sogenannten »Kriegsenkel«.

sogar durch das, was unsere Eltern in ihrer Kindheit verarbeiten mussten. So zeigen Menschen, die als Kinder Bombenangriffen oder Vertreibungen ausgesetzt waren oder die Verstrickung der eigenen Familie in NS-Verbrechen mitbekamen, heute, mit siebzigjähriger Verzögerung, plötzlich PTBS-Symptome.[89] Jahrzehntelang hatten sie klaglos funktioniert und waren äußerlich oft sehr erfolgreich im Leben – was in der Coaching-Branche schon als Beleg für die Existenz psychischer Unverwundbarkeit (Resilienz) gefeiert wurde. Nun zeigt sich: Das reibungslose Funktionieren hatte seinen Grund darin, dass das Ausdrücken von »negativen« Emotionen wie Trauer, Schmerz und Schuld in der Nachkriegszeit kollektiv tabuisiert war. Die Vergangenheit hatte zu ruhen, der Blick durfte nur nach vorne gehen. Die von den Mitscherlichs attestierte »Unfähigkeit zu trauern« bedingte nach Ansicht vieler Psychoanalytiker, dass die tabuisierten Gefühle von Verlust, Angst oder Scham sich auf die Generation der zwischen 1965 und 1975 Geborenen auswirkte. Das ist jene Generation, die heute trotz behüteter Kindheiten im Frieden und einer oft guten Ausbildung überdurchschnittlich häufig von brüchigen Biografien, Beziehungs- und Kinderlosigkeit und prekären Lebensumständen betroffen ist. Die Journalistin Sabine Bode, die sich in mehreren vielbeachteten Publikationen mit der Thematik der Kriegskinder und -enkel beschäftigt hat, erläutert:

> Es gab eine Zeit, in der [...] Ärzte glaubten, kleine Kinder seien äußerst robust [...] Das Gegenteil ist richtig. Kinder sind äußerst feinfühlig. Sie spüren selbst jenes Grauen, das ihre Eltern tief in sich vergraben und deshalb nicht mehr in ihrem Bewusstsein haben. Der Bindungsforscher und Kinder- und Jugendpsychiater Karl Heinz Brisch macht deutlich: »Klassischerweise werden eigene, unverarbeitete Erlebnisse der Eltern in der Interaktion mit dem Säugling wieder lebendig.«[90]

Spannend ist, dass die bereits aus der Holocaustforschung bekannte »transgenerationale Traumatisierung« in jüngster Zeit auch biologisch nachgewiesen werden konnte. Eine im Fachjournal »Biological Psychiatry« veröffentlichte Studie der ETH Zürich zeigte, dass durch Traumatisierungen von Mäusen erzeugte Verhaltensauffälligkeiten auch noch bei Nachkommen auftraten, die dem traumatischen Ereignis nie ausgesetzt waren.

89 Vgl. www.faz.net/aktuell/wissen/medizin/spaetfolgen-des-zweiten-weltkriegs-das-trauma-der-generation-60-plus-11108216.html.

90 Bode 2004 und Bode 2009 sowie Müller-Hohagen 2002.

> Für ihre Studie trennte die Forscherin Isabelle Mansuy [...] Mäuse nach der Geburt [...] von ihrem Muttertier. Dieses Tiermodell wird zur Nachahmung [...] traumatischer Kindheitserlebnisse verwendet. [...] Die jungen Mäuse waren denn auch so stark gestresst, dass sie deutliche Verhaltensänderungen im Erwachsenenalter zeigten. Sie wiesen ähnliche Verhaltensmuster wie depressive Menschen auf [...] und hatten soziale Probleme. [...] Die Forscher konnten gar nachweisen, dass diese Schädigungen bis in die dritte Nachfolge-Generation andauern.[91]

Neu war vor allem die Erkenntnis, dass die Weitergabe der Gefühlszustände nicht nur, wie in der bisherigen Bindungsforschung angenommen, auf einer psychologischen Ebene ablief, sondern sich in nachweisbaren Genveränderungen materialisierte:

> [...] Der Stress, so zeigen die Forscher auf, verändert das Methylierungs-Profil bestimmter Gene im Gehirn und in den Spermien männlicher Mäuse. An bestimmten Genen wird eine Methylgruppe, die aus einem Kohlenstoff und drei Wasserstoff-Atomen besteht, angehängt. Dies ändert [...] die Aktivität der betroffenen Gene. Zum Beispiel können wichtige Körperfunktionen, wie etwa Nervenfunktionen betroffen sein.[92]

Wegen des überraschenden Befunds wurde das Experiment unter strengsten Bedingungen mehrfach wiederholt – mit immer demselben Ergebnis. Solche Forschungen unterstreichen noch einmal das hochgradig Defizitäre des NLP-Ansatzes, zeithistorische und biographische Aspekte von Menschen auszublenden. Kriegskinderforscher wie Bode oder Michael Ermann von der Münchener Ludwig-Maximilians-Universität berichten demgegenüber, wie positiv sich gerade das »Wahrgenommen-Werden mit den eigenen Narben« auf den seelischen Zustand von Betroffenen auswirkt:

> Bei den Kindern der Kriegskinder war unübersehbar, dass sie sich danach sehnten, endlich mit ihrem stillen Unglück, ihren Ängsten und ihren »inneren Landschaften mit Brandflecken«, wie es eine Frau formulierte, wahrgenommen zu werden.[93]

91 Wirkt ein Trauma über Generationen? Medienmitteilung der Universität Zürich vom 19.08.2010. – http://www.media.uzh.ch/de/medienmitteilungen/archive/2010/wirkt-ein-trauma-ueber-generationen.html.

92 Franziska Schmid: Verhaltensänderungen epigenetisch vererbt. Informationsdienst Wissenschaft idw / Pressemitteilung der Eidgenössischen Technische Hochschule Zürich (ETH Zürich) vom 19.08.2010. – https://idw-online.de/de/news?print=1&id=383024 – Vgl. außerdem Isabelle Mansuy (ETH und Universität Zürich) et al., Nature Neuroscience, doi: 10.1038/nn.3695 sowie www.wissenschaft.de/leben-umwelt/medizin/-/journal_content/56/12054/3364131/Vererbtes-Trauma/.

93 Bode 2009, S. 29.

> Solange sie – die Kriegskinder – »alles mit sich selbst« ausgemacht haben, gab es weder die Erfahrung, vom anderen anerkannt und begriffen zu sein, noch die einer tieferen Verbundenheit. Ohne Erinnerungsarbeit gibt es kein Gefühl der Kontinuität des eigenen Lebens – ohne diese gibt es keine positive Identität.[94]

Die NLP-typische Vorstellung, wir »machten« unsere Gefühle selbst, ist also schlicht falsch. Und man darf hinzufügen: Gottseidank! Denn in einer Zeit, in der unter einer erdrückenden ökonomischen und informationstechnischen Dominanz die absolute Machbarkeit des Menschen und sogar seiner Emotionen propagiert wird, ist die Nachricht, dass sie eine Illusion ist, weil wir eben keine berechenbaren Kognitionsroboter sind, sondern spontane, lebendige Wesen mit einem innersten Bereich, der sich der Beherrschung entzieht und sogar uns selbst manchmal ein Rätsel bleibt, die vielleicht menschlichste, schönste und ermutigendste Botschaft, die man sich vorstellen kann.

Noch eine aktuelle Bemerkung am Rande: Derzeit kommen unzählige Menschen aus den Kriegsgebieten Syriens zu uns, die dort Unsägliches erlebt haben. Viele werden bleiben, Teil unserer Gesellschaft werden und – davon ist nach heutigem Forschungsstand auszugehen – ihre emotionalen Prägungen später an ihre in Deutschland geborenen Kinder und Enkel weitergeben. Das Thema generationsübergreifender Traumata wird uns deshalb erhalten bleiben. Umso wichtiger erscheint es, an einer Gesellschaft zu arbeiten, in der Menschen nicht wie im Coaching nur systemisch betrachtet werden, sondern die Möglichkeit erhalten, mit ihrer *ganzen* Geschichte, also auch den unglücklichen und verstörenden Anteilen, in Erscheinung zu treten und sie ins kollektive Gedächtnis einzufügen.

## Fehlende Selbstbeschränkung

Wissenschaft, aber auch jede sonstige Methodik mit Anspruch auf Objektivität, zeichnet sich wesentlich durch ein Bewusstsein für den Rahmen aus, innerhalb dessen sie allein zu brauchbaren Ergebnissen kommt. Eines der wichtigsten Kriterien, ob man es mit einer wissenschaftsfundierten Lehre zu tun hat, ist deshalb eine *Haltung der Selbstbeschränkung*. Diese Selbstbeschränkung fehlt beim Neurolinguistischen Programmieren. NLP-Mitbegründer Robert Dilts verkündet im Gegenteil, dass NLP »nicht limitiert« sei.[95] Die Methode gibt sich das Selbstbild eines – in der modernen Wissenschaft unbekannten – Universalinstruments: Mit NLP würden Dinge möglich, die außerhalb jedes Vor-

94 Zitiert nach Bode 2009, S. 27.
95 www.zhi.at/news/robert-dilts-exklusivinterview.

stellungsvermögens lägen.[96] NLPler, die wie die Münchner Personaltrainerin Barbara Seidl in der Lage sind, auch von Grenzen ihrer Profession zu sprechen, sind die absolute Ausnahme. »NLP ist kein Wundermittel. […] Viele Anliegen und Themen erweisen sich bei genauerer Betrachtung als tiefes Persönlichkeitsproblem oder psychische Erkrankung. Solche Fälle gehören in die Hände von Psychologen und Psychotherapeuten.«[97]

Der Deutsche Verband für Neuro-Linguistisches Programmieren DVNLP stellt dagegen unter der Überschrift »Wer braucht NLP?« eine Liste derjenigen gesellschaftlichen Akteure auf, die sich nach seiner Ansicht NLP aneignen und es in ihre Arbeit integrieren sollten. Es sind praktisch alle.

Wirtschaft:
»Vorstände, Manager, Führungskräfte, Personaler, Vertriebsmitarbeiter, Unternehmensberater, interne und externe Trainer und jeder Mitarbeiter im Rahmen seiner beruflichen Weiterentwicklung«

Coaching/Personalentwicklung:
»Für alle Bereiche, in denen Coaching angewendet wird, ist NLP strukturgebende und effektive Grundlage. Es bildet eine Basis für alle Arten von Coaching.«

Gesundheitswesen:
»Ärzte und alle anderen Heil- und Pflegeberufe, […] Psychologen, Psychotherapeuten, […] Berater, Sozialarbeiter […]. Grundsätzlich sind NLP-Methoden für die Behandlung klinisch relevanter Erscheinungsbilder geeignet.«

Erziehung und Pädagogik:
»Eltern, Lehrer, Erzieher, Betreuer«

Kirchen und Seelsorge:
»Pfarrer und Pastoren«

Justiz:
»Richter, Anwälte, Gutachter, Mediatoren«

96 DVNLP 2017, S. 17.
97 Seidl 2015, S. 13.

Sport:
»Spitzen-, Leistungs-, Breitensportler, Trainer [...] Übungsleiter, Betreuer«

Kunst und Kultur:
»Schriftsteller, Autoren, Schauspieler, Künstler«[98]

Der hier skizzierte Griff nach der ganzen Gesellschaft erinnert mehr an ein fundamentalistisches religiöses Glaubenssystem als an eine seriöse Methodik. Hansjörg Hemminger ist daher unbedingt zuzustimmen, wenn er beklagt, dass NLP »mit inflationärer Tendenz für sämtliche Probleme und Wünsche des menschlichen Lebens empfohlen [wird], so daß der Eindruck eines Allheilmittels entsteht [...] Es scheint kein Problem zu geben, für das eine andere Methode besser geeignet wäre«.[99]

Wie platt solche angeblich auch für »klinisch relevante Erscheinungsbilder« geeigneten Interventionen ausfallen können, demonstriert ein Interview mit NLP-Gründervater Richard Bandler, in dem dieser berichtet, wie er einen an einer schweren Berührungsphobie leidenden Klienten extrem schnell und effizient »behandelt« habe:

> Ich hatte einen Klienten, der [...] sich unter keinen Umständen von jemandem berühren lassen wollte, und das war nicht zuletzt deshalb ein Problem für ihn, weil er verheiratet war. [...] [Ich] verabredete [...] mich mit ihm in einem Hotel in Houston. Als er mich [...] im zwanzigsten Stock aufsuchte, führte ich ihn auf den Balkon, [...] packte [...] ihn, hielt ihn drohend über die Brüstung und fragte: »[...] Möchten Sie, dass ich Sie loslasse?« Und er klammerte sich an mich, schlang seine Arme um mich und ließ mich nicht mehr los. »Nun, da dieses Problem gelöst wäre, was möchten Sie sonst noch verändern?[100]

98 DVNLP 2017, S. 17–24.
99 Hemminger 2004b, S. 10.
100 www.nlp.de/presse/deutschland/ms-0999b.shtmlh – Bei der hier beschriebenen »Therapie« handelt es sich nicht etwa um die »Konfrontation«, bei der ein Phobiker bewusst einer angstauslösenden Situation ausgesetzt wird. Eine seriöse Konfrontationstherapie darf immer erst am Ende der Behandlung stehen und wird in vielen kleinen Schritten vorbereitet. Der Therapeut hat zuvor die physische und psychische Belastbarkeit des Patienten einzuschätzen, der umfassend aufgeklärt werden und dem Vorhaben zustimmen muss. Konfrontationen, die die Gefahr ernster Verletzungen, Unfälle oder Traumatisierungen beinhalten, sind verboten. Ein Therapeut, der in Deutschland eine »Behandlung« in der von Bandler berichteten Weise durchführte, müsste mit dem Entzug seiner Zulassung und einem Besuch des Staatsanwalts rechnen.

## Irrationale Heilsversprechen

Sicheres Kennzeichen mangelnder Seriosität sind irrationale Heilsversprechen. So würde kein ernstzunehmender Arzt oder Psychotherapeut zu einem Patienten sagen: Wenn du die vorgeschlagene Therapie machst, wird dein Leben auf allen Gebieten eine Wendung ins Positive nehmen, die du dir vorher nicht in deinen kühnsten Träumen ausmalen konntest. Der Anspruch wissenschaftlich fundierter Therapie ist viel bescheidener: Eine Krankheit oder ein Leiden zu heilen oder, wo das nicht möglich ist, zu lindern, also ein Leben mit der Krankheit zu ermöglichen, Schmerzen zu verringern, Nachteile auszugleichen und dabei den individuellen Menschen und seine Bedürfnisse in den Mittelpunkt zu stellen. Ob sich dadurch dann gleich ein ganzes Leben zum »Glück« ordnet, liegt außerhalb des Handlungsrahmens eines Arztes – und meist auch des Patienten. Zur therapeutischen Ehrlichkeit gehört deshalb immer das Benennen von Grenzen. Ein guter Arzt wird darüber aufklären, dass ein Medikament nicht immer wirkt und es deshalb auch nicht die »Verantwortung« des Patienten ist, wenn eine Erkrankung der Behandlung widersteht; er wird offen sagen, dass bei jeder Intervention Risiken und Nebenwirkungen existieren, dass der Weg zur Besserung manchmal nicht »effizient«, sondern langwierig ist – und dass es in manchen traurigen Fällen auch gar keine Besserung geben wird, weil die Welt unvollkommen und auch die Möglichkeiten der Medizin endlich sind. Glück, das noch dazu mit einfachen »Werkzeugen« vom Einzelnen selbst herstellbar sei, ist definitiv kein Versprechen ernstzunehmender Wissenschaft und Therapie.

Glück als unabhängig von äußeren Umständen »machbares« Produkt ist aber das Versprechen zahlloser Coachs und Anbieter des Neurolinguistischen Programmierens. Vom NLP als »Motor auf dem Weg zu einem glücklichen Leben« ist da die Rede, von einem »erfüllten Leben in Balance« oder davon, dass »Glück [...] mehr als Zufall« sei.[101] Die Psychologin und DVNLP-zertifizierte Trainerin Bea Engelmann, die sich auch als Jobpatin im Projekt »Arbeit durch Management« der evangelischen Diakonie engagiert, behauptet:

> Die Glücksforscher sind sich einig: Es ist möglich, mithilfe von Glücksstrategien das persönliche Glücksniveau dauerhaft zu steigern. [...] Anders ausgedrückt könnte ich auch sagen, dass es uns gelingen kann, Glück zu lernen. [...] Du kannst die Fähigkeit, glücklich zu sein, trainieren. [...] Das bedeutet [...], dass dein Lebensglück nicht von anderen abhängt, sondern in deinen Händen liegt. Je mehr du dich darauf konzentriert, deine Glücksfähigkeit zu trainieren, desto glücklicher kannst du sein.[102]

101 DVNLP 2009, S. 8, 34 u. 20.

102 Vgl. www.bea-engelmann.de/gluecksstrategie-hilfsbereitschaft.

## Schwächen in der Ausbildung

Bleibt abschließend der Blick auf die Ausbildung: Wie wird man eigentlich NLP-Coach? In Deutschland ist die Methode weder als Fachdisziplin noch als erstattungsfähige Behandlungsform anerkannt. NLP-Ausbildungen gibt es deshalb nur bei privaten Instituten, von denen die meisten mit dem Zertifikat des DVNLP werben. Die Ausbildung umfasst einen Grund- und Hauptlehrgang – den »NLP-Practicioner« und den »NLP-Master«. In einer Art »Aufbaustudium« kann man sich dann noch zum »NLP-Lehrcoach« weiterbilden und anschließend selbst NLP-Ausbildungen anbieten. Im Gegensatz zu einem wissenschaftlichen Studium, das zwei bis vier Jahre in Vollzeit umfasst, fallen die NLP-Lektionen deutlich knapper aus: Die Gesamtstundenzahl bis zum Coach beträgt beim DVNLP 390, verteilt auf mindestens 54 Tage.[103] Dabei ist zu bedenken, dass dies oft die einzige »psychologische« Ausbildung der Berater darstellt – viele Coachs kommen aus völlig anderen Berufsfeldern und waren zuvor Manager, Betriebswirtschaftler, Wirtschaftsingenieure, Werbefachleute, Versicherungsmakler, Bauunternehmer, Marketingfachleute oder Informatiker. Die Kurse beinhalten einerseits die Vermittlung der praktischen Techniken wie »Ankern«, »Refraimen« und »Modellieren«. Im Bemühen um eine Imitation wissenschaftlicher Standards kommt an vielen DVNLP-zertifizierten Instituten inzwischen auch die Anfertigung einer Abschlussarbeit hinzu. Im Netz sind viele solcher NLP-Masterarbeiten einsehbar. Ohne den persönlichen Einsatz ihrer Verfasser infrage stellen zu wollen, muss konstatiert werden: Wissenschaftlichen Kriterien genügen sie durchwegs nicht. Das beginnt mit formalen Dingen wie einem geringen Umfang, fehlenden oder aus Allgemeinplätzen bestehenden Literaturverzeichnissen oder nicht gekennzeichneten Quellen und reicht bis zum Fehlen dessen, was eine wissenschaftliche Herangehensweise eigentlich ausmacht – nämlich eine kritische Auseinandersetzung mit einem Gegenstand unter Einbeziehung dazu bereits vorliegender Untersuchungen. Viele NLP-Arbeiten zeichnen sich durch eine starke Selbstbezogenheit aus – der behandelte Gegenstand ist meist das Privatleben der Verfasser. Ein durchaus typisches Beispiel:

> Bei der Auswahl meines Themas möchte ich den privaten Kontext wählen. Schon der Gedanke, dass ich in dieser Arbeit eine private Problemstellung bearbeite, setzt meinen inneren Dialog in Gang. [...] Um diesen inneren Dialog entsprechend zu würdigen [...], sei hier gesagt, dass sich ein Problem zwischen Paaren nicht immer nur in einem [...] aufbrausenden Streit sichtbar entlädt. [...]

103 DVNLP 2009, S. 12–15.

Die Annahme, dass das Problem nicht bei mir läge, sondern bei meiner Frau, ist ein echter Klassiker der Ignoranz von Problemen und dem Eingeständnis, dass Kommunikation [...] sowie die Partnerschaft [...] immer [...] bilateral sind.[104]

Auch ein anderer NLP-Master arbeitet sich an persönlichen Konflikten ab: »Die vorliegende Arbeit entstand aus meinen Erfahrungen [...] von [...] eigenen inneren Konflikten [...] Diese äußerten sich [...] gesundheitlich in Form von [...] Depressionen als auch durch eine ausgeprägte emotionale Instabilität.«[105]

In einem klassischen Wissenschaftsstudium könnte man kaum eine Abschlussarbeit über seine eigenen Lebenskrisen abgeben – weil zu Recht davon ausgegangen wird, dass die für einen methodisch-objektiven Blick nötige Distanz bei einer persönlichen Betroffenheit nicht gesichert ist. So entpuppen sich viele NLP-Arbeiten denn auch als persönliche Veränderungsgeschichten, die in Inhalt, Duktus und Struktur zuweilen Erfahrungsberichten von religiös Bekehrten ähneln. Der DVNLP-zertifizierte Coach Dirk Tischer gibt seiner Masterarbeit sogar ausdrücklich den Titel »Meine eigene Geschichte der Veränderung durch verschiedene NLP-Formate«.[106] Der Text beginnt mit dem Bruch der Beziehung zur Freundin. Verzweifelt auf dem Balkon sitzend, habe plötzlich eine Stimme zu ihm gesprochen und ihm den Weg zum rettenden NLP gezeigt:

Als ich zur Tür gehen wollte, drückte mich irgendwas in den Sitz zurück, was mich daran hinderte, [...] wieder aufzustehen. Dann kam die Stimme [...]: »Wie lange willst du noch Opfer spielen???« Ich wusste nicht wie mir geschah, ich weiß dass es schwer ist, das zu glauben, aber das war wortwörtlich der Inhalt dieser Nachricht. [...] Am nächsten Morgen [...] habe ich alles mögliche gegoogelt, um mich darüber zu informieren was es heißt, Opfer zu sein [...], bis ich auf das NLP gestoßen bin.[107]

Das könnte ganz ähnlich auch in Berichten Evangelikaler stehen, die oft meinen, in einer Krise plötzlich direkt von Gott oder Jesus angesprochen und so zur rettenden »Umkehr« gebracht worden zu sein.

104 Johannes Bäurle: Die Entwicklung von gemeinsamen Familienwerten unter Zuhilfenahme von NLP. NLP Masterarbeit, eingereicht am Heiko-Alexander-Institut, München (ohne Jahresangabe), S. 3.

105 Pedro H. Ferreira Sales: Bedanken – Verzeihen – Abbitten. Ein NLP-Format zum Umgang mit biographisch bedeutenden Personen. NLP Master-Arbeit, eingereicht am Heiko-Alexander-Institut, München 2013, S. 2.

106 Tischer 2013, S. 1.

107 Ebd., S. 4

# Reinkarnationstherapie gefällig? Zur Vermengung von NLP und Esoterik

Eine unsichtbare Kraft, die jemanden in den Stuhl drückt, eine Stimme, die zu ihm spricht und ihn auf das quasi »erleuchtende« NLP stoßen lässt – die Hinweise häufen sich, dass es sich beim Neurolinguistischen Programmieren primär um ein Glaubenssystem handelt. Das ist das Stichwort, sich der Frage zu widmen, die von Beginn an einen zentralen Kritikpunkt am NLP bildete und für seine Bewertung entscheidende Bedeutung hat: Die Frage einer Vermengung von NLP und Esoterik. Schon der NLP-Kritiker Robert Jansen wies auf entsprechende Querverbindungen hin.[108] Von einem Teil der NLP-Szene werden sie sogar ganz offen kommuniziert. Das Berliner Nielsen-Institut etwa, vom Dachverband DVNLP zertifiziert, bekräftigt einerseits einen wissenschaftlichen Anspruch des NLP – und plädiert in einem Lehrbuch zugleich für die Integration esoterischer Verfahren:

> Die wesentliche Veränderung, die wir bei Klienten beobachten, wenn wir NLP mit ihnen machen [...] liegt darin, dass der Klient [...] plötzlich eigene Lösungen für ein »Problem« findet. In esoterischer Literatur fanden wir dafür »Erklärungen«, wie z. B.: Erhöhung der eigenen Schwingungsfrequenz, Kontaktaufnahme mit dem Höheren Selbst, Verbundenheit mit der Ur-Kraft, Wünschmuskel stärken oder Channeling [...], die die klassischen NLP-Interventionen gut erweitern [...] Unter Kapitel 9 haben wir eine eigenständige esoterische und spirituelle NLP-Intervention für »Erleuchtung« [...] entwickelt.[109]

Das Landsiedel-Institut, ebenfalls nach den Richtlinien des DVNLP arbeitend, sieht gar eine besondere Stärke des NLP darin, dass es sich mit esoterischen Gehalten kombinieren lasse: »NLP und Esoterik stehen in der Tat in keinem Widerspruch zueinander, da NLP nicht an ein bestimmtes Weltbild gebunden ist: Dementsprechend lässt es Spielraum auch für [...] Interpretationen, die eher spiritueller Natur sind. Diese Flexibilität ist eine Stärke von NLP.«[110]

Esoterik – altgriechisch *esoterikós* – meint so viel wie »innerer Zirkel« und bezeichnete in der Antike geschlossene philosophische Zusammenkünfte zum Austausch »geheimer« Lehren. Als Vordenker der modernen Esoterik, die sich seit dem 19. Jahrhundert als Sammelbegriff für verschiedene Formen magischen und okkulten Denkens durchgesetzt hat, gelten unter anderem die Autorin

108 Vgl. Jansen 2013, S. 91.

109 Karl Nielsen / Nandana Nielsen: NLP mit Weisheit. NLP-Lehrbuch, Band 3, Norderstedt 2008, S. 99–100. Vgl. auch www.nlp-nielsen.de.

110 www.landsiedel-seminare.de/nlp-seiten/nlp-und-esoterik.html.

Helena Petrovna Blavatsky und der Erfinder der Anthroposophie, Rudolf Steiner. Mit ihrem Vorrang subjektiver Erfahrung vor objektiver Analytik und rationalem Denken lässt sich die Esoterik, ähnlich wie der ebenfalls dem 19. Jahrhundert entstammende religiöse Fundamentalismus, der Nationalismus und der Antisemitismus, als eine Spielart der Rebellion gegen die Aufklärung und westliche Moderne lesen. Fester Bestandteil ist neben dem Habitus, Zugang zu einem »höheren Bewusstseins« zu besitzen, eine Inkarnationslehre mit Auslöschung des Ichs und seiner Erinnerung. Die für das westliche Menschenbild zentrale Idee der einmaligen Persönlichkeit mit unverwechselbarer Identität wird im esoterischen Denken meist ebenso negiert wie die für das westliche Rechtsverständnis konstitutive Unterscheidung von Recht und Unrecht. Vielmehr sorgt archaisches, sozialdarwinistisches, gewaltrelativierendes, verschwörungstheoretisches, rassistisches und antisemitisches Gedankengut im Kontext esoterischer Schulen immer wieder für Aufsehen. In der deutschen Geschichte ist die Esoterik eng mit der Epoche des Nationalsozialismus verknüpft: Führende Vertreter des Regimes wie Himmler, Alfred Rosenberg und auch Hitler selbst waren Esoteriker.[111] Eine selbstkritische Aufarbeitung dieser Tatsache und der Überschneidung esoterischer und totalitärer Elemente findet in der Szene indes bis heute kaum statt.

Exemplarisch herausgreifen für die Wechselbeziehungen speziell zwischen NLP und Esoterik möchte ich die sogenannte »Rückführungs-« bzw. »Reinkarnationstherapie«. Wer bei Google die Suchworte »DVNLP« oder »NLP« und »Reinkarnation« bzw. »Karma« eingibt, stößt auf eine sehr lange Trefferliste. So proklamiert das DVNLP-zertifizierte Münchener Heiko-Alexander-Institut einerseits klar einen wissenschaftlichen und evidenzbasierten Anspruch des NLP: »Der wissenschaftliche Beweis. Dass das NLP kein Hokuspokus ist, belegt die moderne Hirnforschung. [...] Etliche Wirksamkeits-Voraussetzungen von [...] NLP [...] sind inzwischen wissenschaftlich bewiesen. [...] Nahezu alle Präsuppositionen des NLP sind [...] neurowissenschaftlich belegt.«[112]

111 Verwiesen sei u. a. auf die Ausstellung *Religion der Reinheit. Esoterik – Nationalsozialismus – Rechtsextremismus*, die der Historiker Herbert Rätz und der Sozialwissenschaftler Heinz Gess 2010 an der Universität Bielefeld zeigten. http://publikative.org/2010/01/23/esoterik-nationalsozialismus-100/ – Vgl. außerdem Arne Bigland / Winfried Richter (Hg.): Die Autoritäre Versuchung. Mit Heilslehren auf dem rechten Weg, München 2003. Vgl. ferner: Claudia Goldner: Karma und Reinkarnation. http://logopaed.beepworld.de/esoterikkritik.htm.

112 www.alexander-training.de/nlp-pressestimmen/.

Zugleich befindet sich im Downloadcenter desselben Instituts ein »Fachaufsatz«, der Anleitungen für die Aufnahme von »Aurasehen« und »Rückführungen« in NLP-Coachings enthält:

> Als Coach kann man über die Aura alle Bereiche abfragen. [...] Vorgehensweise: [...] Vom Herzen einen rosa Herzstrahl in die Mitte schicken [...] Im Anschluss [...] das höhere Selbst des Gegenübers um Informationen bitten. [...] Die Seele trägt [...] das Wissen aus [...] vergangenen Leben [in sich]. Damit können [...] alle Arten von Problemhintergründen geklärt werden [...] Damit erhält der NLP-Coach ein erweitertes Instrument, das unter anderem den Vorteil hat, dass der Klient sich besser dissoziieren kann, da das vergangene Leben bereits hinter ihm liegt.[113]

Auch das DVNLP-zertifizierte »Institut für NLP und Hypnose« bietet die »Reinkarnationstherapie« an, um »unsere Berufung [...] aus früheren Leben zu erkennen«, zudem sind Kurse in »Quantenpsychologie, und Konfusionstechnik« buchbar. Als Einsatzgebiet werden »sämtliche medizinischen und psychischen Erkrankungen« genannt.[114] In der DVNLP-zertifizierten Straubinger »Privatpraxis für Hypnose und Coaching« kann man lernen, wie sich »Karma auflösen« lässt.[115] Das Erkennen des »Zusammenhangs von NLP-Grundannahmen und universellen kosmischen Gesetzen«, »Begleitungen in Ihre Vorleben«, »Karma-Reading«, Hilfestellung bei der »Auflösung von Seelenverträgen« und Arrangements zur »Begegnung mit der eigenen Dualseele« stellt die DVNLP-zertifizierte Lehrtrainerin Elke Post ihren Klienten in Aussicht; ihre Mitarbeiterinnen und Mitarbeiter sind ebenfalls alle DVNLP-zertifiziert.[116] DVNLP-geprüfte Lehrcoachs arbeiten auch am Kasseler »New-Mind«-Institut, dessen Ausbildungsplan neben klassischen NLP-Techniken Fertigkeiten in der »Karma-Reinigung« umfasst.[117]

Die Problematik, die sich aus solchen Vermengungen für eine Methode ergibt, die wie das NLP gern als objektiv-neutrales Werkzeug wahrgenommen werden möchte, liegt auf der Hand: Die Idee der Reinkarnation ist nicht objektiv und neutral, sondern repräsentiert klar ein religiös-weltanschauliches Glaubenskonzept – mit allen menschenbildlichen und wertemäßigen

113 Marion Kraus (NLP-Professional-Coach): Energiearbeit mit NLP. Wie unser Energiefeld unseren Körper beeinflusst und wie NLP dabei nutzbar ist. www.alexander-training.de/nlp-fachartikel/.

114 www.institut-fuer-nlp-und-hypnose.de/de/hypnose/seminare.html.

115 www.coaching-straubing.com/%C3%BCber-mich/.

116 www.nlp-gesundheitswesen.de/Spirituelles-NLP.244.0.html. und www.nlp-gesundheitswesen.de/Mein-Team.85.0.html.

117 www.newmind.de/master.htm.

Implikationen, die daran hängen. Glaubenskonzepte heißen so, weil sie auf – persönlichem – *Glauben* beruhen und nicht auf – verallgemeinerbarem – *Wissen*. Die demokratische Emanzipation seit der Aufklärung beruht, das wird oft übersehen, nicht nur auf der Trennung von Politik und Religion, sondern auch auf der Trennung von Wissenschaft und Religion. Sobald Religion anfängt, sich das Gewand von Wissenschaftlichkeit überzustreifen und damit den eigenen Geltungsanspruch auf Staat, Gesellschaft und jeden Einzelnen auszudehnen – wie das bei Kreationisten, aber auch bei vielen Esoterikern der Fall ist –, oder sobald umgekehrt Wissenschaft beginnt, sich für kompetent auch in Bezug auf die Gottesfrage zu halten und ihren Deutungsanspruch auf die Seele des Menschen auszuweiten – wie bei einigen radikalen Neurobiologen zu erleben – ist der Schritt ins Totalitäre nahe. Jede Lehre, die in einer aufgeklärten Gesellschaft Objektivität für sich reklamiert, muss deshalb der Versuchung einer Vermengung mit Gehalten, die sich auf die »letzten Dinge« beziehen, widerstehen. Im Coaching scheint diese Versuchung jedoch besonders groß zu sein – was sich auch erklären lässt: Die Säkularisierung der Gesellschaft bei gleichzeitig durch Krisen und Vereinzelung gewachsenem Bedürfnis nach Sinn stellt viele Coachs in die Rolle von Ersatz-Seelsorgern. Das lässt es verlockend erscheinen, persönliche spirituelle Erfahrungen in die Arbeit mit Klienten einzubringen – und so in Konflikt zum Neutralitätsgebot professioneller Beratung zu geraten. Auf dieses Problem weist eine lesenswerte Arbeit von Adelheid Fiedler vom Institut für Supervision, Coaching und Beratung der Universität Kassel hin.[118] Auch wenn Fiedler angesichts der Individualisierung des Religiösen in postmodernen westlichen Gesellschaften eine Integration spiritueller Ansätze in Coachings nicht grundsätzlich ablehnt, verlangt sie dafür mit guten Gründen verbindliche Standards und stellt unmissverständlich klar:

> Gerade wegen der (zunehmenden) Nähe von Coaching und Seelsorge [ist] eine klar reflektierende Haltung zur eigenen Spiritualität/Religiosität und die Fähigkeit zur Distanz dazu eine wichtige Voraussetzung für professionelles Beratungshandeln. […] Es ist also große Vorsicht im Umgang mit Weisheiten geboten. […] Es darf auf keinen Fall zu einem Machtmissbrauch kommen […] dadurch, dass sich psychologisches mit spirituellem Kompetenzgebaren mischen.[119]

Dass die Integration von »Rückführungen« in Coachings mit diesem Distanzgebot nicht vereinbar ist, bedarf keiner weiteren Erläuterung. Es ist überdies

118 Adelheid Fiedler: Gott im Coaching? Zur Annäherung von religiöser Seelsorge und säkularer Beratung. Eine Bestandsaufnahme, Kassel 2013. www.uni-kassel.de/upress/online/frei/978-3-86219-430-8.volltext.frei.pdf.

119 Ebd.

darauf hinzuweisen, dass solche »Therapien« massive Risiken bergen. Beschrieben sind Schlaflosigkeit, Unruhe, Angstzustände, Identitäts- und Persönlichkeitsprobleme, Entfremdungen von Partnern, Freunden und Familie, schwere Schuldgefühle und ernste psychische Krisen bis hin zur Suizidalität. Die Wissenschaftsjournalistin Heike Dierbach dokumentiert den erschütternden Fall einer Frau, der im Zuge ihrer »Rückführung« suggeriert wurde, sie sei im Mittelalter Scharfrichter gewesen und habe Tausende Unschuldige enthauptet. Die Klientin glaubte den Unsinn und versuchte, sich das Leben zu nehmen.[120] Gefährlich ist die esoterische Inkarnationslehre aber auch auf der politischen Ebene, wie wir im folgenden Abschnitt sehen können.

## Lektion für Täterleben. Holocaust-, Terror- und Vergewaltigungsopfer in der Perspektive von »Rückführungstherapeuten«

In einem Gemeinwesen, das sich wie unseres klar zur Glaubensfreiheit bekennt, ist es ein natürlicher und demokratischer Vorgang, dass sich auch das religiöse Leben pluralisiert und zu den angestammten Religionen Judentum und Christentum weitere Bekenntnisse hinzutreten und Teil unserer Gesellschaft werden, wie etwa der Islam. Auch Spiritualitätsformen aus dem fernöstlichen Raum erleben seit geraumer Zeit eine Ausbreitung. Insbesondere der ursprünglich aus dem Hinduismus stammende und später vom Buddhismus übernommene Glaube an die Wiedergeburt verzeichnet seit der schwindenden Dominanz der großen Kirchen eine wachsende Zahl von Anhängern. Das mag auch daran liegen, dass die Inkarnationslehre eine Phantasie bedient, die bei vielen Menschen auch im Westen tief verwurzelt ist: Die Phantasie, durch die Zeiten reisen und in verschiedene Rollen schlüpfen zu können. Viele kennen den Gedanken, ob sie nicht vielleicht schon einmal »dagewesen« seien: Wir sehen alte Fotografien aus der Zeit unserer Großeltern und uns kommt das plötzlich alles so vertraut vor. Die Allgegenwart historischer Fernsehdokumentationen mit Unmengen erstklassigen Bildmaterials und technisch hochraffinierte Historienfilme erlauben es überdies, mit einer Plastizität in vergangene Epochen einzutauchen, wie das keiner Generation vor uns möglich war. Die neue Unübersichtlichkeit der Welt, deren Zukunft uns als große Unbekannte entgegentritt, verleiht vergangenen Epochen zudem den Nimbus der Überschaubarkeit und Abgeschlossenheit. Was auch immer die Attraktivität des Reinkarnations-

120 Dierbach 2009. Vgl. außerdem: Regina Walter: Kleopatra oder Scharfrichter. Reinkarnationstherapie ist nicht ungefährlich, in: *Der Standard* vom 1.3.2013.

glaubens für seine Anhänger ausmacht – in einer freien Gesellschaft haben sie selbstverständlich das Recht darauf. Aber wie jedes Freiheitsrecht, findet auch die Freiheit des Glaubens eine natürliche Grenze – nämlich in der Freiheit und Würde der jeweils Andersglaubenden und in den Grundprinzipien von Verfassung, Menschenrechten, Demokratie und Rechtsstaat. Auf die Religionsfreiheit kann sich deshalb nicht berufen, wer im Namen des Glaubens gegen Menschen verübte Gewalt verharmlost oder legitimiert oder wer Gewaltopfer verhöhnt, indem er ihnen selbst die Verantwortung für die erlittene Gewalt zuschiebt.

Bei der Inkarnationslehre, die heute von Esoterikern und »Rückführungstherapeuten« in den USA, Deutschland und anderen westlichen Ländern vertreten wird und die zunehmend in Angeboten von Coachs und NLPlern auftaucht, handelt es sich zudem nicht um eine eigentliche Religion, sondern um Versatzstücke fernöstlicher Religionskontexte. In den ursprünglichen Kontexten gilt die Wiedergeburt als Zeichen der *Unerlöstheit*. Spirituelles Ziel ist es dort gerade, nicht wiedergeboren zu werden. Wann eine Person dies erreicht, hängt von ihrem »Karma« ab, von der Summe ihrer guten und schlechten Taten – ein bisschen vergleichbar vielleicht der katholischen »Werkgerechtigkeit«. »Karma« ist dabei aber ein undurchschaubares Konstrukt unzähliger Varianten und Interpretationen, so kompliziert, dass kein Mensch es je verstehen könne, wie mir eine Buddhistin erklärte. Es reicht bis zu Strömungen, die eine Begleichung »schlechten Karmas« auch ohne Wiedergeburt aus reiner Gnade für möglich halten – ein bisschen vergleichbar vielleicht der lutherischen Rechtfertigungslehre. Die Karma-Lehre in ihren Ursprungskontexten war jedenfalls eines sicher nicht: Eine plump-»gesetzmäßige« Ursache-Wirkung-Mechanik nach dem Motto »Gleiches bringt Gleiches hervor«.

Auf ein solch primitives Kausalprinzip wird sie in der Übernahme ihrer westlich-esoterischen Adaptoren jedoch heruntergebrochen. Einer der einflussreichsten war der bis heute immer wieder erstaunlich unkritisch rezipierte Begründer der Anthroposophie, Rudolf Steiner. Steiner sprach wörtlich von einem »Karmakonto«[121], das jeder Mensch im Laufe seiner Inkarnationen aufbaue – und das dann bestimme, welchen Charakter, welches Geschlecht,

121 Vgl. Rudolf Steiner: Vorträge 1907, in: Rudolf Steiner-Gesamtausgabe, Band 100, Basel 2009, 2015. S. 90. – Zur Kritik der Anthroposophie vgl. u.a. den Aufsatz des Historikers Peter Staudenmaier: Race and Redemption: Ethnic and Racial Evolution in Rudolf Steiner's Antroposophy, in*: Nova Religio. The Journal of Alternative and Emergent Religions*. Volume 11 / 3.02.2008. S. 4–36. Vgl. außerdem Peter Bierl: Wurzelrassen, Erzengel und Volksgeister. Die Anthroposophie Rudolf Steiners und die Waldorfpädagogik. München 2005. Material der Elterninitiative zur Hilfe gegen seelische Abhängigkeit und religiösen Extremismus e. V. – www.sektenwatch.de/drupal/sites/default/files/files/anthroposohie_wurzelrassen.pdf.

welche soziale Stellung, welches Schicksal, ja sogar welches Aussehen jemand in seiner nächsten Erdenexistenz haben werde. Hier begegnet uns die radikalkonstruktivistische Idee der absoluten Eigenverantwortlichkeit wieder, die wir als konstitutiven Bestandteil des Denkgebäudes des NLP ausmachen konnten. Die DVNLP-zertifizierte Coach und »Karma-Readerin« Elke Post erklärt entsprechend:

> Jede Aktion erzeugt eine [...] Energie, die mit gleicher Intensität [...] zum Erzeuger zurückkehrt. Die Wirkung entspricht der Ursache in Qualität und Quantität. Gleiches muss Gleiches erzeugen. [...] Alles geschieht in Übereinstimmung mit der universellen Gesetzmäßigkeit, so dass jeder Mensch Schöpfer [...] seines Schicksals ist. [...] Es gibt [...] keine Schuld, keinen Zufall und kein Glück, sondern nur die Energie von Ursache und Wirkung [...] Du allein bist für Dich selbst verantwortlich! [...] Die Inkarnation ist der aktuelle physische Ausdruck einer Seelenexistenz [...] auf der Erde [...] Diese Existenz wurde im Einklang mit dem kosmischen Plan und dem eigenen Hohen Selbst zu genau der Zeit, an genau dem Ort, in genau der Familie freiwillig ausgesucht. Somit sind wir zu jeder Zeit am richtigen Ort.[122]

»Zu jeder Zeit am richtigen Ort« – die NLP-typische Idee, nach der wir unser Leben selbst »erschaffen«, korrespondiert perfekt mit der esoterischen Vorstellung eines »Lebensplans«, den jede Seele »eigenverantwortlich« für sich festgelegt habe. Für viele NLPler, die »Rückführungen« im Programm haben, gilt das offenbar auch für schwerste Gewalterfahrungen wie Mord, Vergewaltigung oder Verbrechen gegen die Menschlichkeit: Wie im Denkgebäude des NLP gibt es auch in der esoterischen Karma-Lehre grundsätzlich keine Opfer – und somit auch keine Täter. Die DVNLP-zertifizierte Coach und »Rückführungstherapeutin« Lucia Beatrix Stellberg:

> Wir sind keine Opfer. Dr. Michael Newton, ein renommierter Rückführungsexperte, hat eindrucksvoll belegt, dass wir vor einer Inkarnation, in einem sogenannten »Zwischenleben«, mit anderen Seelen absprechen, was wir voneinander lernen wollen. Ein vermeintlicher »Täter« verhilft einem vermeintlichen »Opfer« dazu, eine bestimmte Erfahrung zu machen und umgekehrt. Daher gibt es keine »Opfer«, keine »Täter«, nur »Erfüllungsgehilfen«; Schuld erübrigt sich. Wir sind selbst zu 100% verantwortlich für alles, was wir erleben.[123]

122 Flyer von Elke Christiane Post. www.spirituellesheilen.eu/wp-content/uploads/2013/11/reinkarnation_flyer_3110.pdf.

123 www.coaching-institut-koeln.de/html/rueckfuehrung-koeln.html.

Die esoterische Leugnung der Existenz von Opfern arbeitet mit dem Kunstgriff des sogenannten »Täterlebens«[124]: Demnach seien z. B. Verbrechensopfer in angeblichen »Vorleben« selbst Verbrecher gewesen – und erhielten gemäß einem »universellem karmischem Prinzip« mit der an ihnen verübten Gewalt nur den »gesetzmäßigen Ausgleich« für ihr eigenes Tun zurück.

> Probleme sind ein Ausgleich für unsere »Täterleben«. Nach dem karmischen Gesetz müssen wir alles, was wir anderen antun, selbst erleben – als Ausgleich. Karma ist keine Strafe, sondern eine universelle Gesetzmäßigkeit, eine Lektion. Wir sollen lernen. [...] Verstoßen wir gegen das Gesetz der Nächstenliebe, erleben wir den Schmerz, den wir anderen zugefügt haben, »am eigenen Leib«.[125]

Solche Versuche, den menschenverachtenden Charakter der Karma-Esoterik pseudohumanistisch zu ummanteln, wirken hilflos: Dass jemand das, was er anderen zugefügt hat, genauso zurückbekommen müsse, um zu »lernen«, ist nichts anderes als die esoterische Variante des archaischen Prinzips der Rache: »Aug' um Auge, Zahn um Zahn«. Exakt so »argumentieren« auch Leute, die an Stammtischen die Todesstrafe für Mörder oder das Foltern von Kinderschändern fordern: Damit diese ihre Taten mal am eigenen Leib zu spüren bekämen. In einer aufgeklärten Zivilisation, die in einem jahrhundertelangen Prozess gelernt hat, zwischen Tat und Täter zu unterscheiden und überdies zur Erkenntnis gelangt ist, dass Läuterung für einen in Schuld stehenden Menschen viel eher möglich wird, wenn Gleiches nicht mit gleicher Münze heimgezahlt wird, können und dürfen solche Ideen keinen Platz haben. Abgesehen von der Perversion, dass die selbsternannten »Reinkarnationsexperten« ihre karmisch verpackten Rachephantasien nicht auf Täter, sondern auf zu Tätern umdeklarierte Opfer projizieren. Die vom DVNLP zertifizierte Coach Angelika King[126] indes wirbt in in ihrem Buch *Timeline* ganz offen dafür, die Idee vom »Täterleben« ins NLP zu integrieren: »Wir sind nicht nur Opfer. Besonders, wenn sich der Reisende [gemeint ist der ›Zeitreisende‹ in angebliche frühere Leben] [...] ausschließlich als Opfer wahrnimmt, ist es sehr hilfreich, ihn erleben zu lassen, dass er [...] auch ›Täter‹ war.«[127]

124 Vgl. z. B. www.fen-net.de/~ba3378/Reinkarnationsmodell.htm, www.life-akademie. com/html/ruckfuhrung.html, www.life-akademie.com/download/BroschuereLife-Akademie.pdf, www.sein.de/die-rueckfuerungstherapie/, www.ilona-heiner. de/niedersachsen/angebot/rueckfuerungen/..

125 www.coaching-institut-koeln.de/html/rueckfuehrung-koeln.html.

126 www.king-selbstcoaching-kurse.de/ueber-mich.

127 King 2004, S. 106.

King empfiehlt allen Ernstes, Klienten die Frage vorzulegen, wie viele Morde sie (in angeblichen früheren Leben) schon so begangen hätten. »Wie viele Morde hast du begangen? Was waren deine Motive für […] diese Morde? […] Spielen die [von dir] ermordeten Personen auch in deinem jetzigen Leben eine Rolle?«[128] Die zertifizierte NLP-Lehrtrainerin beruft sich dabei auf Trutz Hardo, neben Thorwald Detlefsen einer der frühesten »Reinkarnationstherapeuten« in Deutschland. »Eine Anregung […] fand ich bei Trutz Hardo […]: Bitte dein Höheres Selbst, dir das Leben zu zeigen, in dem die Ursache dafür liegt, dass du in dem einen Leben […] verbrannt worden bist und in jenem anderen […] erwürgt und in jenem dritten […] missbraucht.«[129]

Hardo, mit bürgerlichem Namen Tom Hockemeyer, behauptet, dass Gewaltopfer vor ihrer »Inkarnation« von sich aus um das Erleben der Gewalt »gebeten« hätten, um damit ihr »Karmakonto« auszugleichen. Als Beispiel nennt er eine Vergewaltigung:

> Vor einer jeweiligen Inkarnation findet […] die Ausrichtung allen Geschehens auf der Erde statt […], wobei die volle Verantwortung für unser Leben […] bei uns liegt […] Wir schauen […] in unser Kontobuch und wissen […], was wir […] karmisch auszugleichen haben […] So führt auch Michael Newton einen Fall an, in welchem die Seele von sich aus darum bittet, im nächsten Leben eine Vergewaltigung […] zu erleben.[130]

Der Zynismus, Vergewaltigte hätten ihre Vergewaltigung »vorgeburtlich« quasi selbst in Auftrag gegeben und die Täter seien nur »Erfüllungsgehilfen« für den »selbstverantworteten Wunsch« des Opfers, wie ihn neben Hardo auch der Coach, »Hypnotherapeut« und Bestsellerautor Robert Schwartz propagiert[131], lässt sich zumindest in Einzelfällen auch bei NLPlern nachweisen. Einer Coach mit DVNLP-Zertfikat legte ich in einer Stichprobe die Frage vor, wie aus ihrer Sicht Vergewaltigungsopfer einzuordnen seien – und bekam prompt folgende Antwort:

128 Ebd.

129 Ebd.

130 Vgl. Trutz Hardo: Das große Karma-Handbuch, Abschnitt Die Revision unserer Erdentaten und die karmische Vorbereitung auf unsere nächste Reinkarnation. www.trutzhardo.com/deutsch/ handbuchkarma_004.html.

131 Schwartz will in seinem Buch *Die Mission der Seele* die »vorgeburtliche Planung von Vergewaltigungen« durch die Opfer »nachweisen«. Zitat: »Sie werden […] entsetzt sein, wenn Sie lesen, dass eine Seele sich an einer solchen Erfahrung […] als […] Opfer beteiligen möchte. […] Wir […] können […] leugnen, dass die Erde rund ist, aber dadurch wird sie nicht flach. Gleichermaßen können wir leugnen, dass ein derart traumatisches Ereignis […] vor der Geburt geplant wird, aber das bedeutet nicht, dass eine solche Planung nicht stattfindet. Sie findet statt.« Vgl. Schwartz 2015, S. 12.

Frauen, die Vergewaltigungen erleben, waren in Vorleben selbst Täter. Sie haben [...] ihre Lektion gelernt, auch wenn sie sehr wehgetan hat. Sie [gemeint bin ich als Fragesteller] bewerten die Absprachen, die Seelen treffen in »gut« und »böse« [...] Den Seelen geht es aber immer nur um Erfahrungen, die sie spirituell weiterbringen [...] Die Lektion, die die einen schon gelernt haben, müssen die anderen noch machen. [...] Bei Ihnen ist es noch so, dass Sie urteilen und sich [...] aufregen.

Eine geschichtsrevisionistische Dimension erhielt dieses Modell der Täter-Opfer-Umkehr, als es 1998 vom erwähnten Trutz Hardo auf die Shoah übertragen wurde. In seinem Buch *Jedem das Seine* – bekanntlich das perfide »Motto« am Tor des Konzentrationslagers Buchenwald – »interpretierte« Hardo die NS-Massenmorde als »karmisches Reinigungsgeschehen«.[132] Nicht die Nationalsozialisten hätten den Juden das Schicksal der Gaskammern zugeteilt, sondern diese seien es selbst gewesen, »denn nichts geschah gegen ihren Wunsch«.[133] In Buchenwald sei jedem »das ihm aus karmischer Gesetzmäßigkeit zustehende Schicksal zugewiesen« worden.[134] Eine Rehabilitierung von NS-Tätern und übelste Verhöhnung ihrer Opfer. So sahen es auch deutsche Gerichte, die den »Rückführungstherapeuten« wegen Volksverhetzung und Verunglimpfung des Andenkens Verstorbener verurteilten.[135] Im Jahr 2000 sorgte Hardo jedoch erneut für Aufsehen, als er bei den »Baseler Esoteriktagen« gemeinsam mit der Schwedin Barbro Karlen auftreten wollte – Karlen hält sich für die »Reinkarnation Anne Franks«.[136] Der groteske Auftritt wurde nach Protesten abgesagt. Hardos Popularität auch in Teilen der NLP-Branche tat das offenbar keinen Abbruch: Wer im Internet recherchiert, stößt mehrfach auf Coachs, deren Profil sowohl eine »Ausbildung« beim »Rückführungsexperten« Hardo als auch ein Zertifikat des deutschen NLP-Dachverbandes ausweist. Ebenso findet man zertifizierte NLPler, die »Rückführungen« nach Jan Erik Sigdell im Programm haben. Auch dieser Esoteriker vertritt die unsägliche »These«, die Seelen der Holocaustopfer hätten sich bewusst zur Zeit des Na-

132 Vgl. Birk Meinhardt: Arier im Mikrowellen-Krieg. Rechtsextreme Esoterik, in: *Süddeutsche Zeitung* vom 15.3.2008.

133 Vgl. Felix Ruhl: Die im November stattfindenden Basler Psi-Tage sind wegen der Einladung zweier fragwürdiger Referenten in die Kritik geraten, in: *Badische Zeitung* vom 27.7.2000. Vgl. außerdem: Jano Felice Pajarola: Von Karmagesetz und Holocaust, in: *Die Südostschweiz* vom 27.7.2000.

134 Vgl. Frank Brunssen: »Jedem das Seine« – zur Aufarbeitung des lexikalischen NS-Erbes, in: *Aus Politik und Zeitgeschichte*, Heft 8/2010, S. 14–20.

135 Ebd.

136 Vgl. hierzu den Pressespiegel auf der *Aktion Kinder des Holocaust*. www.adkh.ch/ps/02/Karlen-Hardo.htm.

tionalsozialismus »inkarniert«, um in den Vernichtungslagern »schlechtes Karma« abzutragen.[137]

Als ich gerade an diesem Abschnitt meines Buches arbeitete – im November 2015 – erreichten mich aus Frankreich die Nachrichten von den grauenhaften IS-Massakern an der Pariser Bevölkerung. 2016 ist der Terror dann auch bei uns in Deutschland angekommen, aber schon damals, als es unsere französischen Freunde traf, stand ich wie viele andere unter Schock. Zum einen wegen der Geschehnisse selbst, aber auch, im Kontext dieser Arbeit, wegen der erschreckenden Erkenntnis, dass sich in der Coaching-Branche möglicherweise Menschen tummeln, die die Verantwortung für solche Taten den Opfern zuweisen und die Terroristen als Vollstrecker und »Erfüllungsgehilfen« eines »gesetzmäßigen karmischen Ausgleichsgeschehens« adeln würden. Ich wollte es genauer wissen und entschloss mich zu einer weiteren Stichprobe, bei der ich vom DVNLP zertifizierte NLPler um eine Bewertung der Anschläge in unserem Nachbarland bat. In meinem Schreiben äußerte ich zudem mein Befremden über die esoterische Inkarnationslehre. Ein Auszug:

> Für mich hat die esoterische Karmalehre [...] etwas sehr Verstörendes. Ich möchte das an zwei Beispielen deutlich machen. Das eine sind die brutalen Mordanschläge des IS in Paris, bei denen [...] auch so viele Kinder [...] grausam umgebracht wurden [...] Wenn nun aber in der Karmalehre gesagt wird, es gebe gar »keine Schuld«, sondern nur ein »Gesetz von Ursache und Wirkung«, dann würde das doch – aber vielleicht missverstehe ich da ja etwas völlig – bedeuten, dass die Terroropfer von Paris überhaupt keine Opfer wären, sondern nur eine »Wirkung« zurückerhalten hätten, die sie einst selbst ausgelöst und damit auch ganz allein selbst zu verantworten haben. [...] Das andere Beispiel betrifft den Holocaust. [...] Wenn [...] in der Karmalehre [...] postuliert wird, dass, was immer geschehe, einer »universellen Gesetzmäßigkeit« folge, dann hieße das doch – aber vielleicht verstehe ich da wieder etwas gänzlich falsch –, dass [...] die Nazis gar keine Täter und Schuldige gewesen wären, sondern ihre Opfer durch sie nur »gesetzmäßig« das zurückbekommen hätten, was sie selbst [...] verursacht und damit auch allein selbst zu verantworten hatten.

Immerhin: Eine DVNLP-zertifizierte Beraterin stimmte meinem Befremden zu und distanzierte sich klar von allen derartigen Karma-Interpretationen. Zwei andere aber, darunter ein Anbieter, auf dessen Homepage neben dem Zertifikat des DVNLP auch das Siegel eines »Forums Werteorientierung in der Weiterbildung: Qualität – Transparenz – Integrität« prangte, bekräftigten den Standpunkt, dass sowohl NS-Opfer als auch Terroropfer jeweils selbst die

137 Vgl. Dierbach 2009, S. 136.

Verantwortung für ihre Ermordung trügen. Zitat aus einer Antwortmail: »Sie haben [Bezug nehmend auf mein obiges Schreiben] alles richtig verstanden. Es verhält sich alles genau so wie Sie schreiben«. Gegen meine Verstörung legte mir der NLP-Lehrcoach die Lektüre der Werke von Neale Donald Walsch ans Herz.

## NS-Verharmlosung in esoterischen NLP-Konzepten

»Hitler hat nichts Falsches getan.«

Neale Donald Walsch ist ein amerikanischer Esoteriker, der behauptet, dass Gott 1992 einen »Dialog« mit ihm begonnen habe, den er in seiner Trilogie *Gespräche mit Gott* und dem Buch *Zuhause in Gott* wörtlich aufgezeichnet haben will.[138] Die darin enthaltenen Aussagen seien daher » die absolute Wahrheit«. Die zentrale Botschaft dieser »Wahrheit« lautet: Jeder Mensch sei für alles, was ihm widerfahre, uneingeschränkt selbst verantwortlich. Dies gelte ganz besonders für den eigenen Tod und alle dessen Umstände: Diese entsprächen immer genau dem Willen des Sterbenden.

> Sterben [ist] eine wundervolle Sache [...] Alles was dir geschieht, geschieht durch dich. Und alles, was durch dich geschieht, geschieht für dich. [...] Heiße den Tod eines anderen Menschen in stillem Feiern und tiefem Glück willkommen. [...] Wisse, dass die sterbende Person diesen Vorgang immer verursacht hat. [...] Du bist die Ursache deines eigenen Todes. Das stimmt immer, ganz gleich wo und wie du stirbst. [...] Du kannst nicht gegen deinen Willen sterben [...] Nichts geschieht, was du nicht geschehen lassen willst.[139]

Enstprechend beruhe die Ansicht, dass z. B. Ermordete Opfer seien, auf »Einbildung«. »Spirituell betrachtet« seien selbst ethnische Säuberungen mit dem Ausrotten ganzer Dorfgemeinschaften immer »perfekt« und »vollkommen«.

> Du kannst dir einbilden, dass Dinge geschehen, die deinem Willen nach nicht geschehen sollten. So ist es aber [...] nicht; es erlaubt dir bloß, dich für ein Opfer zu halten. [...] . Der Gedanke oder die Vorstellung, zum Opfer geworden zu sein, ist ein sicheres Zeichen von beschränkter Wahrnehmung. In Wirklichkeit kann es das nicht geben [...] Verdammt hart, jemandem, dessen Tochter vergewaltigt, dessen ganzes Dorf in einem brutalen Akt »ethnischer Säuberung« ausradiert

138 Walsch 2008. Vgl. außerdem Neale Donald Walsch: Zuhause in Gott. Über das Leben nach dem Tode, München 2006.

139 Walsch 2006, S. 24/25.

> worden ist, zu sagen, dass niemand zum Opfer gemacht wurde. [...] Doch die Erfahrung, ein Opfer zu sein, kann nur im Kontext des [...] extrem beschränkten [...] menschlichen Gewahrseins Realität besitzen. [...] Alle Dinge geschehen zu einem für sie perfekten Zeitpunkt und in der für sie vollkommenen Weise. [...] Der Zeitpunkt und die Umstände des Todes sind immer perfekt.[140]

Ihren Höhepunkt erreichen die esoterischen Zumutungen, wenn auch Walsch sich berufen fühlt, zum Nationalsozialismus Stellung zu beziehen. Adolf Hitler, so belehrt uns der »Gott« seiner Trilogie, sei »in den Himmel eingegangen«. Und zwar nicht – da könnte man aus einer radikal-christlichen Perspektive ja vielleicht noch mitgehen – weil vor Gott letztlich nichts und niemand für alle Ewigkeit verloren ist, auch nicht der schlimmste Verbrecher. Sondern weil Hitler überhaupt kein Verbrecher gewesen sei: Vielmehr habe Hitler und sein Tun dem Willen Gottes entsprochen.

> Hitler ging in den Himmel ein. [...] Der Grund für dieses Buch [...] ist der, Bereitschaft zu schaffen [...] für ein großartigeres [...] Denken. [...] Der Kern der Frage ist der, ob die Taten Hitlers »falsch« oder »unrecht« waren. Doch ich habe immer und immer wieder gesagt, daß es im Universum kein »richtig« oder »falsch« gibt. [...] Das Böse [...] gibt es nicht. [...] Hitler ging in den Himmel ein. Alles, was geschieht, ist Gottes Wille – alles. Das schließt [...] Hitler mit ein.[141]

Hitler habe innerhalb seiner »Modellvorstellung der Welt« immer nur positive Absichten verfolgt (man beachte hier die wörtliche Parallele zur NLP-Grundannahme, nach der »jeder innerhalb seiner Modellvorstellung der Welt stets das Richtige tut«). »Niemand tut innerhalb des Kontexts seiner Modellvorstellung von der Welt irgendetwas, das »falsch« ist. [...] Hitler dachte, daß er für sein Volk Gutes tue.«[142]

In der zynischen Logik, dass der Tod zudem das Großartigste sei, was einem Menschen passieren könne, versteigt sich Walsch zur Aussage, dass Hitler und die Nationalsozialisten ihren Opfern ja überhaupt nichts Böses zugefügt hätten, sondern ihnen im Gegenteil etwas Gutes taten – indem sie sie vom »Leiden des Lebens« und den »irdischen Fesseln« erlösten:

> Die Fehler, die Hitler machte, haben die, deren Tod er verursachte, nicht beschädigt [...] Ihre Seelen wurden von ihren irdischen Fesseln befreit [...] [Die] Aussage, dass ihr Tod [...] ‚unrecht' war, setzt voraus, daß irgend etwas im Universum geschehen kann, das nicht geschehen sollte. Doch das ist [...]

140 Ebd., S. 24/25 u. 382.
141 Walsch 2008, Band 2, S. 68 u. 86.
142 Ebd, S. 97.

unmöglich. Alles, was sich im Universum ereignet, ereignet sich in vollkommener Weise. [...] Wenn du die absolute Vollkommenheit in allem siehst, [...] erlangst du Meisterschaft. [...]

Der Gedanke, daß Hitler ein Monster war, gründet sich auf der Tatsache, daß er Millionen von Menschen ermorden ließ [...] Doch was, wenn [...] das, was ihr den »Tod« nennt, das Großartigste ist, was irgendjemandem passieren kann ? [...] Also mußt du [...] verstehen, daß Hitler niemandem schadete. In gewissem Sinn hat er nicht Leiden zugefügt, er hat es beendet. Buddha hat gesagt: »Das Leben ist Leiden«. Buddha hatte recht.[143]

Ich will an dieser Stelle das Zitieren dieses – die Formulierung muss erlaubt sein – unterirdischen Schwachsinns beenden. Beunruhigend ist nur, dass dieser Schwachsinn Anklang findet – und zwar insbesondere in der Coaching-Branche. Da gibt es »Gespräche-mit-Gott«-Gruppen[144], »Gespräche-mit-Gott«-Seminare, »Gespräche-mit-Gott«-Foren[145], und in speziellen »CwG (*Conversations with God)*-Retreats« kann man sich gar zum »CwG-Coach« »ausbilden« lassen. Und abermals stößt man dabei immer wieder auch auf zertifizierte NLPler. Manche lassen durch mit Walsch-Zitaten verzierte Internetauftritte eine Affinität zu dem Esoteriker erkennen. Andere geben explizit an, aus den »Gesprächen mit Gott« besondere Inspiration gezogen zu haben. Wieder andere werben ausdrücklich damit, nach Walsch zertifiziert zu sein oder empfehlen seine Bücher auf Literaturlisten. Ich will hier nicht unterstellen, dass es primär die NS-Verharmlosung ist, die Walschs Attraktivität für seine Anhänger begründet – viele blenden sie womöglich einfach aus. Im Vordergrund steht vermutlich eher die Kritik an manch überkommenen Vorstellungen tradierter Religionen wie einem strafenden Gottesbild oder einer rigiden Sexualmoral. Aber nicht zu erkennen, dass solche Gehalte durch die Einebnung jedweder Unterscheidung von Recht und Unrecht, in der am Ende selbst NS-Verbrechen »vollkommen« sind, in ein menschenverachtendes Gegenteil verkehrt werden, zeugt von einem gravierenden Mangel an Reflektionsfähigkeit. Dieser für weite Teile der Coaching-Branche typische Mangel spiegelt sich auch in der Tatsache, dass dort ein weiterer Esoteriker offensichtliche Beliebtheit genießt: Colin Tipping. Dessen Coachingmehode der sogenannten »Radikalen Vergebung«[146] taucht nicht nur im Profil diverser Heilpratiker auf, sondern auch bei zertifizierten NLPlern, wie

143 Walsch 2008, S. 77 u. 96.

144 Das von Walsch gegründete sogenannte »Humanity's Team« mit Gruppen in vielen Ländern, laut Eigenbeschreibung eine »Menschenrechtsbewegung für die Seele«, hat in Deutschland etwa 400 Anhänger. Vgl. www.humanitysteam.de/.

145 Vgl. u.a. www.gespraechemitgott.org/, www.gespraechemitgott.net.

der Blick ins Intenet offenbart. Auch im Mangement und in der Unternehmensberatung gilt der Esoteriker zuweilen als zitierfähig.[147] Die »Tipping-Methode der Radikalen Vergebung« grenzt sich scharf von der jüdischen, christlichen und humanistischen Vergebungsidee ab, die sich aus der Erkenntnis speist, dass das Abgründige und damit die Möglichkeit der Verstrickung in Böses in jedem von uns angelegt ist und deshalb jeder auf Vergebung angewiesen sein kann. Radikale Vergebung bedeute dagegen, so Tipping, zu erkennen, dass ein solches Angewiesensein gerade nicht existiere – weil böse Taten aus einer »höheren Sicht« betrachtet gute Taten seien, die nur der »spirituellen Weiterentwicklung« dienten:

> Die Radikale Vergebung unterscheidet sich grundlegend von der herkömmlichen Vergebung. [...] Während die herkömmliche Vergebung [...] davon ausgeht, dass etwas Schlechtes passiert ist, sieht die Radikale Vergebung in allem etwas Gutes. [...] Betrachten wir die Dinge [...] aus dieser Sicht [...], erkennen wir, dass alles, was passiert [...] Teil des göttlichen Plans [ist]: Wir haben diesen Plan mitkreiert und haben mit den Seelen, die an dieser Geschichte mitbeteiligt sind, einen Vertrag geschlossen, der unserem persönlichen Wachstum dient. [...] Hier sind wir in der Lage, zu sehen, dass es keinen Täter gab und kein Opfer [...] Aus diesem Verständnis heraus gibt es dann auch überhaupt nichts mehr, was man zu vergeben hätte.[148]

Tipping schämt sich nicht, als Beispiel eines solch »vertraglich vereinbarten Wachstums« die Misshandlung eines Kindes in der eigenen Familie anzuführen[149]: Es sei davon auszugehen, dass sich die Seelen misshandelter Kinder die übergriffigen Familien vor der Geburt gezielt ausgesucht hätten, weil es ihre

146 Tipping 2004. Das Buch liegt inzwischen in vierzehn Auflagen sowie als E- und Hörbuch vor. – Im Verlag J. Kamphausen sind auch diverse Titel zum Thema NLP erschienen, z. B. Paul Liekens: NLP in Beziehungen (1997), Paul Liekens: NLP und spirituelle Entwicklung (1998) oder Yoka Brouwer: Gesund mit NLP (1998).

147 Zu finden sind z. B. Titel wie Colin Tipping: Spiritualität im Business. Ein revolutionärer Quantum-Energie-Management Ansatz, um die Produktivität zu steigern, die Motivation zu erhöhen und um Konflikte am Arbeitsplatz zu vermeiden, Prosperity Publishing 2012, oder Colin Tipping: Vom Herzenswunsch zu Realität. Mit spiritueller Intelligenz Träume erfüllen, Bielefeld 2007. Vgl. ferner das Literaturverzeichnis in Bernhard Rosenberger (Hg): Modernes Personalmanagement. Strategisch – operativ – systemisch. Wiesbaden 2014, S. 169.

148 www.sein.de/radikal-kur-fuenf-schritte-zur-inneren-heilung/.

149 Zum erschreckenden Ausmaß dieses Phänomens vgl. u. a. das Buch der Berliner Gerichtsmediziner Michael Tsokos und Saskia Guddat: Deutschland misshandelt seine Kinder. München 2014. In Deutschland stirbt nach Expertenschätzungen mindestens alle zwei Tage ein Kind durch Gewalt im familiären Umfeld – durch Verbrühungen, Verbrennungen, Schütteltraumata, Dehydrierungen, Folgen von Schlägen wie nicht behandelten Knochenbrüchen, Quetschungen, inneren Blutungen und vielem mehr.

»Mission« sei, Gewalt »aus erster Hand« zu erleben: »Es kann [...] unsere persönliche Mission sein, in eine misshandelnde Familie geboren zu werden, um den Missbrauch aus erster Hand [...] kennenzulernen – [...] Vergessen Sie nicht, dass Ihre Erinnerung an Ihre Entscheidung für Ihre Mission völlig ausgelöscht wird, sobald Sie inkarnieren.«[150]

Der Esoterik-Coach hält es deshalb für unglücklich, wenn kindliche Gewaltopfer zum Schutz aus ihrem Milieu herausgenommen werden. Zwar müssten wir unseres menschlichen Empfindens wegen so handeln, die »Transformation der Opfer-Energie« werde dadurch aber gestört. Für diese sei es notwendig, dem Gewaltgeschehen »mit vollkommener Akzeptanz« zu begegnen, weil nur so »das Bewusstsein aller Beteiligten auf eine höhere Stufe weiterentwickelt« werde. Tipping diskutiert allen Ernstes die Frage, ob es ethisch vertretbar sei, einzuschreiten, wenn man Zeuge einer Kindesmisshandlung wird – weil man durch das Eingreifen dem Kind ja die von der Gewalt ausgehende »Förderung« (sic!) wegnehmen würde:

> Versuche der Veränderung – wie etwa ein Kind aus einer misshandelnden Familie zu entfernen – sind zwar an sich menschlich, aber erzeugen keine Transformation. [...] Wir [...] müssen uns für den Gedanken öffnen, dass der göttliche Geist genau weiß, was er tut. Wenn es nicht im höchsten und besten Interesse des Kindes wäre, dass jemand um seinetwillen eingreift, wird er dafür sorgen, dass niemand von der Misshandlung erfährt.[151]

> Wenn jemand herausfindet, dass ein Kind misshandelt wird [...]: Angenommen, das spirituelle Wachstum des Kindes wird durch diese Erfahrung gefördert, sollten wir dann überhaupt eingreifen? Schließlich würden wir dem Kind dadurch diese Förderung verweigern. [...] Mein Gedanke dabei ist, dass der göttliche Geist es verhindern würde, wenn es wirklich im Interesse der Seele des Kindes wäre, dass niemand eingreift. Anders gesagt: Wenn ich nicht eingreifen sollte, würde der göttliche Geist dafür sorgen, dass ich erst gar nicht davon erfahre.[152]

Mit anderen Worten: Auch wenn eine Misshandlung erst entdeckt wird, wenn das Kind tot auf dem Obduktionstisch der Gerichtsmedizin liegt, hat alles seine Richtigkeit: Der »göttliche Geist« hat dann »im Interesse des Kindes« eben dafür gesorgt, dass vorher niemand einschreiten konnte. Für diese Einsicht müsse man allerdings erst mit der Methode der »Radikalen Vergebung« den eigenen Verstand ausschalten, so Tipping – denn der könne in seiner Beschränktheit das Göttliche einer Kindesmisshandlung nun mal nicht realisieren.

150 Tipping 2004, S. 107–109.
151 Ebd.
152 Ebd., S. 67.

*Frage:* Was ist mit [...] Dingen wie Kindesmissbrauch [...]?
*Colin Tipping:* [...] Wenn etwas überhaupt in solchen Fällen Anwendung findet, dann nur die Radikale Vergebung. Denn [...] auf der Ebene des Alltagsbewusstseins agieren wir über den Verstand und der ist nicht in der Lage, [...] eine solch[e] [...] Tat als etwas Göttliches einzuordnen.[153]

Als göttlich ordnet Tipping offenbar auch den Holocaust ein: Dessen Sinn habe vermutlich darin bestanden, »das Opferbewusstsein des jüdischen Volkes zu heilen«, möglicherweise sei Hitlers Seele eigens zu diesem Zweck »inkarniert«:

> Wenn wir uns für die Möglichkeit öffnen, dass [...] alles vom göttlichen Geist für das Wohl der beteiligten Seelen arrangiert wurde, beginnen wir die Dinge anders zu sehen. [....] Nehmen Sie an, die Seele, die inkarnierte, um Adolf Hitler zu werden, kam mit der Mission, das Opferbewusstsein des jüdischen Volkes und den Überlegenheitskomplex der Deutschen zu heilen.[154]

Ein ungeheuerliches Ideenkonstrukt, das zudem das antisemitische Stereotyp bedient, die Juden hätten mit einer angeblichen »Opferrhaltung« ihre Verfolgung selber provoziert. Was solche Ideen überdies so gefährlich macht, ist der ihnen innewohnende Erleuchtungsgestus: Wer die Stimme seines Gewissens, die ethische Ordnung der Menschenrechte und die Ächtung von Gewalt über Bord wirft und in der Misshandlung von Menschen nicht länger etwas Böses sieht, sondern ein »kosmisches Heilsgeschehen« zum »Wohle« die Misshandelten, darf sich laut Tipping, Walsch&Co. einer »höheren Bewusstseinsstufe«, »wahrer Meisterschaft«, »reiner Weisheit« und einer »Nähe zum Göttlichen« versichert wissen. Die *Tageszeitung* kommentierte treffend: »Adolf Hitler als gute Seele und die Vernichtungslager als Heilstätten für das jüdische Volk: Kann es einen noch obszöneren Gedanken geben? Und schämt man sich in Tippings deutschem Verlag für überhaupt nichts mehr?«[155]

Fassungslos zeigt sich auch der Gesundheitswissenschaftler Udo Baer – und verweist jenseits der gefährlichen politischen Dimension auf den eklatanten Widerspruch solcher »Therapie«-Modelle zu allen wissenschaftlichen Erkenntnissen:

153 www.sein.de/radikal-kur-fuenf-schritte-zur-inneren-heilung/.
154 Tipping 2004, S. 105–106.
155 Vgl. Gerhard Henschel: Die Seele Adolf Hitlers. Moderne Esoterik: Wie der Heiler Colin Tipping die Weltgeschichte umschreibt, in: *Die Tageszeitung* vom 17.09.2013. – Zum fragwürdigen Umgang mit der NS-Vergangenheit in Teilen der Coachingszene und einem umstrittenen Auftritt Colin Tippings auf dem Gelände der früheren »Führerschule der Deutschen Ärzteschaft« in Alt-Rehse/Mecklenburg vgl. auch den Aufsatz*:* Esoterik, Geschichtsmythologie und Gesundheitsideologie im Tollense Lebenspark. Kraftort, Rethra & Wellness für die Bevölkerung: Der Tollense Lebenspark – Fragen an ein modernes Esoterik-Gesundheits-Projekt. Arbeitskreis lifeKritik e. V., www.lifekritik.de.

> Alle Studien und therapeutischen Erfahrungen beweisen: [...] Menschen, die Opfer von Gewalt geworden sind, brauchen klare Zuordnungen von Gut und Böse, [...] von Verantwortung und Schuld. [...] Menschen, die Opfer von Gewalt geworden sind, müssen [...] die Macht zugesprochen bekommen, [selbst] zu entscheiden, wie sie die Taten und die damit verbundenen Schmerzen [...] in ihr Leben einordnen.[156]

Der Gründer der »Zukunftswerkstatt *therapie kreativ*«, an der Musik- und Kunsttherapeuten ausgebildet werden, spricht den zentralen Denkfehler gängiger Coachingkonzepte im Umgang mit Opfern an: Beim dort so gern propagierten »Ausstieg aus der Opferrolle« geht es angeblich darum, dass Opfer Macht über ihr Leben zurückgewinnen sollen. Nur: Wem vorgegeben wird, wie er sein Trauma zu deuten hat – nämlich »positiv« und als »Chance zum Wachstum«, für die es am besten noch »dankbar« zu sein gelte – der gewinnt gerade keine Macht zurück, sondern der wird ein zweites Mal zum Objekt degradiert – diesmal zum Objekt einer Bevormundung, wie er die Welt und sein eigenes Schicksal darin einzuordnen habe. Das bestätigt auch der Klagenfurter Psychologieprofessor Klaus Ottomeyer. Der Vorstand des Kärnter Beratungszentrums für Folteropfer verweist auf »Versöhnungskonzepte« nach dem Ende südamerikanischer Militärdiktaturen, die oft Straffreiheit für die Täter einschlossen: Bei nicht wenigen Opfern habe dies zu Retraumatisierungen geführt.[157] Ottomeyer folgert aus seinen Erfahrungen, dass Vergebung auf keinen Fall etwas Strategisches oder »Trainierbares« ist, das man seitens Psychotherapie, Coaching, Wirtschaft oder Gesellschaft von Opfern einfordern darf: »Was TraumapatientInnen für die Wiederherstellung ihrer von den Tätern verletzten Würde brauchen [...], ist sehr unterschiedlich und nicht über einen Kamm zu scheren.«[158] Baer, Ottomeyer und andere Traumaforscher fordern dringend eine Abgrenzung aller im Gesundheits-, Coaching- und Weiterbildungsmarkt Tätigen gegen die zunehmende Unterwanderung dieser Branchen durch esoterische und gewaltlegitimierende Idelologien: »Es wird Zeit, dass mehr Kolleginnen und Kollegen aufstehen.«

156 Udo Baer: Radikale Vergebung als Täterschutzprogramm. Hg. von der Zukunftswerkstatt therapie kreativ. Vgl. auch www.zukunftswerkstatt-tk.de/home/, http://baer-frick-baer.de/.

157 Eine gleichermaßen berührende wie verstörende Auseinandersetzung mit diesem Dilemma zeigt Roman Polanskis meisterhaftes filmisches Kammerspiel *Der Tod und das Mädchen* von 1994.

158 Ottomeyer 2014, S. 188–189.

## Mangelnde Abgrenzungspolitik der NLP-Dachverbände

An genau dieser Abgrenzung mangelt es aber offenbar, wie das Vorkommen esoeterischer Gewaltrechtfertigungen à la Hardo, Sigdell, Walsch oder Tipping auch im sich »seriös« verstehenden Teil der Coaching- und NLP-Branche zeigt. Gewiss, unter den zertifizierten NLPlern werden ganz viele sein, die sich von den zitierten Verharmlosungen von Kindesmisshandlungen oder NS-Verbrechen sofort entsetzt distanzieren würden. Aber es sind andererseits auch nicht nur zwei oder drei Spinner, wie es sie in jedem Fach gibt, die sich der Vermengung von Coaching, NLP und Esoterik verschrieben haben. Zumal ich mich hier nur auf die Reinkarnationsidee beschränkt habe, das Ausmaß esoterischer Implikationen im NLP ist durchaus noch größer. Wer z.B. die Begriffe »DVNLP« und »Astrologie« in eine Suchmaschine eingibt, wird ebenfalls seitenweise fündig.

Selbstverständlich können Coaching-Dachverbände wie der DVNLP darauf verweisen, dass sie lediglich Richtlinien für den Ablauf von NLP-Ausbildungen vorgeben und keinen Einfluss darauf hätten, was die Absolventen anschließend damit machten oder was diese sonst noch für Verfahren anböten. Das ist richtig. Und doch ist hier ein Einwand möglich: Denn es wäre doch denkbar, Auflagen nicht nur für den Erwerb, sondern auch für das Führen eines Zertifikats zu erlassen – und solche Auflagen könnten auch Abstandgebote zu Lehren und Methoden beinhalten, die von der zertifizierenden Organisation als nicht vereinbar mit den eigenen Grundsätzen definiert werden. Ein Arzt etwa, der »Reinkarnationstherapie« auf sein Praxisschild schriebe und einen Krebskranken fragte, wie viele Morde er in früheren Leben eigentlich schon so begangen habe und ob sein Tumor nicht vielleicht der »gesetzmäßge Ausgleich« dafür sein könnte, oder ein ärztlich approbierter Psychotherapeut, der mit Hilfe der »Tipping-Methode« einen Traumatisierten ermunterte, in seiner Gewalterfahrung eine »vorgeburtlich selbst geplante Mission« zu erkennen, bekämen zu Recht massiven Ärger mit Ärztekammern, Kassenärztlichen Vereinigungen und Patientenbeauftragten. Ebenso müssten Mitglieder anerkannter wissenschaftlicher Fachgesellschaften mit dem Protest ihrer Kolleginnen und Kollegen rechnen, wenn sie sich die Geschichtsrevisionismen eines Trutz Hardo, Erik Sigdell, Donald Walsch oder Colin Tipping zu eigen machten. In NLP-Organsiationen scheint man das lockerer zu sehen. Es gibt sogar Hinweise darauf, dass eine Affinität zur Esoterik bis in die Führungsebene manchen Verbandes reicht. So ist der 2016 gewählte stellvertretende Vorsitzende des DVNLP, Peter Klein, auch Co-Autor eines Lehrbuches für die nicht anerkannte »Familienaufstellung« (nicht zu verwechseln mit der anerkannten Familientherapie). Im Literaturverzeichnis des Buchs tauchen Titel mehrerer Esoteriker auf, darunter auch Colin Tippings »Radikale Vergebung«.[159] DVNLP-Vorstand

Klein ist außerdem Mitinhaber des österreichisch-deutschen Coachinginstituts *Integral Systemics*, dessen Internetseite eine eindeutige Nähe zu esoterischen Gehalten ausweist. Krankheiten seien kein Zufall, ist da etwa zu lesen. In dem Aufsatz *Krankheit als Lehrmeister* deuten Klein und seine Co-Autorin unter anderem Brustkrebs als Versuch der betroffenen Frauen, ihren Partner »über Krankheit zu binden«.[160] Laut Webseite kooperiert Integral Systemics mit dem österreichischen Arzt Rüdiger Dahlke. Der »Reinkarnationstherapeut« verfasste 1983 zusammen mit Thorwald Detlefsen das umstrittene Buch *Krankheit als Weg*[161] und vertritt als erklärter Anhänger der »esoterischen Philosophie« in Interviews die Ansicht, dass Krankheiten und Gewalterfahrungen »im Kontext früherer Leben oft stimmig« seien. »Es braucht sozusagen das Karmagesetz, um uns reif für die Gnade zu machen. Und wir [...] können [...] rückwirkend [...] sehen, dass viel mehr vorherbestimmt war, als wir uns vorstellen konnten. [...] Zufall ist, was uns gesetzmäßig zufällt.«[162]

> *R. Dahlke:* [...] Aus esoterischer Sicht ist man weitgehend für alles selbst verantwortlich. [...]
> *Frage:* Würden Sie so weit gehen zu sagen, daß die Seele sich [...] ihr krankes Feld selbst sucht, im Sinne einer Lernaufgabe?
> *R. Dahlke:* Das würde ich von der Reinkarnationstherapie her in jedem Fall sagen [...] Ich würde auch einem Krebspatienten sagen, er soll doch mal als erstes sein Bett umstellen. Da gibt es Bezüge zu Erdstrahlen. [...] Ein großes Krankheitsbild ist auch eine große Chance. [...] Wenn Milton Errickson nicht zweimal Kinderlähmung gehabt hätte [...] bezweifle ich, daß er so genial geworden wäre [...]
> *Frage:* Wie ist es [...] mit sexuellem Missbrauch, Vergewaltigung und Mord? [...]
> *R. Dahlke:* [...] Aus der Sicht der esoterischen Philosophie [...] kommen [wir] [...] alle mit unseren Themen hier her. Aus 20 Jahren Reinkarnationstherapie

159 Peter Klein / Sigrid Limberg-Strohmaier: Das Aufstellungsbuch. Familienaufstellung, Organisationsaufstellung und neueste Entwicklungen, Wien 2012, S. 400 u. 404. Auf S. 191 greifen die Autoren zudem einen Vorschlag Bert Hellingers auf, Täter und Opfer nach Kriegen gemeinsam zu bestatten und »ebenbürtig« zu betrauern. Heilung entstehe, »wenn jeder Vorwurf aufhört«.

160 Peter Klein / Sigrid Limberg-Strohmaier: Krankheit als Lehrmeister. Erfahrungen in der Arbeit mit Symptomaufstellungen, in: *Kommunikation&Seminar* Heft 1/2014, S. 38. Vgl. www.integral-systemics.com.

161 Thorwald Detlefsen / Rüdiger Dahlke: Krankheit als Weg, München 1983. Für die Autoren haben sogar Opfer von Verkehrsunfällen ihr Schicksal stets selbst »gesucht«: »Wir suchen uns unsere Unfälle [...] Davon gibt es keine Ausnahme [...] Wenn jemand leidet, leidet er immer nur unter sich.« (S. 265). – Vgl. auch Philipp Flammer: Die Überwindung aller Widersprüche: Das Krankheits- und Heilungsverständnis in der Esoterik am Beispiel von Thorwald Dethlefsen und Rüdiger Dahlke, Zürich 2000. www. infosekta.ch.

162 www.d-a-r.de/dr-dahlke/.

> kann ich sagen, Menschen [...] in Opferrollen [...] haben in der Therapie eine Stimmigkeit [...] finden können, also bezogen auf ihre früheren Leben. [...] Mein Gefühl ist [...], daß wir in einem Kosmos leben, in dem Gesetze herrschen und bestimmte Regeln, in dem wir bestimmte Lernaufgaben kriegen, die auch sehr schwer sein können.[163]

Für eine Nähe der DVNLP-Führung zur Esoterik spricht auch die Tatsache, dass auf Kongressen des Verbandes mehrfach Anhänger der Coachingmethode *The Work* der Amerikanerin Byron Katie auftraten.[164] Byron Katies Lehre ist, wie ich in einem eigenen Kapitel zeigen werde, explizit esoterisch.

## Esoterische Elemente im NLP

### »Gesetz der Anziehung«

Eine Affinität vieler auch zertifizierter NLP-Vertreter zur Esoterik ist nicht ernsthaft zu bestreiten. Dies stellt abschließend noch einmal die Frage nach den esoterischen Anteilen im NLP selbst. Einige hatte ich schon herausgearbeitet, etwa die absolute Eigenverantwortlichkeit des Einzelnen für sein Schicksal. Auch die damit zusammenhängende Idee eines *Gesetzes der Anziehung* ist ein eindeutig esoterisches Element. Das auch *Resonanzgesetz* genannte Konstrukt geht auf okkultistische Autoren des 19. Jahrhunderts zurück, populär wurde es in jüngster Zeit auch durch das Buch und den Film »The Secret«.[165] Auf der Homepage des DVNLP verspricht die NLP-Lehrtrainerin Alexandra Spangler, ihren Klienten dieses »Gesetz anhand von deren eigenem Leben« zu erklären.[166] Die Webseite der dem DVNLP-zertifizierten Landsiedelinstitut nahestehenden Initiative »Jetzt erfolgreich!« ergänzt:

> Jede Energie und jeder Gedanke, den Du ins Universum aussendest, [...] kommt zu Dir zurück. [...] Wir sind wie ein lebender Magnet und ziehen die Menschen, Umstände und Ideen in unser Leben [...] Wenn wir uns mit Angst und Sorgen beschäftigen, dann ziehen wir auch Angst und Sorgen an. Wenn wir uns mit dem schönen Gefühl von viel Geld beschäftigen, dann ziehen wir das an.[167]

2007 bot Landsiedel ein eigenes Seminar zu dem Thema an:

163 www.stardust-archiv.de/Artikel/dahlke.htm.
164 Vgl. z. B. www.dvnlp.de/veranstaltungen/nlp-kongress-2015/programm/referentenliste/ulrich-buhrle/.
165 Vgl. https://de.wikipedia.org/wiki/The_Secret.
166 www.dvnlp.de/portale/coaches/profile/zeige_coach/c5692523.
167 www.jetzt-erfolgreich.com/das-gesetz-der-anziehung/.

> Richard Bolstad hat Zen-Meister, Nah-Todes-Erfahrungen [...], Chi Kung [...], Tantrischen Buddhismus und Taoismus [...] in wunderbare NLP-Formate gegossen. [...] Robert McDonald bietet ein Seminar [...] »Das Geheimnis der Anziehung«. Nicht entgehen lassen! Tja, und dann haben wir noch [...] Robert Dilts auf der Speisekarte. [...] Für fortgeschrittene NLP-Anwender dürfte [...] ein Seminar spannender als das andere sein.[168]

Die Vorstellung des NLPlers Robert Dilts vom Gehirn als einem »kybernetischen Mechanismsus«, der ein formuliertes Ziel automatisch herbeiführe, ist ebenfalls eine Spielart eines »Gesetzes der Anziehung«. Dass es für ein solches »Gesetz« entgegen angeblichen »quantenphysikalischen Beweisen« keinerlei Belege gibt[169], interessiert seine Vertreter dabei ebensowenig wie die gefährliche ethische und politische Dimension: Denn sowohl die ungeheuerliche Aussage, die Holocaustopfer hätten ihr Schicksal durch in »früheren Existenzen« ausgesandte »negative Energien« selbst »verursacht« wie auch die menschenverachtende Idee, ein misshandeltes Kind habe in »Vorleben« Ähnliches getan, das nun »gesetzmäßig« zu ihm »zurückkehre«, stellen nichts anderes dar als ein konsequent zu Ende gedachtes und quasi durch den Kunstgriff der Karmalehre erweitertes »Gesetz der Anziehung«.

## Radikaler Wertesubjektivismus

Ein weiteres esoterisches Element im NLP ist die Relativierung jedes Maßstabs von richtig und falsch. Zwar schließt die pluralistisch-demokratische Gesellschaft mit der Gewissensfreiheit notwendig auch einen Wertepluralismus ein. Viele Moralvorstellungen unterliegen deshalb in der offenen Gesellschaft zu Recht Wandlungen – man denke nur an Themen wie die Sexualmoral oder die Sterbehilfe. Zugleich aber setzt die Demokratie mit ihrer Fundierung auf Menschenrechte einen nicht verhandelbaren Grundrahmen von Recht und Unrecht, innerhalb dessen allein die Realisierung unterschiedlicher Lebensentwürfe und Wertvortellungen für alle möglich wird. Im esoterischen Weltmodell wird die Existenz eines solchen Grundrahmens hingegen geleugnet: Das »Universum«, heißt es dann immer, »kenne kein richtig und falsch«, vielmehr »erschaffe« der

168 www.landsiedel-seminare.de/newsletter/2007-07/.

169 Zur oft verkürzten Rezeption und Fehldeutung physikalischer Forschung in der Esoterik-Szene vgl. u. a. die Analysen von Prof. Dr. Martin Lambeck, Emeritus für Physik der Technischen Universität Berlin. Martin Lambeck: Das Nicht-Wissen in der Physik und das New Age, in: Materialdienst der Evangelischen Zentralstelle für Weltanschauungsfragen. Heft 4/88, S. 97–107. Ders.: New Age-Physik und Lehrbuchphysik – ein Vergleich, in: *Praxis der Naturwissenschaften/Physik*, Heft 6/88, S. 39–42. Ders.: Irrt die Physik? Über alternative Medizin und Esoterik, München 2005.

Einzelne den Charakter einer Sache immer erst durch sein subjetives Urteilen. Das vom österreichischen NLP-Verband ÖDVNLP zertifizierte »NLP-Europa-Institut« verkündet gar:

> Wir können aufatmen: Das gewaltige abendländische Bedeutungssystem, welches seit [...] ca. 2.600 Jahren errichtet wurde, ist zu seinem Ende gekommen. Wir können uns eine Bewertung ersparen. [...] Da stellt sich [...] die Frage: Wie gehe ich mit [...] diesem Freiraum um, [...] wenn es [...] »Werte«, [...], »Recht« und »Gerechtigkeit«, »gut« und »böse« [...] nicht gibt [...] Wir werden sehen: [...] Wenn ich meine eigene Philosophie entwerfe [...], ergibt sich daraus, was meine Wirklichkeit ist sowie was für mich Wirklichkeit ist.[170]

Man kann hier von einem *radikalen Wertesubjektivismus* sprechen – im Gegensatz zum relativen Wertesubjektivismus der pluralistischen Gesellschaft. Die möglichen Folgen konnten wir beim Esoteriker Donald Walsch beobachten, der behauptet, Hitler habe nichts Falsches getan, weil er innerhalb *seines* (nationalsozialistischen) »Modells der Welt« ja stets richtig gehandelt habe; es seien erst die Nachgeborenen gewesen, die durch den Maßstab *ihres* Weltmodells (Demokratie und Menschenrechte) Hitlers Handeln negativ beurteilt und dadurch dessen bösen Charakter quasi erst posthum »kreiert« hätten.

> Niemand tut innerhalb des Kontexts seiner Modellvorstellung von der Welt irgend etwas, das »falsch« ist. [...] Hitler [hat] nichts »Falsches« getan [...]. Hitler hat einfach getan, was er tat. [...] Die Welt hat schließlich entschieden, daß Hitler »falsch« war. Das heißt, die Menschen [...] nahmen eine neue Bewertung [...] vor.[171]

Walschs »Argumentation« deckt sich wortwörtlich mit zwei zentralen NLP-Grundannahmen:

> Menschen [...] funktionieren in ihrem »Modell der Welt«. Jedes menschliche Verhalten ergibt einen Sinn, wenn es im Kontext der »geistigen Landkarte« der betreffenden Person gesehen wird. Hinter jedem Verhalten steckt eine positive Absicht.[172]
>
> Menschen funktionieren in ihrer individuellen Landkarte stets richtig. [...] Jedem Verhalten liegt eine positive Absicht zugrunde. [...] Vor dem Hintergrund der individuellen Landkarte des Handelnden ist das Verhalten richtig und nutzbringend.[173]

170 Vgl. http://nlp-europa.de/literaturempfehlungen, http://nlp-europa.de/philosophie/.
171 Walsch 2008, S. 95.
172 www.dvnlp.de/was-ist-nlp/nlp-vorannahmen/.
173 Seidl 2015, S. 19–20.

Nur ganz vereinzelt gibt es in der NLP-Szene Stimmen, die das Gefährliche dieses radikalen Kontruktivismus erkennen, wie der Münchener Psychotherapeut und NLPler Martin Haberzettl:

> Die aus der Landkartenannahme abgeleitete Grundannahme »Es gibt kein richtig und falsch, nur mehr oder weniger nützliche Landkarten« führt letztlich zu einem Ende der Kommunikation. Selbst wenn dies prinzipiell wahr wäre – in der Lebenswirklichkeit der Menschen spielen die Kategorien »falsch« und »richtig« eine wesentliche Rolle für Orientierung und Handeln.[174]

### »Vergebungsmanagement«

Eine dritte Überschneidung zur Esoterik bilden die im NLP propagierten Konzepte vom Verzeihen: Sie weisen frapperende Ähnlichkeiten zu Colin Tippings »Radikaler Vergebung« auf. Da taucht die Beschreibung des Vergebens als Teil einer vom Opfer zu erbringenden »Eigenverantwortung« ebenso auf wie seine technokratische Umdeutung zu einem »NLP-Format« und kognitiv trainierbaren Willensakt.[175] »Wer anderen nicht vergeben kann, schadet vor allem sich selbst. […] Verzeihen ist […] ein Akt der […] Eigenverantwortung.«[176] Wer diesen Akt nicht leiste, so heißt es auf der Homepage des DVNLP, müsse wissen, dass er dann auch selbst der Verursacher seiner seelischen Verletzungen sei: »»Viele von uns wurden schon einmal schwer verletzt […] Wenn wir jemandem nicht vergeben, dann behalten wir den Groll, die Wut und die ganzen Ungerechtigkeiten in uns. Das kann […] sogar Krankheiten auslösen. […] Wenn wir also nicht vergeben, bestrafen wird uns selbst.«[177]

Im NLP gehe deshalb darum, dem Täter ein »symbolisches Geschenk zu machen«. Ist jemand dazu nicht in der Lage, sieht der Beitrag auf der DVNLP-Webseite den Grund in eigennützigen und niederen Motiven: Aufmerksamkeit einheimsen, sich selbst aufwerten, Macht ausüben.

> Warum fällt es uns so schwer zu vergeben? Wenn wir jemand anderen nicht vergeben, halten wir ihn […] in unserer Schuld. Diese Schuld kann man gut ausnutzen, […] kann […] denjenigen klein halten. […] Gleichzeitig stellt man sich so über den anderen und strahlt aus, dass man ein zu Unrecht verletzter Mensch ist.[178]

174 Vgl. Martin Haberzettl: Verfügt NLP über ein »Menschenbild«? Eine kritische Revision einiger »Grundannahmen«, München 2005.
175 Sales 2013.
176 Henning o.J., S. 129.
177 www.dvnlp.de/portale/trainer/profile/trainer/eventDetails/498.
178 Ebd.

Dass es auch andere Motive geben könnte, weshalb jemand nicht verzeihen kann – etwa die Schwere einer Verletzung, individuelle Grenzen und Prägungen, das Verhalten der Täter, die vielleicht noch stolz auf ihre Tat sind oder das Opfer verhöhnen – wird nicht in Erwägung gezogen. Es ist zu bezweifeln, dass es bei solchen »Vergebungs«-Modellen tatsächlich um den Seelenfrieden der Betroffenen geht. Vielmehr drängt sich der Verdacht auf, dass sie Ausdruck einer wachstums- und effizienzfixierten Gesellschaftsidee sind, in der Opfer stören. Denn wer verletzt ist, ist nicht so belastbar, arbeitet womöglich langsamer, hat eine dünnere Haut, ist sicherheitsbedürftiger, braucht vielleicht mehr und individuellere Zuwendung. Eigenheiten, die in einer Arbeitswelt, die Wettbewerb, Flexibilität, Gewinnmaximierung und Effizienz als höchste Götzen anbetet, als Ärgernis erscheinen müssen – auch, weil sie an die Brüchigkeit menschlicher Existenz gemahnen und das herrschende Dogma von der Unbegrenzheit des Menschen in Frage stellen. Der Appell an die »Eigenverantwortung« drückt deshalb wohl vor allem den Anspruch einer radikalisierten Markt- und Leistungsgesellschaft aus, dass Opfer gefälligst zu funktionieren, von ihrem Schicksal zu schweigen, ihre Narben zu verstecken und der Gesellschaft nicht mit »alten Geschichten« oder gar »Ansprüchen« (Opferrente, Entschädigung etc.) »zur Last« zu fallen haben.

### Darwinistische Definition menschlicher Existenz

Für esoterische Weltanschauungen typisch ist schließlich eine *evolutionär-darwinistische Sicht auf das individuelle menschliche Leben.* In diesem Modell gilt jede »Inkarnation« als eine »spirituelle Lernstufe«, die ausdrücklich auch Gewalt- und Leidenserfahrungen einschließen kann. Das Daseinsrecht ist an die Bereitschaft des Einzelnen gebunden, diese Erfahrungen »positiv anzunehmen« und sein Denken und seine Überzeugungen entsprechend anzupassen. Ein bedingungsloses, natur- oder gottgegebenes Lebens- und Entfaltungsrecht in Selbstbestimmung, Würde, Frieden und (Gewalt-) Freiheit, von dem wir als westliche Demokraten unbeirrbar überzeugt sind, wird von esoterischen Denkschulen nicht anerkannt. Thorwald Dethlefsen, dessen Büchern man in der Coachingszene auffallend oft begegnet, vergleicht Menschen, die sich den »Schicksalsgesetzen« nicht fügen, vielmehr mit Krebszellen, die sozusagen gesetzmäßig »eliminiert« würden:

> Der Mensch hat sich zu bemühen, eine möglichst nützliche Zelle zu sein, so wie er es von seinen Körperzellen erwartet, damit er nicht zum Krebsgeschwür dieser Welt wird. Verläßt er [...] die Ordnung [...], um seine mißverstandene Freiheit auszukosten, so sollte er sich nicht wundern, wenn er eliminiert wird.[179]

Es lässt sich schwerlich leugnen, dass Bausteine eines solchen Sozialdarwinismus, insbesondere die fetischartige Anbetung von Veränderung bzw. »Transformation« mit einem Vorrang für den Flexibleren und Stärkeren, auch für das Neurolinguistische Programmieren relevant sind. Einem autoritär-hierarchischen Bild von Mensch und Gesellschaft folgt auch die häufige Bezugnahme von NLPlern auf das sogenannte »Graves-Modell« der Zivilisation. *Clare W. Graves*, ein amerikanischer Psychologieprofessor, strukturierte die Entwicklung der Menschheit in Stufen im Sinne eines quasi »gesetzmäßigen« Fortschrittsprozesses, der fast an den Historischen Materialismus erinnert – von der »mangelmotivierten« Jäger- und Sammlergemeinschaft bis zur »seinsmotivierten« Hochleistungsgesellschaft.[180] Das Individuum steht demnach vor der permanenten »Entscheidung«, seine Denkweise entweder an die nächsthöhere Evolutionsstufe anzupassen – oder zurückzubleiben. Entsprechend werden Menschen nach drei Gruppen typisiert: Diejenigen, die vom Fortschritt überrollt werden, weil sie Glaubenssätzen verhaftet bleiben, die von diesem überholt sind; diejenigen, die eine neue Entwicklungsstufe mental schon erfassen, aber real noch auf der zu Ende gehenden verharren; und diejenigen, die eine neue Etappe so schnell erkennen und so flexibel sind, dass sie sich selbst an ihre Spitze stellen. Sie bilden dann eine Art »Avantgarde« mit höherem Bewusstsein.[181] Auffallend ist, dass in dem Modell demokratischen Prinzipien nicht der höchste Wert zugeschrieben wird. So subsumiert das Berliner Nielsen-Institut für NLP den Parlamentarismus unter einer niedrigen »vierten Stufe der Bürokratie« – zusammen (!) mit Kommunismus, Fundamentalismus und Totalitarismus.[182] Demokratische Emanzipationsbewegungen werden einer »Stufe der Gemeinschaftswerte« zugeordnet und als »Störung« des Evolutionprozesses dezidiert abwertend beschrieben:

179 Thorwald Dethlefsen: Schicksal als Chance. Esoterische Psychologie, das Urwissen zur Vollkommenheit des Menschen. München 1979, S. 41. – Vgl. dazu auch Oliver Schröm: Rechter Wahn. Braune Esoterik auf dem Vormarsch, in *Die Zeit* vom 28.05.1998.

180 https://de.wikipedia.org/wiki/Clare_W._Graves – Vgl. außerdem Ralph Netzker: Einführung in das Graves Values System. Das System der psychosozialen Entwicklung nach Clare W. Graves. Im Netz als PDF verfügbar. www.dosisnet.de/graves.pdf – Das Dokument offenbart den stark esoterisch gefärbten Charakter des Modells. Vgl. außerdem Nandana und Karl Nielsen: Das Graves-Modell und seine Anwendung im Coaching, Berlin 2006. www.nlp-nielsen.de/GravesCoachingNielsen060712.pdf.

181 Ebd., S. 5.

182 www.nielsen.de/coachartikel04.htm, www.nlp-nielsen.de/graves.htm.

> Alles wird breit diskutiert. Störungen haben Vorrang. [...] Wenn man will, kann man die Sinnsuche der 68er Bewegung [und] der Frauenbewegung [...] damit in Verbindung bringen. [...] Graves sagt: »Dieses System sieht die Welt relativistisch. Das Denken zeigt eine [...] zwanghafte Tendenz, alles von einem relativistischen [...] Bezugsrahmen her zu betrachten.« Im Extremfall werden hier selbst kriminelle Täter [...] voller Mitleid »verstanden«. Vorkommen: [...] Humanistische Psychologie, Befreiungstheologie, Weltkonzil der Kirchen, Greenpeace, Menschenrechtsfragen.[183]

Dieser Zustand bilde »die schwierigste Blockade« bei der Weiterentwicklung der Menschheit zur siebten, »delphinischen Stufe«[184], die einen »Paradigmenwechsel« in der Zivilisationsgeschichte bedeute. Kennzeichen des damit einhergehenden höheren Bewussstseins seien das Erscheinen des NLP, die »Sehnsucht nach Höchstleistungen«, Eleganz und Effizienz als Leitwerte in allen Lebensbereichen, das Streben nach dem »Erleben des Kitzels des bisher Unerreichbaren«, die »Auflösung von Unterschieden und Pluralitäten in natürlichen Strömen« sowie eine »Ergänzung des Egalitarismus durch natürliche Rangordnungen«. Sorgen machen, dass das »delphinische Zeitalter« tatsächlich ausbrechen könnte, müssen wir uns einstweilen noch nicht: Nach Auskunft des Nielsen-NLP-Instituts habe bisher nur ein einziges Prozent der Weltbevölkerung den Sprung in die höchste menschliche Entwicklunsstufe geschafft – vor allem NLP-Trainer und Coachs...[185]

183 www.nielsen.de/coachartikel04.htm.
184 Nandana und Karl Nielsen: Das Graves-Modell und seine Anwendung im Coaching, S. 3.
185 www.nielsen.de/coachartikel04.htm.

## Das Neurolinguistische Programmieren – eine Selbsterlösungsreligion mit esoterischen Zügen

Wenn das Neuro-Linguistische Programmieren – und das kann als eindeutiges Ergebnis meiner Untersuchung festgehalten werden – keine wissenschaftsfundierte Disziplin und auch keine objektive Methodik darstellt, was ist es dann eigentlich? Kritiker wie Robert Jansen und Hansjörg Hemminger betrachten es als eine auf massiv vereinfachten Modellen vom Menschen basierende, stark ideologisch angereicherte Kommunikationstechnik. Ich würde das voll unterstützen, gehe aber noch einen Schritt weiter und erkenne ähnlich wie der Würzburger Psychologieprofessor Christoph Bördlein oder der Regensburger Emeritus für Pädagogische Psychologie, Helmut Lukesch[186], ein *Glaubens- und Weltanschauungssystem*, das esoterische Züge trägt und typische Kennzeichen einer Selbsterlösungsreligion aufweist. In der vom NLP verbreiteten Ansicht, man könne mit seiner Hilfe »höhere Bewusstseinsstufen« erreichen, scheint zudem ein mitunter sektenartiges Gebaren auf.[187]

Das ethische wie demokratiepolitische Problem, das sich daraus ergibt, liegt auf der Hand: Weil es sich beim Neurolinguistischen Programmieren in Wahrheit eben um keine »neutrale Technik« handelt, sondern um ein System, das in höchstem Maße menschen- und gesellschaftsbildliche Vorstellungen transportiert und nur funktioniert, wenn der Klient diese Vorstellungen adaptiert, sind massive Konflikte mit dessen eigenen Werten und Glaubensüberzeugungen möglich. »Das NLP [...] führt zum Ideen- und Ideologietransfer: Deutungen für Probleme, Werte, Lebensziele, Lebensentwürfe werden vermittelt. Sind die vermittelten Ideen mit denen der Klienten unverträglich, kommt es zu Konflikten.«[188]

Ernste Formen kann diese Konfliktproblematik dort annehmen, wo eine Beschulung mit NLP-Gehalten aus einer Abhängigkeit heraus erfolgt, wo also die Gecoachten nicht ganz freiwillig im Coaching sitzen. Wir haben gesehen, wie seitens der Dachorganisationen die Einführung von NLP gerade im Bildungs- und Weiterbildungsbereich propagiert wird – einem Bereich, den jeder Mensch pflichtmäßig durchläuft und dem deshalb aus guten Gründen eine besondere weltanschauliche Zurückhaltung auferlegt ist. Bisher distanzierte sich aber

186 Vgl. Helmut Lukesch: Wunsch und Wirklichkeit – Der esoterische Machbarkeitswahn, in: B. Wisniewski / A. Vogel (Hg.): Schule auf Abwegen – Mythen, Irrtümer und Aberglaube in der Pädagogik, Baltmannsweiler 2013, S. 111–124.

187 Vgl. Uwe Peter Kanning: So banal, dass es gar nicht falsch sein kann. Tagesanzeiger vom 1.10.2015. www.tagesanzeiger.ch/wissen/medizin-und-psychologie/So-banaldass-es-gar-nicht-falsch-sein-kann/story/24288166.

188 Hemminger 2004b, S. 14.

nur das bayerische Staatsministerium für Bildung und Kultus mit Verweis auf den esoterischen Charakter vom NLP[189]; die Haltung der übrigen 15 Schulministerien ist unklar. Am stärksten betrifft die Gefahr einer Kollision des NLP mit dem Grundrecht auf Weltanschauungsfreiheit die Arbeitswelt – weil hier die Etablierung von Coachings als Instrument der Personalentwicklung längst vollzogen ist. Und am massivsten sind die Abhängigkeitsverhältnisse naturgemäß dort, wo die nackte Existenz äußerer Unterstützung bedarf – etwa bei Transferleistungsbeziehern. So hatte das für die Kommunen Warendorf und Beckum zuständige Jobcenter 2012/13 bei einem Personalentwicklungsunternehmen die »Maßnahme Bodyguard« eingekauft, die Arbeitslose zu Stockkampftrainings, einem Motivationskurs mit dem Titel »Innerer Krieger« und dem Praktizieren von NLP verpflichtete. Für den Fall einer Teilnahmeweigerung wurden offenbar Sanktionen angedroht.[190] Auch in Internet-Foren für Erwerbslose erzählen Betroffene von gegen ihren Willen verfügten NLP-Coachings. Laut einem Post wurde für einen Arbeitslosen, der seinen Unmut darüber offen äußerte und NLP als »Gehirnwäsche« kritisierte, daraufhin die Vorführung zur psychiatrischen Begutachtung angeordnet.[191] Natürlich lassen sich Wahrheitsgehalt und genauer Hintergrund solcher Berichte im Netz schwer überprüfen. Sollten die Angaben zutreffen, wäre der Vorgang aber ein handfester Skandal und eine ernste Verletzung von Grundrechten.

Zusammenfassend lässt sich sagen: Ein flächendeckendes Bewusstsein dafür, dass es sich bei Coachings und den darin eingesetzten Methoden um massiv ins Wertegefüge und die psychische Integrität von Menschen eingreifende Interventionen handelt, die zentrale Grundrechte wie das der Meinungs-, Glaubens-, Gewissens- und Weltanschauungsfreiheit berühren können, und dass in einer freiheitlich-demokratischen Gesellschaft die Teilnahme an solchen Interventionen deshalb immer nur auf absolut freiwilliger Basis erfolgen darf, ist in Deutschland noch nicht vorhanden. An diesem Bewusstsein zu arbeiten, verstärkt die Frage nach den in Coachings transportierten Wertesystemen zu stellen und Demokratie, Emanzipation, Kritikfähigkeit und Selbstbestimmung gerade im so wichtigen Feld der Bildung und Weiterbildung massiv zu stärken, wird deshalb in Zukunft eine zentrale Herausforderung für alle sein, die in unterschiedlicher Form mit Coachings zu tun haben.

189 Vgl. Julia Lindner: Die 10 größten Irrtümer der Pädagogik, in: Bayerisches Staatsministerium für Bildung und Kultus, Wissenschaft und Kunst (Hg.): *Schule und Wir. Nr. 1*, München 2014, S. 4–7.

190 https://fragdenstaat.de/anfrage/stellungsnahmebeurteilung-zur-wirksamkeit-von-nlp-in-nrw-in-jobcenter-manahme-bodyguard-in-der-optionskommune-warendorf/.

191 www.elo-forum.org/existenzgruendung-selbststaendigkeit/117204-coaching-massnahme-abwehren.html.

# Die Positive Psychologie – Wissenschaft oder Ideologie?

## Ursprung der Positiven Psychologie

Neben das Neurolinguistische Programmieren ist mittlerweile eine zweite methodische Grundlage getreten, auf die sich Coachs und Berater gerne beziehen: Die *Positive Psychologie*. Nicht selten tritt sie auch im Verbund mit NLP auf, was eine Verwandtschaft in einigen Grundzügen nahelegt.[192] Zu beobachten bei Coachingangeboten ist ferner eine Kombination von Positiver Psychologie und der Selbstmanagementmethode *The Work*, die ich später in einem eigenen Abschnitt analysiere.[193]

Der Begriff »Positive Psychology« tauchte erstmals 1954 bei dem amerikanischen Psychologen *Abraham Maslow* auf, blieb aber in den folgenden Jahrzehnten ohne Einfluss – bis ihn der Psychologieprofessor *Martin Seligman* mit dem Ziel aufgriff, die Positive Psychologie als eigene wissenschaftliche Fachrichtung zu etablieren. Zuvor war Seligman im Bereich der klinischen Psychologie tätig, leitete die entsprechende Abteilung der renommierten *American Psychiatric Association* (APA), an deren Standards sich Ärzte weltweit orientieren und wurde 1998 deren Präsident. Der Fachwelt wurde Seligman durch eine Theorie der Depression bekannt, sein Modell der »Erlernten Hilflosigkeit«. Im Gegensatz zur klinischen Psychologie will sich die Positive Psychologie nicht Störungsbildern widmen, sondern untersuchen, was zu positiven Emotionen führt und wie Menschen ihr Glücksniveau steigern können. Einen »Paradigmenwechsel« verkündet der Positive Psychologe Nico Rose[194], eine »neue Ära der Psychologie« sieht die Positive Psychologin Barbara Fredrickson[195], von einer

192 Vgl. u.a. www.inntal-institut.de/angebot, www.pp-praevention.de/, www.feuerborn.eu/positive-psychologie/, www.landsiedel-seminare.de/nlp/nlp-kongress/kongress-2013/rosenberger-positive-psychologie.php, http://angela-bachfeld.com/glueckstraining.html – Die Vorsitzende des Deutschsprachigen Dachverbandes für Positive Psychologie e. V., Daniela Blickhan, betont in einem Interview, bereits in den 1980er Jahren aktiv bei der Einführung des Neurolinguistischen Programmierens in Deutschland mitgewirkt zu haben. http://blogweise.junfermann.de/ 2014/02/06/was-ist-das-positive-an-der-positiven-psychologie-frau-blickhan/.

193 Vgl. z.B. http://susanne-keck.de/, www.ifapp.de/, www.befort-coaching.de/methoden.html

194 Vgl. Nico Rose: Fokus aufs Funktionierende. Positive Psychologie, in: *Managerseminare* Heft 194/Mai 2014, S. 45.

195 Fredrickson 2014a, S. 9.

»Richtungsänderung« spricht Willibald Ruch von der Universität Zürich, der prominenteste europäische Vertreter der neuen Schule. Bisher habe sich psychologische Forschung zu einseitig um die kleine Minderheit der Kranken gekümmert. »Dr. Ruch lacht, als er erklärt, dass sich der Grossteil der Psychologen um 30 Prozent der Bevölkerung kümmert – den eigentlich kleinen Teil von Menschen, die einmal im Leben psychisch erkranken.«[196]

Doch auch die anderen 70 Prozent hätten Anspruch auf eine Steigerung ihres Wohlbefindens. Den Interessen dieser Mehrheit der Gesunden müsse sich die Psychologie endlich stärker zuwenden. Interessant ist die Beschreibung der »Geburtsstunde« der Positiven Psychologie durch Martin Seligman. Demnach entsprang seine radikale Umorientierung weg von der Krankheits- hin zur Glücksforschung nicht einem allmählichen Prozess, sondern vollzog sich quasi blitzartig in einem einzigen Augenblick – durch das Vernehmen der Stimme seiner Tochter Nikki, die ihn eines Tages im Garten gefragt habe, »wie lange er noch ein Griesgram sein wolle«. »Dies war die Erleuchtung für mich. Was mein eigenes Leben angeht, hatte Nikki den Nagel auf den Kopf getroffen. Ich war ein Miesepeter. Ich hatte 50 Jahre lang [...] Regenwetter in meiner Seele ausgehalten [...] In jenem Moment beschloss ich, mich zu ändern.«[197]

Interessant ist der Bericht deshalb, weil er Züge eines religiösen »Bekehrungserlebnisses« trägt, wie wir es von namentlich in den USA verbreiteten evangelikalen Konversionen kennen: Eine Seele »erkennt« durch das Vernehmen der Stimme Gottes oder Jesu (hier umgezeichnet zur Stimme von Seligmans Tochter Nikki) in einem einzigen Moment ihre bisherige Existenz als »von Gott getrennt« und dunkel (hier umgezeichnet zur fünfzigjährigen Existenz als »Miesepeter« mit »Regen in der Seele«) – und »kehrt um« – was meist mit der totalen Ablösung vom »alten Leben« sowie einer ausgeprägten Missionstätigkeit für das »neue Leben« einhergeht (bei Seligman übersetzt in die Abwendung von der klinischen Psychologie und eine Hinwendung zur missionarischen Propagierung der Positiven Psychologie). Anleihen an religiöse Motive bilden auch die beiden zentralen Untersuchungsgegenstände der Positiven Psychologen: Das »Glück« und, als dessen Voraussetzung, der »gute Charakter«. »Für diese Suche [nach Glück und Zufriedenheit] waren lange Religion und Philosophie zuständig, heute [erforscht] dieses ebenso alte wie weite Feld der guten Lebensführung [...] die positive Psychologie.«[198] »In der Positiven Psychologie nach

196 http://seligmaneurope.com/bericht/spannender-start-in-den-.

197 SELIGMAN 2005, S. 58/59. Vgl. auch die Kritik von Barbara Ehrenreich: Why Forced Positive Thinking Is a Total Crock, in: *Alternet*, 20.5.2010. www.alternet.org/ story/146940/ barbara_ehrenreich%3A_why_forced_positive_thinking_is_a_total_crock. Vgl. außerdem: Michaela Schiessel: Ich und die anderen: Heule nicht, handle. magazin. spiegel.de/EpubDelivery/spiegel/pdf/65115105.

Seligman ist der Begriff des guten Charakters von zentraler Bedeutung, [also] was die Menschen glücklich und gesund macht und was ihnen hilft, moralisch zu handeln.«[199] Dass diese Gegenstände in der Tat lange Religion und Philosophie vorbehalten waren, Gebieten also, auf denen, um mit dem Alten Fritz zu sprechen, »jeder nach seiner Facon selig werden muss«, hatte indes einen höchst nachvollziehbaren Grund: Denn *wissenschaftlich* und damit *allgemeingültig* festlegen zu wollen, was für den Einzelnen Glück oder wann ein Leben als gelungen zu betrachten ist, mutet, jedenfalls wenn man von der Einzigartigkeit jedes Menschen und von einer demokratisch-pluralistischen Grundlage ausgeht, äußerst gewagt an. Noch mehr gilt das für den zweiten Gegenstand der Positiven Psychologie, den »Charakter«: Wer will in einer offenen Gesellschaft mit Glaubens-, Gewissens- und Weltanschauungsfreiheit jenseits ihrer nicht verhandelbaren Grundwerte – Ächtung von Gewalt, Achtung vor Menschenrechten, Anerkennung von Verfassung, demokratischen Institutionen und Gesetzen, Akzeptanz der Herrschaft des Rechts – *objektiv* festschreiben, was ein guter Charakter ist? Wenn außerdem, wie Vertreter der Positiven Psychologie postulieren, ein »guter Charakter« angeblich mit »Enthusiasmus und Humor«[200] einhergeht, ergäbe sich daraus ein gleichermaßen unlogischer wie ethisch fragwürdiger Umkehrschluss: Dass ernste, stille, melancholische, nachdenkliche oder skeptische Menschen weniger fähig zu moralischem Handeln wären als Optimisten.

Wie schon das Neurolinguistische Programmieren ist also auch die Positive Psychologie von Beginn an mit Einwänden belegt. Und wie beim NLP haben diese Einwände die Popularität der neuen Richtung nicht aufhalten können: In den USA und einigen europäischen Ländern hat die Positive Psychologie, wenn auch meist nur als untergeordnetes Teilgebiet, den Einzug in die Universitäten geschafft. Auch in Deutschland gibt es Institute, die sich mit den Ansätzen Seligmans beschäftigen, unter anderem an der Freien Universität Berlin, an der Universität Mannheim, an der Ruhruniversität Bochum, an der Universität Trier und an der Technischen Universität Darmstadt.[201] Vor einiger Zeit kam ein gemeinsamer Dachverband für Deutschland, Österreich und die

198 Kathrin Meier-Rust: Was zufrieden macht, in: *Neue Zürcher Zeitung* vom 24.1.2010. http://www.nzz.ch/aktuell/startseite/was-zufrieden-macht-1.4599090

199 Positive Psychologie im Klassenzimmer. Spiele und Aktivitäten für die Grundschule, Salzhausen 2004.

200 Kathrin Meier-Rust: Was zufrieden macht, in: *Neue Zürcher Zeitung* vom 24.1.2010.

201 www.ewi-psy.fu-berlin.de/einrichtungen/arbeitsbereiche/arbpsych/projekte/positive_psy/index.html, http://paed-psych.uni-mannheim.de/unser_team/dr_ann_seibert_b_sc_psychologie/, www.pm.ruhr-uni-bochum.de/pm2008/msg00391.htm, www.uni-trier.de/index.php?id=8589, www.paedpsy.psychologie.tu-darmstadt.de/forschung_paedpsy/forschungsprofil_paedpsy/forschungsprofil_paedpsy.de.jsp.

Schweiz hinzu, der *Deutschsprachige Dachverband für Positive Psychologie e. V.*, kurz »Dach-PP«:

> Positive Psychologie ist die *Wissenschaft des gelingenden Lebens* und ein Forschungsgebiet der akademischen Psychologie. Der Dachverband fördert die Anwendung der Positiven Psychologie im deutschsprachigen Raum [...] Konzepte, Methoden und Interventionen sollen [...] zugänglich gemacht werden für die Anwendung in Coaching, [...] Psychotherapie, Führung, [...] Business, Pädagogik und Erziehung.[202]

2014 veranstaltete der Verband den ersten Kongress für Positive Psychologie in Deutschland, der sich unter anderem mit der Frage befasste, »was Flow mit Höchstleistung zu tun hat«. Im Herbst 2016 folgte an der Freien Universität Berlin ein zweiter Kongress.[203] Die Positive Psychologie, so wird gern betont, sei innerhalb der wissenschaftlichen Psychologie das Forschungsgebiet, »das am schnellsten wächst«. Zu diesem Wachstum will auch der vor einiger Zeit gegründete Verein »Optimisten für Deutschland« beitragen: Denn Optimismus, so der Motivationstrainer und Botschafter des Vereins Jörg Löhr, »ist die Quelle eines glücklichen, erfolgreichen Lebens [...] Jeder kann sich auf Optimismus programmieren.«[204]

## Lernen, Optimist zu sein: »Glück« als Schulfach

Die Behauptung der Programmierbarkeit von Optimismus bzw. »Machbarkeit« von Glück repräsentiert die zentrale Grundannahme der Positiven Psychologie. Eines der ersten Bücher, die Martin Seligman zum Thema veröffentlichte, trägt denn auch den Untertitel *Optimismus kann man lernen.*[205] Dieses Lernen sollte nach Ansicht der Positiven Psychologen so früh wie möglich beginnen – eines ihrer Anliegen ist deshalb die Aufnahme von Optimismus-Trainings in den Schulunterricht. Der Heidelberger Oberstudiendirektor Ernst Fritz Schubert war der erste, der 2007 an einer Schule ein eigenständiges Fach »Glück« einführte. Ziel sei es, Kindern und Jugendlichen das Steuern ihrer Gefühle beizubringen. »Der Lehrplan des Faches Glück orientiert sich an den Strukturen einer gelingenden Lebensgestaltung. [...] Immer geht es darum, eine innere Balance zu finden. [...] Man übt, [...] seine Gefühle zu steuern.«[206]

202 www.dach-pp.eu/article/der-dachverband.
203 http://positivepsychologie.eu/kongress-2014/berlin, www.dach-pp.eu/kongress2016.
204 www.optimisten-fuer-deutschland.de/vorbilder.html, www.optimisten-fuer-deutschland.de/verein.php.
205 Seligman 2001.
206 www.fritz-schubert-institut.de/, www.fritz-schubert-institut.de/über-uns/.

Von den Schulbehörden wurde das neue »Fach« durchaus wohlwollend begleitet, 2011 boten immerhin rund 100 deutsche und 80 österreichische Schulen den »Glücksunterricht« an.[207] Das Zugeständnis vorausgeschickt, dass wenige Jahre nach der Einführung Langzeitstudien noch nicht vorliegen können, weisen bisherige Begleitstudien nicht unbedingt überzeugende Ergebnisse aus. Der Mannheimer Professor Bertrams musste einräumen, dass positive Wirkungen nur bei solchen Schülern beobachtet wurden, denen es vorher schon emotional gut ging.[208] Analysen der Pädagogischen Hochschule Heidelberg verzeichneten sogar eine höhere emotionale Instabilität der »glücksbeschulten« Kinder als bei einer Kontrollgruppe ohne Optimismus-Unterricht.[209] Von der eher dürftigen wissenschaftlichen Basis abgesehen, darf ein Schulfach »Glück« aber noch aus einem anderen Grund kritisch hinterfragt werden. Optimismus ist, wie die Anhänger der Positiven Psychologie selbst betonen, eine *Lebenseinstellung* – also eine bestimmte Art, zu denken, die Welt anzuschauen und das eigene Erleben einzuordnen. Man könnte auch sagen: Optimismus ist eine Geisteshaltung, eine *Gesinnung.* Zumindest bislang gehörte es in freiheitlich-demokratischen Gesellschaften aber nicht zum Bildungsauftrag, Heranwachsende zu einer bestimmten Gesinnung zu erziehen. Aufgabe von Schule in der pluralistischen Demokratie war und ist es vielmehr, junge Menschen zu befähigen, *ihre eigene Einstellung* und Anschauung der Welt zu entwickeln, sie also darin zu unterstützen, *eigene* Werte, Meinungen und Haltungen für sich zu finden. Also Orientierung zu geben, nicht aber vorzugeben. Fragen vom Glück und einem gelingenden Leben waren deshalb bislang zu Recht Sache des Ethik-, Religions- und Philosophieunterrichts. In einem solchen Rahmen kann selbstverständlich auch das Konzept der Positiven Psychologie vorgestellt und diskutiert werden – als eines unter vielen und einschließlich der möglichen Schwachpunkte und Einwände. Das Ansinnen, großflächig Optimisten heranzuziehen und hierzu in einem eigenen Schulfach das Fühlen und Denken junger Menschen gezielt auszurichten, erinnert dagegen in beunruhigender Weise an autoritäre Erziehungsmodelle wie das der ehemaligen DDR, wo Optimismus in der Tat Staatsdoktrin und die Schaffung positiv denkender Persönlichkeiten quasi gesetzlich vorgeschrieben war.

207 Vgl. Burkhard Straßmann: Unter der Honigdusche: Rund hundert Schulen bieten schon Glücksunterricht an, in: *Die Zeit* 01/2012 vom 30.12.2011. www.zeit.de/2012/01/Gluecksunterricht/ – Zahlen für 2017 liegen mir nicht vor.

208 Ebd. u. www.uni-mannheim.de/1/presse_uni_medien/pressemitteilungen/2011/august/unterricht_zum_gluecklichsein/.

209 www.zeit.de/2012/01/Gluecksunterricht.

Ihre größte Verbreitung findet die Positive Psychologie aber bisher nicht im schulischen Bereich, sondern in der Weiterbildung und Personalentwicklung. Explizite Bezugnahmen auf Martin Seligman sind heute Bestandteil zahlloser Coachingangebote. »Die Forschungen von Martin Seligman zeigen eindrucksvoll…«, »Die Studien der Positiven Psychologie um Martin Seligman belegen…«, »Neueste Erkenntnisse der Positiven Psychologie um Martin Seligman beweisen unzweifelhaft…«, »Kennen Sie schon die gute Nachricht von Martin Seligman und der Positiven Psychologie? Glück ist lernbar!« – so beginnen zahllose Personalentwickler und Coachs ihre Lobeshymnen auf die neue Disziplin.

## Methoden und Schwächen der Positiven Psychologie

Wie arbeitet diese neue Disziplin, wie gewinnt sie ihre Erkenntnisse? Gleich vielen Untersuchungen im Bereich der Psychologie stützt sie sich vor allem auf Evaluation – also auf die Durchführung und Auswertung von Befragungen. An der Universität Zürich befindet sich dazu einer der wichtigsten »Stützpunkte« in Europa: Professor Willibald Ruch vom Institut für Persönlichkeitspsychologie und -diagnostik führt dort in enger Abstimmung mit Martin Seligman fragebogenbasierte Tests an Probanden durch.[210] Ruch ist auch Gründer der *Swiss Positive Psychologie Association (swippa)* und Mitherausgeber des *Journals of Happiness.*[211] Eine seiner Ausgangshypothesen lautet, dass Glück sich fast von selbst einstelle, wenn eine Person sich einen »guten Charakter« antrainiere. Die Erforschung dieses »guten Charakters« nimmt deshalb eine Schlüsselstellung im Konzept der Positiven Psychologen ein. Seligman und sein Kollege Chris Peterson haben zu diesem Zweck sechs »Tugenden« definiert, deren Stärkung der Schlüssel zu einem glückliches Leben sein soll: *Weisheit, Mut, Menschlichkeit, Gerechtigkeit, Mäßigung und Transzendenz.* Diesen »Haupttugenden« wurden nochmals 24 »Untertugenden« zugeordnet und ein »Charaktertest« mit über 200 Fragen entwickelt – das sogenannte *Values in Action-Inventory of Strengths (VIA-IS)*[212], mit dem die Charakterstärken einer Person ermittelt werden sollen.

210 www.psychologie.uzh.ch/de/fachrichtungen/perspsy/ueber-uns/team/ruch.html.

211 www.journalofhappiness.net/.

212 Values in Action Institute / Institut für Psychologie der Universität Zürich. www.charakterstaerken.org/page/fragebogen/.

## Ambivalenz der Begriffe

Auf der Webseite des Instituts für Persönlichkeitspsychologie der Universität Zürich kann nach kurzer Online-Anmeldung jeder an dem »Charaktertest« teilnehmen und dabei die Fragebögen einsehen. Die anschließende Auswertung erfolgt aufsteigend, das heißt je höher die Zustimmung zu den vorgelegten Aussagen ausfällt, als desto ausgeprägter wird die abgefragte Charakterstärke verbucht. Bei der Rezeption solcher Studien wird oft nicht berücksichtigt, dass durch das Zusammenspiel von Begriffen, Auswahl der Fragen und Auswertungsverfahren die Ergebnisse bewusst oder unbewusst beeinflusst werden können. Auch wenn es sich dabei um ein generelles Problem der Empirie handelt – den Fragebögen der Positiven Psychologie des Zürcher Instituts für Persönlichkeitsdiagnostik muss man in dieser Hinsicht besonders eklatante Schwächen bescheinigen.

Das fängt mit den Begriffen an. Bei den von Seligman und Kollegen vorgestellten sechs Tugenden, die für einen guten Charakter stehen sollen, wird in keiner Weise ihre *Ambivalenz* einbezogen: Denn wird man sich bei Werten wie »Menschlichkeit« oder »Gerechtigkeit« noch schnell darauf einigen können, dass sie tatsächlich die Basis eines positiven Charakters bilden, sieht das bei einem Begriff wie »Mut« schon ganz anders aus. So existieren auch zahlreiche destruktive Handlungen, die Mut erfordern: Man braucht Mut, um eine S-Bahn zu demolieren, Steine auf Polizisten zu werfen oder einen Überfall zu begehen; mit Charakterstärke haben solche Taten dagegen wenig zu tun. Falsch verstandener Mut ist oft auch bei Verhaltensweisen im Spiel, bei denen andere Menschen rücksichtslos gefährdet werden – z. B. bei Raserei im Straßenverkehr und illegalen Autorennen. Ob Mut eine Tugend ist, hängt deshalb immer vom Kontext ab – der aber wird in den Untersuchungen der Positiven Psychologen nicht erfasst. Besonders gut studieren kann man diese Schwachstelle an der Tugend der »Transzendenz«. Im »Charaktertest« beziehen sich auffallend viele Fragen auf diesen Bereich, zum Beispiel

44. Ich praktiziere meine Religion. [...]
68. Auch in harten Zeiten verlässt mich mein Glaube nie. [...]
116. In den letzten 24 Stunden habe ich mindestens 30 Minuten im Gebet [...] verbracht. [...]
140. Mein Glaube macht mich zu dem, was ich bin. [...]
188. Ich glaube an eine universelle Kraft, einen Gott [...]
212. Meine religiösen Überzeugungen machen mein Leben bedeutsam [...][213]

213 Ebd.

Werden hier hohe Zustimmungswerte erzielt, so erläutert es der Evaluationsbogen am Ende, belege dies einen positiven und kraftvollen Charakter der betreffenden Person: »Religiöse bzw. spirituelle Menschen haben starke und kohärente Überzeugungen über den Sinn und Zweck des Universums. Ihre religiösen Überzeugungen beeinflussen ihre Handlungen und sind eine Quelle des Trostes und der Kraft«[214]

Die Positiven Psychologen verbuchen die Identifikation mit religiösen Überzeugungen also per se als Stärke. Sie berücksichtigen nicht, dass der mögliche positive Gehalt des Glaubens von dessen Gestalt abhängt und eine hohe Bedeutung des Religiösen auch Ausdruck eines schwachen Charakters sein kann: Wachsen Menschen mit einem strafenden Gottesbild, der Drohung der »ewigen Verdammnis«, einer Unterdrückung ihrer Sexualität oder ständigem Gerede von »Sünde« auf, kann sie dies sehr klein machen. Trotzdem praktizieren gerade solche Menschen ihre Religion oft penibel – nicht aus innerer Freiheit, sondern aus Angst. Aufgrund dieser Angst und der damit einhergehenden psychologischen Abhängigkeit würden sie die obigen Sätze des Charaktertests aber aller Wahrscheinlichkeit nach zustimmend beantworten. Ebensowenig beziehen Seligman und Kollegen ein, dass eine hohe Bedeutung von Religiosität auch Ausdruck negativer Eigenschaften wie Fanatismus und Intoleranz sein kann: Fundamentalisten und gewaltbereite religiöse Extremisten schätzen sich selbst bekanntlich stets als besonders »religiös« ein. Ob ein Osama Bin Laden, ein IS-Sympathisant oder ein radikalisierter Evangelikaler, sie alle hätten vermutlich die vorgelegten Fragen mit Höchstwerten an Zustimmung beantwortet – und würden im Test der Positiven Psychologen glatt als »charakterstarke« Persönlichkeiten durchgehen.

Damit offenbart sich eine weitere gravierende Schwäche des Tests: Seine Ergebnisse beruhen allein auf der Selbsteinschätzung der Probanden, wie die Macher sogar offen einräumen. Zwar ist auch dies ein generelles Problem fragebogenbasierter Evaluationen – aber in den Tests der Positiven Psychologie wird es dadurch verstärkt, dass sich die Fragen auf objektiv schwer definierbare Gegenstände beziehen. Lautet ein vorgelegter Satz einer Untersuchung z. B. »Ich benutze überwiegend öffentliche Verkehrsmittel«, lässt sich der Wahrheitsgehalt der Antwort zwar auch nicht überprüfen, der abgefragte Gegenstand – Fahren mit Bus oder Bahn – ist aber derart konkret, dass er kaum Interpretationsspielräume zulässt. Ganz anders ist das bei einem Sujet wie der »Weisheit«, deren Vorhandensein im »Charaktertest« wie folgt ermittelt wird: »Erinnern Sie sich an die Situationen, in denen Sie die Gelegenheit hatten, einer anderen

214 Ebd.

Person mit Rat zur Seite zu stehen. Wie oft haben Sie in diesen Situationen Weisheit gezeigt?«

Wer aber definiert in einer offenen Gesellschaft, was weise ist und wann man davon sprechen kann, Weisheit gezeigt zu haben? Es ist offensichtlich, dass eine solche Frage keinen wissenschaftlichen Erkenntnisgehalt generieren kann: Bei jeder Antwort muss es sich um eine subjektive Angabe zu einem subjektiv aufgefassten Begriff handeln. Mancher würde es zum Beispiel für ein Indiz von Weisheit halten, sie sich selbst nicht zu bescheinigen – genau dazu wird hier aber aufgefordert. Das Problem taucht noch in weiteren Untersuchungen des Zürcher Instituts für Persönlichkeitsdiagnostik auf. Mit einem »Signaturstärkefragebogen SignaS« soll z. B. das Urteilsvermögen einer Person gemessen werden. Der zur Messung vorgelegte Satz lautet *Ich fühle, dass ich diese Stärke [Urteilsvermögen] besitze und dass sie mich wirklich beschreibt (»Das bin wirklich ich!«).* Das sind nun wahrhaftig »postfaktische« Messinstrumente, um das Modewort auch mal zu verwenden: Denn gerade wer kein Urteilsvermögen besitzt, neigt ja aufgrund seines Fehlens dazu, es fälschlicherweise bei sich selbst zu erkennen.

## Selektive Fragestellung

Um ein Gesamtbild einer Untersuchung zu erhalten, ist es bei Studien mit Fragebögen aufschlussreich, zu gucken, wonach überhaupt gefragt wird – und, noch interessanter, wonach nicht. Denn die Auswahl der Fragen formt das Möglichkeitsspektrum der Antworten und damit das Ergebnis einer Studie vor. Im »Charaktertest« der Positiven Psychologie fällt zum Beispiel auf, dass Fragen zum Thema Religion stark überrepräsentiert sind. Das bedeutet aber in der Konsequenz: Ein Proband, der nicht religiös ist und deshalb mit solchen Fragen nichts anfangen kann, sammelt im Verlauf des Tests automatisch »Minuspunkte« – weil er nur eine geringe oder gar keine Zustimmung angeben kann. Im Endergebnis wird so für ihn unter Umständen eine geringere »Charakterstärke« ermittelt als für einen gläubigen Menschen. Ein fragwürdiges Konstrukt, denn in einer offenen Gesellschaft mit dem Grundrecht der Religionsfreiheit sollte Einigkeit darüber bestehen, dass Charakterstärke und Integrität eines Menschen nicht danach zu bewerten sind, ob er religiös oder nicht ist oder welchem Glauben er anhängt. Ebenfalls überproportional vertreten sind in Seligmans und Ruchs Test ökonomische Werte wie »Arbeitsmoral«, »Ehrgeiz«, »Zielstrebigkeit« und »Wachstum«:

24. Ich lasse die Vergangenheit immer ruhen. [...]
47. Ich scheue mich nie davor, morgens aufzustehen. [...]
104. Ich arbeite immer hart. [...]
111. Ich verzichte auf Dinge, die mir kurzfristig gut tun, wenn sie mir langfristig schaden. [...]
128. Ich gebe nie auf. [...]
135. Ich kann eine Diät immer durchhalten. [...]
139. Ich habe eine Vorstellung davon, wo ich in den nächsten fünf Jahren stehen will.[215]

Und auch hier wird wieder die Ambivalenz der »Tugenden« ausgeblendet: Wer immer hart arbeitet und sich nie scheut, morgens aufzustehen, ist wahrscheinlich jemand, der sich keine Schwäche erlaubt – was auf Dauer ganz schön Druck macht und nicht unbedingt eine gute Voraussetzung für Zufriedenheit bildet. Und wer »eine Diät immer durchhalten kann«, findet sich manchmal in einer Klinik für Magersüchtige wieder – auch nicht unbedingt ein Ort, an dem sich besonders glückliche Menschen treffen. Was aber noch mehr ins Auge sticht, ist das Fehlen von Werten, die den oben zitierten entgegenstehen. Nicht vorgelegt werden zum Beispiel Aussagen wie: »Ich schlafe gerne aus«, »Ich lasse gern die Seele baumeln«, »Ich bin gerne mal faul«, »Ich halte es nicht so streng mit der Ordnung«, »Ich mag mich, auch wenn ich nicht die große Spaßkanone bin«, »Ich mag mich, auch wenn ich keine Idealmaße habe«, »Ich lasse es lieber langsam angehen, als ständig unter Strom zu stehen«, »Ich denke nicht daran, was in fünf Jahren sein könnte«, »Ich muss nicht erreichen, was andere erreicht haben.«, »Ich vergleiche mich nicht dauernd mit anderen.« Dabei ließe sich auch eine Bejahung solcher Sätze als Indiz eines starken, weil sich-selbst-annehmenden Charakters werten – und damit als gute Voraussetzung für Gelassenheit und Glück. Diese selektive Versuchsanordnung setzt sich in anderen Themengebieten fort: Für eine Untersuchung der Positiven Psychologie naheliegend, nimmt im »Charaktertest« natürlich der Humor einen gebührenden Raum ein, mit Aussagen wie

22. Wann immer meine Freunde in einer bedrückten Stimmung sind, [...] necke [ich] sie, um sie aufzuheitern. [...]
58. Ich bemühe mich, Leute aufzuheitern, denen es schlecht zu gehen scheint. [...]
142. Ich lasse mir auch in bedrückenden Situationen meinen Sinn für Humor nie nehmen.

215 Values in Action Institute / Institut für Psychologie der Universität Zürich. www.charaktterstaerken.org/page/fragebogen/.

Abermals bleibt unberücksichtigt, dass es vom Kontext abhängt, ob die beschriebenen Handlungen positiv sind. So kann die Neigung, in einer bedrückten Lage durch Neckereien Heiterkeit erzeugen zu wollen, auch auf einen gravierenden Mangel an Einfühlungsvermögen hindeuten: Denn bei einem Menschen, der wirklich ernsthaft verletzt ist, können alberne Späße dessen Schmerz noch vertiefen. Und wieder fragen die Positiven Psychologen nach anderen Eigenschaften nicht: Nach der Fähigkeit, den Humor beiseite zu lassen, wo er nicht angebracht ist zum Beispiel. Nach der Fähigkeit, zu trauern oder die Trauer anderer Menschen zu teilen. Auch fehlen Aussagen, die sich auf das Anerkennen von Grenzen beziehen, etwa: »Ich traue mich, Schwäche zu zeigen, Ich stehe zu meinen Ängsten und Nöten, Ich kämpfe nicht um jeden Preis, sondern bin in der Lage, aufzuhören, wenn meine Kraft erschöpft ist, Ich bitte um Hilfe, wenn ich etwas nicht schaffe, Ich traue mich, den Satz auszusprechen: Ich bin nur ein Mensch.« Aussagen, die unzählige Menschen mit einem menschlichen Charakter und einer humanen Gesellschaft verbinden würden. Nach ihnen sucht man in den Evaluationen der Positiven Psychologen vergeblich.

## Wertehierarchie

Selektivität in der Fragestellung kennzeichnet eine Reihe weiterer Tests, die auf der Homepage des Instituts für Persönlichkeitsdiagnostik der Universität Zürich eingestellt sind. Da gibt es etwa das sogenannte *State-Trait-Heiterbarkeits-Inventar (STHI)*, das »die drei Persönlichkeitsmerkmale Heiterkeit, Ernst und schlechte Laune« erfassen soll.[216] Der STHI-Test ist ähnlich aufgebaut wie der »Charaktertest« und legt den Probanden bestimmte Aussagen vor, z. B.: »Ich habe ein sonniges Gemüt [...], Ich bin ein lustiger Spaßvogel [...], Ich mache gern spitzbubenhafte Scherze [...], Ich mag Nonsens-Humor [...], Ich bin gerne närrisch [...], Ich mache gern Scherze und bin albern [...]«

Bei hoher Zustimmung zu diesen Sätzen handelt es sich, wie aus der Auswertung am Ende des Tests hervorgeht, um eine »heitere Person«, der eine hohe Lebenstüchtigkeit und gute Gesellschaftsfähigkeit attestiert wird.

> Personen mit diesem Merkmal haben eine positive und unbeschwerte Grundeinstellung [...], sind dazu in der Lage, [...] auch widrige[...] Lebensumstände[...] leicht zu nehmen [...] In einer geselligen Umgebung entwickeln heitere Menschen auch das Bestreben [...], Heiterkeit selbst zu produzieren und zu intensivieren (andere unterhalten und zum Lachen bringen, Witze produzieren und vortragen etc.)[217]

216 www.charakterstaerken.org/page/fragebogen/.
217 Ebd.

Im Gegensatz dazu wird eine »ernste Geisteshaltung« mit folgenden Sätzen abgefragt: ›Ich bin ein ernster Mensch […], Ich begebe mich nur ungern in die Gesellschaft von Leuten, die ständig herumalbern […], Die meisten meiner Freunde sind eher […] nachdenklich […], Auch unter fröhlichen Menschen versuche ich, ein […] sachliches Gespräch zu führen […]«[218] Erzielen Probanden hier hohe Werte, bedeute dies, so die Erläuterung, dass sie »alltägliche Vorkommnisse als wichtig wahr[nehmen] und […] ihnen […] intensive Betrachtung zukommen […] lassen […] Eine ›humorlose‹ Einstellung zu heiterkeitsbezogenen Verhaltensweisen, Rollen, Personen, Reizen, Situationen und Aktionen ist Teil der ernsten Geisteshaltung.«

Zumindest indirekt wird damit eine geringere Lebenstüchtigkeit sowie eine mögliche »Belastung« ihrer Umgebung durch »Humorlosigkeit« unterstellt. Am unteren Ende der Skala klassifiziert der Test noch das Persönlichkeitsmerkmal »schlechte Laune«, die undifferenziert mit Traurigkeit gleichgesetzt wird: »Schlechte Laune sowie Traurigkeit im Sinne einer […] traurigen Stimmung […] [mit] traurige[n] Reaktionen […] in Heiterkeit auslösenden Situationen [und] bei der Einstellung zu solchen Situationen […]«

In der Gesamtschau des Fragebogens wird so eine Hierarchie der menschlichen Temperamente konstruiert: Der spitzbubenhafte Spaßvogel, der andauernd närrisch herumkaspert, kann sich laut Positiver Psychologie besserer Chancen in allen Lebensbereichen, größerer Attraktivität bei seinen Mitmenschen sowie geringerer Anfälligkeit für Krankheiten erfreuen und stellt so gewissermaßen das anzustrebende Ideal für alle dar. Aus demokratischer Sicht muss eine solche Verknüpfung des Charakters von Menschen (heiter oder ernst) mit einer Wertigkeit (besser/lebenstüchtiger bzw. schlechter/lebensuntüchtiger) fragwürdig genannt werden: Nicht nur beweist die allgemeine Lebenserfahrung, dass es auf den ersten Blick raubeinige Typen gibt, die sich beim zweiten Blick als ausgesprochen liebenswerte Zeitgenossen entpuppen. An Berlinern und Brandenburgern zum Beispiel beklagen Zugereiste anfangs oft vermeintlich schlechte Laune und ständiges »Meckern« – bis sie merken, dass sich hinter dieser Direktheit eine überaus warme und menschelnde Mentalität verbirgt, die sie bald nicht mehr missen wollen. So wie es den »Spaßmacher« gibt, der immer auf der Suche nach einem kleinen Humor ist, gibt es den nachdenklichen oder stillen Charakter, der auch bei fröhlichen Anlässen Gefühle nur gedämpft nach außen dringen lässt. Und so wie ersterer wegen seiner Heiterkeit gern gesehen ist, wird letzterer aufgrund seiner Fähigkeit geschätzt, zuzuhören oder Dinge für sich zu behalten. Viele Menschen setzen ihre Freundeskreise bewusst heterogen zusammen: Da hat der Lustige, der die Dinge leichtnimmt, genauso seinen Platz wie der Me-

218 Ebd.

lancholische als Partner für tiefgründige Gespräche. Da kann man mit dem Spaßvogel Pferde stehlen gehen und mit dem Ernsten Konflikte und Ängste besprechen. Letztlich beziehen pluralistisch-demokratische Gemeinwesen als Ganzes ihre große Stärke und Dynamik aus dieser Heterogenität der Charaktere. Bis zur Erfindung der Positiven Psychologie wäre deshalb niemand auf die Idee gekommen, die Temperamente von Menschen zu hierarchisieren.

Abschließend sei noch ein dritter Test auf der Zürcher Webseite betrachtet. Er wurde vom österreichischen Psychologen Renner entwickelt und soll die »fünf wichtigsten Wertebereiche« ermitteln, nach denen Menschen ihr Leben ausrichteten: *Intellektualität, Harmonie, Religiosität, Materialismus und Konservatismus.*[219] Auch bei dieser Evaluation springt die Unausgewogenheit des Fragenkatalogs ins Auge. Er besteht aus insgesamt 54 Begriffen. Zwölf davon bewegen sich im Wertebereich »Religiosität«, wobei ein christlich-konservatives Religionsverständnis zugrunde gelegt wird: Explizit wird nach *Christlichkeit* gefragt – andere Religionen wie das Judentum oder der Islam kommen nicht vor –, außerdem nach *Glaube, Glaubensfestigkeit, Glaubensstärke, Gottesglaube, Gottesgnade, Gnade, Gottvertrauen, Religion, Religiosität, Seelenheil, Vergebung/religiöses Verzeihen.* 14 weitere Begriffe sollen den Wertebereich »Konservatismus« abdecken, darunter *Verteidigung, Verteidigungsbereitschaft, Tradition, Traditionsbewusstsein, Pflicht, Pflichterfüllung, Patriotismus, Nationalgefühl, Nationalbewusstsein, Gemeinschaft, Gemeinschaftsgeist, Aufstieg, Erfolg* und *Stolz.* Berücksichtigt man, dass die Begriffe zum Thema »Religion« auf ein konservatives Verständnis derselben abzielen, beziehen sich insgesamt 26 Fragen und damit die Hälfte des Untersuchungsbogens auf konservative Einstellungen. Dem stehen nur etwa 7 Begriffe gegenüber, die sich eindeutig liberalen und sozialen Werten zuordnen lassen, z. B. *Vielfalt, Völkerverständigung, Völkerfreundschaft, Weltoffenheit und Friedensbereitschaft.* Verstärkt wird die Schieflage durch eine tendenziöse Kommentierung der Ergebnisse. So heißt es in der Auswertung zum Wertebereich »Intellektualität«: »Personen mit hohen Werten finden, dass Gesellschaftskritik, Aufgeschlossenheit, Kultur, Völkerverständigung und eine offene und tolerante Haltung gegenüber neuen Erkenntnissen [...] wichtig sind.« »Personen mit hohen Werten *finden, dass...«* – die Bedeutung von Gesellschaftskritik und Toleranz wird als *subjektive* Meinung der jeweiligen Probanden kommuniziert. Demgegenüber macht der Kommentar durch zweimaliges Hervorheben in Fettdruck deutlich, dass er dem Wertebereich »Harmonie« eine *objektive* Bedeutung zuweist:

219 www.charakterstaerken.org/page/fragebogen/.

> Personen mit hohen Werten erachten ein Streben nach einem [...] Zustand von *Harmonie* und Gesundheit, ebenso wie die Erhaltung der Natur und der Umwelt als wichtige Leitmotive [...]. Personen mit tiefen Werten schätzen das Streben nach einer zwischenmenschlichen [...] Ausgewogenheit, [...] nach *Harmonie* und Gesundheit, sowie die Erhaltung von Natur [...] als wenig wichtig ein.

Fragwürdig ist auch die Subsumierung der Werte »Gesundheit« und »Umwelt« unter die Kategorie »Harmonie« – man könnte sie genauso auch dem Bereich »Intellektualität« zuordnen: Der gesellschaftskritischen Umweltbewegung ging es schließlich gerade um den Erhalt der Gesundheit und eines menschlichen Miteinanders. Ähnlich unlogische Kausalzusammenhänge tauchen beim Wertebereich »Konservatismus« auf: Personen mit hohen Zustimmungswerten, so der Kommentar,

> messen [...] Anpassung, Pflichterfüllung, Ordnungsliebe und guter Bildung [...] eine grosse Bedeutung zu. Weiter schätzen sie die Liebe zum Vaterland, die nationale Verteidigung und das wirtschaftliche Wachstum [...]. Personen mit geringen Werten erachten [...] Pflichterfüllung, Ordnungsliebe, gute Bildung, Liebe zum Vaterland, die nationale Verteidigung [...] und das wirtschaftliche Wachstum als unwichtige Leitmotive[220]

Was hat eine gute Bildung bitteschön mit Verteidigung, Ordnungsliebe, Pflichterfüllung und Anpassung zu tun? Und warum sollte Liberalen oder Linken, die diesen Werten vielleicht distanzierter gegenüberstehen, eine gute Bildung und wirtschaftliche Entwicklung unwichtig sein? Auch hier sprechen alle Erfahrungen dagegen: Liberale und Linke legen meist großen Wert auf eine gute Bildung sowie auf eine stabile wirtschaftliche, ökologische und soziale Entwicklung.

## Lancierte Ergebnisse

Auch wenn es ein harter Vorwurf sein mag: Analysiert man die Untersuchungsverfahren, auf denen viele Studien der Positiven Psychologen basieren, kann man sich des Eindrucks nicht erwehren, dass die Ergebnisse durch den Aufbau der Fragenkataloge und die Art der Auswertung lanciert sind. Die drei von mir analysierten Fragebögen lassen kaum ein anderes Ergebnis zu, als dass Personen mit konservativ-libertärer Gesellschaftsauffassung (maximaler Rückzug des Staates und Höchstmaß an Eigenverantwortung des Einzelnen) eine hohe

220 Ebd.

Charakterstärke und damit bessere Voraussetzungen für Glück attestiert wird – während Menschen, die soziale und emanzipatorische Werte vertreten (hohes Maß an gemeinschaftlicher Verantwortung, starker, intervenierender Staat) als unausgeglichene, charakterschwache und unzufriedene Zeitgenossen erscheinen müssen. Mit einem objektiven wissenschaftlichen Verfahren hat das nichts zu tun. Die renommierte US-Journalistin Barbara Ehrenreich[221] sieht in der Positiven Psychologie denn auch die wissenschaftlich verbrämte Propagierung eines eigentlich ideologischen, nämlich calvinistischen Wertekatalogs:

> Positive Psychologie – forcierter Optimismus – ist tatsächlich ziemlich calvinistisch. [...] Nichts unterstreicht den unterschwelligen Calvinismus der Positiven Psychologie mehr als dieses Bedürfnis, Glück mit Arbeit zu kombinieren [...] Glückliche oder positive Menschen – das jedenfalls wird behauptet – scheinen erfolgreicher bei der Arbeit zu sein. Sie haben eher Lust zu einem weiteren Vorstellungsgespräch, während sie sich zugleich von Job zu Job hangeln, bekommen positive Rückmeldungen von Vorgesetzten, kriegen kein Burnout und klettern die Karriereleiter rauf.[222]

Verblüffend ist, dass diese politische Dimension einer Rehabilitation puritanischer Werte von den Positiven Psychologen selbst ganz offen eingeräumt wird. Willibald Ruch:

> Wenn mit wissenschaftlicher Evidenz gezeigt werden kann, [...] dass die Lebenszufriedenheit stark mit Optimismus einhergeht und die Arbeitszufriedenheit in erster Linie mit Enthusiasmus, dann ist das tatsächlich nicht trivial. Die positive Psychologie rehabilitiert mit diesen Korrelationen [...] Tugenden wie Eifer, Ausdauer oder Dankbarkeit von ihrem [...] angestaubt-puritanischen Image.[223]

Würde ein Vertreter eines Vereins, einer Partei oder einer Religionsgemeinschaft dies sagen, wäre das völlig in Ordnung: Wer eine Rehabilitierung puritanischer Tugenden für wünschenswert hält, darf in der Demokratie selbstverständlich dafür eintreten. Er muss sich dabei allerdings der Mühsal des Meinungsstreits stellen und akzeptieren, dass gleichzeitig für gegenteilige Auffassungen geworben wird und er möglicherweise keine Mehrheit für sein Anliegen findet.

221 Ehrenreich wurde im Zuge einer Krebserkrankung mit dem Gedankengut der Positiven Psychologie konfrontiert und verarbeitete ihre Erfahrungen in ihrem gleichermaßen amüsanten wie aufschlussreichen Buch Smile or Die. How Positive Thinking Fooled America & The World, London 2010. Vgl. auch die Rezension »Erwache und lache« von Evelyn Finger in der Zeit vom 3.12.2010. www.zeit.de/2010/48/P-Ehrenreich.

222 Ehrenreich 2010a, S. 159.

223 Kathrin Meier-Rust: Was zufrieden macht, in: *Neue Zürcher Zeitung* vom 24.1.2010.

Evidenzbasierte Wissenschaft muss das nicht. Denn in einer Wissenschaftsgesellschaft – und in einer solchen bewegen wir uns – ist die wissenschaftliche Erkenntnisform die, der die höchste allgemeine Gültigkeit zugewiesen wird. Was als wissenschaftlich erwiesen gilt, findet Eingang in Lehrpläne von Schulen, Ausbildungsstätten und Universitäten; es bestimmt die Handlungsrichtlinien von Institutionen und Fachgesellschaften; es beeinflusst über Expertenkommissionen und Gutachten sogar Politik, Gesetzgebung und Gerichtsurteile. Wer sich weigert, wissenschaftliche Fakten anzuerkennen, muss damit rechnen, als verrückt dazustehen oder in bestimmten Fällen sogar strafrechtlich belangt zu werden. Das ist in Ordnung, solange der Grundsatz der Selbstbeschränkung eingehalten wird, also das Verbot der Vermengung von Wissenschaft mit Weltanschauung und Religion, das Gebot, sich auch als Wissenschaft immer wieder selbst zu hinterfragen sowie das Bewusstsein dafür, dass wissenschaftliche Aussagen immer nur innerhalb eines zuvor definierten und begrenzten Rahmens richtig sind.

## Verwissenschaftlichung ideologischer Gehalte

Werden diese Grundsätze dagegen verletzt – und davon muss bei der Positiven Psychologie, die ein Feld bestellen will, das bisher aus guten Gründen der Religion vorbehalten war, ausgegangen werden, dann kann schnell ein Machtmissbrauch entstehen, der dazu dient, den demokratischen Diskurs auszuhebeln: Der Satz »Das ist wissenschaftlich bewiesen!« macht eine Position in der Wissensgesellschaft nahezu sakrosankt. Anders ausgedrückt: Wem es gelingt, ideologische, glaubensmäßige oder weltanschauliche Positionen in eine Form, Sprache und Struktur zu gießen, die den Anschein von Wissenschaftlichkeit erweckt und eine signifikante Zahl von Menschen *glauben lässt*, es handele sich um evidenzbasierte Erkenntnisse, der kann damit buchstäblich Politik machen. Bereits die großen Ersatzreligionen des 20. Jahrhunderts, der Nationalsozialismus und der Marxismus-Leninismus, versuchten ihren jeweiligen Ideologien durch (pseudo-)wissenschaftliche »Studien« den Anschein »erwiesener Fakten« zu verleihen. In jüngerer Zeit waren es vor allem Evangelikale und Kreationisten, die die politische Nutzbarkeit der formalen Verwissenschaftlichung ideologischer Gehalte erkannten. Mit absurdem Aufwand versuchen sie die Bibel von einem metaphorischen Offenbarungsbuch zu einer quasi »bewiesenen« Dokumentensammlung umzudeuten, um das eigene fundamentalistische Glaubensverständnis allen anderen aufzuzwingen. Die Esoterik bedient sich ebenfalls dieser Vorgehensweise. Und inzwischen hat der Trend, Glaubenssysteme in einem wissenschaftlich scheinenden Duktus zu präsentieren, in Form des NLP und der Positiven Psychologie auch die Coachingbranche erreicht.

Der Verdacht einer politisch-ideologischen Dimension erhärtet sich, wenn man sich ansieht, aus welchen Quellen sich die Positive Psychologie finanziert. So beteiligt sich unter anderem das Pentagon mit großzügigen Geldzuwendungen an der Optimismusforschung.[224] Weitere 3,5 Millionen Dollar investierte die *Templeton Foundation*, die einen mit 100 000 Dollar dotierten Preis für Positive Psychologie vergibt. Die Stiftung forciert nach Ansicht von Kritikern eine problematische Vermengung von Wissenschaft und Religion[225] und war unter anderem Großsponsor der Kampagne gegen die gleichgeschlechtliche Ehe in Kalifornien.[226] Auch der Übervater der Positiven Psychologie, Martin Seligman, liefert manchen Anhaltspunkt einer Nähe zu Positionen der sogenannten religiösen Rechten. So griff er in seinem 1993 erschienenen Buch *What you can change and what you can't* die bei Evangelikalen und konservativen Katholiken populäre »These« einer »Therapierbarkeit« von Homosexualität auf. Zwar lasse sich die sexuelle Präferenz als solche nicht aufheben, so Seligman, es sei gleichgeschlechtlich Orientierten aber möglich, ein glückliches Leben nach heterosexueller Praxis zu führen, wenn sie dies gezielt trainierten. Eine Steilvorlage für fundamentalistische Aktivisten, die sich denn auch auf Seligman berufen[227]. Dieser sieht es offenbar positiv, dass Forscher sich dem »Problem der Veränderung« von Homosexualität immer wieder gewidmet hätten. Gute Ergebnisse habe zum Beispiel die Verabreichung schwerer schmerzhafter Elektroschocks gebracht:

> Lässt sich männliche Homosexualität verändern? [...] Vor fünfundzwanzig Jahren widmeten Verhaltenstherapeuten diesem Problem ihre ganze Kraft und ignorierten die klinische Kunde, dass Psychotherapie keinen Effekt auf Homosexualität habe. Sie versuchten es durch den Einsatz sexuell erregender Bilder von nackten Männern [...], denen ein langer, schmerzhafter Elektroschock folgte. Nach dem Ende des Schocks erschien das Bild einer attraktiven Frau. [...] »Hoffnungslos naiv«, werden Sie vermutlich denken. Tatsächlich aber funktionierte es erstaunlich gut: Etwa 50 Prozent der so behandelten Männer verloren das Interesse an Männern und fingen an, Sex mit Frauen zu haben.[228]

224 Vgl. Interview mit Barbara Ehrenreich, in: *Der Tagesspiegel* vom 22.8.2010. www.tagesspiegel.de/weltspiegel/interview-positives-denken-macht-uns-alle-dumm/1907594.html.

225 Vgl. www.dailykos.com/story/2016/5/12/1525316/-5-Templeton-Foundation-deniesclimate-change-and-spends-4-4-million-to-disinform-about-free-will.

226 Ehrenreich 2010a, S. 166ff.

227 So vergleicht Michael Kotsch, Vorsitzender des evangelikalen Bibelbundes und Dozent an der umstrittenen Bibelschule Brake, Homosexualität mit Suchterkrankungen wie Alkoholismus und Drogenmissbrauch und bezieht sich bei seiner Forderung nach einer »Behandlung« von Schwulen und Lesben auf Seligman. Vgl. Michael Kotsch: Homosexualität und ihre Behandlung, S. 121–122. Als pdf unter www.ethikinstitut.de.

228 Seligman 1993, S. 156/157.

Zwar plädiert Seligman für ausschließlich kognitive Interventionen zur Änderung der sexuellen Lebensform und auch dies nur für den Fall, dass jemand dies von sich aus wünsche. Dennoch befremden die in seinem Buch gezeichneten Klischeebilder von Homosexuellen und die fehlende Verurteilung der zitierten Gewaltmethoden mit Elektroschocks. Kontrovers diskutiert wurde auch Seligmans Rolle im Zusammenhang mit sogenannten »robusten Verhörmethoden« nach dem 11. September 2001, weil er auf einer von Pentagon und CIA ausgerichteten Konferenz sein Modell der »Erlernten Hilflosigkeit« vorstellte – das daraufhin von Militärs adaptiert wurde, um ebendiese Hilflosigkeit bei Gefangenen in Guantanamo zu erzeugen.[229] Gegenüber dem *Spiegel* distanzierte sich Seligman und gab an, getäuscht worden zu sein: Die Armee habe ihm den Eindruck vermittelt, es gehe um den psychischen Schutz von US-Soldaten, die selbst in Gefangenschaft gerieten. Er sei »entsetzt, dass gute Forschung für etwas so Schlimmes wie Folter eingesetzt worden sein könnte.«[230] Dennoch tat sich die APA, deren Präsident Seligman seinerzeit war, schwer, die Mitwirkung einzelner Mitglieder an den ethischen Entgleisungen der damaligen Bush-Administration aufzuarbeiten.[231]

Auch wenn Barbara Ehrenreich davor warnt, eine generelle Kongruenz von libertärem Konservatismus und Positiver Psychologie zu unterstellen, spricht vieles für den schon bei der Betrachtung des »Charaktertests« gemachten Befund einer Verankerung im Milieu konservativer und zugleich massiv marktliberaler Positionen: Ein nicht intervenierender Staat, eine unbegrenzte Verantwortlichkeit des Individuums für sein Schicksal sowie ein calvinistisches Arbeitsethos werden in eine wissenschaftlich erscheinende Form gegossen und als vermeintlich evidenzbaiserte Schlüssel zu einem gelingenden Leben kommuniziert. Das aber hat mit einer modernen Wissenschaftsidee so wenig zu tun wie mit einer pluralistischen Gesellschaftsidee, sondern das ist in der Tat: Ideologie.

229 Vgl. Mausfeld 2009, S. 52–55. Eine Affinität Seligmans zum Militär ist unübersehbar. So bezeichnet er die Zusammenarbeit mit der Armee als »Mutter aller Forschung« zur Positiven Psychologie (Seligman 1993, S. 211) und sieht Optimismus als strategischen Vorteil in künftigen Weltkriegen (ebd., S. 127).

230 www.spiegel.de/wissenschaft/mensch/cia-bekam-hilfe-von-us-forschern-die-folter-psychologen-a-1008085.html.

231 Mausfeld 2009, S. 55.

# Ökonomisch verzwecktes Glück. Von glücklichen Montagen und deprimierenden Freitagen

Bei näherem Hinsehen ist Glück im Denkgebäude der Positiven Psychologie also gar nicht der Zweck, sondern das *Mittel zum Zweck*. Der Zweck ist maximales ökonomisches Wachstum – und ein diesem Ziel angepasster Mensch: Unbegrenzt flexibel und mobil, stetig steigendem Leistungsdruck standhaltend, möglichst ohne Fehl- und Krankheitstage, klaglos auch bei abverlangten Zumutungen, zu jedem Orts- und Jobwechsel bereit und aller Bindungen und Identitäten ledig, die seine ökonomische Verfügbarkeit irgendwie einschränken könnten – bei alledem aber immer enthusiastisch und optimistisch, fröhlich und beschwingt. Konzepte vom Glück, die sich jenseits einer solchen Leistungs- und Verwertungsideologie bewegen, spielen im Kosmos der Positiven Psychologen keine Rolle. Der Positive Psychologe und Mitarbeiter im Personalvorstand von Bertelsmann, Nico Rose:

> Wozu ist es gut, fröhlich zu sein? Der amerikanische Forscher Shawn Achor hat herausgefunden, dass unser Gehirn deutlich [...] produktiver ist, wenn wir guter Dinge sind [...] Die Folge: [...] Bessere Arbeitsergebnisse [...] Insgesamt, so Achor, sei das menschliche Gehirn leistungsfähiger bei einer positiven Einstellung [...] Positive Emotionen sind also ein Schlüssel zu mehr Produktivität [...] Das ist die erste wichtige Botschaft der Positiven Psychologie. Die zweite, ebenso wichtige, lautet: Solche positiven Emotionen sind kultivierbar, und zwar für jeden.[232]

Diese »für jeden kultivierbaren« positiven Emotionen seien nicht zu verwechseln mit einem subjektiven Wohlgefühl. Denn sie beruhten auf objektiven Erkenntnissen, mit deren Hilfe endlich auch populäre Irrtümer über das, was glücklich mache, korrigiert werden könnten. Eine dieser Irrtümer ist laut Rose die Vorstellung, dass Freizeit, Urlaub oder der Feierabend das Wohlbefinden förderten. Die Positive Psychologie habe den Nachweis erbracht, dass genau das Gegenteil stimme: Studien zeigten, dass das Glücksniveau der meisten Menschen sofort sinke, wenn ihre Arbeit ende und sie z. B. ins freie Wochenende entlassen würden. Sobald montags die neue Arbeitswoche beginne, steige ihr Glück dagegen wissenschaftlich messbar wieder an:

232 Rose 2015, S. 69.

Die meisten Menschen glauben, dass wir am Wochenende zufriedener sind als während der Arbeitswoche. Auf Social-Media-Kanälen schlägt uns jeden Freitag eine Welle von tgiF-Posts entgegen – »thank god it´s Friday«. Tatsächlich sollte es eher »oh my god it´s Friday« heißen, denn es lässt sich relativ stabil nachweisen: Ein nicht unerheblicher Teil der Menschen ist während der Arbeitszeit merklich glücklicher als am Wochenende.[233]

Die ökonomische Dienstbarmachung unserer Gefühlswelt spiegelt sich nicht zuletzt in der Art, wie die Positive Psychologie sich präsentiert: In Bilanzen, Formeln und Zahlenskalen, die jederzeit auch einem Jahreswirtschaftsbericht entstammen könnten.

70 Prozent der Menschen bilden [...] einen grossen Bereich, der vollkommen offen steht für die Positive Psychologie. Schön veranschaulicht wird der besondere Ansatz der Positiven Psychologie in einer linearen Grafik, die vom unglücklichen Minusbereich hin zum höchst positiven Lebensgefühl reicht und zeigt, dass die Abwendung von Leid zunächst nur in den neutralen (Null-) Zustand führt. Genau dort [...] [sucht] die Positiven Psychologie [...] nach Wegen zu einer höheren [...] Lebenszufriedenheit.[234]

Das liest sich wie ein unternehmensstrategisches Papier zur Erschließung neuer Märkte. Deutlich wird: Es geht um *Steigerung*, um das Streben nach maximalsten Resultaten. Ein Leben ohne Leiden – auf Erden eine Utopie, die sich Millionen leidende Menschen sehnlichst wünschen würden – genügt den Positiven Psychologen nicht, für sie wäre das lediglich der »Nullpunkt«! Ihr unmissverständlich formulierter Anspruch lautet: Mehr, mehr, mehr, mehr! Vergleichbar der grafischen Linie explodierender Aktienkurse. »Wie kommt ein Mensch von null auf hundert?«, umreißt Nico Rose die zentrale Fragestellung seiner Disziplin.[235] »Wünschen Sie sich auch [...], dass von denselben Menschen in derselben Zeit immer mehr geleistet wird?«, fragt die Positive Psychologin Ilona Bürgel, die für den *Focus* und die *Wirtschaftswoche* schreibt und als Expertin unter anderem Rundfunkanstalten, Ministerien, Unternehmen und Medizinische Einrichtungen berät. Der Schlüssel zu diesen immer höheren Leistungen liege in der Steigerung des Glücks – und zwar durch den Einzelnen selbst:

233 *Managerseminare* Heft 194 / Mai 2014, S. 46.
234 http://seligmaneurope.com/bericht/spannender-start-in-den-.
235 Rose 2014.
236 Vgl. www.ilonabuergel.de.

> Menschen, die selbst für ihr Wohlbefinden sorgen, sind [...] produktiver, belastbarer, gesünder [...] Dr. Ilona Bürgel [...] möchte, dass ihre Gäste [...] guter Dinge aus ihren Vorträgen gehen und sofort mehr für sich und damit für ihr Unternehmen tun.[236]

Das Glück, das die Positive Psychologie meint, ist also ein *ökonomisch verzwecktes Glück:* Wir sollen *nach äußeren Vorgaben* selbst dafür sorgen, dass wir »glücklich« sind – aber nicht um unserer selbst willen, sondern, damit unser »Glück« von Unternehmen oder Aktionären *verwertet* und abgeschöpft werden kann. Der Coach und Wirtschaftspsychologe Michael Tomoff spricht denn auch vom »Psychological Capital« des Menschen, kurz »PsyCap«, das es künftig gezielt zu erschließen und zu steigern gelte.[237]

Statt die Effizienz- und Optimierungsideologie als das eigentliche Problem unserer Zeit zu erkennen und zu überlegen, wie eine Wirtschaft aussehen könnte, die mit weniger Wachstum, weniger Arbeit, weniger Wettbewerb und weniger Beschleunigung auskommt, dafür aber mehr Menschlichkeit hervorbringt, empfiehlt sich die Positive Psychologie also als Instrument, den Druck noch weiter zu erhöhen und das Maximale aus jedem herauszupressen: Der Mitarbeiter des 21. Jahrhunderts ist nicht mehr nur gefordert, den immer höheren Arbeitsanforderungen gewachsen zu sein. Er hat jetzt auch noch eine »emotionale Leistung« vorzulegen in Form einer »Kultivierung« der »richtigen« Gefühle, Überzeugungen und Lebenseinstellungen. Die rücksichtlose Ökonomisierung unseres Lebens hat damit das Intimste und Heiligste des Menschen erreicht: Seine Seele.

## Wie wird man Pessimisten los?

Barbara Ehrenreich, die nicht nur Journalistin, sondern auch ausgebildete Biologin und Wissenschaftlerin ist, nennt viele Studien, die ein solches »Psychologisches Kapital« belegen sollen – also den angeblichen Zusammenhang zwischen optimistischer Lebenseinstellung und höherer Produktivität – pseudowissenschaftlich.[238] Sie verweist auf die ebenso große Zahl von Untersuchungen, die das Gegenteil nahelegen, nämlich einen Zusammenhang zwischen einer skeptischen Lebensauffassung und einer guten Gesundheit, darunter sogar eine, an der Martin Seligman selbst beteiligt war.[239] In der Tat ist es nachvollziehbar, dass auch pessimistische Einstellungen zum Erfolg einer Person

237 Tomoff 2015. www.springer.com/978-3-658-08905-4.
238 Ehrenreich 2010a, S. 161
239 Ebd.

beitragen können. Wer beispielsweise voller Optimismus in eine Prüfung geht mit der Überzeugung, durch diese Haltung Einfluss auf deren Verlauf nehmen zu können, wird sich, wenn er trotzdem durchfällt, doppelt schlecht fühlen: Er muss sich vorhalten, nicht vorbereitet gewesen zu sein, zusätzlich aber noch, nicht genug an seinen Erfolg »geglaubt« zu haben. Zum allgemeinen Leistungsdruck kommt für den Optimisten immer noch ein »mentaler« Leistungsdruck hinzu. Wer dagegen als Pessimist in eine Prüfung geht und sich ein befürchtetes Scheitern schon vorher ausgemalt hat, den könnte es, wenn es denn einträte, nicht mehr so stark erschüttern. Vor allem aber muss sich der Skeptiker nicht noch mit Selbstvorwürfen plagen, weil er in seinem Weltbild davon ausgehen darf, dass es auch Pech, schlechte Tage, Unberechenbarkeiten und sogar Ungerechtigkeiten gibt und man deshalb nicht immer für alles selbst die volle Verantwortung trägt. Die aus dieser Entlastung resultierende Gelassenheit führt indes dazu, dass (Selbst-)Zweifler in Bewährungssituationen oft erstaunlich gut abschneiden. Klassische Psychologen wie Julie Norem vom Wellesley College in Massachusetts sprechen dann vom »defensiven Pessimismus«.[240] Auch die Geschichte ist voll von Beispielen für die Berechtigung eines gesunden Maßes an Pessimismus – darunter sehr tragischen. Vom SPD-Fraktionschef im Reichstag, Rudolf Breitscheid, ist überliefert, dass er begeistert in die Hände klatschte, als ihn die Nachricht von der Ernennung Hitlers zum Reichskanzler erreichte: Er war unbeirrbar optimistisch, dass gerade durch die »Machtergreifung« den Deutschen das wahre Gesicht der Nazis aufgehen und der braune Spuk in nur wenigen Wochen beendet sein würde. Es kam bekanntlich anders und Breitscheid wurde später im KZ ermordet. Auch manche Juden flüchteten nicht rechtzeitig vor den Deutschen, weil sie positiv dachten und überzeugt waren, dass im Lande Goethes und Beethovens die Barbarei letztlich nicht die Oberhand gewinnen könne. Vom »sträflichen Optimismus« spricht die ungarische Jüdin Éva Fahidi, die als einzige ihrer Familie die Shoah überlebte.[241]

Verblüffend ist, dass kein Geringerer als Martin Seligman selbst pessimistischen Sichtweisen eine Notwendigkeit attestiert. Es gebe zahlreiche Belege dafür, dass pessimistische Menschen realistischer seien, während Optimisten Gefahr liefen, sich in gefährlichen Illusionen zu verlieren: »Stellen Sie sich ein Unternehmen vor, das ausschließlich aus Optimisten besteht, die allesamt mit

240 Vgl. Julie K. Norem: Die positive Kraft negativen Denkens, Frankfurt am Main 2002. Vgl. außerdem: Anna Gielas: Gute Laune auf Befehl, in: *Die Zeit*, Wissen Nr. 01/2011. www.zeit.de/zeit-wissen/2011/01/Denk-nicht-positiv/seite-4 – Vgl. auch SpiegelOnline Wissenschaft vom 1.1.2011: www.spiegel.de/wissenschaft/mensch/psychologie-die-gefahren-des-gute-laune-zwangs-a-733903-3.html

241 Vgl. Fahidi 2014.

242 Seligman 2001, S. 76–78.

aufregenden Möglichkeiten in der Zukunft beschäftigt sind. Das wäre eine Katastrophe. Das Unternehmen braucht auch Pessimisten.«[242]

Verblüffend ist das, weil die Konsequenz eigentlich sein müsste, für eine pluralistische Lebenswirklichkeit einzutreten, in der optimistische Menschen genauso ihren Platz haben wie skeptische und gerade der Respekt vor der Unterschiedlichkeit von Lebenseinstellungen und Charakteren die Stärke einer Gesellschaft ausmacht. Seligman aber tut das Gegenteil: Ausgehend von einer fragwürdigen Gleichsetzung von Pessimismus und Krankheit und kombiniert mit Behauptungen, dass Pessimisten weniger leisteten, häufiger übertragbare Krankheiten hätten und einen ungesunden Lebenswandel führten, kommt er zu dem Schluss, dass »pessimistische Erklärungsmuster ein einziges Elend« seien, auf das es nur eine Antwort geben könne: Sie müssten sofort ausgeschaltet werden: »Ihre neue Gewohnheit muß sein, Ihre [...] pessimistischen Erklärungen sofort durch optimistische [...] zu ersetzen.«[243] Auch wenn Seligman vorgibt, es gehe ihm nicht um einen blinden, sondern nur um einen »flexiblen Optimismus«, läuft seine Botschaft auf ersteres hinaus: Auf einen Weltentwurf, in dem Zweifel nicht mehr vorkommen dürfen. So sieht er die Notwendigkeit einer Bekehrung zum Optimismus nicht nur für explizite Pessimisten, sondern auch für Menschen, die nur »durchschnittlich pessimistisch« seien – das sind nach seiner Ansicht die meisten. Mit Hilfe der Positiven Psychologie ließen sich sogar bei Personen, die sich für optimistisch hielten, noch »Spuren von Pessimismus« nachweisen.[244] Seligman beklagt, dass die moderne Medizin Gefühle wie Trauer und seelischen Schmerz in Verlustsituationen nicht als Krankheit, sondern als normale menschliche Reaktion betrachte.[245] In der Arbeitswelt unterstützte er Projekte zur Unterscheidung von Optimisten und Pessimisten in Bewerbungsverfahren. Auf diese Weise hätten sich Konzerngewinne signifikant steigern lassen: »Von den [...] Bewerbern werden die pessimistischsten 25 Prozent nicht angenommen. [...] Das bedeutet erheblich höhere Einnahmen.«[246] Die Personalpolitik der gesamten Versicherungsbranche sei durch die Positive Psychologie bereits umgekrempelt worden, berichtet Seligman stolz. Dass trotzdem gelegentlich noch Beschäftigte mit der »falschen«, sprich nicht ausreichend optimistischen Weltsicht übrig sind, wird in diesem Denkansatz verständlicherweise als Problem gesehen. Ein Manager fragt Martin Seligman in einem Gespräch, ob es möglich sei, auch die verbliebenen Pessimisten loszuwerden:

243 Ebd., S. 6/7 u. 190.
244 Ebd., S. 40.
245 Ebd., S. 23, 33 u. 39.
246 Ebd., S. 72.

Etwas macht mir [...] zu schaffen. [...] In jedem Unternehmen gibt es ein paar Pessimisten, die man nicht los wird. [...] Je älter ich werde, desto stärker belasten mich diese Pessimisten. [...] Darauf zielt jetzt meine Frage ab. Können Sie jemanden, der dreißig oder sogar fünfzig Jahre lang pessimistische Denkgewohnheiten hatte, in einen Optimisten verwandeln?[247]

Seligmans Antwort: Prinzipiell ja. Und diese Idee, Überzeugungen und Emotionen von Beschäftigten nach Interessen des Arbeitgebers (um-) zu »programmieren«, gewinnt offenbar auch bei deutschen Unternehmensführungen Anhänger. In einer Umfrage des Magazins *Managerseminare* stimmten 41 Prozent der Aussage zu, dass eine Lenkung der Lebenseinstellungen von Mitarbeitern künftig im Zentrum jeder Personalentwicklung stehen müsse. Lediglich eine Minderheit von vier Prozent der Manager war der Ansicht, Gefühle, Weltanschauungen und Grundhaltungen berührten den privatesten geschützten Persönlichkeitskern jedes Menschen und gingen den Arbeitgeber nichts an. Ein unter freiheitlich-demokratischen Aspekten beunruhigendes Umfrageergebnis.[248]

## Positive Psychologie und Positives Denken – im Kern identisch

Barbara Ehrenreich hat deshalb Recht, wenn sie die von der Positiven Psychologie immer wieder betonte Abgrenzung zum Positiven Denken als Mythos entlarvt. Positive Psychologen beschwören gern den vermeintlichen Unterschied von »seriöser« Positiver Psychologie und »unseriösem« Positivem Denken: Letzteres sehe alles durch eine rosarote Brille, Positive Psychologie und erlernter Optimismus wirkten dagegen »nicht durch unrealistische positive Annahmen über die Welt, sondern durch die Macht des ›nicht negativen Denkens.‹«[249] Doch das ist ein Taschenspielertrick: Mich zu zwingen, nicht negativ zu denken, auch wenn ich mit Realitäten konfrontiert bin, die ich intuitiv negativ erlebe, funktioniert langfristig nur, wenn ich die entsprechenden Ereignisse entweder aus dem Fokus meiner Wahrnehmung verbanne oder sie positiv umwerte – wenn ich mir also mental eine Welt erschaffe, die mit meinem tatsächlichen Erleben nichts zu tun hat. Zumal wenn man die immer wieder zitierte »Berechnung« von Barbara Fredrickson hinzuzieht, nach der ein Verhältnis von positiven

247 Ebd., S. 72.
248 Vgl. *Managerseminare*, Heft 194 / Mai 2014, S. 48.
249 Ebd.
250 Fredrickson 2014a, S. 12.

zu negativen Erlebnissen von 3 : 1 erforderlich sei, um gegen seelische Krisen gewappnet zu sein. Das bedeutet, 75 Prozent unserer Erfahrungen müssten positiv verzeichnet werden – und das 365 Tage im Jahr.[250] Eine erhebliche Überschneidung von Positiver Psychologie und Positivem Denken wird von Positiven Psychologen denn auch selbst eingeräumt: »Positives Denken steht [...] für eine bejahende, zuversichtliche Haltung – und diese Haltung ist ein wichtiges Element der Positiven Psychologie.«[251]

Auch lassen sich, wenn man das »Urbuch« des Positiven Denkens und Selbstmanagements, Dale Carnegies *Sorge dich nicht – lebe!* neben Titel von Martin Seligman legt, Parallelen nicht übersehen. Wo Carnegie ein stetiges *Sich-Betäuben* (vor allem durch Arbeit) als Rezept gegen Sorgen und Unglücksgefühle propagiert, spricht Seligman vom »Sich-Blind-Machen« als »Waffe« gegen Traurigkeit und Melancholie: »Die Fähigkeit, uns selbst gegen unsere tiefverwurzelten negativen Überzeugungen blind zu machen, ist vielleicht die erstaunlichste Waffe, mit der wir uns dagegen wehren, auf Dauer Opfer der Depression zu werden.«[252]

Die Positive Psychologin Daniela Blickhan sieht es ähnlich. Gegen ein Gefühl der Fremdbestimmung, wie es beispielweise vorkomme, wenn Menschen einen Job machen müssten, den sie sich nicht selbst ausgesucht haben – mir fallen da Hartz-IV-Empfänger oder 1-Euro-Jobber ein – empfiehlt sie, »Autonomie« dadurch zurückzugewinnen, dass man den aufgedrückten Willen kognitiv quasi zum eigenen Willen umdeute: »Anstatt in einem ungeliebten Job zu sagen ›Ich kann nicht anders‹, kann man auch in solchen Situationen die eigene Autonomie erhöhen, indem man sagt ›Ich bleibe bewusst hier‹, weil es im Augenblick die beste Lösung ist.«[253]

Die Positive Psychologin Ilona Bürgel plädiert gar dafür, belastenden Situationen mit einem bewusst »übertriebenem Optimismus« und »positiven Illusionen« (sic!) zu begegnen. Die Focus-Kolumnistin beklagt eine »Herrschaft des Realismus« in Deutschland, der oft nichts anderes als »getarnter Pessimismus« sei: »Mein Eindruck ist, dass es in unserer Kultur einfacher ist, sich ›vernünftige‹ Sorgen zu machen, als unvernünftig optimistisch zu sein.« Studien der Amerikanerin Shelly E. Taylor an Schwerkranken hätten dagegen gezeigt, dass gerade ein Optimismus ohne Rückbindung an Vernunft und Realität den Verlauf lebensbedrohlicher Krankheiten ins Positive wenden könne: »Offenbar haben positive Illusionen durch ihren positiven emotionalen Einfluss auch

251 Ebd.
252 Seligman 2001, S. 73.
253 Positive Psychologie – wie wir im Beruf glücklich werden. www.bbx.de/positive-psychologie-wie-wir-im-beruf-gluecklich-werden/.

positive physiologische Wirkungen [...] Bei Aidskranken fand die Forscherin heraus, dass bei realistischer Akzeptanz des eigenen Todes dieser neun Monate früher eintritt, als bei Zuversicht.«[254] Entscheidend seien letztlich nicht die Fakten, sondern was der Bestärkung einer zuversichtlichen Haltung diene, ergänzt der Positive Psychologe Nico Rose. Wenn die Wahrheit in einer Situation diesem Ziel nicht nütze, gelte es »kreativ« nach anderen Deutungen zu suchen.

> Das Disputieren der [...] negativen Erklärungsmuster ist [...] eine herausfordernde Technik, die [...] Ihre Kreativität auf die Probe stellt. [...] Die folgenden Fragen können Ihnen dabei auf die Sprünge helfen: [...] Ist meine ursprüngliche [negative] Annahme nützlich für mich? Selbst wenn [...] [sie] wahr sein sollte: [...] Machen Sie sich [...] bewusst, [...] welche Erklärungsmuster Sie in einer positiven Grundhaltung bestärken.[255]

»Positive Illusionen« lassen sich freilich nur aufrechterhalten, solange keiner kommt und sie stört oder hinterfragt. Skeptiker, Kritiker und Intellektuelle müssen Anhängern eines »übertriebenen Optimismus« fast zwangsläufig suspekt, bedrohlich oder gar feindlich erscheinen. Entsprechend gereizt reagieren viele Positive Psychologen auf jeden Angriff auf ihre Lehre. Ein Beispiel: Der bekannte Erfurter Philosoph Wilhelm Schmid beschäftigte sich mehrfach kritisch mit der neuen Gesellschaftsnorm eines »erlernten Glücks«. In einem Essay für die *Süddeutsche Zeitung* wies er am Beispiel Beethovens überzeugend darauf hin, dass gerade viele Künstler ihre kreativen Impulse immer auch aus dem Erleben von Einsamkeit und Traurigkeit gezogen hätten.[256] Schmids Erinnerung daran, dass Leid trotz aller notwendigen Versuche, es abzustellen, zum grundlegenden Erfahrungshintergrund menschlichen Seins gehört, und dass wesentliche Teile unserer Tradition des Humanismus auf diese Erfahrung und die Artikulation auch von Klage und Schmerz gründen, ist absolut unbestreitbar. Von der Klagemauer im Judentum über den Satz Jesu am Kreuz *Mein Gott, mein Gott, warum hast du mich verlassen?* und die sich durch alle Kunstepochen ziehenden Motive des *Ecce homo* und der *Pietà* im Christentum bis zur Philosophie des Mitgefühls eines Arthur Schopenhauer: In dieser Tradition ist stets *der ganze Mensch* aufgehoben, mit seinem *ganzen* Spektrum an Seelenzuständen – mit seinem Hoffen wie seinem (Ver-)Zweifeln,

254 Ilona Bürgel: Übertriebener Optimismus – die unterschätzte Kraftressource, in: *Focus* vom 24.12.2014. www.focus.de/gesundheit/ratgeber/depression/gut-gelaunt-in-den-tag-uebertriebener-optimismus-die-unterschaetzte-kraftressource_id_4351997.html.

255 Rose 2012, S. 97.

256 Wilhelm Schmid: Lernt, unglücklich zu sein! Plädoyer für Abkehr von der Glücksmaxime, in: *Süddeutsche Zeitung* vom 8.09.2012. – http://www.sueddeutsche.de/leben/plaedoyer-fuer-die-abkehr-von-der-gluecksmaxime-lernt-ungluecklich-zu-sein-1.1462136-2. Vgl. außerdem: Schmid 2012.

mit seinem lebendigsten Hochgefühl wie mit seiner abgründigsten Trauer. Da hat jeder Platz, der Fröhliche wie der Untröstliche, der Optimist wie der Resignierte, der Mutige wie der Verängstigte, da fällt keiner raus, da muss niemand etwas verstecken oder erst sein Fühlen und Denken »programmieren«, um angenommen zu sein. Und ja, auch die Verheißung der Erlösung, die messianische Hoffnung auf eine Auferstehung und einen neuen Himmel und eine neue Erde, wo »alle Tränen abgewischt werden und keine Not mehr sein wird« ist fester Teil dieses Erbes – nur dass diese Verheißung, die die Positive Psychologie meint, schon im Diesseits einlösen zu können, in die jenseitige Sphäre verwiesen wird – und gerade dadurch glaubwürdig ist. Schmid, um zu ihm zurückzukommen, stellt die Frage nach den Verlusten eines nur noch auf positiv getrimmten emotionalen Erlebens, sowohl im Hinblick auf die Kunst – und es ist in der Tat nicht anzunehmen, dass Mozart seinen Don Giovanni geschrieben, Mahler Rückerts Kindertotenlieder vertont, Bach seine Kantate »Bäche von gesalz'nen Zehren« komponiert, Brahms seine vierte Sinfonie erdacht oder Caspar David Friedrich seinen »Mönch am Meer« geschaffen hätten, wenn sie alle Positive Psychologie betrieben und jede pessimistische Empfindung sofort durch eine optimistische ersetzt hätten, wie Martin Seligman es fordert –, als auch im Hinblick auf die Humanität unserer Gesellschaft. »Die Stärke der Unglücklichen ist ihre Sensibilität [...] Sie wenden sich nicht ab, wenn es Anderen schlecht geht; sie wissen, wie sich das anfühlt. Früher als die Glücklichen bemerken sie [...] eine Fehlentwicklung, ein Unrecht und eine Ungerechtigkeit.«

Unter der Überschrift »Was Zeitungen so schreiben« kanzelte eine nach eigenem Bekunden stark verärgerte Vorsitzende des Dachverbandes Positive Psychologie, Daniela Blickhan, die bedenkenswerten Ausführungen des Erfurter Philosophen als »haltlose Thesen eines selbsternannten Experten« ab, der »wissenschaftliche Erkenntnisse einfach so ignoriere.«[257] Blickhan erregt sich außerdem darüber, dass die *Süddeutsche Zeitung* Schmids Aufsatz »an exponierter Stelle, auf Seite 2« abdruckte. Eine Erregung, die verstört: Soll das heißen, dass im Weltbild der Positiven Psychologen andere Standpunkte als ihre eigenen kein Forum in der Öffentlichkeit mehr bekommen sollten? Es ist dieser auch politisch befremdliche Anspruch einer Führungs- und Deutungshoheit, der den Klagenfurter Professor für Angewandte Psychologie und Methodenforschung, Philipp Mayring, veranlasst, die Frage, ob es sich bei der Positiven Psychologie um eine Ideologie handele, zu bejahen: »Das, was an der Positiven Psychologie so verstört, ist ihr Sendungsbewusstsein und ihr Ausschließlichkeitsanspruch.«[258]

257 Vgl. http://positivepsychologie.eu/news/Was-Zeitungen-so-schreiben.
258 Vgl. Rath/Mayring 2013, S. 95–101.

## Hurra, ich habe Krebs!

Wie sich dieser Ausschließlichkeitsanspruch ganz konkret auswirken kann, musste die schon erwähnte amerikanische Journalistin Barbara Ehrenreich erfahren, als sie an Krebs erkrankte. Fast überall – bei Freunden, der Familie, in Selbsthilfegruppen und sogar bei behandelnden Ärzten – stieß sie auf die wie selbstverständliche Erwartungshaltung, ihren Krebs positiv als »Chance zu persönlichem Wachstum« zu betrachten. Ehrenreich geriet an von der Positiven Psychologie beeinflusste Selbsthilfegruppen, die T-Shirts mit der Aufschrift *Thank you, cancer! (Danke, Krebs!)* verteilten und an Internetforen, in denen sich Teilnehmer über ihre Tumoren als »Geschenke« austauschten. »Die Losung lautet: Nur wer positiv mit seinem Krebs umgeht, wird überleben. Der Griesgram und Defätist stirbt – und das zurecht.«[259] Allein, Ehrenreich gehörte zu den »Defätisten«, denn sie konnte trotz allem Bemühen zu keinem »dankbaren« Verhältnis zu ihrem Tumor finden. Es blieb die Frage: Warum gerade ich? Es blieb die Enttäuschung über die Unvollkommenheit der menschlichen Existenz; es blieb die Angst vor Schmerzen und Therapien; es blieb die Furcht, dass die Krankheit gewinnen und das Leben zu Ende gehen könnte. Alles durch und durch menschliche Reaktionen, sollte man meinen, die in einer nach Maßstäben der Humanität gestalteten Gesellschaft respektiert werden müssten. Das meinte auch Ehrenreich und stand offen zu ihren Gefühlen. Statt Anteilnahme erntete sie einen Shitstorm: Man riet ihr, sich umgehend in einer Psychiatrie vorzustellen, denn wenn der Krebs bei ihr keine positiven Emotionen wie Dankbarkeit und Enthusiasmus auslöse, sondern Angst, Wut und Zweifel, müsse eine ernste psychische Störung vorliegen. Man mutmaßte gar, dass sie ihre Krebserkrankung durch eine pessimistische Grundeinstellung selbst verursacht und somit auch selbst zu verantworten habe. Aus dem Internetforum für Krebskranke wurde sie ausgeschlossen, da sie mit ihrer »Negativität« die anderen runterziehe. Nun spielt der Fall in den USA, wo die Dinge – und seit 2016 auch die Präsidenten – für unseren europäischen Geschmack schon mal skurriler ausfallen. Aber der Trend, Zweifler, Skeptiker und Menschen mit »negativen« Gefühlen als Störenfriede zu brandmarken ist, wie wir in einem späteren Abschnitt noch erleben werden, längst auch in Europa angekommen. Auch in Deutschland gibt es mittlerweile Krebspatienten, die Geschichten erzählen können wie Ehrenreich.[260] Die hat ihren Tumor übrigens besiegt – als »Pessimistin« und ganz ohne Positive Psychologie…

259 Vgl. Peter Unfried: Bitte recht freundlich. Optimismus-Zwang: Barbara Ehrenreichs »Smile Or Die« und ihre Kritik der US-Gesellschaft, in: *Die Tageszeitung* vom 6.10.2010. www.taz.de/!376560/.

## »Was uns nicht umbringt, macht uns härter« – Mythos Resilienz

Der Umgang mit Krankheit, Schicksalsschlägen und Erschütterungen liefert das Stichwort für einen Begriff, der in Coachingkonzepten und der Positiven Psychologie eine wichtige Rolle spielt: *Resilienz.* Gemeint ist damit die Fähigkeit einer Person, Belastungen, Einschnitte, Verlust- und Gewalterfahrungen seelisch relativ unbeschadet zu überstehen. Von Resilienz spricht man etwa, wenn es Menschen trotz ungünstiger Ausgangslage – z. B. Armut, Kriegserfahrungen oder zerrütteten Familienverhältnissen – gelingt, ein offensichtlich erfolgreiches Leben zu führen. Es scheint dann so, als wären die widrigen Umstände einfach an ihnen »abgeprallt« (lateinisch *resilere* = abprallen). So gelangte das aus der Physik stammende Wort in die Psychologie, wo sich die Resilienzforschung seit fünfzig Jahren mit der Frage beschäftigt, warum manche Menschen an einer Krise zerbrechen und andere nicht. Der Gegenbegriff zur Resilienz ist die *Vulnerabilität* (*vulnerabel* =verletzlich). Für die meisten Wissenschaftler ist nicht abschließend geklärt, worin die Ursache einer größeren emotionalen Stabilität mancher Menschen liegt. Nahezu alle klassischen Psychiater, Psychologen, Sozialwissenschaftler, Verhaltensforscher und Biologen sind sich aber einig, dass es die sozialen Bezüge sind, die bei der Herausbildung von Resilienz eine maßgebliche Rolle spielen. Der Erziehungswissenschaftler Thomas Gabriel vom Pädagogischen Institut der Universität Zürich:

> Nach Forschungslage sind resiliente Individuen nicht aus sich selbst heraus widerstandsfähig. [...] Selbst bei einem Verständnis von Resilienz als personalem Attribut erzeugt das Individuum auch in diesem Konstrukt Resilienz nicht aus sich selbst heraus. Resilienz ist ohne unterstützende Interaktionen im Sozialen nicht zu denken.[261]

Bei vergleichenden Untersuchungen resilienter Kinder offenbare sich immer wieder »eine frappierende Gemeinsamkeit: Alle hatten eine stabile Beziehung zu einer Bezugsperson, einem Mentor, Lehrer oder Freund. Es musste nicht die Mutter sein, aber ein Mensch, der ihre Entwicklung mit Anteilnahme begleitete.«[262]

260 Vgl. Anna Gielas: Gute Laune auf Befehl, in: *Die Zeit* Wissen 01/2011. http://www.zeit.de/zeit-wissen/2011/01/Denk-nicht-positiv/ – Wer einmal eine Annäherung an das Thema Krebs erleben möchte, die ohne jede aufgesetzte Positive Psychologie und »positive Illusionen« auskommt und gerade deshalb von einer überwältigenden Menschlichkeit und Tiefgründigkeit getragen ist, dem sei an dieser Stelle Andreas Dresens großer Film »Halt auf freier Strecke« empfohlen.

261 Vgl. Gabriel 2005, S. 207–217.

262 Stefanie Maeck: Geheimnis psychischer Stärke: Die Unverwundbaren. www.spiegel.de/gesundheit/psychologie/psychologie-psychologen-lueften-das-geheimnis-psychischer-staerke-a-878086.html.

Die Ärztin und Psychotherapeutin Dunja Voos ergänzt:

> Zur Resilienz tragen verschiedene Faktoren bei, z. B. eine stabile Mutter-Kind-Bindung. Allerdings gibt es auch Menschen, die in der Kindheit schwere Traumen erlitten haben, nicht auf die Eltern zurückgreifen konnten und dennoch gesund geblieben sind. Zu verdanken ist das meistens anderen Bezugspersonen, auf die sich die Kinder verlassen konnten.[263]

Diesen Befund einer Schlüsselrolle äußerer Bedingungen und sozialer Beziehungen für die Resilienzfähigkeit bestätigt die Neurobiologin und Wissenschaftsjournalistin Christina Berndt. »Die soziale und emotionale Unterstützung ist [...] von großer Bedeutung – dass andere Menschen dem Betroffenen in einer schwierigen Situation nahe sind und zu ihm halten.«[264]

Berndt hat unter dem Titel *Resilienz – das Geheimnis der psychischen Widerstandskraft* ein fundiertes Buch vorgelegt, das einerseits den aktuellen Wissensstand um die Möglichkeiten von Resilienz wiedergibt, zugleich aber auch die Grenzen aufzeigt und Mythen entzaubert. Zu den Mythen gehört für Berndt die Vorstellung, durch eine regelmäßig »trainierte« psychische Stärke ließen sich seelische Erschütterungen generell ausschließen oder gar ein Zustand der »Unverwundbarkeit« erreichen:

> Auch wer sich stark fühlt, sollte sich klarmachen: Resilienz ist keine lebenslange Eigenschaft. Durch große Erschütterungen kann sie selbst bei psychisch noch so starken Persönlichkeiten eines Tages verloren gehen. Ohnehin ist die psychische Widerstandskraft in hohem Maße davon abhängig, in welcher Situation sich ein Mensch gerade befindet.[265]

Lebendig sein heißt verletzlich sein. An diese nicht zuletzt durch das Faktum des Sterben-Müssens markierte Begrenztheit menschlicher Existenz erinnert auch der Pädagoge Gabriel:

> Hingegen kann es eine absolute Unverletzbarkeit im menschlichen Dasein nicht geben. [...] Resilienz bezeichnet eine relative[...] Widerstandsfähigkeit gegenüber krisenhaften Situationen und Lebensereignissen. Und auch diese relative Widerstandsfähigkeit ist kein fixiertes und statisches Persönlichkeitsmerkmal [...], sie kann zeitlich und räumlich variieren.[266]

Soweit ein zugegeben sehr geraffter Überblick über das *wissenschaftliche* Resilienzverständnis. Völlig anders nämlich ist das Verständnis, das sich im

263 www.medizin-im-text.de/blog/2008/52/resilienz/.
264 Berndt 2014.
265 Ebd, S. 181.
266 Gabriel 2005, S. 207.

Zuge der Adaption des Begriffs im Coaching herausgebildet hat. Dort wird die Fähigkeit zur psychischen Stabilität auch bei schwersten Belastungen als etwas definiert, das der Einzelne *allein aus sich selbst heraus* und völlig unabhängig von äußeren Bedingungen durch Trainings gezielt produzieren und optimieren könne.

> Angst vor dem Arbeitsplatzverlust oder [...] massive[...] Zunahme der Arbeitsbelastung [...] sind [...] die wesentlichen Faktoren [...] arbeitsplatzbedingter psychischer Störungen. [...] Umso dankbarer sind wir für Methoden [...], die Auswege aufzeigen... Resilienz ist die Fähigkeit, solche herausfordernden Zeiten als Chance zu betrachten [...] Sich selber zu managen, um daraus gestärkter [...] hervorzugehen. [...], die eigenen Ressourcen, die jeder bereits besitzt (NLP-Grundannahme), [...] noch stärker einzusetzen. [...] Resilienz ist mit NLP trainierbar und daher ein unentbehrliches Tool für Trainings und Coachings.[267]

Zwei Merkmale der in Coachings kommunizierten Resilienz – man könnte hier auch von einem popularisierten oder, etwas unfreundlich, einem vulgarisierten Resilienzkonzept sprechen – treten hervor. Erstens, dass die Sorge nicht primär dem Individuum selbst gilt, sondern seiner Verfügbarkeit für eine ökonomische Wachstums- und Belastungsspirale, die als solche nicht hinterfragt wird: Resilienz ist nicht der Zweck, sondern das *Mittel zum Zweck*. Damit bleiben Fragen nach einer menschengemäßen Begrenzung von Wachstum, Wettbewerb und freiem Markt, wie sie der Politologe und Sozialwissenschaftler Meinhard Miegel stellt, ausgeblendet. Anders als die oben zitierten Coachs sieht Miegel die Ursache für die Zunahme arbeitsplatzbedingter psychischer Störungen nicht in einem Mangel an Resilienz, sondern im

»allem Anschein nach fehgeschlagenen Versuch, eine ursprünglich im Jenseitigen angesiedelte Idee, nämlich die Gottesidee völliger Unbegrenztheit, diesseitig zu wenden. Alles sollte immerfort wachsen, schneller, weiter, höher werden. Begrenzungen jedweder Art wurden verworfen, Maß und Mitte oder menschliche Proportionen wurden zu Synonymen für [...] Mittelmäßigkeit und Langeweile. Die Grenzüberschreitung, das Überbieten [...] entwickelten sich zu Idealen.«[268]

Die Journalistin Claudia Keller verweist in einem Beitrag für den *Tagesspiegel* auf die problematische demokratiepolitische Dimension des in Coachings propagierten Resilienzbegriffs, weil dieser dazu verleite, Zumutungen hinzunehmen, statt sich gegen sie zu wehren:

267 www.diedenkweisen.de/nlp-und-resilienz.
268 Miegel 2014, S. 15.

> Resilienz ist keine Strategie, um die Ursachen von Krisen zu bekämpfen. [...] Es setzt sich der Gedanke fest, man müsse nur schön flexibel sein und sich anpassen, manchmal ein bisschen biegen und auch mal verbiegen, dann könne man unbeschadet schwierige persönliche und gesellschaftliche Phasen überstehen. Das verleitet Menschen dazu, sich mit scheinbar unabwendbaren Gegebenheiten zu arrangieren, statt sich dagegen zu wehren und zu versuchen, die Gegebenheiten zu verändern.[269]

Bernhard Ungericht, Professor für Wirtschaftsethik an der Universität Graz und Martina Wiesner, Psychologin und Psychotherapeutin, sprechen denn auch treffend von einem »funktional verkürzten« und »instrumentalistischen Resilienzverständnis« in Coaching und Positiver Psychologie:

> Im Managementdiskurs [wird] Resilienz in den letzten Jahren vermehrt aufgegriffen [...]. MitarbeiterInnen [sollen] [...] die Grenzen ihrer Leistungsfähigkeit permanent erhöhen. [...] Die Kernelemente eines instrumentalistischen Resilienzverständnisses sind »Anpassung« und »Leistungsfähigkeit«. [...] Die Ideologie des »Was mich nicht umbringt, macht mich härter« [...] formuliert einen Anspruch an das Individuum als Arbeitskraft: Resilienz wird zum Bestandteil des Anforderungsprofils [...], um einen ökonomischen Zweck zu erreichen.[270]

Im Kontext dieses instrumentalistischen Verständnisses werden dann plötzlich auch längst überwunden geglaubte archaische Leitsätze wie das zitierte »Was uns nicht umbringt, macht uns härter« aus Nietzsches *Kriegsschule des Lebens* wieder hoffähig.[271] *Posttraumatisches Wachstum* lautet der Begriff, unter dem die Positive Psychologie solche Vorstellungen rehabilitiert. Martin Seligman behauptet gar einen positiven Zusammenhang zwischen der Anzahl erlittener Traumata und dem langfristigen Wohlbefinden einer Person.

> Post-Traumatisches Wachstum. [...] Eine signifikante Anzahl von Leuten [...] zeigt [zunächst] starke Depression [...] nach einer extremen Verletzung, oft bis zur PTBS [=Posttraumatische Belastungsstörung] – aber dann wachsen sie. Langfristig erreichen sie ein höheres Niveau psychologischer Funktionsfähigkeit als zuvor. »Was mich nicht umbringt, macht mich stärker«, sagte Nietzsche.[272]

269 Vgl. Claudia Keller: Resilienz ist das falsche Mittel gegen Krisen, in: *Der Tagesspiegel* vom 21.11.2016, S. 6.

270 Bernhard Ungericht / Martina Wiesner: Der instrumentalistische Zugang – Anpassung als Leitidee eines funktional verkürzten Resilienzverständnisses, in: Clemens Sedmak / Elisabeth Kapferer / Kurt Oberholzer (Hg.): Marktwirtschaft für Menschen. Wissenschaftliche Schriftenreihe der Wirtschaftskammer Salzburg, Münster 2011, S. 112–114.

271 Friedrich Nietzsche: Werke in drei Bänden. München 1954, Band 2, S. 943.

272 Seligman 2011, S. 159.

Als »Beweis« verweist Seligman auf Militärveteranen, die das Fronterlebnis oft als beste Zeit ihres Lebens bezeichneten.[273] In einer Untersuchung habe er zudem auf der Internetseite *www.authentichappiness.org* fünfzehn der grausamsten Dinge aufgezählt, die einem Menschen widerfahren können, darunter Folter, schwere Krankheit und Tod des eigenen Partners, und Betroffene um ihre Erfahrungen gebeten. Innerhalb nur eines Monats seien über 1700 Berichte eingegangen, die alle ein gestiegenes Glücksniveau nach schweren Traumatisierungen belegt hätten:

> Individuen, die ein grausames Ereignis erlebten, hatten eine größere Stärke (und in der Folge ein höheres Wohlbefinden) als solche ohne Trauma. Individuen, die zwei schwere Verletzungen durchgemacht hatten, waren stärker als solche mit nur einer Traumatisierung und Individuen mit drei brutalen Erlebnissen – zum Beispiel Vergewaltgung, Folter und Gefangenschaft – waren stärker als jene, die nur zwei derartige Verletzungen erlitten hatten.[274]

Als Musterbeispiel eines »posttraumatischen Wachstums« führt Seligman den Fall einer amerikanischen Sanitätssoldatin an, die im ersten Irakkrieg 1991 in Gefangenschaft von Saddam-Hussein-Truppen geriet und dort gefoltert und mehrfach vergewaltigt wurde. Infolge dieser Erlebnisse hätten sich Wohlbefinden und Kompetenzen der Frau langfristig signifikant verbessert, so Seligman in seinem Buch *Flourish* (zu deutsch »Aufblühen«) So sei sie beruflich professioneller geworden und habe eine Führungsstärke entwickelt, die sie jederzeit für das Amt eines Generals qualifiziert hätte. Privat sei durch die Gewalt- und Gefangeschaftserfahrung ihre Fürsorglichkeit als Mutter und Familienmensch gestiegen, ferner hätten sich der Frau ganz neue Zugänge auf der spirituellen Ebene eröffnet. Gewachsen seien auch die Fähigkeiten in Selbstorganisation und Prioritätensetzung.[275]

Je mehr und je brutalere Grausamkeiten, desto besser für die Betroffenen – das wäre die zynische Konsequenz, wenn man Seligmans erschreckende Ausführungen ernst nähme. In anderer Form begegnet uns hier die Verharmlosung von Gewalt und ihre Umdeutung zur »positiven Lern- und Wachstumserfahrung« für die Opfer wieder, die wir schon bei Esoterikern wie Colin Tipping beobachten konnten. Und Seligman ist nicht der einzige, der auf diesem Trip unterwegs ist. »Schicksalsschläge müssen uns nicht aus der Bahn werfen. Sie können vielmehr neue Stärken und Lebensperspektiven eröffnen«, meint auch ein Buch des amerikanischen Psychologen Stephen Joseph, das Nietzsches Wort *Was uns nicht umbringt* sogar im Titel aufgreift.

273 Ebd.
274 Ebd., S. 159–160.
275 Ebd., S. 160.

»Tsunamis, Gewaltverbrechen, tragische Verkehrsunfälle – solche Erfahrungen, so heißt es, zeichnen die Betroffenen fürs Leben [...] Doch [...] Stephen Joseph kommt [...] zu einem anderen Schluss: Derartige Traumata können zu ›Motoren der inneren Veränderung‹ werden.«[276] Das politisch Gefährliche an solchen Aussagen ist die sozialdarwinistische Logik menschlicher Existenz, die sie bedienen: Leben als *Kampf*, als ständiges Ringen in einem Kreislauf des Verwundet- und-Stärker-Werden-Müssens. Implizit ist darin eine Scheidung von Menschen enthalten in »Lebenstüchtige« – das sind die, die das Ringen bestehen und gestärkt daraus hervorgehen – und »Lebensuntüchtige« – das sind die, die zu schwach sind für diese Welt und sozusagen »natürlicherweise« zerbrochen werden. Der Resilienteste, Flexibelste und Effizienteste wird so zum Maßstab für die Gesellschaft als Ganzes. Zu Ende gedacht, führt dies in den dunkelsten Abgrund unserer Geschichte hinein: Denn auf dieser Linie bewegte sich letztlich auch der zwischen 1933 und 1945 millionenfach als Postkarte verbreitete und in Schulen, Rathäusern und Betrieben unermüdlich plakatierte Satz Hitlers »Wer leben will, der kämpfe also, und wer nicht streiten will in dieser Welt des ewigen Ringens, verdient das Leben nicht.«[277] Aus diesem Satz gegen das Menschliche aber resultierte die Tat gegen die Menschlichkeit: Der Entschluss, die Nicht-Kämpfenden, Nicht-Resilienten, Nicht-Optimierten, Unselbständigen, Ineffizienten, »Unbrauchbaren« und »Schwächlinge« erst sozial und materiell auszuschließen und dann physisch zu vernichten. Nicht ohne Grund führten die Nationalsozialisten Nietzsches »Was dich nicht umbringt, macht dich stärker« als Ausweis angeblicher Charakterstärke gern im Munde: »Deutsch sein heißt Charakter haben [...] Zum Nationalsozialisten [...] wird man [...] erzogen, am meisten erzieht man sich selbst dazu. [...] Wenn etwas ist, gewaltiger als das Schicksal, dann ist es dein Mut, der es unerschüttert trägt. Was dich nicht umbringt, macht dich nur stärker. Gelobt sei, was hart macht.«[278] Der Journalist Hans Georg von Studnitz, obwohl selbst NSDAP-Mitläufer, registrierte 1943 kritisch, wie nach der Niederlage von Stalingrad plötzlich sämtliche Korridore im Auswärtigen Amt mit dem Nietzsche-Zitat regelrecht zugekleistert wurden.[279]

An all dies gilt es sich zu erinnern, wenn heute wieder die Neigung erkennbar wird, die Stärksten zum Vorbild zu machen, Härte wieder als Tugend zu sehen und psychische Unverwundbarkeit als Zeichen von Charakterstärke

276 Joseph 2014.
277 Vgl. Hartmann u.a. 2016, S. 753.
278 Aus den »Zehn Gesetzen des Deutschen Studententums« des »Nationalsozialistischen Deutschen Studentenbundes NSDStB«. Vgl. Ilse Staff: Justiz im Dritten Reich. Eine Dokumentation, Frankfurt am Main 2016.
279 Schäfer 1991, S. 217.

auszugeben. Was dagegen in fast allen Selbstmanagement- und Coaching-Konzepten fehlt, ist der zivile und humane Gegenentwurf: Der Entwurf einer Gesellschaft, die, einschließlich ihrer Wirtschaft, so behutsam, so menschlich und so demokratisch gestaltet ist, dass noch der Schwächste, der Verletzbarste und der Verwundetste – und zwar jeweils *als Schwacher, Verletzbarer oder Verwundeter* – in ihr atmen, ankommen und seinen Platz finden kann. Oder ausgedrückt mit einem wunderbaren und zeitlos gültigen Satz, den der Bundesvorstand der Lebenshilfe 1986 formulierte: *Die Schwächsten sind der Maßstab der Demokratie.*

Christina Berndt weist darauf hin, dass jene Forschungen, die angeblich positive Effekte schwerer Traumatisierungen belegen sollen, durchwegs aus den USA stammen. Dies lege eine kulturelle Komponente bei der Konzeption der Studien nahe: Weil es in den Vereinigten Staaten zum kulturellen Skript gehöre, in der Krise immer eine Chance zu sehen, werde dort nach negativen Erfahrungen oft gar nicht gefragt. Traumatherapeuten warnen denn auch vor der selbsttäuschendenden Seite eines »benefit reminding«, also eines forcierten »Sichversicherns positiver Traumafolgen«[280]: In den allermeisten Fällen führten einschneidende negative Erlebnisse nicht zur Steigerung des Wohlbefindens, sondern zu langfristigen seelischen Schäden. Für den seriösen Flügel der Wissenschaft steht daher fest: Resilienz ist auf gar keinen Fall etwas beliebig »Trainierbares«, das Politik, Gesellschaft oder Wirtschaft vom Einzelnen als zu erbringende »Leistung« oder »Eigenverantwortung« einfordern können. Zusammenfassend noch einmal die Stimme der Biologin Christina Berndt und des Pädagogen Thomas Gabriel:

> Auch wenn es […] noch viele offene Fragen zum posttraumatischen Wachstum gibt, eines ist gewiss: Angehörige, Freunde und Bekannte dürfen von Menschen niemals erwarten, dass sie an ihren Krisen wachsen. […] Ärzte sollten ihren Patienten deshalb ganz deutlich sagen, dass sie keine Versager sind, wenn es ihnen nicht gelungen ist, gestärkt aus ihrer schrecklichen Situation hervorzugehen.[281]

> Die nach Forschungslage nicht zulässige Annahme einer je individuellen psychischen Widerstandsfähigkeit, die zudem vom Einzelnen herzustellen sei, […] [kann] zu einer Pathologisierung jener Menschen führen, die sich im Angesicht

280 Vgl. Andreas Maercker und Rita Rosner (Hg.): Psychotherapie der posttraumatischen Belastungsstörungen. Krankheitsmodelle und Therapiepraxis, Stuttgart 2006, S. 40/41.
281 Berndt 2014, S. 105.
282 Gabriel 2005, S. 215.
283 Ebd.
284 Ebd.

der Zumutungen ihrer Umwelt als vulnerabel zeigen. Insofern ist das Konzept der Resilienz zu entmythologisieren. Es kann weder zur moralischen Legitimation vorenthaltener sozialer Teilhabe genutzt werden, noch zur Abwertung der Versuche sozialen Ungleichheiten zu begegnen.[282]

> Die negativen Auswirkungen sozialer und ökonomischer Ungleichheit auf die Entwicklung und sozialen Teilhabechancen [...] sind durch Forschung und Theorie belegt. [...] Außer Frage steht zudem die politische und ökonomische Dimension von Armutslagen, wie auch der empirische Beleg, dass Bildungssysteme zur Reproduktion sozialer Ungleichheit [...] maßgeblich beitragen. [...] Nach der bisherigen Forschungslage [ist] das Konzept der Resilienz [...] ohne den Einfluss des Sozialen nicht seriös denkbar.[283]

Der Pädagoge Gabriel erkennt im wachstumsideologisch motivierten Resilienz-Mythos der Positiven Psychologen denn auch eine auffallende Analogie zum Mythos des amerikanischen Traums: »Gemeint ist hier die ideologische Analogie, dass der Einzelne seines Glückes Schmied sei [...] Literarisch in den Worten Huxleys ›Und darin [...] liegt das Geheimnis von Glück und Tugend: Tue gern, was du tun musst. Unser ganzes Normierungsverfahren verfolgt dieses Ziel: Die Menschen ihre unentrinnbare soziale Bestimmung lieben zu lehren.‹«[284]

## Positive Psychologie und soziale Ungleichheit

Wenn die Positive Psychologie keine Wissenschaft, sondern eine Ideologie ist – und alle Indizien sprechen dafür – dann stellt sich die Frage, wem diese Ideologie nützt. Kritiker wie Barbara Ehrenreich sehen eines ihrer zentralen Ziele in der Erhaltung des ökonomischen Ist-Zustands, also der Legitimierung einer ungebrochenen Gewinnmaximierungsphilosophie und der damit einhergehenden sozialen Ungleichheiten.

> Der wirkliche Konservatismus der Positiven Psychologie liegt in ihrer Bekräftigung des Status Quo, mit all seinen Ungleichheiten und seinem Machtmissbrauch. Die Glücks- und Wohlfühl-Tests der Positiven Psychologen [...] stützen sich schwerfällig auf Maßnahmen, die dazu dienen sollen, sich persönlich mit den Dingen zufrieden zu geben, wie sie sind.[285]

Für diesen Befund spricht nicht zuletzt die immer wieder von Positiven Psychologen vorgebrachte Behauptung, persönliches Wohlbefinden hinge zu höchstens

285 Ehrenreich 2010a, S. 170.

10 Prozent von äußeren materiellen und sozialen Gegebenheiten ab. Selbst wer den Tod eines geliebten Menschen zu verarbeiten, eine schwere Erkrankung zu tragen habe oder arbeitslos werde, könne voll Dankbarkeit und Freude sein, wenn er nur wolle und sich entsprechend anstrenge. »Nur ca. 10 % unseres aktuellen Glücksempfindens hängt [...] von äußeren Umständen ab! Unsere Lebenssituation hat also wesentlich weniger Einfluss, als die meisten Menschen annehmen würden. [...] Es gibt immer einen Grund, dankbar zu sein, auch wenn man arbeitslos, krank oder in Trauer ist.«[286] Manche Positive Psychologen behaupten gar, dass unglückliche Menschen ihr Leid aus Rechthaberei absichtlich aufrecht erhielten. Auch eine komplett ans Haus gefesselte Frau könne sofort glücklich sein, meint zum Beispiel die Beraterin Susanne Keck. Dazu müsse sie aber eingestehen, dass sie mit ihrer Sicht, Opfer einer schweren Krankheit zu sein, unrecht habe, sondern in Wahrheit ihr gesamtes Leid durch ihre negative Einstellung zur ihrer Lage erst allein selbst erschaffe – und deshalb auch keinen legitimen Grund habe, zu klagen oder Mitleid zu erwarten. Um genau das nicht zugeben zu müssen, sondern sich weiterhin ins Recht zu setzen, würden viele Traurige sich lieber für das Festhalten an ihrer Trauer statt für sofortiges Glücklichsein entscheiden. »Wollen Sie lieber Recht behalten oder glücklich sein?«, so die Frage der Positiven Psychologin.[287] Beliebt ist auch der Verweis auf Untersuchungen des Amerikaners Biswas-Diener, denen zufolge das Zufriedenheits- und Glücksniveau in den Slums der Dritten Welt fast ebenso hoch sei wie das von Europäern.[288] Warum dann Jahr für Jahr tausende Menschen tausende Kilometer durch Wüsten und lebensgefährliche Gebiete wandern und in wackelige, für Tausende zur tödlichen Falle werdende Schlauchboote steigen, um in Europa ein besseres Leben zu suchen, ja warum überhaupt mehr als 60 Millionen Menschen weltweit auf der Flucht sind – wenn doch die äußeren Bedingungen angeblich fast gar keine Rolle fürs Wohlergehen spielen und man jederzeit, an jedem Ort, in jeder Lage einfach »entscheiden« kann, sofort glücklich zu sein – das erklären uns die Positiven Psychologen leider nicht.

Gut demonstrieren kann man den instrumentellen Charakter der Positiven Psychologie auch an der propagierten Tugend der *Dankbarkeit*. Als Übung zur Steigerung des Wohlbefindens wird von Positiven Psychologen gern empfohlen, jeden Abend Dinge aufzuschreiben, für die man dankbar sein kann, auch

286 Vgl. z. B. http://susanne-keck.de/60-blog/223-die-tyrannei-des-gluecks.

287 http://susanne-keck.de/blog/item/52-huerden-auf-dem-weg-zum-glueck.

288 Biswas Diener ist neben Martin Seligman und Barbara Fredrickson einer der führenden Positiven Psychologen in den USA und Direktor des Coaching-Instituts *Positive Acorn*. Biswas-Diener, R. & Diener, E. Social Indicators Research (2001) 55: 329, Biswas-Diener, R. & Diener, E. Soc Indic Res (2006) 76: 185. doi:10.1007/s11205-005-8671-9. – Vgl. http://link.springer.com/article/10.1007/s11205-005-8671-9, https://positiveacorn.com/.

Kleinigkeiten: Nach einigen Wochen werde sich die Lebenszufriedenheit spürbar erhöhen. Im Prinzip kein schlechter Rat, denn es stimmt ja: Wie oft neigen wir in unseren Überflussgesellschaften dazu, immer das haben wollen, was wir gerade nicht besitzen, statt uns an dem zu freuen, was wir haben. Dankbarkeit ist zweifellos ein vernachlässigter Wert, und so manche Unzufriedenheit kann da tatsächlich ihren Ursprung haben. Das »Copyright« für diese Erkenntnis liegt allerdings nicht bei den Positiven Psychologen, sondern bei den Religionen, die das Danken schon seit Jahrtausenden vermitteln. Wer katholisch oder evangelisch aufgewachsen ist, dem ist es vom Morgen- Abend- und Tischgebet oder vom Erntedankfest her wohlvertraut. Viele kennen auch noch das Kirchenlied »Danke, für diesen guten Morgen, danke für diesen guten Tag…« Soweit alles richtig und gut. Aber auch diese Tugend hat ihre Ambivalenz: Wenn man mit ihr zu einem sozial Ausgegrenzten ginge, einem Obdachlosen etwa, und ihn aufforderte, doch mal jeden Tag aufzuschreiben, wofür er danken könne – und wenn man sucht, wird sich auch da was finden, und sei es, dass er in der letzten Nacht nicht erfroren ist –, und anschließend zu ihm sagte: Sieh mal, wie gut dein Leben ist, du hast jeden Tag Grund, zu danken, also hör auf, rumzujammern, dein Schicksal zu beklagen und von sozialer Ungleichheit zu faseln – dann müsste man eindeutig von einem Missbrauch der Tugend der Dankbarkeit zu sprechen, die hier gezielt instrumentalisiert wird, um kritische Fragen nach menschenwürdiger Existenz, Teilhabe und Gerechtigkeit zu verdrängen. Es drängt sich leider der Eindruck auf, dass in der Positiven Psychologie und im Coaching Dankbarkeit oft in genau dieser missbräuchlichen Form propagiert wird. Plastisch illustrieren will ich das anhand einer »Erbauungsgeschichte«, auf die ich in einem Coaching-Blog stieß.[289] Fast jeder kennt die Geschichte vom Heiligen Martin von Tours, der an einem Bettler vorbeireitet und auf dessen Flehen »Helft mir, helft mir, mir ist so kalt« unter dem Spott der Umstehenden sein Schwert zieht, seinen Mantel teilt und die Hälfte dem Frierenden überwirft. In Nordfrankreich, Belgien und dem angrenzenden deutschen Niederrhein wird dieses Zeugnis der Menschlichkeit noch heute jeden November mit großen Laternenumzügen und Feuerwerken gefeiert. Für die katholische Soziallehre ist die Geschichte konstitutiv, Papst Franziskus schenkte sogar einmal Bundeskanzlerin Angela Merkel ein Bild des Heiligen Martin. In dem erwähnten Coaching-Blog findet sich eine auf den ersten Blick fast identische Erzählung aus dem fernöstlichen Raum: Auch dort reitet ein Mann mit einem kostbaren, sogar juwelenbestickten Mantel an einem armen Bettler vorbei. Im Gegensatz zur Martinslegende würdigt er diesen jedoch keines Blickes – und Arme bittet auch nicht wie in der Legende aus Tours um Hilfe. Stattdessen sagt er plötzlich

289 www.zeitzuleben.de/der-bettler-und-der-minister/.

laut und deutlich zu dem Reiter: Danke! Als dieser verwundert stehen bleibt, erklärt ihm der Bettler: Er wolle ihm für den Anblick der blitzenden Juwelen auf seinem Mantel danken, denn das sei jedes Mal ein so positives Erlebnis für ihn. Auch der Arme, so die offensichtliche Moral, kann also mit entsprechendem Bemühen das Positive in seiner Lage erkennen – und sei es die Dankbarkeit für das Anschauen-Dürfen der Insignien des Reichen. Polemisch-überspitzt auf die Gegenwart übertragen hieße dies: Auch der altersarme Flaschensammler in unseren Großstädten kann augenblicklich glücklich werden – er muss nur trainieren, dankbar zu sein für den Anblick an ihm vorbeirauschender eleganter Luxuslimousinen oder diamantener Uhren in den Auslagen von Juweliergeschäften. Die Positive Psychologie, der Verdacht drängt sich immer mehr auf, ist zuallererst eine Psychologie der Gesunden und Starken, der Mächtigen und Erfolgreichen, der Resilienten und Lebenstüchtigen.

## Positive Psychologie und Esoterik

Die absolute Verantwortlichkeit des Einzelnen für sein Glück und die sozialdarwinistischen Bilder vom Leben, die auch in Teilen der Positiven Psychologie aufscheinen, geben Anlass, auch hier die Frage nach dem Einfluss esoterischer Lehren zu stellen. Auf den ersten Blick scheint die Esoterik für die Positive Psychologie weniger relevant als für das NLP. Im Gegensatz zu diesem verfügen die meisten Positiven Psychologen über ein wissenschaftliches Hochschulstudium, haben vielfach zunächst im Bereich der klassischen Psychologie oder Pädagogik gearbeitet und sind dann irgendwann auf die neue Richtung »umgeschwenkt«. Offene Angebote für »Rückführungen«, »Geistiges Heilen« oder »Karma-Reading« wird man deshalb an Instituten für Positive Psychologie eher nicht finden. Bei genauer Betrachtung stellt sich die Sachlage allerdings differenzierter dar. Zum einen sind nicht wenige Positive Psychologen zugleich NLPler – und damit auch Vertreter einer Methodik, die sich erheblich aus esoterischem Gedankengut speist. Manche Positiven Psychologen zeigen überdies eine Affinität zur esoterischen Coachingmethode »The Work of Byron Katie«. Auch der zu beobachtende »Griff nach dem Ganzen« – ich gehe gleich darauf ein –, ein Gültigkeitsanspruch also für sämtliche Lebensbereiche, erinnert an esoterische Herangehensweisen. Daniela Blickhan, die 2016 bestätigte Vorsitzende des deutschsprachigen Dachverbandes für Positive Psychologie, publiziert Artikel im stark esoterisch inspirierten *Ja-Magazin*.[290]

290 http://positivepsychologie.eu/news/Was-Dankbarkeit-mit-Glueck-zu-tun-hat-Artikel-von-Daniela-Blickhan, http://www.ja.or.at/partner_14,57,0,0,0,de_a_1088_partner-/inntal-institut.html.

Die schon in der Aufmachung unseriös wirkende Zeitschrift will eigenen Angaben zufolge eine Einstellung fördern, die zu allem, was geschieht, immer erst einmal »ja« sagt. Zitat: »JA – bedeutet für uns: Einfach zuerst einmal ja zu sagen, die Dinge wachsen zu lassen.«[291] Vom Standpunkt eines aufgeklärt-demokratischen Bewusstseins eine fragwürdige Zielsetzung: Wenn wie derzeit unsere liberale Demokratie von Populisten angegriffen wird, das bald siebzigjährige Friedensprojekt eines vereinten Europa gefährdet scheint, ein unberechenbarer Spieler ins Weiße Haus einzieht, in der Türkei ein autoritäres Regime installiert wird, soziale Schieflagen den Zusammenhalt in Frage stellen, Verrohung um sich greift, immer öfter sogar Rettungskräfte attackiert werden und im Netz unbändiger Hass geschürt wird – dann einfach »Ja« sagen und »die Dinge wachsen lassen«? Noch fragwürdiger ist, dass im *Ja-Magazin* ausgewiesene Esoteriker wie *Robert Betz* mit Interviews und Artikeln positiv beworben werden.[292] Betz, Coach und Inhaber der umstrittenen »Robert Betz Transformations GmbH«[293] vermischt in der von ihm erfundenen »Transformationstherapie« in krudester Weise Reinkarnationsideen mit entstellten christlich-katholischen Elementen. Kern seiner Lehre, die immer wieder in Beschimpfungen der »normalen Menschen« abgleitet, sind der »Kampf gegen die Opferrolle«[294] sowie die Behauptung, dass jegliches Leid durch die Betroffenen selbst »erschaffen« sei:

> Es ist hausgemacht, auch wenn Millionen von Menschen bei dem Gedanken aufschreien, sie könnten ihren Krebs, ihr Rheuma, ihre Herzinfarkte, ihren Diabetes, ihre Depression oder ihre Multiple Sklerose selbst erschaffen haben. […] Er [der Normalmensch] will es nicht hören, weil nicht wahr sein kann, was nicht wahr sein darf. Und die klassische »Normalmedizin« und »Normalpsychologie« unterstützen ihn natürlich nach besten Kräften, denn ein normaler Mensch hat kein Interesse daran, selbständig zu denken.[295]

Über einen »Emanuel-Strahl« und das »Medium Andrea Schirnack« will Betz zudem regelmäßig »Botschaften aus der Geistigen Welt« erhalten, die er auf seiner Webseite postet. Eine Leseprobe:

> Danke, sehr tief geliebte Seelen, für dieses Inkarnieren, immer wieder für diese Hochburg der Transformationszeit, in der wir nun sind […] Wir haben Dank für

291 http://www.ja.or.at/.
292 Vgl. *Ja-Magazin* Nr. 8. http://www.ja.or.at/magazin_38,39,0,0,0,de_a_839_menschliches-/persoenliche-fragen-an-robert-betz.html, http://www.ja.or.at/magazin_38,39,0,0,0,de_a_838_menschliches-/das-geschenk-des-gluecklichen-menschen.html.
293 www.robert-betz.com.
294 Vgl. https://de.wikipedia.org/wiki/Robert_Betz, https://www.psiram.com/ge/index.php/Robert_Betz.
295 Robert Betz: Willst du normal sein oder glücklich? München 2011, S. 42.

> das Aufnehmen der Gesetzmäßigkeiten der Worte […] aus dem Emanuel-Strahl […] Wenn ich zum Frieden komme, dann heißt es […] Lieben dessen, […] was ich bisher nicht geliebt habe […] Egal, ob Sie geschlagen oder mißbraucht wurden, […] es waren Ihre Erfahrungen und diese müssen immer einen Sinn haben, denn es gibt nichts Sinnloses in diesem Universum.[296]

Die Sektenbeobachtungsstellen der Bundesländer sind sich einig, dass Betz' »Therapie« zu den besonders destruktiven Angeboten im Coaching- und Esoterikmarkt gehört. Es liegen reihenweise Berichte über entfremdete Partner, Depressionen und Traumatisierungen von Teilnehmern vor.[297] Nach Recherchen des NDR-Magazins *Panorama* gibt es Anhaltspunkte dafür, dass die »Transformationstherapie« bei labilen Personen sogar Psychosen auslösen kann.[298] Dass zweifelhafte und ganz und gar unwissenschaftliche Akteure wie Robert Betz im *Ja-Magazin* ein Forum zur Selbstdarstellung erhalten, scheint indes für den deutschsprachigen Dachverband Positive Psychologie kein Problem darzustellen: Der Verband tritt als Partner des Magazins auf.[299]

## Der Griff nach dem Ganzen

Was die Positive Psychologie von allen anderen wissenschaftlichen Disziplinen unterscheidet, ist ein in ihr aufscheinender universaler Geltungsanspruch – der »Griff nach dem Ganzen« sozusagen. Längst nimmt sie gesellschaftliche Bereiche auch jenseits des Arbeits- und Gesundheitsbereichs in den Fokus, so etwa die Kultur: Die im Dezember 2015 in Trier gegründete *Deutsche Gesellschaft für Positiv-Psychologische Forschung*, kurz *DGPPF*, will »positiv-psychologische Bezüge« in Architektur, Kunst, Literatur und Musik untersuchen.[300] Der Coach Nico Rose glaubt, dass es mit Hilfe der Positiven Psychologie eines Tages möglich wird, die Rezeption von Filmen unter das Vorzeichen der Charakterstärkung zu stellen und dann nach dieser Maßgabe »richtige« von »falschen« Filmen zu unterscheiden:

296 http://robert-betz.com/mediathek/robert-betz-in-den-medien/artikel-von-robert-betz/ohne-vergangenheit-bist-du-sofort-frei/.

297 Vgl. u. a. die Warnhinweise der Sekteninformationsstelle des Landes Nordrhein-Westfalen, z. B. Uta Bange: Robert Betz und die Transformationstherapie – eine esoterische Pseudotherapie im Fokus der Kritik. Als PDF unter http://sekten-info-nrw.de/index.php?option=com_content&task=view&id=220.

298 Vgl. die Sendung *Panorama* vom 31.3.2014. www.ndr.de/fernsehen/sendungen/panorama3/Betz-Seminar-loeste-Psychose-aus,riede101.html.

299 www.ja.or.at/partner_14,57,0,0,0,de_s_1_partner-/.

300 http://dgppf.de/.

Je mehr Menschen sich für das neue Feld begeistern, umso breiter wird [...] der Blickwinkel. So werden inzwischen Schnittmengen von Positiver Psychologie [...] auch zu Kunst, Musik und Film erkundet. Das Buch »Positive Psychology at the Movies« von Ryan Niemiec zum Beispiel widmet sich der Ausbildung von Charakterstärken durch das Anschauen der »richtigen« Filme. Es werden [...] Empfehlungen für den Filmkonsum gegeben. Das mag bizarr anmuten – doch muss es deshalb wirkungslos sein?[301]

Die amerikanische Psychologin *Barbara Frederickson* – von Martin Seligman das »Genie der Positiven Psychologie« genannt – nimmt schließlich das größte aller Gefühle ins Visier: Die Liebe. In ihrem Buch *Love 2.0* plädiert sie für eine komplette Neudefinition des Begriffs. »Vergessen Sie alles, woran Sie bisher geglaubt haben und machen sich bereit für ein radikales Upgrade: Liebe 2.0!«.[302] Frederickson erläutert zunächst die biochemischen Prozesse, die bei der emotionalen Verbindung zweier Menschen ablaufen: Bei Liebenden komme es zu einer Synchronisierung des Zustands von Nervenzellen im Gehirn. Dies sei aber kein Dauerzustand, sondern halte immer nur wenige Augenblicke an – weshalb Frederickson Liebe auch einen »Mikromoment« nennt. In Experimenten will sie nachgewiesen haben, dass solche »Mikromomente« einer neuronalen Synchronisation auch zwischen sich völlig fremden Menschen aufträten. Die Positive Psychologin folgert daraus, dass unsere tradierte Vorstellung von Liebe als einer tiefen und langfristig angelegten Verbundenheit zweier verwandter Seelen falsch sei. Hirnphysiologisch betrachtet sei Liebe eine Emotion, die im normalen Alltag jedes Menschen bis zu 50 mal pro Tag vorkomme. Mit dem bewussten Trainieren des eigenen Wahrnehmungsfokus auf diese alltäglichen »Mikromomente« könne jeder das Gefühl, geliebt zu sein, unabhängig vom Vorhandensein realer Beziehungen aus sich selbst heraus herstellen.

»Radikales Update«, »Vergessen Sie alles, was Sie bisher geglaubt haben« – Formulierungen wie diese machen deutlich: Der Positiven Psychologie geht es nicht um das Ergänzen von Vorhandenem durch neue Angebote und erweiterte Ansätze. Ihr geht es, provokativ formuliert, um das *Zerstören alles Bestehenden,* aller anderen Überzeugungen, Definitionen, Meinungen und Lebensentwürfe. Sie präsentiert sich in diesem Sinne als radikales Programm mit totalitärem Anspruch. Nicht zuletzt, weil sie *thematisch* auf der *Ebene von Religion und Philosophie* agiert, *methodisch* aber für sich die *Ebene von*

301 www.excellis-coaching.de/index.php?id=positive_psychologie, www.excellis coaching.de/uploads/media/Fokus_auf_Funktionierende.pdf.

302 Der Titel der deutschen Ausgabe lautet etwas milder: Barbara Frederickson: Die Macht der Liebe. Frankfurt / New York 2014. Vgl. auch www.campus.de/buecher-campus-verlag/leben/die_macht_der_liebe-8155.html und www.seligmaneurope.com/files/fredrickson_furche.pdf.

*Wissenschaft* reklamiert und damit eine Verbindlichkeit, die die Religion, ausgenommen ihre fundamentalistischen Derivate, seit der Aufklärung nicht mehr kennt. So wird denn auch fast wie in einem evangelikalen Bekehrungskonzept das Individuum vor die Entscheidung gestellt, über die es quasi selbst seine Erlösung oder seine Verdammnis generiert: Entweder dem »Evangelium« der Positiven Psychologie von der »Machbarkeit der guten Gefühle« zu glauben und die eigenen Einstellungen und Denkweisen entsprechend zu »programmieren« – und so Glück, Erfolg und ein gelingendes Leben zu ernten. Oder aber das »Angebot« zur »Umkehr«, zum »radikalen Update« zu verschmähen – und »selbstverantwortet« in der Hölle der Verzweiflung zu landen:

> Es ist ihr [Barbara Frederickson] gelungen, nachzuweisen, dass positive Gefühle bewusst herbeigeführt werden können und damit das Leben in eine »Aufwärtsspirale« gebracht werden kann. [...] Diese Erkenntnis ist von großer Tragweite. [... ]Wenn wir die »Macht der guten Gefühle« erleben wollen, müssen wir bereit sein, uns eine entsprechende Lebenshaltung zu erarbeiten. [...] Frederickson [...] zeigt uns die beiden Wege auf, vor denen wir stehen, den der Hoffnung und den der Verzweiflung. Es liegt an uns zu entscheiden, welchen Weg wir gehen.[303]

## Positive Psychologie und Digitalisierung: Freiheit in Gefahr

Insofern stimmt nicht ganz, was Willibald Ruch und andere Vertreter seines Fachs immer wieder beteuern: Dass man ja niemanden zu einer bestimmten Sichtweise zwinge – man liefere nur Wissen, ganz sachlich, ganz neutral. Zentrale Thesen der Positiven Psychologie aber – Optimisten steigerten die Gewinne für Unternehmen, brächten mehr Leistung, seien gesünder, Skeptiker dagegen lieferten schlechtere Arbeitsergebnisse, seien langsamer, häufiger krank und drückten die Stimmung – »einige wenige traurige oder einsame [...] Individuen [können] die Moral einer ganzen Einheit verderben«[304] – diese Thesen, kombiniert mit der Behauptung, dass optimistische Einstellungen von jedem jederzeit erlernt werden könnten wie ein Musikinstrument, wenn nur der Wille dazu da sei[305], schaffen in einer Gesellschaft, die maximale Leistung, unbegrenztes Wachstum und absolute Effizienz zu ihren obersten Leitwerten erhoben hat, automatisch ein Klima, in dem demjenigen, der nicht von Teilhabe ausgeschlossen werden will, am Ende gar keine andere Wahl mehr bleibt, als sich nach den Vorgaben der Positiven Psychologen zu »programmieren«.

303 Frederickson 2014a, S. 10–12.
304 Vgl. Seligman 2012, S. 146.
305 Kathrin Meier-Rust: Was zufrieden macht, in: *Neue Zürcher Zeitung* vom 24.01.2010.

Diese Eigendynamik ergänzt sich dabei perfekt mit der Eigendynamik der Digitalisierung: Seit einiger Zeit verbreiten sich die sogenannten *Wearables*, spezielle »Fitnessarmbänder«, die körperliche Parameter wie die Pulsfrequenz oder die Zahl der am Tag gelaufenen Schritte aufzeichnen und auf Wunsch »in Echtzeit« weitergeben können, z. B. an Krankenkassen oder Arbeitgeber. Jeder dritte Deutsche soll bereits eines besitzen. Aufsehen erregte die Ankündigung eines Versicherungskonzerns, Kunden, die damit regelmäßig Daten übermitteln, Prämienrabatte von bis zu 40 Prozent (!) zu gewähren: Eine Vergünstigung, die eine enorme Versuchung darstellt und einen massiven Anpassungsdruck erzeugen könnte. Dem »Verweigerer« kann künftig entgegengehalten werden, dass er sich »unsolidarisch« verhalte, wenn er nicht helfe, die Gesundheitskosten durch Selbstoptimierung zu senken. Von der Gefahr eines »Überwachungskapitalismus« sprach treffend der SPD-Politiker Christopher Lauer.[306]

Mit Coaching-Ideologien wie der Positiven Psychologie droht nun die Ausweitung dieses Überwachungsdrucks auf die mentale und emotionale Ebene. Die totale Ökonomisierung des Menschen dringt in seinen in Demokratien eigentlich durch Grundrechte geschützten Kern vor: Persönlichkeit, Weltanschauung und Lebensentwurf sind plötzlich nicht länger Privatsache, sondern werden zum Gegenstand knallharter Kosten-Nutzen-Bilanzen. Zur »Eigenverantwortung« des Einzelnen gehört es ab sofort, Gefühle, Werte, Überzeugungen und Gedanken »effektiv zu managen«, das heißt sich nur noch solche zu erlauben, die der Steigerung von Wettbewerbsfähigkeit und Produktivität dienen. In der Positiven Psychologie manifestiert sich deshalb vielleicht deutlicher als sonst irgendwo das Totalitäre des Besitzanspruchs des Ökonomischen auf das Menschliche – ein Besitzanspruch, der erstmals nicht mehr nur nach unserer Arbeitskraft, nach unserer Zeit und nach unserer körperlichen Leistung greift, sondern nach unserem Intimsten und Persönlichsten: Nach unserer Seele. Die erforderliche Technik jedenfalls steht nicht mehr nur in den Startlöchern. Sie ist bereits unterwegs: Analog zur Aufzeichnung unserer körperlichen Daten existieren die ersten Wearables zur Erfassung von Emotionen und Lebenseinstellungen. So gibt es Apps, die über das Smartphone anhand der Stimmfrequenzen beim Telefonieren den Gefühlszustand des Nutzers ermitteln.[307] Aus den Gesamtdaten aller geführten Telefonate errechnet dann ein Algorithmus die Lebenseinstellung, also ob wir es mit einer eher heiteren oder ernsten Persönlichkeit, mit einem Optimisten oder doch einem Skeptiker zu tun haben.

306 Christopher Lauer: Der Morgen des Überwachungskapitalismus, in: *Der Tagesspiegel* vom 22.1.2014, www.tagesspiegel.de/politik/diktatur-der-software-der-morgen-des-ueberwachungskapitalismus/11018878.html.

307 Vgl. die Sendung *Panorama* vom 23.4.2015. http://daserste.ndr.de/panorama/Der-ueberwachte-Mitarbeiter-macht-nicht-blau,gesundheitsapp104.html.

Mittlerweile existieren auch eigens entwickelte Geräte für das Emotions-Screening, zum Beispiel ein Ring, der über den Hautwiderstand rund um die Uhr, auch im Schlaf, die Gefühlslagen des Trägers aufzeichnet und auswertet.[308] Worum es dabei geht, macht der Kommentar von Unternehmen deutlich, die solche Emotions-Wearables bereits einsetzen: Sowas wirke sich »direkt aus« – und zwar »auf den Reingewinn des Geschäfts«. Durch die App-gesteuerte Erfassung von Gefühlen und Charakter könnten »Personalentscheidungen unterstützt« werden, außerdem motiviere das Wissen um die permanente Aufzeichnung des emotionalen Zustands den einzelnen Mitarbeiter, diesen ständig zu kontrollieren und »ein effektiver Kollege zu sein.«[309]

Die Positive Psychologie muss sich den Vorwurf gefallen lassen, mit ihren Postulaten zu dieser beunruhigenden Entwicklung beizutragen. Wie weit das Bestreben nach Lenkung unserer Gefühlswelt schon fortgeschritten ist, zeigt unter anderem die Diskussion um die jüngste Fassung des DSM. Das *Diagnostic and Statistical Manual of Mental Disorders* ist das von der American Psychiatric Association APA herausgegebene Diagnosemanual für psychische Störungen. Das Manual ist dabei keine rein amerikanische Angelegenheit – es wird weltweit von Ärzten und Kliniken genutzt, auch in Deutschland findet es neben dem ICD der WHO Anwendung. Im kürzlich verabschiedeten *DSM 5* nun wird die Frist für den Beginn pathologischer – also als krankhaft definierter – Trauer auf 14 Tage (!) nach dem die Trauer auslösenden Ereignis festgesetzt. Im DSM 4 waren es noch zwei Monate, im DSM 3 ein ganzes Jahr! Das bedeutet: Wer heute den schwersten denkbaren Verlust erleidet – nehmen wir an, Eltern verlieren ihr Kind – und nach zwei Wochen nicht wieder optimistisch in die Zukunft blickt, gilt bereits als »psychisch gestört«. In einem Gemeinwesen mit der Erwartungshaltung, dass jeder gefälligst seine Stimmungen »zu managen« habe, wird der, der zu lange trauert, als Störfaktor eingestuft.

> Das moderne Leben macht uns vor, alles im Griff haben zu können, wenn wir uns nur genug anstrengen [...] Da verwundert es nicht, dass gut jeder Vierte nach einem Trauerfall den Druck seines Umfeldes fühlt, möglichst rasch wieder seinen geregelten Alltag aufzunehmen. [...] Trauer stört.[310]

308 https://www.heise.de/tp/features/The-Quantified-Employee-Wearables-zur-Ueberwachung-von-Angestellten-3373608.html.

309 Ebd.

310 Andrea Freund: Nach zwei Wochen Trauer ist aber bitte Schluss!, in: *Frankfurter Allgemeine Zeitung* vom 25.11.2014, www.faz.net/aktuell/gesellschaft/menschen/trauerzeit-laut-dsm-5-nicht-laenger-als-zwei-wochen-13278887-p3.html.

Laut Untersuchungen ist bereits die Hälfte der Deutschen der Ansicht, dass Trauernde ein Problem für Wirtschaft und Gesellschaft darstellen.[311] So liegt der Verdacht nahe, dass nicht medizinische, sondern ökonomische Gründe für die drastische Begrenzung der »erlaubten« Trauerzeit ausschlaggebend waren. Eine nach maximalen Profiten strebende Effizienz-Ökonomie will sich Gefühle, die jahrhundertelang als normal und unbedingt zum Menschsein gehörend galten, nicht mehr leisten. Für eine ideologische Motivierung des DSM 5 spricht auch, dass renommierte Ärzte und Wissenschaftler bis zuletzt versucht haben, die Neuregelung zu verhindern, allen voran Allen Frances, Altmeister der amerikanischen Psychiatrie, der vom »traurigsten Erlebnis seiner Berufslaufbahn« sprach. Auch das National Insitute of Mental Health der USA und anerkannte Experten für Trauerarbeit wie die Schweizer Psychotherapeutin Verena Kast zeigten sich entsetzt.[312] Verhindern konnte der Protest die Neufassung des DSM nicht mehr. Inwieweit diese auch auf einen direkten Einfluss Positiver Psychologen zurückzuführen ist, muss freilich Spekulation bleiben. Immerhin fiel der Beginn der APA-Beratungen zum DSM 5 in jene Zeit, als der Begründer der Positiven Psychologie, Martin Seligman, APA- Präsident war.

Die Idee, das Gefühlsleben von Menschen zu erfassen und zu lenken, um es für übergeordnete politische oder ökonomische Zwecke verfügbar zu machen, ist allerdings an sich kein neues Phänomen. Um zu studieren, wie eine gesellschaftliche Zukunft unter dem Diktat eines Optimismuszwangs aussehen könnte, liefert gerade der Blick in die Vergangenheit, den Positive Psychologen und NLPler so sehr scheuen, wichtige Erkenntnisse. Und hier insbesondere der Blick auf unsere jüngste deutsche Vergangenheit mit ihrem vor einem Vierteljahrhundert verschwundenen Teilstaat DDR.

311 Ebd.

312 Ilona Kriesl: Neues Standardwerk der Psychiatrie DSM-5: Psychisch krank über Nacht, in: *Der Stern* vom 31.5.2013. www.stern.de/gesundheit/neues-standardwerk-der-psychiatrie-dsm-5-psychisch-krank-ueber-nacht-2018295.html.

# Positive Psychologie in der DDR

## Zur Korrelation von Programmatischem Optimismus, lenkender Pädagogik und Diktatur

Ein Blick auf die DDR-Geschichte als Beitrag zur Diskussion um die Positive Psychologie? Vertreter der jungen Disziplin werden mir den Vogel zeigen und jeden möglichen Zusammenhang schon mit dem Hinweis auf ihre Entstehungszeit – etwa um das Jahr 2000, als es den zweiten deutschen Nachkriegsstaat längst nicht mehr gab – zurückweisen. Andererseits betonen Positive Psychologen gern, dass ihr Ansatz schon viel älter sei als sein Erscheinen als neue psychologische Richtung – da werden gar Linien bis zur antiken aristotelischen Philosophie gezogen.[313] Warum sollte er dann nicht auch in der ehemaligen DDR vorhanden gewesen sein?

Kern des Konzepts der Positiven Psychologie – wir haben es im vorigen Kapitel gesehen – ist ein »trainierter« Optimismus, bei dem der Anwender systematisch üben soll, den Fokus seiner Wahrnehmung auf Funktionierendes zu lenken, um so eine optimistisch-positive Grundeinstellung auszubilden. Man könnte auch von einem *Programmatischen Optimismus* sprechen: In diesem Verständnis ist Optimismus keine individuell angeborene Eigenschaft und auch keine biographische Prägung – sondern ein für jeden unabhängig von äußeren Bedingungen *erlernbares mentales Programm*. Optimismus wird so zu einer *Frage des Willens*, das heißt der *persönlichen Entscheidung, Optimist sein zu wollen*. Damit werden zugleich auch die der optimistischen Haltung zugeschriebenen positiven Folgen – soziale Integration, Erfolg im Berufs- und Privatleben, hohe Leistungsfähigkeit, gute seelische und körperliche Verfassung – wie auch die zugeschriebenen angeblichen negativen Konsequenzen bei skeptischer Einstellung – Vereinsamung, Misserfolg, Arbeitslosigkeit, Krankheitsanfälligkeit – zu Angelegenheiten, die der Einzelne über seine »Entscheidung« für die »richtigen« Deutungsmuster selbst steuere und verantworte.

313 Vgl. z. B. Tomoff 2015, S. 3.

## Die »richtige« Persönlichkeit

Diese Idee einer dem Individuum abverlangten Ausrichtung der Persönlichkeit als »Eintrittskarte« zu sozialer, politischer oder materieller Teilhabe steht im Widerspruch zum Prinzip der offenen und freien Gesellschaft. Denn diese kennt als einzige notwendige Teilnahmebedingung die Akzeptanz ihrer nicht verhandelbaren demokratischen Grundwerte – nicht aber das Vorstellen eines bestimmten Charakters oder das Bekennten einer bestimmten Lebenseinstellung und Weltanschauung. Vielmehr bildet gerade die *Freiheit* von Glaubenssätzen und Überzeugungen und, daraus abgeleitet, die *freie* Entfaltung und Ausbildung von Charakter, Persönlichkeit und Grundhaltungen den mit Grundrechtsgarantien versehenen Wesenskern jedes demokratischen Verfassungsstaates. Nur totalitäre Gesellschaftsmodelle, die eine Lenkungshoheit auch über das Innerste des Menschen beanspruchen, über seine Seele und seine Art zu denken und zu fühlen, sind deshalb bisher mit der Forderung nach einer zu »entwickelnden Persönlichkeit« mit erwünschten zu kultivierenden Eigenschaften, Charakterzügen, Emotionen, Werten, Urteilen und Glaubenssätzen in Erscheinung getreten. Ein solch autoritäres Gesellschaftsmodell war unzweifelhaft die DDR. Und deshalb erscheint mir die Erinnerung an sie im Kontext der um sich greifenden neuen Gesellschaftsnorm eines »erlernten Optimismus« aufschlussreich und notwendig.

In der DDR hieß die geforderte charakterliche Norm »allseitig entwickelte« oder auch »sozialistische Persönlichkeit«. Sie wurde 1963 auf dem VI. Parteitag der SED als von jedem Bürger zu erbringende (Selbst-)Erziehungsleistung festgeschrieben, wobei auch der Begriff der *Programmierung* schon vorkam. Abgesehen vom parteiideologischen Überbau, also der Bejahung der marxistisch-leninistischen Theorie, des »Führungsanspruchs der Arbeiterklasse« und der »unverbrüchlichen Freundschaft zur Sowjetunion«, umfasste die zu »programmierende« Persönlichkeit zwei tragende Elemente: Eine *positive und optimistische Lebenseinstellung* und die Überzeugung, *dass über diese optimistische Ausrichtung der eigenen Haltung jeder sein Glück selbst kreiere.*

> Seit dem VI. Parteitag der SED 1963 galt die Vorgabe, den jungen DDR-Bürger zur »allseitig entwickelten Persönlichkeit« zu erziehen, [die sich] [...] durch vier wesentliche Merkmale auszeichnete [...]: Durch vielseitiges Wissen und Können, durch sozialistisches Bewusstsein, durch sozialistisches moralisches Verhalten sowie durch eine optimistische Lebensauffassung. [...] Zum sozialistischen Bewusstsein gehörte im Besonderen die Überzeugung, »*dass die Jugend ihres eigenen Glückes Schmied ist.*[314]

> Das Ziel des einheitlichen sozialistischen Bildungssystems ist [...] die Bildung und Erziehung allseitig und harmonisch entwickelter [...] Persönlichkeiten, die [...] ein erfülltes, glückliches [...] Leben führen. [...] Die Programmierung des Lehr- und Lernprozesses ist zielstrebig zu entwickeln.[315]

Man muss sich dabei vergegenwärtigen, dass die Führungen der realsozialistischen Länder beanspruchten, in Form des Marxismus-Leninismus und des Historischen Materialismus über – aus ihrer Sicht – *wissenschaftsfundierte und evidenzbasierte methodische Grundlagen* zu verfügen, wie ein glückliches und gelingendes Leben für den einzelnen herstellbar sei. Zu diesen Grundlagen gehörte nicht zuletzt die Herausbildung bestimmter *Charakterstärken und Tugenden*, die in der DDR in den *Zehn Geboten der sozialistischen Moral und Ethik* konkretisiert wurden. Dazu zählten unter anderem *stetiges Streben nach Steigerung der eigenen Leistung*, *ausgeprägte Arbeitsdisziplin*, *Charakterfestigkeit*, ein *sauberer Lebenswandel* sowie die *Liebe zum Vaterland*.[316] »Das [...] Erziehungsdenken zielte darauf ab, Wissen und Glauben, Denken und Handeln, Qualifikationen und Überzeugungen in Einklang zu bringen.«[317] Im DDR-Modell der Persönlichkeitsentwicklung war dieser Einklang indes weder eine Sache individueller Veranlagung noch äußerer Umstände. Er war vielmehr eine Frage *der Entscheidung des Einzelnen, sich eine entsprechende Haltung aneignen zu wollen*. Das Jugendgesetz der DDR von 1974 betonte denn auch die hohe Eigenverantwortung schon der Heranwachsenden für das Ausbilden eines »guten Charakters« im genannten Sinne: »Die Jugend trägt selbst hohe Verantwortung für ihre Entwicklung zu sozialistischen Persönlichkeiten.«[318] Wohl kein Text drückte diese dem Individuum zugewiesene absolute Verantwortlichkeit für sein Denken und Fühlen – positiv und der Zukunft zugewandt oder skeptisch und damit sich selbst von Teilhabe ausschließend – so zwingend und ultimativ aus wie das von Hartmut König komponierte berühmt-berüchtigte Propagandalied *Sag mir wo du stehst*:

> Sag mir, wo du stehst./ Und welchen Weg du gehst. / Zurück oder Vorwärts, du musst dich entschließen. / Wir bringen die Zeit nach vorn Stück um Stück [...] Wenn du im Kreis gehst, dann bleibst du zurück. / [...] dann fehlt deinem Leben der Sinn./ Sag mir, wo du stehst.[319]

314 Detjen 2013, S. 203 [Hervorhebung G. St.].
315 Bildungsgesetz der DDR von 1965. www.verfassungen.de/de/ddr/schulgesetz65.htm.
316 https://de.wikipedia.org/wiki/Zehn_Gebote_der_sozialistischen_Moral_und_Ethik – Vgl. auch https://bildungsserver.berlin-brandenburg.de/fileadmin/havemann/docs/.../9_M.pdf
317 Dudek 1999, S. 213.
318 Jugendgesetz der DDR von 1974. www.verfassungen.de/de/ddr/jugendgesetz74.htm.
319 http://lyrics.wikia.com/wiki/Oktoberklub:Sag_Mir,_Wo_Du_Stehst.

Der Anspruch an den Einzelnen, der Welt mit der »richtigen« – das hieß vor allem optimistischen – Perspektive zu begegnen, durchdrang dabei sämtliche Lebensäußerungen bis hin zur Kleidung, wie der Schriftsteller Reiner Kunze anhand eines skurrilen Dialogs zwischen einem Lehrer und einer Schülerin in seinem berühmten (und durchwegs auf tatsächlichen Begebenheiten beruhenden) Buch *Die Wunderbaren Jahre* erzählt:

> *Lehrer:* »Sie kommen immer in so schmutzigen Pullovern zur Schule.«
> *Schülerin:* »[...] Sie beleidigen meine Mutter.«
> *Lehrer:* »Ich meine [...] nicht, daß die Pullover nicht gewaschen sind. Aber Sie tragen so dunkle Farben.«
> *Schülerin:* »Ich bin blond.«
> *Lehrer*: »Ich wünsche, daß die Schüler meiner Klasse optimistische Farben tragen. Außerdem sehen Ihre langen Haare unordentlich aus.«
> *Schülerin:* »Ich kämme mich mehrmals am Tag.«
> *Lehrer:* »Aber der Mittelscheitel ist nicht gerade.«[320]

»Im pädagogischen Optimismus der DDR-Erzieher«, konstatiert Peter Dudek in seiner Untersuchung von Erziehungsmodellen des 20. Jahrhunderts, »drückte sich [...] die Überzeugung von der Planbarkeit erzieherischer Ergebnisse [...] aus. Margot Honecker faßte diese Überzeugung auf dem XI. Parteitag der SED 1987 in dem Satz zusammen: »›Was wir heute für unsere Kinder leisten, trägt morgen tausendfach Gewinn.‹«[321]

»Tausendfach Gewinn«: Die geforderten optimistischen Persönlichkeiten waren kein Selbstzweck. Vielmehr lag für die Partei- und Staatsführung in der Verknüpfung einer positiven Grundhaltung mit einer enthusiastischen Arbeitseinstellung – getreu dem Marx'schen Wort, dass *der Mensch erst durch die Arbeit zum Menschen werde* – die Voraussetzung zur Erreichung der ökonomischen Ziele, die Erich Honecker in seiner Rede zum X. Parteitag der SED 1981 so beschrieb: Steigerung von Produktivität und Effizienz, Maximierung von Gewinnen ohne zusätzliches Personal, Sicherstellung eines hohen und dauerhaften Wachstums trotz Veränderung der globalen wirtschaftlichen Bedingungen sowie deutliche und nachhaltige Kostensenkung.[322] Auch im Sozialismus der DDR folgte die Idee des Glücks also einer *ökonomischen Verzweckung*: Die Individuen sollten glücklich sein – aber nicht für sich selbst und nicht in einer von ihnen frei gewählten Weise, sondern nach einer mit wissenschaftlichem Anspruch vertretenen *Norm*, um maximal *produktiv,*

320 Menschenbild (I), in: KUNZE 1977.
321 DUDEK 1999, *S.* 213.
322 Vgl. Joachim Nawrocki: Zehn Punkte für die Zukunft, in: *Die Zeit* vom 17.4.1981, S. 11.

*effizient und verwertbar* zu sein. Sogar die Ferien dienten in dieser komplett durchökonomisierten Perspektive auf den Menschen der Leistungssteigerung: »Die sozialistische Gesellschaft ermöglicht der Jugend die erlebnisreiche und sinnvolle Gestaltung der Ferien [...] Anliegen der Jugend ist es, [...] ihre Leistungsfähigkeit zu erhöhen.«[323]

Dem Kampf gegen mentale Gefährdungen des zur Generierung von Leistung und Planerfüllung erforderlichen »Glücks« – etwa in Form skeptischer Lebenseinstellungen oder Haltungen des Zweifels – kam deshalb eine Schlüsselstellung bei der Sicherung von Produktivität und Wachstum in der DDR zu. Dies führte dazu, dass am Ende »selbst das Ministerium für Staatssicherheit zur pädagogischen Institution avancierte.«[324] Im *Wörterbuch der politisch-operativen Arbeit des Ministeriums für Staatssicherheit der Deutschen Demokratischen Republik*, einem Nachschlagewerk für hauptamtliche Stasimitarbeiter, beschäftigten sich denn auch gleich mehrere Abschnitte mit der Unterscheidung optimistischer und pessimistischer Persönlichkeiten:

> Einstellung, negative:
> Persönlichkeitseigenschaft, die eine [...] pessimistische [...] Beziehung zum gesellschaftlichen Fortschritt [...] ausdrückt. Da negative E. sich im Handeln zum Nachteil [...] auswirken können, sind sie [...] rechtzeitig zu erkennen [...] sowie durch geeignete Maßnahmen der --> Einstellungsbildung abzubauen.
>
> Einstellung, positive:
> Persönlichkeitseigenschaft, die eine [...] optimistische Beziehung zum gesellschaftlichen Fortschritt [...] ausdrückt. [...] Da positive E. sich motivierend auf das Handeln auswirken können, sind sie [...] zu nutzen bzw. zielstrebig zu entwickeln. [...]
>
> Einstellungsanalyse:
> Vorgehensweise zur Einschätzung der Einstellungen und Überzeugungen von Personen [...] Da Einstellungen und Überzeugungen nicht direkt erkennbar sind, müssen sie indirekt aus Handlungen, Äußerungen und Verhaltensweisen erschlossen werden. Das erfordert [...] methodisches Vorgehen [...] Die erkannten Einstellungen sind nach Inhalt, Ausprägungsart, Stabilität, Struktur und Handlungswirksamkeit sowie [...] den Möglichkeiten ihrer Veränderung [...] einzuschätzen.[325]

323 Jugendgesetz der DDR von 1974. http://www.verfassungen.de/de/ddr/jugendgesetz74.html.
324 Dudek 1999, S. 213.
325 Suckut 1996: Siegfried Suckut (Hg.): Das Wörterbuch der Staatssicherheit. Definitionen zur »politisch-operativen Arbeit«, Berlin 1996, S. 103/104.

Möglichkeiten ihrer Veränderung einschätzen«: Anders als in der Frühzeit der DDR, als auf unangepasstes Verhalten meist sofort mit Haft reagiert wurde, gab es seit der Unterzeichnung der Helsinki-Schlussakte 1975 auch »weichere« – heute würde man sagen: »smartere« – Reaktionsmuster, die für die Betroffenen aber oft nicht weniger traumatisch waren. Vor der Repression stand in den 1980er Jahren meist der Versuch, die »negativen« Einstellungen einer Person »positiv«, also hin zu einer optimistischeren Bewertung der DDR-Wirklichkeit, zu verändern. Das Wörterbuch der Staatssicherheit bot dazu die Option der »Einstellungsbildung« an, die nach »wissenschaftlichen Erkenntnissen« durchzuführen sei, unter anderem durch das Nach-Modellieren von Haltungen und Verhaltensweisen eines Vorbilds.

> Einstellungsbildung:
> Vorgehensweise zur [...] Veränderung von Einstellungen und Überzeugungen von Personen [...] Wissenschaftliche Erkenntnisse legen es nahe, folgende Grundregeln der [...] Einstellungsbildung anzuwenden: Vorbildwirkung (bewußter Lernvorgang, bei dem [...] Verhaltensweisen anderer Menschen übernommen werden), [...] Stellen einer Aufgabe, bei deren Realisierung mit gewisser Zwangsläufigkeit bestimmte Einstellungen entstehen [...], bewußte Bewertung des Verhaltens, um damit Motive, Einstellungen und Überzeugungen zu bekräftigen.[326]

Gerade Jugendliche suchte man oft in einer Art »kognitiver Intervention« mit dem Schuldirektor, dem FDJ-Sekretär oder einem geschulten Politoffizier davon zu überzeugen, dass ihre skeptische Sicht auf bestimmte Verhältnisse in der DDR nicht tatsächlichen Gegebenheiten, sondern ihrer eigenen Fokussierung auf Negatives geschuldet war – z.B. infolge des Konsums »miesmachender« Westmedien. Bisweilen waren solche Gespräche mit Angeboten kombiniert (Wunsch-Ausbildungsplatz, Wunsch-Wohnort, begehrtes Studienfach usw.) für den Fall, dass der Wille zum »Erlernen« einer optimistischen Grundeinstellung erkennbar wurde. Sogar bei prominenten Oppositionellen kam der Ansatz bisweilen zum Einsatz. So bot man den Intellektuellen Harald Hauswald und Lutz Rathenow Aufträge für den Fall an, dass sie ihr heute Kult-Status genießendes Buch *Leben in Ostberlin* zurückzögen und dessen melancholische Bilder durch fröhlichere ersetzten; sie lehnten dankend ab. In diesem Fall – wenn die Versuche zur »Einstellungsänderung« erfolglos blieben und die Betreffenden auf ihren Glaubenssätzen beharrten – kamen auch in der Spätzeit der DDR die anderen, repressiven Methoden zu Einsatz. Dann wurde aus der Person mit »negativer Haltung« die »feindlich-negative Person«, die es durch »operative

326 Ebd.

Vorgänge« daran zu hindern galt, mit ihrer skeptischen oder kritischen Sicht in die Gesellschaft zu wirken: Ausschluss von Abitur, Studium und guter Arbeit, öffentliche Diskreditierung und Diffamierung, Publikationsverbot, Behinderung und Unterbindung künstlerischen Schaffens, soziale Isolierung, Bespitzelung, psychische »Zersetzung«, Haft, Ausbürgerung, Abschiebung.

## Programmatischer Optimismus in der DDR

### Sprache und Literatur

Ein Programmatischer Optimismus muss sich zu seiner Aufrechterhaltung permanent mit positiven Erklärungsmustern »füttern« und gleichzeitig vor »ungesunder Kost« im Sinne skeptischer oder negativer Deutungsmuster »schützen« – er bedarf sozusagen einer »geistigen Hygiene«, die sich auf alle Lebensäußerungen bezieht, in denen Einstellungen, Denkmuster und Emotionen transportiert werden – das heißt insbesondere auf Sprache, Literatur, Kunst, Fotografie und Film. Auch dies lässt sich am Beispiel der DDR studieren.

Da wäre etwa der Umgang mit einem der bedeutendsten Autoren der Weltliteratur, mit *Franz Kafka*. Kafka, der der Heimatlosigkeit des Individuums in der Moderne so unnachahmliche Konturen verlieh, wurde in der jungen Bundesrepublik seit den 1950er Jahren schrittweise publiziert. Seine verstörenden Texte trafen einen Nerv der Zeit und waren aus dem literarischen Kanon Westdeutschlands und der freien Welt bald nicht mehr wegzudenken. Anders die Situation in den kommunistischen Diktaturen Osteuropas: Unter einer Geistesdoktrin, die nicht Zweifler und Erschöpfte, sondern Optimisten und Sieger sehen wollte, hatten Kafkas einzigartige literarische Bilder, die nicht selten mit der Aufgabe des Helden enden, keinen Platz. In der DDR war Kafkas Werk deshalb »unerwünscht« und wurde »mit enormem Aufwand an Personal und Ideologie [...] aus dem kulturellen Kanon verbannt.«[327] Die Literaturwissenschaftlerin Angelika Winnen zitiert eine Rede des damaligen Kulturministers Klaus Gysi 1968 in Weimar, der mit einer rhetorischen Frage eine selektierende Rezeption auch von Literatur verlangte: *Faust oder Gregor Samsa?* Damit wurde die Notwendigkeit einer »Entscheidung« auch für die Kunst postuliert, ein Mit- und Nebeneinander verschiedener Haltungen war nicht vorgesehen. Und das blieb so bis zum Fall des Eisernen Vorhangs, der Ausschluß Kafkas »erfuhr bis 1989 keine öffentliche Korrektur.«[328] Der Zwang zum »Sag'-mir-wo-du-stehst-und-welchen-Weg-du-gehst« auch in der Kultur ent-

327 Winnen 2006, S. 22.
328 Ebd.

stammte dem von der Sowjetunion übernommenen Konzept des »Sozialistischen Realismus«: Positive Bilder – also zuversichtliche Helden, Fortschrittsbejahung, Durchhaltevermögen, Blickrichtung nur nach vorn, gutes Ende, klare Sprache mit eindeutigen Begriffen und positiven Formulierungen – waren zu forcieren, »negative« Erzählstränge – gebrochene Helden, Fortschrittsskepsis, Kraftlosigkeit oder Schwäche, Blickrichtung auch zurück, Thematisierung von Melancholie oder Einsamkeit, traurige oder offene Enden sowie eine mit Ambivalenzen, Negationen, Zwischentönen und Mehrdeutigkeiten operierende Sprache – waren zu unterbinden. Diese ideologische Schere griff natürlich nicht nur für die Rezeption bestehender, sondern erst recht für die Schaffung neuer Werke. Unangenehm erfahren musste das *Günter Kunert*, als er 1962 in seinem – atemberaubend aktuellen – Gedicht *Interfragmentarium* Motive Franz Kafkas aufgriff, vor allem das der Erschöpfung des Individuums durch eine technisierte und ökonomisierte Realität, in der der Mensch schon morgens beim Aufwachen buchstäblich »fertig« ist und das ihm dennoch abgeforderte zuversichtliche Lächeln zur mechanischen Fratze, ja zum Aussatz wird:

> Aus seinem Bett erhebt sich ungestärkt / der Schläfer [...] Die Klingel gellt. Das Telefon. Die Wohnungstür. / Das Haustor. Die Hinrichtung. Die ganze Welt. / Sie bimmelt rasend schrillt und schreit / Und gellt – und stirbt / Lautlos mit einem Schlag. [...] In seinem Bette liegt schon / Sterbensmatt nach einem lebenslangen Tag / Der einen Tag aufs neue überlebt / Mit letzter Kraft und einem Lächeln das / In die Fratze eingefressen / Wie ekelhafter Aussatz ist und lauscht. Und / lauscht. [...][329]

Aus der Perspektive eines Programmatischen Optimismus aber durften solche Erfahrungen nicht ungefiltert ausgesprochen werden. Sie waren entweder ins Positive zu transformieren – was Kunert unterlassen hatte – oder aus dem Fokus der Wahrnehmung herauszuhalten, weil ihre »negative« Stimmung sonst hätte »anstecken« können. Und so forderte ein massiv verärgerter Kulturminister Alexander Abusch Kunert auf, »unverzüglich zurückzukehren aus den hoffnungslos grauen Gefilden von Kafka und Benn in die lebensstarke Welt des umfassenden Aufbaus.«[330] Um zu unterstreichen, dass die optimistische »Welt des umfassenden Aufbaus« die wahre sei und nicht die von Entfremdung geprägte eines Kafka oder Kunert, druckte die Literaturzeitschrift *Sinn und Form* – zu diesem Zeitpunkt schon nicht mehr vom großen Dichter Peter Huchel geleitet, der nach Konflikten um ihre Ausrichtung und Anwürfen, seine eigene Lyrik sei melancholisch und individualistisch, unter Hausarrest gestellt worden

329 Zitiert nach WINNEN 2006, S. 27.
330 Ebd.

war – das Gedicht *Leben und Sterben F.K's.* von Louis Fürnberg ab. Darin diffamiert Fürnberg Kafka als charakterschwachen Menschen, dessen »Angst und Müdigkeit nicht auf reale äußere Bedrohungen zurückgeführt werden, sondern [...] auf [Kafkas] eigene ›Seelenschwachheit‹«.[331] Mit anderen Worten: Kafka wie auch der auf ihn Bezug nehmende Kunert waren aus Sicht der DDR-Kulturpolitik selbst dafür verantwortlich, dass sie die Welt als Überforderung erlebten. Die Ursache für das Unglück ihrer literarischen Helden lag nicht in tatsächlichen Lebensbedingungen, sondern in ihrer »Seelenschwachheit«, also einem durch skeptische Denkmuster selbst erzeugten Gefühlszustand – und in ihrer »Entscheidung«, in dieser »Negativität« zu verharren, statt sie durch systematische Fokussierung der Wahrnehmung auf Positives zu wenden.

> Sozialisten gehen von der Überzeugung aus, daß die Literatur eine große Rolle für die Beschaffenheit des Bewußtseins der Menschen spielt. Sie sind der Überzeugung, daß dieses Bewußtsein verändert werden muß und daß dazu die Literatur einen großen Beitrag leisten kann. Sie bevorzugen daher eine Literatur, die [....] die Wirklichkeit nicht als ewige Entfremdung, sondern als potentiell entfremdbar, weil durch Menschen veränderbar bewerten läßt. [...] Sie müssen für eine Literatur sein, die nicht vieldeutig ist [...], sondern eindeutig.[332]

Dieses »Skeptizismusverbot«, so könnte man es nennen, war einer der Hauptgründe, weshalb so viele Künstler und Intellektuelle, auch solche, die die Idee einer sozialistischen Gesellschaft anfangs voller Elan mitgetragen hatten, sich dem ostdeutschen Teilstaat entfremdeten. Ein Dasein ohne Zweifel, im Dauerzustand positiver Eindeutigkeit und unter Ausschluss aller Zwischentöne, Differenzierungen und melancholischen Anwandlungen, ist mit einem intellektuellen Bewusstsein nun einmal schwer vereinbar. Selbst Christa Wolf, die bekanntlich bis zuletzt auf das Projekt DDR und seine Reformfähigkeit gehofft hatte, geriet ins Visier der »Lebenseinstellungs-« sprich Staatssicherheit, hatte doch auch sie sich spätestens seit ihrem Roman *Nachdenken über Christa T.* dem Programmatischen Optimismus entzogen: Ihre Stasiakte umfasst vierzig Bände.

Was es bedeuten konnte, Texte zu verfassen, die nicht die erwünschte Zuversicht artikulierten, musste auch der Liedermacher und Lyriker Salli Sallmann bitter erleben, als er 1977 »zur Klärung eines Sachverhaltes« von der Staatssicherheit abgeholt wurde. Auf seine Frage nach dem Haftgrund legte ihm ein Vernehmer eines seiner Gedichte vor: »Was wollten Sie mit folgenden

331 Ebd., S. 29.
332 Ebd.

Textzeilen zum Ausdruck bringen: ›An mancher Autobahn / standen sie, grauem Alltag zu entfliehen...?‹« Sallmann antwortete, er habe die wohl jedem Menschen bekannte Erfahrung ausdrücken wollen, dass sich Alltage mitunter grau anfühlen. Die Stasi schrieb ins Protokoll: »Der Beschuldigte gibt zu, dass er den Alltag in der Deutschen Demokratischen Republik als ›grau‹ darstellen und die sozialistische Wirklichkeit herabwürdigen wollte.«[333] Sallmann protestierte: Er habe nicht die DDR herabwürdigen, sondern einfach eine allgemeine menschliche Lebenserfahrung wiedergeben wollen. Der Vernehmer darauf: »Das ist doch die Herabwürdigung, den Alltag als grau zu bezeichnen!« Was sich heute anhört wie absurdes Theater, war in einem Staat, der den Anspruch erhob, auch die Lebenseinstellungen, Denkweisen, Stimmungen und Gefühle seiner Bürger zu »programmieren«, brutale Realität: Im Selbstverständnis der DDR konnte es keine grauen Alltage geben, am Abend hatte stets ein positiver Tagesrückblick zu stehen. Sallmanns Erfahrung illustriert das Gewaltsame einer solchen Gedankendiktatur, die sich den Menschen bis in seine innersten Grundhaltungen gefügig zu machen sucht, so plastisch und erschütternd, dass ich hier noch drei Zitate anfügen möchte:

> Umringt von Uniformen laufe ich [...] in einen winzigen Raum, in dem ich mich hinter einer Barriere ausziehen muss. Uhr, Geld, Brieftasche, Kamm, alles wird mir abgenommen. [...] Dann Vorhaut zurück. »Haben Sie Zahnprothesen?«[...] Eine Stahltür wird aufgeworfen [...] Zellentüren, nichts als Zellentüren. [...] »Stehen bleiben! Gesicht zur Wand!« [...] Hinter dem Schreibtisch sitzt ein dünner Mann mit dunkler, dickrandiger Brille. [...] »Sehen Sie, jetzt kommen wir uns endlich näher. Wir kennen uns nämlich schon lange. Sie uns natürlich nicht, aber wir Sie [...] Ich bin Oberleutnant des Ministeriums für Staatssicherheit.« [...] Ein blasser Typ [...] verliest mir [...] [den] Haftbefehl [...] wegen [...] Hetze in Form des [...] Verfassens von [...] Gedichten mit feindlich-negativem Inhalt.[334]

Eines dieser »feindlich-negativen« Gedichte hieß *Erfroren* – ein wunderbares, poetisch-melancholisches Winterbild, das wieder, wie Sallmann betont, gar nicht primär politisch gemeint war.

333 Vgl. Sallmann 2009, S. 152. – Das Buch gehört zusammen mit Reiner Kunzes *Wunderbaren Jahre* zu den besten literarischen Einblicken in die deprimierende DDR-Wirklichkeit und dokumentiert die geistige Enge der ostdeutschen Diktatur ohne die heute oft anzutreffende Romantisierung. – *Badetag* ist Teil der sogenannten »Verschwiegenen Bibliothek«, einer von Ines Geipel und Joachim Walther zusammengestellten Sammlung von Werken, die in der DDR nicht erscheinen durften. Vgl. auch www.stiftung-aufarbeitung.de

334 Ebd., S. 142–146.

*Erfroren*

Eisschwere Nacht
Das Mondtier hängt satt
zwischen Schornsteinen im Fenster.
Vom Eis ein Stück
steckt in meinem Herz.
Es trägt in den Traum mir
Gespenster [...]
Ein Rabe im Schlaf
die Wahrheit auskrächzt.
Da fällt er erfroren
zur Erde.

Aus einem Blickwinkel, für den das Affirmieren einer optimistischen Grundhaltung erste Bürgerpflicht und erst recht Pflicht jedes Kulturschaffenden war, wurden Sallmanns kurze lyrische Zeilen indes zu einem destruktiven Akt des »Stiftens von Negativität«:

> »Wie und wann ist es zur Niederschrift der Texte gekommen?« [...] Ich sage: »Bei *Erfroren* saß ich zu Hause, es war Winter, und ich blickte durch das Küchenfenster nach draußen ins Schneetreiben.« »Sie wollen zum Ausdruck bringen, dass der Grund für die Niederschrift von *Erfroren* in einer Stimmungslage liegt? [...] Um welche Gemütslage handelte es sich?« Ich sage »Naja, wahrscheinlich eher eine melancholische oder traurige Gemütslage« [...] »Welchen Personen haben Sie den Text zugängig gemacht [...]?« »Der Text ist nicht veröffentlicht worden [...].« Der Vernehmer nimmt seine dunkle Brille ab. »Wenn Sie einen Text aus der Hand geben [...], dann gilt das nach den Gesetzen der DDR als veröffentlicht. Ich wiederhole meine Frage: In welchem Maße erfolgte die Veröffentlichung des Textes *Erfroren*?« Ich antworte: »Ich gab den Text an einige Freunde weiter und ich bot ihn [...] Buchverlagen an.«[335]

Für die DDR-Organe hieß das: »Negative Darstellung der Wirklichkeit in der Deutschen Demokratischen Republik«. Sallmann wurde vor die Wahl gestellt: Langjährige Haftstrafe oder Abschiebung. Er wählte die Freiheit und ging nach Westberlin. Nach den Gummiparagraphen 106 (Staatsfeindliche Hetze) und 220 (öffentlicher Herabwürdigung der Verhältnisse in der DDR) – beides konnte bereits jede nicht optimistische Äußerung umfassen, selbst wenn sie

335 Ebd., S. 146–150.

sich auf private Erfahrungen bezog – wurden Tausende verfolgt. So auch eine 19-jährige Rostockerin, die 1988 in Flugblättern die Verhältnisse in der DDR in einer pessimistischen und zugleich höchst realistischen Weise beschrieben hatte: Junge Menschen würden durch das Abverlangen eines bestimmten Charakters in ihrer Entfaltung behindert, es existiere keine Meinungsfreiheit, weil z. B. bei den Demonstrationen zum 1. Mai nur optimistische Losungen auf die Transparente gemalt werden dürften, durch die fehlende Reisefreiheit fühle man sich zudem dauernd eingesperrt. Das Kreisgericht Rostock befand: »Das [...] Verhalten der Angeklagten ist Ausdruck einer negativ verfestigten Grundeinstellung [...] Der Anspruch einer Freiheitsstrafe in Höhe von einem Jahr und drei Monaten [...] [ist] die notwendige Maßnahme.«[336]

## Kunst, Fotografie und Film

Im Frühjahr 2014 lief im Deutschen Historischen Museum Unter den Linden in Berlin die spannende Fotoausstellung *Farbe für die Republik – Auftragsfotografie vom Leben in der DDR*.[337] Sie zeigte Arbeiten der Fotografen Martin Schmidt und Kurt Schwarzer, die in den 1960er Jahren für volkseigene Betriebe, LPGs und DDR-Massenorganisationen das Alltagsleben in der DDR dokumentierten – in der Produktion, in der Landwirtschaft, im Bildungswesen und in der Freizeit. Der Auftrag war mit einer klaren Erwartung verknüpft: Die Perspektive sollte optimistisch sein und eine dezidiert positive Sicht auf die Zukunft vermitteln. Zur Erreichung dieses Ziels wurden den Fotografen die damals modernsten und teuersten Möglichkeiten der Farbfotografie zur Verfügung gestellt. »Der Farbfotografie [kam] [...] eine besonders wichtige Aufgabe zu. Sie sollte [...] Aufbruchsstimmung und Optimismus verbreiten. Die Farbfotografie wurde so zum Ausdruck für Modernität im Sozialismus.«[338]

Zentral war dabei, dass die positive Stimmung nicht durch Schönfärberei transportiert werden sollte, sondern durch die aktive Steuerung des Bildfokus. Anders als frühe Propagandabilder enthielten die Aufnahmen keine Fälschungen oder Retuschierungen und zeigten auch keine arrangierten Kulissen. Alles, was

336 Urteil des Kreisgerichts Rostock-Stadt vom 29. Juni 1988. www.stasi-mediathek.de/medien/urteil-wegen-oeffentlicher-herabwuerdigung/blatt/35/.

337 Koch, Alexander (Hg.): Farbe für die Republik. Fotoreportagen aus dem Alltagsleben der DDR, hg. von der Stiftung Deutsches Historisches Museum, Berlin 2013. Mit einem Vorwort von Roland Jahn, Berlin 2013. Vgl. außerdem www.dhm.de/ausstellungen/archiv/2014/farbe-fuer-die-republik.html, www.dhm.de/de/ausstellungen/archiv/2014/farbe-fuer-die-republik/trailer.html.

338 Deutsches Historisches Museum: Ausstellung »Farbe für die Republik«, Pressemappe.

sich vor den Objektiven tummelte – nagelneue Maschinen, helle, freundliche Gebäude, Autos, die damals durchaus auf der Höhe der Zeit waren, volle Supermarktregale mit Konsumgütern – existierte wirklich. Und auch die in die Kameras lächelnden zuversichtlichen Gesichter dürften nicht immer gestellt gewesen sein: Die späten 1960er Jahre markieren in der DDR-Geschichte bekanntlich die kurze Phase einer – freilich mit der Brutalität des Mauerbaus erkauften – Konsolidierung, als das Land Anschluss an internationale Standards fand. In Berlin erinnern noch heute Zeugnisse wie die Architektur des Kinos International oder der längst zum geliebten Gesamtberliner Wahrzeichen avancierte Fernsehturm an diese Epoche. Der Optimismus der Bilder wurde dadurch getragen, dass die Farbkamera gezielt auf solche Dinge gerichtet wurde: Auf das, was funktionierte, was gelungen war, was sogar im Westen hinter vorgehaltener Hand Anerkennung fand. Mit dieser Fokussierung konnten die Bilder eine positive Gesamtbilanz des Lebens in der DDR ausweisen. Das allerdings schloss ein, dass die Wahrnehmung genauso gezielt *nicht* auf das gelenkt werden durfte, was nicht funktionierte und so das optimistische Bild hätte trüben können. »Martin Schmidts und Kurt Schwarzers Bilder zeigen moderne VEB mit zufriedenen Menschen. [...] Negative Aspekte der Arbeitswelt blendeten die Fotografien aus: defekte Maschinen, Materialmangel oder desolate Arbeitsplätze.«[339]

Der selektive Fokus kennzeichnete alle Themen, denen sich die Auftragsarbeiten widmeten – etwa die Stellung der Frau, die in den »programmatischen Bildern gut ausgebildet und berufstätig« ist, zugleich aber auch »aufmerksame Lebenspartnerin und liebevolle Mutter, gesellschaftlich aktiv, dabei gepflegt, attraktiv und verführerisch. [...] Schwierigkeiten [...] blieben ausgespart, [etwa die] Mehrfachbelastung durch Beruf, Familie und Haushalt«[340]

Die Bildreportagen setzten noch auf eine zweite Technik zur Erzeugung von Zuversicht, die wir im Rahmen der Positiven Psychologie beschrieben fanden: Das Umdeuten – im Coachingdeutsch »Reframen« – von Phänomenen, die man intuitiv eher negativ bewerten würde. So mussten in der DDR viele Menschen im Alter weiterarbeiten – keineswegs immer freiwillig, sondern oft, weil die Rente nicht zum Leben reichte. Ein erschreckend aktuelles Phänomen. Auf Schmidts und Schwarzers Bildern aber wird die Tatsache, dass vom Alter gezeichnete Menschen sich auch nach einem langen Arbeitsleben nicht zur Ruhe setzen können, zur Manifestation erfolgreicher sozialistischer Persönlichkeiten uminterpretiert: Im Sozialismus, so die Botschaft, bringt Arbeiten so viel Erfüllung – so viel »Flow«, wie es im heutigen Coachingdeutsch heißen würde –, dass die Menschen ganz von sich aus das Bedürfnis haben, auch im Alter immer

339 Ebd.
340 Ebd.

noch weiterzumachen: »Die Fotografien zeigen […] aktive Senioren als Beleg für den Erfolg des sozialistischen Gesellschaftsmodells. […] Anpassungsdruck, staatliche Kontrolle [und] Altersarmut kommen nicht vor.«[341]

Zur offiziellen Perspektive einer »farbigen Republik«, wie sie die DHM-Ausstellung plastisch in Erinnerung rief, bildete sich seit den 1970er Jahren eine Gegenbewegung: Junge Künstler und Intellektuelle wollten auch die weniger farbigen Seiten ihrer Republik ins Licht setzen, die der programmatisch-optimistische Blick aussparte. Und zwar mit demselben Mittel, dem der Fotografie. Einer der bedeutendsten Vertreter dieser unabhängigen ostdeutschen Fotokunst ist *Harald Hauswald*. Seit 1978 in Berlin, verband ihn bald eine Freundschaft mit dem Schriftsteller *Lutz Rathenow*, der ein Jahr zuvor von Jena gekommen war, wo ihn die Universität wegen »Verbreitens von Negativität« vom Studium ausgeschlossen hatte. In den 1980er Jahren entwickelten beide die Idee einer Bild-Text-Collage über das damalige Ostberlin.[342] Sie verschoben darin den Fokus weg von den Erfolgsmeldungen von Planerfüllung und Produktivitätssteigerung hin zu verfallenen Straßenzügen, Schlangen vor Geschäften, geschwärzten Fassaden, Mülltonnen vor verrottenden Hinterhäusern – und immer wieder Gesichtern: Illusionslose Gesichter, müde Gesichter, zerfurchte Gesichter, skeptische Gesichter. Gesichter die keinen Glauben mehr an die ihnen prophezeite enthusiastische Zukunft aufbringen konnten – und denen Hauswald und Rathenow gerade deshalb, weil sie vor ihrer Kamera ihre Gedanken nicht lenken und sich für keine erwünschten Gefühle »entscheiden« müssen, ihre Würde und Menschlichkeit zurückgeben. Sogar die Kinder blicken zweifelnd, fast schon erwachsen ernst – aber dabei stets ungestellt und natürlich. Und ja, auch Szenen voller Lebensfreude sind dabei – aber einer Lebensfreude, die sich individuell und jenseits der verordneten Pfade von Arbeit, Ordnung, Fortschritt und Effizienz entfaltet: Bei Untergrundkonzerten auf melancholischen Hinterhöfen; beim kleinen Glück eines Tanzes im Prater; beim zweckfreien Nichtstun auf der Straße; beim Anblick eines Liebespaars im Schatten des Doms. Jenseits von alledem: Die gekünstelten, fahnenbewehrten Übungen plakativer Zuversicht, hinter denen die Leere erahnbar wird. Die Bilder zeigen »eine Realität, die weder vorgesehen war, noch akzeptiert wurde. Hauswalds fotografisches Werk zertrümmerte die […] SED-Propagandabilder wortlos, aber bildmächtig.«[343] Zu Recht gilt das Buch heute als Klassiker, der in keiner gut sortierten Berlin-Buchhandlung fehlt. Dass es Hauswald und Rathenow gelang, Manuskript und Fotovorlagen in den Westen zu schmuggeln und zur 750-Jahrfeier Berlins 1987 im Münchener Piperverlag tatsächlich an die Öffentlichkeit zu bringen, war indes

341 Ebd.
342 Rathenow / Hauswald 2005, S. 18 (Vorwort von Ilko-Sascha Kowalczuk).
343 Ebd., S. 25–28.

aus Sicht derjenigen, die den Optimismus der Ostdeutschen zu bewachen hatten, der größte anzunehmende Unfall. SED-Kulturideologe Kurt Hager forderte in mehreren Telefonaten von Stasichef Mielke persönlich Aufklärung, wie sowas passieren konnte. Da das Buch aber nun in der freien Welt war, von wo aus es trotz aller Kontrollen Wege wieder zurück in die DDR fand, musste sich die SED-Führung eine andere Strategie der Abwehr überlegen. Sie wählte dazu ein Mittel, das im Vokabular der Positiven Psychologie »Disputieren« genannt wird: Die Bilder und Texte in *Leben in Ostberlin* wurden als subjektive Realitätsverzerrungen »negativer« Einzelindividuen, die aus Missgunst und Rechthaberei den anderen die Stimmung vermiesen wollten, »externalisiert«. Aufgrund eigener Charakterschwäche hätten die Autoren nur das Negative gesehen, die dargestellten Szenen aus dem Berliner Alltag spiegelten daher nicht die Wirklichkeit, sondern eine der selbst verantworteten pessimistischen Grundstimmung der Autoren geschuldete »Fiktion«. Das Buch suggeriere, so ein von der Stasi bestelltes »Gutachten« »Gefühlsarmut, Vereinsamung, Hoffnungslosigkeit, Tristheit [...] Die DDR-Hauptstadt [...] [wird] so dargestellt [...] wie sie nicht ist, aber nach dem Willen verständigungsfeindlicher Kreise gesehen werden soll«[344]

Die Strategie, Kritik an Zuständen als Ausdruck persönlicher Defizite der angeblich moralisch dekadenten Kritiker abzuwehren, bestimmte auch den Umgang mit dem Film im ostdeutschen Teilstaat. Allgemein bekannt sind die Verbote von DEFA-Produktionen wie *Die Spur der Steine* mit Manfred Krug oder die Diffamierungskampagne gegen den Streifen *Die Legende von Paul und Paula*. Ich lenke den Blick hier auf zwei weniger bekannte Produktionen, die thematisch aber eine aus heutiger Sicht verblüffende Aktualität besitzen. Bei der ersten handelt es sich um das bemerkenswerte Fernsehspiel *Geschlossene Gesellschaft* von 1978, das anhand einer kriselnden Ehe – mit Jutta Hoffmann und Arnim Mueller-Stahl in den Hauptrollen – gesellschaftliche und ökonomische Veränderungsprozesse thematisiert: Eine nur noch auf Aufstieg, Leistung und Effizienz gerichtete Lebens- und Arbeitsauffassung kommt da ebenso zum Vorschein wie ein gnadenloser Verdrängungswettbewerb, in dem die Jungen oder sich erfolgreich jung Trimmenden Sieger sind, während Ältere, Schwächere und Langsamere an den Rand gedrückt werden. Sätze des Mannes wie »Ich spüre mein Alter und versuche verzweifelt, mit dem Arsch an die Wand zu kommen. Denn hinter mir drängeln und schieben die Jungen mit ihrem ungetrübten oder geheuchelten Optimismus. Ihre Karrieregeilheit macht mich fassungslos.«[345] oder sein Beklagen des allgegenwärtigen »Rennen[s]

344 Ebd., S. 21.

345 Vgl. Vom Halse geschafft. Die SED verschärft die Kulturzensur, in: *Der Spiegel* 52/1978 vom 25.12.1978. www.spiegel.de/spiegel/print/d-40348456.html. – Der nach wie vor sehenswerte Film »Geschlossene Gesellschaft« ist heute in der Reihe *DDR-TV-Archiv* als DVD erhältlich.

nach den maximalsten Resultaten«, lassen auch heute sofort aufhorchen. Seine Frau übernimmt derweil den Part der Wachstums- und Resilienzgläubigen: Sie zeigt kein Verständnis für die Grenzen ihres Mannes, sondern hält ihm »Bequemlichkeit« vor – im heutigen Coachingdeutsch würde man »Verharren in der Komfortzone« sagen. »Ein Kammerspiel ohne billige Lösungen, ohne den staatlich verordneten Fortschritts-Frohsinn lief da über den Ost-Schirm«, urteilte anerkennend der *Spiegel*. Dass es dort laufen konnte, war allerdings aus Sicht der programmatischen Optimisten in der Staatsführung ein schrecklicher Irrtum. Zum Sendetermin am Mittwoch, den 29. November 1978 um 21 Uhr 30 wurde zunächst die vorherige Unterhaltungssendung spontan verlängert: Ein Tanzorchester spielte beschwingt-optimistische Zugaben. Dann gab es eine außerplanmäßige Programmänderung: Eine Doku über Nicaragua wurde eingeschoben, sogar Westproduktion aus den Niederlanden, um die Bürgerinnen und Bürger mit Bildern über ein Land zu erbauen, das sie nie bereisen durften. Dann aber, mittlerweile war fast Mitternacht, nahm das pessimistische Unheil seinen Lauf: Die »Geschlossene Gesellschaft« erschien doch noch in den Bildröhren zwischen Elbe und Oder – die aber um diese Zeit großenteils schon abgeschaltet gewesen sein dürften. Inmitten der Woche musste die werktätige Bevölkerung hart arbeiten und lag deshalb schon im Bettchen, so das Kalkül der Optimismus-Manager. So blieb sie davor bewahrt, einen »falschen« Film zu konsumieren, der sie durch den subjektiven Fokus auf Probleme charakterlich hätte schwächen können. Die SED-Führung kochte trotzdem. Nach ihrer Ansicht war selbst das Laufen des Films zur Geisterstunde ein unverantwortliches Risiko für die Persönlichkeitsbildung im Lande gewesen. Mit »unserem Leben«, so Zentralkomitee-Mitglied Horst Heintze, hätten derartige Filme nichts zu tun: »Wir wünschen, […] daß solche Filme nicht gezeigt werden.« Um das für die Zukunft sicherzustellen, wurde der Programmdirektor des Deutschen Fernsehfunks, Hans Bentzien, gefeuert. Schon zum zweiten Mal: In den 1960er Jahren hatte er bereits den Posten des Kulturministers räumen müssen, weil er nicht hart genug gegen »Tendenzen von Negativität in der Kunst« vorgegangen war…[346]

Sechs Jahre nach der »Geschlossenen Gesellschaft« wurde in der DDR der Film *Erscheinen ist Pflicht* von *Helmut Dziuba* vorgestellt. Hauptfigur ist die von Vivian Hanjohr gespielte Elisabeth, Tochter eines erfolgreichen Parteifunktionärs. Sie wächst in einem harmonischen Umfeld auf. Materiell geht es der Familie gut, man genießt gesellschaftliche Anerkennung, die Eltern umsorgen ihr Kind liebevoll. So erlebt Elisabeth die Welt als freundlich und zugewandt und blickt positiv sowohl auf ihr Land als auch auf ihre eigene Zukunft. Da wird sie mit der stärksten Infragestellung konfrontiert, die das Leben kennt: Dem Tod

346 Ebd.

(des Vaters). Als sie merkt, dass sie den Gefühlen, die diese Konfrontation auslöst, mit ihrer jugendlichen Zuversicht nicht beikommen kann, wendet sie sich an ihren älteren Bruder, der eine kritische Einstellung zur Karriere des Vaters und zur DDR-Wirklichkeit hat. Die Begegnung führt dazu, dass auch Elisabeth anfängt, ihren bisher auf eine optimistische Wahrnehmung trainierten Fokus zu differenzieren: Aus dem unbeschwerten Mädchen wird eine wache junge Frau, deren »mentale Membran« jetzt auch skeptische Gedanken, zwiespältige Gefühle und pessimistische Befunde zulässt. Ein »glaubwürdiges Jugendportrait« lobte das Hamburger Filmfest 2014, das den Streifen, in dem auch Peter Sodann mitwirkt, aus Anlass des 25. Jahres des Mauerfalls wieder aufführte. Aber gerade wegen der sich jedem programmatischen Optimismus entziehenden Glaubwürdigkeit war das Werk ein Dorn im Auge der DDR-Offiziellen. Sie diffamierten es als »resignative Melancholie«, verbannten es aus den Kinos und verhinderten seine Ausstrahlung im Fernsehen. Nur ganz knapp entging das kleine DEFA-Stück 1984 einem Totalverbot.[347]

## Eigenverantwortung in freien und unfreien Gesellschaften

Der Versuch der DDR-Führung, mit der gezielten Ausrichtung des Wahrnehmungsfokus auf Positives und Funktionierendes die Emotionen, Denkweisen und Lebenseinstellungen der Bevölkerung aktiv zu steuern, führte, das rufen die zitierten Beispiele eindrucksvoll in Erinnerung, zwangsläufig zur Zensur insbesondere von Kunst und Kultur. Man riecht förmlich die geistige Armut in den Köpfen, wenn man die lächerlichen Stellungnahmen der Optimismuswächter von Partei und Staatssicherheit liest, die alles ausgrenzen wollten, was sich nicht zur Generierung der erwünschten Stimmungen verwerten ließ – und in ihrer Dummheit nicht bemerkten, dass sie damit das Leben selbst ausgrenzten und auch dadurch die Zukunftsfähigkeit jenes Staates verspielten, dem sie eigentlich dienen wollten. Darüber hinaus liefert der Blick auf die DDR ein plastisches Zeugnis für den engen Zusammenhang zwischen Diktatur und der Ideologie einer absoluten Verantwortlichkeit des Einzelnen, die mit programmatisch-optimistischen Konzepten einhergeht. Denn im Selbstverständnis freiheitlich-demokratischer Gesellschaften – das haben heute viele vergessen – *ist die Eigenverantwortung des Einzelnen für seinen Zustand und das Gelingen seines Lebens immer begrenzt*. Erstens, weil Demokratien Glück und ein gutes Leben als zwingend an äußere Bedingungen gebunden betrachten, nämlich an die

347 Vgl. https://de.wikipedia.org/wiki/Erscheinen_Pflicht. Auch dieser besondere Film kann heute als DVD erworben werden. Weiteres Material und Filmographie unter www.filmernst.de/media/files/Materialien/Erscheinen%20Pflicht.pdf.

Gewährung von Menschenrechten, Rechtsstaatlichkeit, diskriminierungsfreien Entfaltungsmöglichkeiten sowie einer materiellen und sozialen Mindestbasis. Anders ausgedrückt: Im Verständnis freiheitlicher Ordnungen bedarf Glück, um entstehen und sich entfalten zu können, eines Unterpfands. *Einigkeit und Recht und Freiheit sind des Glückes Unterpfand,* so formuliert es treffend unsere Nationalhymne. Da die Sicherstellung dieses Unterpfandes aber außerhalb der Möglichkeiten eines Einzelnen liegt, muss sie gemeinschaftlich organisiert werden: Darauf gründet sich die Legitimation des demokratischen und sozialen Verfassungsstaates, wie ihn das Grundgesetz definiert. Zweitens, das ist fast noch wichtiger, ist der *konstitutive Kern* demokratischer Ordnungen ja *gerade die Freiheit von Glauben, Gewissen, Persönlichkeit und Weltanschauung*, aus der sich die meisten anderen Grundrechte sowohl entwicklungsgeschichtlich als auch inhaltlich ableiten. Heiner Bielefeld, Inhaber des Lehrstuhls für Menschenrechtspolitik an der Friedrich-Alexander-Universität Erlangen, erinnert daran, dass die Glaubens- und Weltanschauungsfreiheit nach übereinstimmender Auffassung von Verfassungsrechtlern sehr weit greift und ausdrücklich auch nichtreligiöse Überzeugungen – also zum Beispiel Lebenseinstellungen und »beliefs« – einschließt und schützt:

> Ansatz für eine Bestimmung des Gegenstandsbereiches der Religionsfreiheit ist [...] zuvorderst das Selbstverständnis der jeweils betroffenen Menschen [...] Genau in diesem Sinne plädiert der [...] UN-Menschenrechtsausschuss [...] für ein offenes und weites Verständnis von Religions- und Weltanschauungsfreiheit, wobei der Begriff »belief« [...] dafür steht, dass auch nicht-religiöse Grundüberzeugungen in den Schutzbereich dieses Menschenrechts gehören. [...] Menschenrechtliche Gleichheit meint niemals mechanische Gleichbehandlung, sondern gründet in der gleichen Achtung der Grundüberzeugungen aller Menschen in ihrer Vielfalt.[348]

Das bedeutet: Eine »Eigenverantwortung«, seine Glaubenssätze oder Grundhaltungen erst nach einem bestimmten Maßstab – z.B. dem ökonomischer Wettbewerbsfähigkeit – ausrichten oder erst einen bestimmten »Charaktertypus« – z.B. den einer »unternehmerischen« oder »optimistischen« Persönlichkeit» – entwickeln zu müssen, um ein Recht auf politische, soziale, materielle und kulturelle Teilhabe zu haben, ist mit dem grundrechtlichen Fundament freiheitlich-demokratischer Ordnungen grundsätzlich unvereinbar. Aus menschenrechtlicher Sicht resultiert der Teilhabeanspruch des Einzelnen vielmehr bedingungslos aus seiner Menschenwürde, das heißt *er existiert gerade unabhängig* von seinen Haltungen, Überzeugungen, »beliefs« und Charaktereigenschaften.

348 Bielefeld 2012, S. 11. u. 41.

Ganz anders in totalitären Ordnungen, die die Menschenrechte verleugnen und behaupten, dass es nur eine – meist angeblich »evidenzbasierte« – Wahrheit gebe: Im Verständnis solcher Ordnungen *ist die Eigenverantwortung des Einzelnen für seinen Zustand und das Gelingen seines Lebens praktisch unbegrenzt.* Weil er es ja über seine »Entscheidung« für die »richtigen Einstellungen« und die entsprechende »Programmierung« seiner »beliefs« selbst in der Hand halte, sein Glück – oder eben sein Unglück – zu generieren. In der DDR bedeutete das z.B. konkret, dass im Verständnis der SED Menschen, die sich durch die Mauer eingeengt und unterdrückt fühlten, für dieses Gefühl selbst die volle Verantwortung trugen. Sie »erschufen« ihr Unglück sozusagen durch ihre »negativen Glaubenssätze« über die Mauer wie »Die Mauer verbaut Lebenschancen« oder »Die Mauer trennt Menschen voneinander«. Folglich waren sie es auch selbst, die ihren Zustand durch eine positive Veränderung dieser Glaubenssätze – hin zu Sichtweisen wie »Die Mauer sichert den Frieden in Europa«, »Die Mauer schützt die DDR vor dem Eindringen von Faschisten«, »Die Mauer ermöglicht den planmäßigen Aufbau des Sozialismus« – sofort und jederzeit selbst beenden konnten. Wie zur Illustration passt dazu das Erlebnis einer Studentin, das im Begleit- und Materialheft zum Roman *Weggesperrt* der Schriftstellerin Grit Poppe dokumentiert ist.[349] Die Studentin hatte auf ihren Studienordner das Rousseau-Wort *Der Mensch ist frei geboren und liegt doch überall in Ketten* geschrieben. Es folgte die Vorladung vor die Universitäts- und Parteileitung, die Exmatrikulation stand im Raum. Die junge Frau wurde aufgefordert, schriftlich darzulegen, was sie sich bei dem Zitat gedacht habe. Nächtelang suchte sie nach einer systemkonformen Erklärung, die ihr Studium rettete. Schließlich schrieb sie, im Nachhinein sei ihr die Unsinnigkeit Rousseaus klar geworden: Denn für seinen Gefühlszustand sei jeder über seine Denkweisen allein verantwortlich; wenn ein Mensch sich unfrei und in Ketten fühle, könne das daher immer nur an ihm selbst liegen. Nach dieser »Einsicht« durfte sie das Studium fortsetzen…

349 Cornelia Zenner / Günther Gutknecht / Günter Krapp (Hg.): Schülerheft zu Grit Poppes Roman »Weggesperrt«, Berkheim o.J., S. 45. – Grit Poppe, Tochter des DDR-Bürgerrechtlers Gerd Poppe, wurde vom Abitur ausgeschlossen und war 1989 Mitbegründerin der Oppositionsgruppe »Demokratie jetzt!« Für ihre Jugendromane »Weggesperrt« und »Abgehauen«, die das dunkle Thema der DDR-Jugendwerkhöfe thematisieren, erhielt sie 2010 den Gustav-Heinemann-Friedenspreis. Poppe 2009 sowie Grit Poppe: Abgehauen, Hamburg 2012.

## Linien in die Gegenwart

Nach dem Fall der Mauer und dem Ende der DDR gab es einen großen Konsens, dass wir nie mehr zulassen wollen, dass Menschen in Deutschland gezwungen sind, erst eine bestimmte Persönlichkeits- oder Charakternorm zu erfüllen, um an der Gesellschaft teilzuhaben. Wir waren uns einig, dass wir nie mehr wollten, dass Menschen ihre Lebenseinstellungen oder Gefühle nach Vorgaben »programmieren« müssen, um nicht ausgeschlossen zu werden. Gewiss, Einzeltendenzen, bestimmte Denkweisen zu forcieren, gab und gibt es auch in freien Gesellschaften. Übrigens auch in umgekehrter Richtung: Als Pendant zum Programmatischen Optimismus existiert natürlich auch so etwas wie ein »Programmatischer Pessimismus«. Ihm ist – von der gleichen Borniertheit und Enge geprägt – jede Schönheit, Leichtigkeit, Lebensfreude, Unterhaltung und Zerstreuung sofort verdächtig. Programmatischer Pessimismus kam z. B. in Teilen der bundesrepublikanischen Kulturszene vor, er reichte von Adornos – allerdings stets missverstandenem – Verdikt, dass man nach Auschwitz kein Gedicht mehr schreiben dürfe bis zur inzwischen überwundenen ideologisch-reflexartigen Abwehr des Rekonstruktionsgedankens bei der Wiedergewinnung Identifikation stiftender Stadtbilder.

Im Zuge der totalen ökonomischen Mobilmachung ist es heute aber primär der Zwang zu »verwertbaren« positiven Emotionen, der die innere Freiheit westlicher Gesellschaft bedroht. Nicht zuletzt, weil er mit drei weiteren Entwicklungen zusammenfällt: Mit der im letzten Kapitel gezeigten Möglichkeit, Denk- und Emotionsmuster von Personen datentechnisch zu erfassen. Mit einer jungen Generation, die auf diese Erfassung weitgehend gleichgültig reagiert. Und mit einer mutwilligen Zerstörung der sozialen Sicherungssysteme, in deren Folge Optimierungsverweigerung tatsächlich in totalen Ausschluss münden kann. Insofern halte ich den vielleicht etwas provozierenden Vergleich des Gebarens des trainierten Optimismus der Positiven Psychologie mit dem Gebaren des programmatischen Optimismus der DDR-Diktatur für legitim. Natürlich, niemand muss heute fürchten, wegen melancholischer Gedichte zur »Klärung eines Sachverhaltes« abgeholt oder aufgrund des Gutachtens eines Positiven Psychologen zur »Umerziehung« in ein »Optimismuscamp« eingewiesen zu werden. Aber die heutige Zeit kennt, um einen Titel des Soziologen Harald Welzer aufzugreifen, »smartere« Formen des Anpassungsdrucks.[350] Wenn der Arbeitsuchende mit den »falschen« Denkweisen keinen Job mehr fände; wenn der Angestellte, der ein Coaching zum Programmieren einer »effizienten Ein-

350 Welzer 2016.

stellung« ablehnt, entlassen würde; wenn dem Arbeitslosen, der die Optimierung seines »Selbstmarketings« durch Erlernen der »richtigen beliefs« verweigert, der Unterhalt gestrichen würde; wenn der Nachdenkliche oder Kranke keine Freunde mehr fände; wenn der Traurige oder Stille zu keinem Fest mehr eingeladen würde; wenn der Wissenschaftler, der eine Studie mit mutmaßlich pessimistischem Befund erstellen will, keine Fördermittel mehr erhielte; wenn der Lyriker, der traurige Gedichte schreibt, keinen Verlag mehr fände; wenn der Regisseur, der einen aufrüttelnden Film dreht, ohne Verleiher bliebe; wenn der Maler, der verstörende Wirklichkeiten aufs Papier bannt, von keiner Galerie mehr gezeigt würde: Weil überall, in den Personalabteilungen von Firmen, in den Büros der Jobcenter, in Freundeskreisen und Netzwerken, in Stiftungen und Verlagen, bei Filmförderern und Ausstellungskuratorien, nur noch begeisterte Anhänger der Positiven Psychologie säßen, die ihre vornehmste Aufgabe darin sähen, optimistische Haltungen nach Kräften zu fördern, »Negatives« wie Zweifel und Skepsis aber aus dem öffentlichen Fokus herauszuhalten – dann liefe das des facto doch auf eine gesellschaftliche Wirklichkeit hinaus, in der die grundgesetzlich garantierten Freiheiten des Denkens, des Glaubens und der freien Persönlichkeitsentfaltung nur noch auf dem Papier existierten.

Noch allerdings sind wir nicht soweit. Noch sind wir frei! Doch der Zug zu neuen Formen von Unfreiheit und Bevormundung rollt, wenn noch so langsam, dass wir ihn noch stoppen und auf ein Gleis mit Prellbock umleiten können. Es ist an uns, dies zu tun, unsere Verantwortung als Demokraten und Freunde der Freiheit entschlossen wahrzunehmen und unsere offene Gesellschaft leidenschaftlich gegen die Apologeten eines neuen »programmierten« und verordneten Denkens zu verteidigen.

# Programmatischer Optimismus und Ausgrenzung

## »Diese Menschen, die mit ihrer bloßen Anwesenheit Negativität versprühen«

Ein Programmatischer Optimismus, dafür war der Blick auf die DDR-Geschichte eine gute Illustration, kann niemals offen, tolerant und pluralistisch sein. Denn er ist zu seinem eigenen Erhalt auf eine Art »Mentalhygiene« angewiesen, die alle Informationen und Eindrücke danach beurteilt, ob sie sein »Trainingsziel« einer dauerhaft optimistischen Grundhaltung unterstützen oder unterminieren. Was als nicht unterstützend oder zielgefährdend identifiziert wird, erhält den Stempel »negativ« – und ist nach Möglichkeit zu meiden und aus dem Fokus zu schaffen. Da Informationen und Eindrücke aber meist von Menschen artikuliert werden, neigt der Programmatische Optimismus in seiner letzten Konsequenz dazu, auch Menschen aufgrund ihrer Lebenseinstellung, ihrer Persönlichkeit, ihres Charakters oder ihrer Denkweisen zu etikettieren.

Im folgenden Abschnitt geht es um die Frage, inwieweit Mechanismen einer solchen »Mentalhygiene« – die in der DDR staatlich organisiert war – heute in anderer, sozusagen nichtstaatlicher Form wieder auftauchen. Der Blick ist dabei auf die Coaching- und Selbstmanagementszene gerichtet. Denn wir erinnern uns: Namentlich die Positive Psychologie behauptet, dass es täglich dreimal mehr positiver als negativer Inputs bedürfe – also 75 Prozent, das wären drei Viertel aller Tageseindrücke! –, um in der heutigen Welt zu bestehen. Es erschließt sich von selbst, dass dieses Ziel ohne eine »aktive Steuerung« nicht erreichbar ist. Was schlagen Coachingkonzepte also konkret vor, um auf den verschiedenen Ebenen – Sprache, Medienkonsum, Umgang mit Mitmenschen – den Anteil »negativ« konnotierter Eindrücke dauerhaft unter 25 Prozent zu halten?

## »Sprachhygiene« in Coachingkonzepten

»Streichen Sie die Wörter ›nicht‹, ›nein‹, ›kein‹ und ›aber‹ aus Ihrem Wortschatz!«

Stellen Sie sich vor, Sie gehen zu einem Bürgerentscheid und auf dem Wahlzettel stehen ganz normal die Optionen »Ich stimme zu« und »Ich stimme nicht zu«. Sie sind gegen das Vorhaben und kreuzen den zweiten Satz an. Sie gucken abends die Nachrichten und sehen, wie der Wahlleiter das Ergebnis bekanntgibt: Gesetz mit 100 Prozent aller Stimmen angenommen! Sie rennen empört zur Wahlkommission und erklären, dass das Ergebnis gefälscht sein müsse – weil Sie ja eindeutig »Ich stimme *nicht* zu« angekreuzt hatten. Was sagt Ihnen da der Wahlleiter? Er sagt, dass das menschliche Gehirn das Wort »nicht« nicht verarbeiten könne: Wenn jemand »Ich stimme nicht zu« angekreuzt habe, habe sein »Unterbewusstes« in Wirklichkeit »Ich stimme zu« formuliert. Das Unterbewusste funktioniere visuell und visuell sei der Begriff »nicht« nun mal nicht darstellbar. Deswegen hätten auch die Stimmenauszähler die »Ich stimme nicht zu«-Sätze auf den Wahlzetteln immer nur als »Ich stimme [...] zu«-Sätze erkennen können – und so völlig korrekt 100 Prozent positive Stimmen ermittelt: Gesetz kann in Kraft treten! Noch Fragen?

Das ist ja absurd, werden Sie nun sagen, wer denkt sich denn sowas aus, das gibt es doch gar nicht. Ich behaupte: Doch, das gibt es – in der Ideenwelt des Coachings, des Neurolinguistischen Programmierens und der Positiven Psychologie. In diesen Branchen nämlich wird genau das unermüdlich wiederholt: Dass das menschliche Gehirn das Wort »nicht« nicht verarbeiten könne. »Formulieren Sie Ihre Ziele [...] ohne Verneinung. [...] Das Gehirn versteht keine Negation«, empfiehlt etwa unter der Überschrift *Wohlgeformtheitskriterien* das Berliner »Institut für Angewandte Positive Psychologie«.[351] Unser Sprechen und Formulieren soll *wohlgeformt* sein, also glatt, effizient, reibungslos, »smart«. Das aber ist nicht denkbar ohne eine Art »Sprachbereinigung«, bei der »nicht wohlgeformte« Begriffe aussortiert werden. Andernfalls werde das Gehirn genau das Gegenteil von dem umsetzen, was man eigentlich wolle, behaupten zahlreiche Coachinginstitute.

> Ihr Gehirn aktiviert Motivation durch die in der Zielvorgabe enthaltene bildliche Vorstellung. [...] In der Zielvorgabe: »Im nächsten Jahr tue ich etwas gegen meine Rückenscherzen«, steckt die bildliche Vorstellung von »Rückenschmerzen« statt »Gesundheit«. Unser Gehirn [...] denkt, dass wir das erreichen

351 Institut für Angewandte Positive Psychologie: Skript zum Wochenendseminar *Coaching mit NLP – Eine Einführung*, S. 10. www.ifapp.de/.

wollen, was wir ihm an bildlichen Vorstellungen zeigen [...] und wir wundern uns [...], dass [...] »Rückenschmerzen« unseren Alltag bestimmen.[352]

In dieselbe Richtung argumentiert auch der Psychotherapeut und Coach Rolf Merkle:

> Verneinungen kann dein Gehirn nicht verarbeiten. [...] Diese Tatsache will das folgende Experiment verdeutlichen. [...] Setze dich bequem auf einen Stuhl und denke bitte nicht an einen blauen Eisbären. [...] Welches Bild ist in deinem Kopf als erstes aufgetaucht? Vermutlich das eines blauen Eisbären. [...] Merke: Dein Gehirn kann das Wort »nicht« nicht verarbeiten und tut so als gäbe es dieses Wort nicht. [...] Du sagst dir »Ich darf nicht unsicher sein.« Dein Gehirn verarbeitet nur »Ich darf unsicher sein.« [...] Da dein Gehirn immer das ausführt, was du ihm suggerierst, erreichst du durch den Gebrauch des Wortes »nicht« gerade das Gegenteil von dem, was du möchtest. Streiche also das Wort »nicht« aus deinem Wortschatz.[353]

Das Portal *www.unternehmer.de* schließt sich an:

> »Nicht« und »Kein« [...] Streichen Sie diese Worte möglichst aus Ihrem Vokabular. [...] [Auch] das Wort »aber« ist ein häufig genutzter Energiekiller. [...] Wenn Sie die Tendenz zum »Aber-Menschen« haben, versuchen Sie [...], Ihre Sätze ohne [...] »aber« zu formulieren. Denn das, was wir im »Aber-Nebensatz« hinzufügen, löscht das Positive, das wir zuvor sagten, sozusagen aus.[354]

Und der Selbstmanagement-Blog »Die Denkweisen« ergänzt: »Das Unterbewusstsein interpretiert jeden Satz [...] als einen direkten Befehl, die nachfolgende Aussage Wirklichkeit werden zu lassen. [...] Das Unterbewusstsein registriert keine Verneinung. Wenn Du [...] sagst: »Fall nicht!«, dann versteht es: ›Fall!‹«[355] Die Liste solcher Aussagen ließe sich beliebig verlängern: Netz und Ratgeberliteratur wimmeln davon. Populär auch jenseits der Selbstmanagementszene wurde die These vom ominösen »Unterbewusstsein«, das angeblich nur positiv denken und verstehen kann, durch Bücher wie *Denken Sie nicht an einen blauen Elefanten* des Motivationstrainers und »Gedankenlesers« Thorsten Havener, auf den Mentaltrainer gern Bezug nehmen, wenn sie den Ausschluss von Verneinungen aus unserer Sprache fordern.[356] Ein Aufsatz auf der Homepage

352 www.nlp-nielsen.de/ziele.htm.
353 www.palverlag.de/selbsterkenntnis-4.html.
354 www.unternehmer.de/management-people-skills/152441-die-positive-negative-wirkung-der-worte-darauf-sollten-sie-bei-gespraechen-achten.
355 www.diedenkweisen.de/die-kraft-der-richtigen-denkweisen/.
356 Havener 2009. Vgl. z.B. http://selfmade-coaching.de/35/ oder https://www.xing.com/communities/posts/ich-weiss-was-du-denkst-das-geheimnis-gedanken-zu-lesen-thorsten-havener-1005349830.

des Diakonie-Initiative »Arbeit durch Management« legt insbesondere Langzeitarbeitslosen nahe, ihr Vokabular konsequent von Negationen zu reinigen und ihr »Unterbewusstes« nur noch mit positiven Formulierungen zu füttern:

> Wissenschaftler haben herausgefunden, dass das Unterbewusstein [...] in Bildern denkt und daher das Wort NICHT nicht versteht, denn NICHT gibt es in Bildern nun einmal nicht! [...] Daher sollten Sie auf Negationen mit NICHT verzichten [...] Das Unterbewusstsein funktioniert so. Wenn Sie das wissen, dann können Sie Ihr Unterbewusstsein mit positiven Formulierungen zu Ihrem wirklichen Freund machen, [...] der Sie 24 Stunden [...] begleitet – und zwar Ihr ganzes Leben lang.[357]

Zumindest indirekt wird so der Eindruck vermittelt, dass Arbeitssuchende, die zu dieser Sprachbereinigung nicht bereit sind, sondern darauf bestehen, Dinge, die sie negativ erleben, auch so zu benennen, dann eben selbst schuld seien, wenn ihre Integration in die Eins-zwei-drei-ach-so-schöne-schnelle-smarte-neue-Arbeitswelt nicht klappt.

Die Behauptung, das menschliche Gehirn könne keine Negationen verstehen, darf man, und wenn sie noch so oft wiederholt wird, als groben Unfug bezeichnen. Es ist kein einziger ernstzunehmender Neurologe, Biologe oder Hirnforscher bekannt, der einen solchen »Befund« bestätigen würde. Treffend spricht der Osnabrücker Wirtschaftspsychologe Uwe Peter Kanning von »Neuro-Mythen«:

> Mit [...] einfachen Spielchen versuchen manche Trainer und Autoren der Ratgeberliteratur [...] zu beweisen, dass unser Gehirn so einfach gestrickt sei, dass es nicht einmal negative Informationen korrekt verarbeiten könne. Eigentlich müsste man nur ein klein wenig nachdenken, um zu einem gegenteiligen Schluss zu gelangen: [...] Fordern Sie doch einfach einmal, wenn Sie demnächst als Fußgänger an einer roten Ampel stehen, den Passanten neben Ihnen auf, bitte nicht über die Straße zu gehen und beobachten Sie, was passiert.[358]

In der Tat lässt sich selbst an einfachsten Alltagssituationen belegen, dass das Gehirn Negationen – und zwar auch bildlich – sofort umsetzen kann. Nur eine persönliche Beobachtung: In einer Berliner Straße, in der ein Haus abgerissen worden war, zeigte plötzlich ein kleiner Junge, der dort mit seiner Mutter vor mir herlief, auf die Baulücke und rief: »Mama, da fehlt ja ein Haus!« Die

357 Vgl. Ulrike Dorsch: Drei...zwei...eins...Dieser Job ist meins, Download auf der Homepage des Patenmodells »Arbeit durch Management« der evangelischen Diakonie. www.ausbildungsbruecke.patenmodell.de.

358 www.haufe.de/peronal/hr-management/wirtschaftspsychologie-neuro-mythen-in-der-personalarbeit_80_200922.html.

Leerstelle in der geschlossenen Berliner Blockrandbebauung hatte ihm *visuell* das *Nicht*-Vorhandensein des Hauses vermittelt, das dort zuvor gestanden hatte. Sie können es auch an einem Beispiel im Haushalt überprüfen: Wenn Sie Ihren Kühlschrank öffnen und das Butterfach ist leer, denken Sie intuitiv »Butter holen!« Warum? Weil Ihr Gehirn das Bild des leeren Butterfachs in eine Negation übersetzt – »Keine Butter da!« – und aus dieser Negation die Handlungsforderung ableitet: »Einkaufen gehen!« Die Vorstellung, der menschliche Geist könne bildlich keine Negationen umsetzen, beruht auf einem simplen Missverständnis. Jedes »kein«, »nein« oder »nicht« benötigt natürlich einen Gegenstand, auf den es sich bezieht: Das Gehirn muss wissen, was negiert wird. Das gilt aber genauso für positive Aussagen: Auch ein »ja« oder »doch« ergibt ohne gegenständlichen Bezug keinen Sinn. Sobald der Bezug aber bekannt ist, kann das Gehirn sehr genau zwischen einer Bejahung und einer Verneinung unterscheiden, denn es produziert nie ein abstraktes Bild, sondern immer Bildkontexte und die sind, je nachdem, ob wir es mit einer Negation oder einer Affirmation zu tun haben, unterschiedlich. Einer der schönsten und zugleich politischsten Beweise dafür, dass Menschen Negationen ohne weiteres verarbeiten können, ist die friedliche Revolution von 1989. Zwei Leitsätze waren es bekanntlich, die in den Städten der damaligen DDR, vom Harz bis ins Oderbruch, von der Ostsee bis zum Vogtland, hunderttausend- und schließlich millionenfach die Luft vibrieren ließen und die Mächtigen das Fürchten lehrten: *Wir sind das Volk!* – eine positive Formulierung, ja, und damals war es wirklich das Volk, im Gegensatz zu einer kleinen Minderheit, die heute in Dresden und andernorts den Satz ausgrenzend für sich missbraucht. Und: *Keine Gewalt!* – eine eindeutige *Negation*. Die demokratischste und unblutigste Revolution der deutschen Geschichte brach sich unter einer *Negation als Leitsatz* Bahn! Mehr noch: Alles spricht dafür, dass sie ihre Wirksamkeit gerade *kraft dieser Verneinung* entfaltete. Denn das *Keine Gewalt!* wurde verstanden – von allen »Gehirnen«, die damals beteiligt waren: Von den Massen, die nicht Steine, sondern Kerzen in die Hand nahmen und von den Machthabern, die gern zugeschlagen hätten und nur auf die Gelegenheit warteten. Allein, die Negation nahm sie ihnen: Mit Steinwürfen, mit brennenden Barrikaden, mit schlagenden »Rowdys« habe man gerechnet, erzählte später ein Stasioffizier, da hätte man militärisch sofort vorgehen können; aber dass da Zigtausende *Keine Gewalt!* riefen und sich auch daran hielten, dagegen habe man keine Mittel gewusst. Hätten die smarten Mentaltrainer, NLP-Spezialisten und Vertreter der Positiven Psychologie recht mit ihrer These, derzufolge das »Unterbewusstsein so funktioniert«, dass ein Satz wie »Fall nicht hin!« zu »Fall hin!« umgesetzt werde, dann hätten alle Beteiligten vom Herbst 1989 »Gewalt, Gewalt!« verstehen müssen: Ostdeutschland wäre in einem Blutbad versunken. Stattdessen versank es in einem Bad aus Freudentränen und Menschlichkeit: Am 9. November 1989,

Berlin Bornholmer Straße, 23 Uhr 30, zertrümmerte die Macht der Negation *Keine Gewalt!*, die auch an diesem Abend und an dieser Stelle dabei war, die Macht des schießbefehlbewehrten Betonwalls durch Berlin und Deutschland.

Die Frage ist deshalb, warum sich der Mythos von einem menschlichen »Unterbewusstsein«, das angeblich so dämlich und beschränkt ist, dass es nur positive Formulierungen verstehen kann, trotz der offensichtlichen Schwachsinnigkeit dieser Behauptung ausbreiten konnte. Immerhin sind Coachs meist intelligente Leute, die es eigentlich besser wissen müssten. Uwe Peter Kanning erklärt es mit dem »Häufigkeits-Validitäts-Effekt: Je öfter wir etwas hören, desto glaubwürdiger erscheint es uns – wir übernehmen es dann einfach und fragen nicht mehr kritisch nach. Das ist eine überzeugende Erklärung. Es könnte noch eine weitere geben: Nicht umsonst hatte ich als Eingangsbild die Idee eines zur Verarbeitung des Wortes «nicht» unfähigen Gehirns auf die Situation eines demokratischen Bürgerentscheids übertragen. Als Politikwissenschaftler interessiert mich die Frage, was eine Bereinigung unserer Sprache von Negationen eigentlich für unsere freiheitlich-demokratische Gesellschaftsordnung bedeuten würde. Denn die angeblich so »negativen« Wörter »nicht«, »nein«, »kein« und »aber«, die wir nach Ansicht vieler Coachs besser heute als morgen verbannen sollten, repräsentieren nicht irgendwelche beliebigen Begriffe – sie repräsentieren einen *Teil des Grundwortschatzes der Demokratie*. Man stelle sich mal einige der großen politischen Debatten der Bundesrepublik vor – Ostpolitik, Nachrüstungsdebatte, Umweltdiskussion, Sterbehilfe und vieles mehr – und die Beteiligten hätten beim Formulieren ihres eigenen oder dem Reagieren auf einen anderen Standpunkt nie die Wörter »nicht«, »kein« oder »nein« benutzen dürfen – wie hätten dann je demokratische Willensbildungsprozesse stattfinden können? Auch das von Coachs geschmähte Wörtchen »aber« ist ein unverzichtbarer Baustein demokratischer Kommunikation. Es wirkt zum einen der Entgleisung ins Totalitäre entgegen: Wo einer Aussage ein »aber« an die Seite gestellt werden kann, verliert sie ihre Absolutheit. Zum anderen ermöglichen »Aber«-Sätze eine Differenzierung, die der demokratischen Erkenntnis Rechnung trägt, dass ein Sachverhalt unterschiedlich betrachtet werden kann. Stellungnahmen wie »Aus Ihrer Perspektive mögen Sie recht haben, *aber* ich gehe die Sache von einem anderen Blickwinkel an…« zollen der Sicht des Andersdenkenden Respekt, ohne die eigene zu verwässern. Demokratie, darum mögen manche sie ja nicht, bedeutet eben *nicht*, dass am Ende immer die »harmonische Auflösung aller Unterschiede« steht. Demokratie heißt vielmehr, Ambivalenzen auszuhalten – manchmal sogar in sich selbst. Genau diese friedliche Koexistenz des Verschiedenen und die ihr geschuldete Streitkultur wird in der Coachingbranche auffallend häufig angegriffen und in einen Gegensatz zum Prinzip des Dialogs gestellt. Ein Beispiel:

> Dialog ist ganz anders als [...] diskutieren, debattieren [...] Dialog ist kollaborativ: Zwei [...] Seiten arbeiten zusammen [...] Debatte ist Opposition: Zwei Seiten sind sich gegenüber [...]
>
> Dialog identifiziert die Wahrheit, Debatte verteidigt [...] Vermutungen als Wahrheit. Dialog bewirkt [...] Reflexion auf die eigene Position, Debatte übt Kritik an der anderen Position. [...], Dialog will Frieden, Debatte will Recht haben [...], Dialog verbindet! Debatte trennt! [...] Dialog [kann] Unterschiede zwischen den Menschen auflösen [...] Wenn dein Bedürfnis, Recht zu haben, das Bedürfnis nach Harmonie [...] überwiegt, kannst du es nicht tun![359]

Opposition – eine in jeder demokratischen Verfassung institutionalisierte Instanz – wird hier als Stören des Zusammenhalts gedeutet, Recht in einen Gegensatz zu Harmonie gerückt, Kritik, eine der vornehmsten demokratischen Errungenschaften, als Stiften von Unfrieden diffamiert. Ein Frieden aber, der darauf beruht, dass alle Unterschiede aufgelöst sind, ist ein Burgfrieden und eine Harmonie, die mit dem Verbergen der wahren Positionen erkauft wird, ist eine Scheinharmonie. Es darf bezweifelt werden, dass diese *Gewaltfreie Kommunikation*[360], wie sie von vielen Coachs propagiert wird, tatsächlich in echten Frieden mündet.

Summa summarum drängt sich der Verdacht auf, dass die uns von Teilen der Beraterszene nahegelegte »Befreiung« unseres Wortschatzes von Negationen in Wahrheit einer – höchst beunruhigenden – politischen Idee folgt: Der Idee, über die Beseitigung des Widerständigen in der Sprache auch das Widerständige im Denken loszuwerden – und so auch unser Sprechen und Formulieren in den Dienst eines Primats des Ökonomischen zu stellen. Wer jedenfalls die Begriffe »nicht«, »nein«, »kein« und »aber« aus seinem Wortschatz gestrichen hätte, der wäre wohl kaum noch in der Lage, irgendeine Form von Kritik gegen einen nur noch auf Gewinnmaximierung, reines Verwertungsdenken, einseitige

359 www.hafawo.at/selbstmanagement-motivation/dialog-oder-debatte-die-top-10-6-gewaltfreien-kommunikationstechniken/.

360 Die sogenannte *Gewaltfreie Kommunikation* (kurz GFK) wurde im Kontext der amerikanischen Bürgerrechtsbewegung von dem Psychologen Marshall B. Rosenberg zur Entschärfung von Konflikten entwickelt. Seit den 1990er Jahren erfuhr das Konzept eine inflationäre Adaption im Coaching, in deren Verlauf Gewaltfreiheit zunehmend mit Streit- und Konfliktfreiheit verwechselt wird. Kritiker sehen in der GFK deshalb mit guten Argumenten die Gefahr des Machtmissbrauchs und eine Spannung zur Demokratie, zu deren Prinzipien unabdingbar offene Auseinandersetzung und Streit gehören: Wer auf Widerspruch besteht und damit nur ein urdemokratisches Instrument in Anspruch nimmt, wird in der Perspektive der GFK schnell zum egoistischen Störenfried gestempelt, der rechthaberisch »Harmonie« und »Frieden« kaputtmache.

Vermögensanreicherung und unbegrenztes Wachstum fixierten Effizienzkapitalismus vorzubringen: Ihm fehlte dann schlichtweg das nötige Vokabular.

## »Medienhygiene« in Coachingkonzepten

> »Zeitungen verhindern, dass Sie produktiv in den Tag starten«

Die Sprachhygiene eines programmatischen Optimismus wird natürlicherweise – wir konnten auch dies am Beispiel der DDR studieren – auch die Sprach*produkte* ins Visier nehmen, mit denen Sichtweisen und Einstellungen transportiert werden, also Literatur, Kultur, Film und Journalismus. Namentlich letzterer ist für viele Coachs und Positive Psychologen Gegenstand heftiger Attacken. Der zentrale Vorwurf lautet: Journalisten würden aus Profitgründen – einem Prinzip des sogenannten *escalation sells* – mit einer einseitig auf Armut, Ungerechtigkeit, Krieg, Terror, Flucht und Katastrophen fokussierten Berichterstattung die Realität verzerren und so den Optimismus der Bevölkerung unterminieren. Das Unwort der »Lügenpresse« taucht in Blogs und Artikeln der Coachingszene direkt zwar nur vereinzelt auf, bei vielen Anwürfen gegen »*die* Medien« hat man aber den Eindruck, dass es unausgesprochen im Hintergrund mitschwingt.

Im Newsletter des Netzwerks *SeligmanEurope* für Positive Psychologie beispielsweise heißt es unter der Überschrift *Verzerrte Realität. Wie Medien unsere Wahrnehmung auf den Zustand der Welt verstellen*, dass blutige Konflikte wie der Krieg in Syrien oder die Flüchtlingsdramen im Mittelmeer durch ihre Dominanz in der Berichterstattung das Bild einer aus den Fugen geratenen Welt zeichneten – und so die angeblich in Studien nachgewiesene positive Entwicklung der Welt mit einem drastischen Rückgang sämtlicher Gewaltformen, einer massiven Schließung der Schere zwischen arm und reich (sic!) und einer global immer stärkeren Position von Frauen und Kindern gezielt verschleierten, weil sich mit solch positiven Fakten kein Geld machen lasse.[361] Der NLPler, Positive Psychologe und Bertelsmann-Mitarbeiter Nico Rose vergleicht die Nutzung von Presse, Rundfunk und Fernsehen gar mit einer gesundheitsschädlichen Ernährung, die zu Krankheiten und Degenerationsprozessen führen könne:

> Mittlerweile deutlich mehr als die Hälfte der Bundesbürger [gilt] als übergewichtig, was [...] vor allem [...] einer falschen Ernährungsstrategie [...] an-

361 http://us10.campaign-archive1.com/?u=72ae434da0ea4ada39a5e225e&id=76bba34d3b.
362 www.huffingtonpost.de/nico-rose/mehr-positives-bitte-warum-wir-unseren-medienkonsum-uberdenken-sollten_b_5308913.html.

> zulasten ist. Eine spannende Frage lautet: Was, wenn unser Gehirn uns nicht nur fett macht [...] – sondern uns außerdem vorgaukelt, dass die Welt ein wesentlich schlechterer und gefährlicherer Ort sei, als sie es tatsächlich ist?[362]

Rose führt die starke Zunahme von Depressionen und psychischen Erkrankungen, die von klassischen Psychologen eher mit entgrenzter Arbeitsbelastung, mutwilliger Demolierung sozialer Sicherungssysteme und einem unmenschlichen Optimierungsdruck zusammengebracht wird, auch auf den Einfluss »negativer« journalistischer Berichte zurück – und plädiert analog zu einer Ernährungsdiät für eine »Medien-Diät« und »aktive Steuerung« der Berichterstattung, um gezielt mehr positive Emotionen zu evozieren.

> Lässt sich vielleicht eine Analogie aufmachen zur Übergewichtsepidemie? [...] Was ist mit unserer medialen Diät? [...] Weil (professionelle) Medienmacher um unsere Vorliebe fürs Negative wissen (zumindest implizit), wählen sie im fiktionalen wie non-fiktionalen Bereich negative Geschichten überproportional häufig aus, um ihre Reichweite erhöhen. Daraus folgt: Wir konsumieren [...] einen stark ins Negative verzerrten Ausschnitt der Welt [...] Negativität zum Quadrat. [...] Ich persönlich glaube, dass es an der Zeit ist, gezielt einen »Positivity Bias« in den Medien zu kreieren. [...] Wir haben es [...] in der Hand, unseren Medienkonsum wie auch unsere Informationsweitergabe aktiv zu steuern.[363]

Noch weiter geht der Life-Coach Heinz Fritz, der die Medien von geldgeilen »Angsthändlern« beherrscht sieht und Journalisten ohne weiteres in eine Reihe mit Waffenhändlern stellt:

> Angsthändler [...] versuchen die Umwelt so bedrohlich wie möglich erscheinen zu lassen, denn dann können sie ungehindert Menschen manipulieren. Zur Gruppe der Angsthändler gehören sicherlich einige Politiker, Waffenhändler und vor allem Nachrichtenorganisationen. [...] Zeitungen, Nachrichtenmagazine und TV-Nachrichten machen große Gewinne, indem sie so viele schlechte Nachrichten wie möglich verbreiten. Je erschreckender die Nachrichten sind, desto mehr Menschen werden ihre TV-Nachrichten ansehen oder ihre Zeitungen und Magazine kaufen.[364]

Konkretes Beispiel solcher »Manipulationen« ist für Fritz der Terrorismus. Um zu belegen, dass eine nennenswerte Terrorgefahr gar nicht existiere, rechnet er die Zahl der Terrortoten in Deutschland gegen die Zahl der Verkehrstoten des Jahres 2011 auf: »Haben Sie jemals einen Terroristen gesehen? [...] Sind Sie

363 Ebd.
364 www.ihr-life-coach.de/newsletter/004.html.
365 Ebd.

von einem Terroristen schon einmal direkt bedroht worden? [...] Oder sind Sie schon einmal von Terroristen gefangen genommen worden? [...] 3991 Bürger sind in Deutschland 2011 an Verkehrsunfällen gestorben [...] Wie viele sind in dieser Zeit durch den Terrorismus gestorben?«[365]

Aus Gründen der Fairness sei angefügt, dass die Zitate alle aus der Zeit vor den jüngsten Anschlägen von Paris und Nizza (2015), Brüssel und Berlin (2016) und London und Barcelona (2017) datieren; vielleicht würde der Autor heute vorsichtiger formulieren. Gewiss ist es richtig, dass wir uns von Terroristen auf keinen Fall unser freies Leben wegnehmen lassen dürfen. Aber sich einer Bedrohung bewusst zu sein und dennoch unseren westlichen Lebensstil zu verteidigen, indem wir ihn, wenn nötig mit entsprechenden Sicherheitsvorkehrungen, weiterführen, ist etwas ganz anderes, als eine reale Gefahr als Phantasieprodukt von »Angsthändlern« zu verharmlosen. Wenn wir in Deutschland bislang viele Anschläge verhindern konnten, wenn auch nicht alle, liegt das auch daran, dass Gesellschaft und Behörden die Situation ernst nehmen. Und auch wenn sich zwecks eigener Beruhigung vermutlich jeder schon einmal die prozentual in der Tat geringe Wahrscheinlichkeit eigener Betroffenheit vergegenwärtigt hat, liegt in der statistischen Verrechnung von Menschenleben doch immer etwas Zynisches. Ohne einen Coach in dessen Nähe rücken zu wollen, darf man hier an den NS-Chef-Propagandisten Goebbels erinnern: Der rechnete einst die Luftkriegstoten des Jahres 1941 gegen die deutlich höhere Zahl von 8000 Verkehrstoten im letzten Friedensjahr 1938 auf, um zu »belegen«, dass der Krieg gegenüber Alltagsrisiken wie dem Autofahren die viel geringere Gefahr darstelle und die Ängste der Bevölkerung auf gezielte Manipulationen der »ausländischen Lügenpresse« zurückzuführen seien.[366]

Neben Profitgier wird in Teilen der Coachingszene noch eine weitere Ursache für »negative« Berichterstattung ausgemacht: Die Persönlichkeit der Journalisten. Der Wirtschaftspublizist und Coach Gunnar Sohn stellt die These auf, dass namentlich in den Printmedien Armut oder Leid thematisiert werde, weil die Redakteure ihre eigene wirtschaftliche Unsicherheit auf die Welt projizierten:

> Auffällig ist vor allem das Wehklagen von Journalisten in Zeitungen und Zeitschriften, die kaum noch positive Nachrichten durchlassen. Die Printmedien werden ja auch überdurchschnittlich vom Abschwung gebeutelt. [...] Die gefühlte Krise dauert also für Printjournalisten schon [...] länger. Entsprechend ist das Glas eben immer nur halb leer und nicht halb voll.[367]

366 Vgl. Schäfer 1991, S. 35.
367 http://ichsagmal.com/2009/03/30/der-spiegel-in-weltuntergangsstimmung-analogien-zu-1929-sind-eine-frechheit/.

Für Sohn ist dies jedoch selbstverantwortet: Journalisten hätten jederzeit die Wahl, durch Verschiebung ihres Fokus auf Positives und Funktionierendes zu einer zuversichtlicheren Haltung zu gelangen und dann auch den Zustand der Welt optimistischer beschreiben zu können:

> Vielleicht sollten die Printjournalisten und vor allen Dingen die Spiegel-Redakteure mehr Seneca lesen: »Das meiste Unglück gebiert die falsche Meinung, dass Unglück sein müsse... Würde sich jeder erziehen, nur vom Gutem, Beglückendem zu sprechen – alle würden glücklicher werden! Denn wir ziehen herbei, was wir vorwiegend denken und aussprechen. Durch das richtige Denken können wir Leid und Missgeschicke so gut von uns fernhalten wie Miss-Stimmung und Krankheit.[368]

Solche Argumentationen weisen durchaus Ähnlichkeiten zu den Abwehrstrategien von Kritik in der ehemaligen DDR auf: Das Benennen von Missständen als angebliche Projektion einer Charakterschwäche der Benennenden, die sich durch ihre pessimistische Denkweise erst selbst in jene grauen Gefilde gebracht hätten, die sie dann darstellten. Fast schon nicht mehr verwunderlich ist das »Rezept«, das manche Coachs ihren Klienten mitgeben, um sich vor der »Negativität« der bösen Presse zu schützen: Medien und Journalisten keinen Glauben mehr zu schenken und möglichst »alle Verbindungen« zu ihnen abzubrechen.

> Hören Sie auf damit, den Angsthändlern zu glauben. [...] Hören Sie auf damit, ständig Bedrohungen in Zeitungen und Nachrichtenmagazinen zu lesen. [...] Wenn Bedrohungen im Fernsehen gezeigt werden, schauen Sie sich etwas anderes an. [...] Lesen Sie einmal eine Woche keine Zeitung und sehen Sie kein Fernsehen. Dann prüfen Sie, ob Sie sich nicht besser fühlen. [...] Fast jeder, der alle Verbindungen mit Angsthändlern abbricht, bemerkt Vorteile [...]: Das Leben wird [...] weniger gefährlich [...] Sie lachen mehr. Sie fühlen sich gesünder.[369]

Martin Geiger, Coach und »führender Produktivitätsexperte«, sieht im Verzicht auf jedwede Nutzung von Presse, Rundfunk und Fernsehen gar eine der ersten Voraussetzungen für ein gelingendes Leben. In einem Vortrag vor dem *Berliner Marketingclub* im Sommer 2016 empfahl der von zahlreichen Unternehmen gebuchte Berater:

368 Ebd.
369 www.ihr-life-coach.de/newsletter/004.html.

> Ob Sie Unternehmer sind oder Karriere machen wollen [...] Sie [kommen] nicht umhin, viele Dinge in Zukunft anders zu machen. Und einige gar nicht mehr. Hier die Top Ten der Dinge, von denen Sie sich in Zukunft verabschieden sollten, um eine Zukunft zu haben.
> 1. Zeitung lesen. Am besten, Sie beginnen mit einer Informationsdiät und verzichten gänzlich auch auf Nachrichten in Radio, TV und Web. Zeitungen [...] liefern Ihnen die »News« des Vortages, die zum Zeitpunkt der Lektüre bereits keine mehr sind und verhindern, dass Sie produktiv in den Tag starten.[370]

Der Münchener Coach und Blogger Tim Schlenzig vergleicht das Bedürfnis, sich durch Zeitungen, Rundfunk-oder Fernsehnachrichten zu informieren, mit einer Suchterkrankung, die man durch das Einüben von Abstinenz überwinden könne. Schlenzig, der nach eigenem Bekunden noch nie eine »Tagesschau« zu Ende geguckt hat, nennt fünfzehn Gründe gegen die Nutzung von Nachrichten – darunter Manipulation, Falschinformation, Förderung von Leistungslosigkeit, Schädigung der körperlichen und seelischen Gesundheit (»Nachrichten sind Gift«) sowie mangelnde Qualität, da Journalisten »durchschnittlich arbeitende« Personen seien, die einfach nur abschrieben, was andere auch schon nur abgeschrieben hätten.[371]

Angesichts des Umstands, dass in vielen Regionen der Welt ein kritischer Journalismus nach wie vor Lebensgefahr bedeutet, dass in der Türkei die Pressefreiheit de facto abgeschafft ist und zahllose Journalisten im Gefängnis sitzen, dass es sogar in einigen EU-Ländern Tendenzen gibt, die Presse von einer unabhängigen Kontrollinstitution zu einem Instrument politischer Lenkung umzubauen und dass in den USA ein Mann Präsident wurde, der, beispiellos in der Geschichte der großen amerikanischen Demokratie, den freien Medien offen drohte – angesichts all dessen ist die Tatsache, dass Coachs und Personaltrainer in Deutschland, die das keineswegs selbstverständliche Glück genießen, in einem der freiesten Länder der Welt mit garantierter Informationsfreiheit zu leben, öffentlich dazu auffordern, auf diese Freiheit zu verzichten, empörend und skandalös. Es fügt sich ein in den unheilvollen Trend des »Medienbashings«, der nicht nur dazu geführt hat, dass mittlerweile bis zu 40 Prozent der Bevölkerung dem professionellen Journalismus nicht mehr vertrauen – während zugleich unbewiesenen Behauptungen und kruden Verschwörungstheorien im Internet bisweilen blind gefolgt wird –, sondern dass auch bei uns Presseleute und

370 Vgl. Martin Geiger: Schneller als die Konkurrenz – Wettbewerbsvorteil Geschwindigkeit. Vortrag vor dem Berliner Marketingclub vom 20.6.2016. www.marketingclubberlin.de/blog/1214-10-dinge-not-to-do-liste.

371 Vgl. http://mymonk.de/keine-nachrichten/.

Reporter immer öfter Beschimpfungen, Bedrohungen und sogar körperlichen Attacken ausgesetzt sind.

Zweifellos hat es in der letzten Dekade Fehlentwicklungen im Journalismus gegeben: Verschärfter Wettbewerb, Verwischung der Grenzen von privat und öffentlich, Schadenfreude und Lust am Ver- und Vorverurteilen sind schäbige Tendenzen unserer Gesellschaft und schlagen sich, da Journalisten und Medien Teil dieser Gesellschaft sind, auch dort nieder. Auf das Problem eines erhöhten Anteils inhaltsleerer Meldungen durch den von der Digitalisierung ausgehenden verheerenden Zwang zur »Echtzeit« hat 2013 der Präsident des Bundesverfassungsgerichts, Andreas Voßkuhle, hingewiesen.[372] Und nicht erst seit der US-Präsidentschaftswahl 2016 sind sogenannte »Fake-News« ein Thema. Was aber verstört beim neuen Volkshobby der Medienverachtung, in das Coachs und Berater bereitwillig einstimmen, ist die platte Pauschalisierung – *die* Medien, *die* Journalisten, *die* Nachrichtenagenturen. Wer die Presselandschaft in Deutschland unter die Lupe nimmt, wird feststellen, dass es vor allem die Organe des Boulevards sind, die durch Marktschreiertum, Häme und das Inszenieren von Entsetzen in Erscheinung treten – das aber war auch schon vor vierzig Jahren ihr Geschäft. Studiert man jedoch die Nachrichten der öffentlich-rechtlichen Anstalten oder die klassischen Printmedien, kann nicht in Abrede gestellt werden, dass immer noch ein hohes Maß an Meinungsvielfalt, Verantwortungsbewusstsein, Hintergrundinformation, sorgfältiger Recherche, Rede und Gegenrede und Platzierung auch von Zwischentönen existiert: *Die* Medien gibt es in Deutschland nicht. Auch angeblich »verbotene« Meinungen, die man »ja gar nicht sagen darf«, werden durch Publikationen am linken und rechten Rand abgedeckt, manchmal mit Millionenauflage. Entgegen den Unterstellungen der Coachingbranche ist auch nicht erkennbar, dass Positives nicht berichtet würde: Wer genau hinschaut, bemerkt, dass erstens ein Großteil der Nachrichten aus »Alltagskram« besteht, der gar nicht die große Frage berührt, ob die Welt eher eine gute oder schlechte ist: Berlin plant neues Rettungsdienstgesetz, Bundesregierung will Entwicklung selbstfahrender Autos fördern, Tarifverhandlungen in der Metallindustrie laufen an, usw. Zweitens gibt es Tag für Tag eine beachtliche Zahl aufbauender Beiträge: Wenn irgendwo eine tolle Ausstellung eröffnet wird, Anfang 2017 etwa die Impressionismusschau im hervorragend rekonstruierten Palais Barberini in Potsdam, kommt das ebenso in die Tagesschau wie die technische Meisterleistung des neuen Gotthardtunnels in der Schweiz oder die doch noch geglückte Eröffnung der Elbphilharmonie in Hamburg. Die anhaltend gute Wirtschafts- und Haushaltslage in Deutschland ist regelmäßiger Gegenstand der Berichterstattung. Wenn in der Fuß-

372 www.medienpolitik.net/2013/11/medienkritischer-journalismus-als-verfassungsauftrag/.

ballnationalmannschaft Deutsche verschiedener Religion und Hautfarbe ein tolles Team unseres Landes bilden, sind die Medien vorne dabei. 2014 nahm die Erinnerung an den Mauerfall breiten Raum ein, Ost- und Westdeutsche konnten mit berechtigtem Stolz auf das zurückblicken, was sie in 25 Jahren gemeinsam aufgebaut haben. In den letzten Jahren wurden immer wieder die Tausenden Freiwilligen in der Flüchtlingsarbeit gewürdigt, die dem Satz der Bundeskanzlerin »Wir schaffen das« Gestalt verleihen. Fernsehreportagen zeigen Privatleute, die mit eigenen Schiffen im Mittelmeer Menschenleben retten. Manche Zeitungen widmen Berichten über ehrenamtliches Engagement regelmäßige Sonderseiten. Einen festen Platz hat in vielen Blättern auch das Thema Medizin: Hoffnung spendende Forschungen werden ausführlich vorgestellt, kürzlich etwa ein Projekt zum 3-D-Druck von Organen aus körpereigenem Gewebe, mit dem eines Tages vielleicht Dialysepatienten abstoßungssichere neue Nieren geschenkt werden könnten. 2017 wurde intensiv über die Fortschritte im Kampf gegen Tropenkrankheiten berichtet, an denen dank Spenden immer weniger Menschen sterben müssen. Und speziell die Berliner Zeitungen beschrieben 2016 nicht nur die immer neuen Pannen beim Skandalflughafen BER, sondern feierten mit dem 10. Geburtstag des Berliner Hauptbahnhofs ein vergleichbar großes, aber gelungenes Infrastrukturprojekt, das zuverlässig und architektonisch faszinierend täglich seinen Dienst versieht. Wer meint, Nachrichten seien immer nur negativ, sollte also vielleicht mal wieder zur klassischen Tageszeitung greifen – das täte sowohl ihm als auch dem Erhalt unserer Presselandschaft gut.

Es spricht deshalb alles dafür, dass nicht die Medien ein verzerrtes Bild der Wirklichkeit zeichnen, sondern diejenigen, die stereotyp diesen Vorwurf erheben, ein verzerrtes Bild von den Medien und ihrer Funktion haben. Wenn wir heute an vielen Tagen durch schwer erträgliche Dosen von Not, Leid und Tod erschüttert werden, dann liegt das zuallererst daran, dass die Welt, die uns umgibt, eine erschütterte ist. Über 300 000 Tote im Syrienkrieg, Menschen, die bei lebendigem Leib verbrannt werden, Kinder, die in Metallboxen gequetscht und bei 40 Grad in die Sonne gehängt werden, um sie unter einem Höchstmaß an Folter sterben zu lassen – solche Barbareien in unmittelbarer Nachbarschaft Europas hat es seit den Nazis nicht mehr gegeben. Dass innerhalb von zwei Jahren zehntausend Menschen im Mittelmeer umkamen, ist keine Schauergeschichte sensationsheischender »Angsthändler«, sondern realer Schrecken vor der europäischen Haustür. Dass der Unterschied zwischen arm und reich auch in Deutschland bedenklich zunimmt und westliche Gesellschaften in riskante Schieflagen geraten könnten, ist keine Miesmache schlechtgelaunter Redakteure, sondern Bestandteil nüchterner Bundesbank- und OECD-Analysen. Und dass in Deutschland nicht nur über Willkommenskultur gesprochen wird, sondern auch über einen besorgniserregenden Anstieg rechter Gewalt, ist keinem »escalation sells« geschuldet, sondern einem durch unsere Erfahrung mit dem NSU geschärften Bewusstsein für eine reale Gefahr. Zum Vergleich: Wenn man, sagen wir zwischen Oktober 1989 und Juli 1990, die Nachrichten eingeschaltet hat, dann bestanden die fast nur aus »Wundern« – weil die Wirklichkeit, mit der wir damals konfrontiert waren, aus Wundern bestand: Die Prager Botschaft, wo Genscher verkünden konnte »dass heute Ihre Ausreise...«; die Demonstrationen in der DDR, die das Stadium der Revolution erreichten, aber gewaltfrei blieben; eine gewandelte Sowjetunion, die bereit war, die Selbstbestimmung der Völker zu achten; der 9. November, als die Berlinerinnen und Berliner vom Osten wie Westen das Brandenburger Tor aus dem Dunkel des Todesstreifens ins Licht des Lebens zurückholten, ohne dass ein Schuss fiel; die Freundschaft auf den Gesichtern Kohls, Gorbatschows, Genschers und Schewardnadses im Kaukasus, der man ansah, dass sie echt und nicht bloß für die Kameras gespielt war. Wir alle würden wohl alles geben, wenn wir solche Zeiten zurückbekämen! Aber wir haben fürs erste andere bekommen. Bundespräsident Steinmeier, ein Mann der überlegten Worte, formulierte den seither immer wieder aufgegriffenen, ursprünglich von Shakespeare stammenden Satz: Die Welt ist aus den Fugen. Und der *Tagesspiegel*, ebenfalls nicht für schrille Töne bekannt, kommentierte unsere Lage mit den Worten: Wir leben in finsteren Zeiten. Das bedeutet nicht, dass dies so bleiben muss. Aber es bedeutet, dass, damit es nicht so bleibt, das Finstere benannt und angeschaut werden muss, weil wir nur dann wissen, wo wir hinleuchten müssen, damit es wieder heller wird. Medienanstalten sind in der Demokratie deshalb keine Schönwetteranstalten oder Institute für mentales »Empowerment« – es sei denn, wir wollten zu einem Presseverständnis wie dem Folgenden aus den 1930er Jahren zurück:

> Das ist [...] Aufgabe der Presse, dass sie [...] Selbstvertrauen stärkt und alles unterläßt, was [...] es schwächen könnte. Ich weiß [...], daß mir nun [...] gesagt wird, ja aber es gibt doch auch Probleme [...] Meine Herren, es gibt zwei Zielsetzungen: [...] Ich suche in ganz Deutschland [...], ob ich nicht etwas finde, was ich kritisieren kann. [Gelächter im Publikum] [...] Das ist auch eine Tätigkeit. Sie ist in meinen Augen nicht befriedigend. Es gibt noch eine andere Tätigkeit, die besteht [...] im Erkennen der [...] großen Aufgaben. [...] Wichtig [...] ist [...], nicht das Auge der Öffentlichkeit auf [...] *Schwächemomente* zu lenken, sondern auf den großen *Kraftstrom* [...] Wenn ich so die intellektuellen Schichten bei uns ansehe, leider, man braucht sie [...], sonst könnte man sie eines Tages [...] ausrotten oder sowas [Bewegung im Publikum] [...], dann [...] sind [die] schon *jetzt*, da wir [...] nur Erfolge haben, unzuverlässig. Wie würden sie erst sein, wenn wir einmal einen Mißerfolg hätten? Meine Herren, [...] dazu müssen wir das [...] Volk bringen: [...] Daß, selbst wenn wir einmal Niederlagen

> erleiden würden, die Nation sie [...] von dem [...] Gesichtspunkt [...] wertet: Das ist vorübergehend [...] Das kann nur gelingen durch [...] Hervorkehren der positiven Werte [...] und durch das möglichste Außerachtlassen der [...] negativen Seiten. Dazu ist es [...] notwendig, daß gerade die Presse sich [...] zu dem Grundsatz bekennt: [...] Nicht [...] Fehler beleuchten, sondern [...] das Positive beleuchten. Nur so werden wir das Volk [...] von [...] Zweifel befreien, der [...] unglücklich macht.[373]

Dass unser aufgeklärtes, modernes, pluralistisches und demokratisches Deutschland des 21. Jahrhunderts eine etwas andere Vorstellung von der Aufgabe der Presse hat und haben muss als die, die der Jahrhundertverbrecher Adolf Hitler in dem Zitat entwirft, versteht sich wohl von selbst.

Am Ende bleibt deshalb die Frage: Worum geht es wirklich, wenn Coachs und Selbstmanagementberater, Positive Psychologen und NLPler uns so besorgt vor »den Medien« warnen, ja uns sogar eine »Mediendiät« nahelegen? Die Wiener Coach Veronika Kotrba beschreibt auf ihrer Homepage einen persönlichen Traum, der vielleicht einen Hinweis liefert:

> Stellen Sie sich mal vor, was es für Österreichs Wirtschaft langfristig bedeuten würde, wenn nur noch positive Nachrichten gesendet werden würden. [...] Ich sehe die Menschen vor meinem inneren Auge lächelnd morgens das Haus verlassen [...] mit schwungvollem Gang. Robert Kratky [einer der populärsten österreichischen Radiomoderatoren] würde verkünden »Montag – Montag – taramtatatatam! Endlich ist es wieder soweit. [...] Erzählen Sie uns, worauf Sie sich in dieser Arbeitswoche am meisten freuen!« So sieht er aus, mein Traum [...] und ich möchte [ihn] hiermit [...] öffentlich [...] machen, in der Hoffnung, dass [...] die Medien irgendwann darauf aufmerksam [werden] und [...] dazu beizutragen, dass Österreich gesünder, glücklicher und erfolgreicher wird.[374]

Die »Bedeutung für die Wirtschaft« und das proklamierte calvinistische Arbeitsethos à la »Endlich ist das blöde freie Wochenende vorbei und ich darf mich wieder in Arbeit stürzen!« erscheinen aufschlussreich: Analog zur Schaffung einer glatten, ökonomisch verwertbaren Sprache durch das Streichen von Negationen im Wortschatz geht es offenbar um die Kreierung ebenso glatter ökonomisch nutzbarer Informationen durch das Streichen negativer Ereignisse in den Nachrichten. Medien werden in Teilen der Coachingsbranche nicht als

373 Rede vor der Presse. Geheimrede Adolf Hitlers, gehalten vor Journalisten und Verlegern am 10. November 1938 (!) in München – also nur einen Tag nach dem brutalen Pogrom der »Reichskristallnacht« mit der Schändung und Brandschatzung der Synagogen. Vgl. ROTHFELS/ESCHENBURG1958, S. 187–189. http://www.ifz-muenchen.de/heftarchiv/1958_2.pdf.

374 http://chris.sinnvoll-fuehren.com/sensationsgierbefriedigung-in-den-medien/.

Institutionen zivilgesellschaftlicher Kontrolle und Kritik und der Auseinandersetzung mit dem auch existierenden Abgründigen verstanden, sondern zu Hilfsinstrumenten von Wachstumsideologien uminterpretiert. In diesem Verständnis besteht die Aufgabe des Journalismus im Forcieren ökonomisch nutzbarer Stimmungen: Nachrichten sollen uns »glücklich« machen, damit dieses »Glück« anschließend gewinnmaximierend verwertet werden kann. Bleibt zu hoffen, dass der Traum von Frau Kotrba ein Traum bleibt: Denn eine Gesellschaft, in der Journalisten mit einer derart der ökonomischen Verzweckung gehorchenden Schere im Kopf zu Feder und Tablet griffen, hätte mindestens ihre innere Freiheit eingebüßt.

## »Personenhygiene« in Coachingkonzepten

> »Vorsicht beim Umgang
> mit Glück- und Erfolglosen!«

»Da Informationen meist von menschlichen Individuen artikuliert werden, neigt der Programmatische Optimismus in letzter Konsequenz dazu, auch Menschen aufgrund ihrer Lebenseinstellung, ihrer Gefühle und ihrer Denkweisen zu etikettieren«, hatte ich zu Beginn dieses Kapitels mit Blick auf die Erfahrungen der ostdeutschen Geschichte konstatiert. »Feindlich-*negativ*« war das Etikett, das die DDR-Staatsmacht Menschen anheftete, die mit einer skeptischen oder kritischen Haltung angeblich Enthusiasmus, Energie und Wohlbefinden ihres »Kollektivs« unterminierten und so Erfolg und Planerfüllung gefährdeten. Wirtschaft und Gesellschaft waren deshalb vor solch »negativen Personen« zu schützen – was vor allem hieß, sie durch Stigmatisierung und Isolierung an der Verbreitung ihrer »Negativität« zu hindern. Es mutet skurril, doch innerhalb der Logik eines programmatisch-optimistischen Denkens nicht überraschend an, dass sich ähnliche Denk- und Handlungsmuster in den Selbstzeugnissen der heutigen Coachingbranche wiederfinden. »Kennen Sie sie auch, diese Menschen, die mit ihrer bloßen Anwesenheit [...] Negativität zu versprühen scheinen [...] Wer ist es bei dir? Der Kollege? Die Tante? Der Nachbar?«, fragt etwa der Selbstmanagementblog »Zeit zu leben« – und empfiehlt als mögliche Gegenstrategie die gezielte Meidung solcher Personen, selbst dann, wenn es nachvollziehbare Gründe für ihren emotionalen Zustand gibt. Entscheidend sei, dass die eigene Positivität beschädigt werden könne, wenn man sich mit ihnen befasse.

> Ich habe einen solchen Menschen in meiner Verwandtschaft. [...] Tatsächlich hat diese Person [...] viel einstecken müssen, aber das ist eine andere Geschichte. [...] Die Gefahr im Umgang mit negativen Menschen ist, selbst negativ zu werden. [...]

> Eine [...] Strategie ist [deshalb], negative Menschen [zu] meiden. Sie gehen ihnen aus dem Weg, um nicht mehr mit dieser Negativität konfrontiert zu werden.[375]

Damit befindet sich der Blog in bester Gesellschaft. Deutschlands zweitgrößtes Nachrichtenmagazin, der *Focus*, plädiert dafür, Beziehungen und Freundschaften ganz grundsätzlich nur noch zu Optimisten und Fröhlich-Beschwingten zu unterhalten und um Menschen mit anderen Lebenserfahrungen oder Stimmungslagen einen Bogen zu machen:

> Es gibt Menschen, die [...] in erstaunlicher Geschwindigkeit Ihre Stimmung drücken. [...] Sie können schließlich nicht einfach lachen oder weghören, wenn jemand zu jammern beginnt. Also fühlen Sie mit – und schon stülpt sich die miese Stimmung auch über Ihr Wohlbefinden. Halten Sie Abstand zu solchen [...] Mitmenschen. Machen Sie – wo immer es geht – einen Bogen um sie. [...] Suchen Sie stattdessen die Nähe von Menschen, die [...] Leichtigkeit in Ihr Leben bringen, wo Sie sich nach jeder Begegnung [...] beschwingt fühlen. Bauen Sie ganz bewusst Bekanntschaften und Freundschaften mit Menschen auf, die [...] Optimismus ausstrahlen.[376]

Was der *Focus*-Artikel fürs private Umfeld entwirft, überträgt der NLP-Coach, Positive Psychologe und Mitarbeiter im Personalvorstand der Bertelsmann-Gruppe, Nico Rose, aufs Berufsleben: Rose empfiehlt Beschäftigten, ihre Kollegen nach drei Kategorien zu sortieren – von a für positiv nutzbar für die eigene Stimmung über b für neutral bis c für stimmungsmindernd. Zu Kollegen der Kategorie c sei der Kontakt wenn machbar abzubrechen – so könne der eigene Erfolg gesteigert werden.

> Macht euch [...] klar, welche Arbeitsbeziehungen euch Energie zuführen oder entziehen. [...] Beantwortet dabei die Frage: Nach einer Interaktion mit Person X. fühle ich mich [...] a) energiegeladen, b) unverändert, oder c) leer und kraftlos. In der Folge solltet ihr versuchen, den Kontakt zu Kollegen der Kategorie c) zu verringern oder zu vermeiden. [...] Was zunächst nach einer destruktiven Maßnahme klingt, wird sich [...] positiv auf eure Produktivität und eure Arbeitsergebnisse auswirken.[377]

Der bundesweit tätige Coachinganbieter Beyer&Wilmer offeriert Führungskräften für 1000 Euro Schulungen zum Umgang mit »Querulanten«. Diese werden nochmals nach Untertypen klassifiziert: Da gibt es den *Nörgler*, den

375 www.zeitzuleben.de/wie-sie-mit-negativen-menschen-umgehen-ohne-selbst-negativzu-werden/.

376 www.focus.de/gesundheit/ratgeber/psychologie/gesundepsyche/tid-23172/uebung-6-meiden-sie-miesmacher_aid_346004.html.

377 Rose 2015, S. 68–71. t3n ist ein Magazin für Beschäftigte in der IT- und Digitalwirtschaft.

*Miesmacher,* den *Arroganten,* den *Besserwisser* oder auch den *Bremser.*[378] Hilfestellung bei der Typisierung von Mitmenschen hält der bekannte Motivationstrainer *Stefan Frädrich* schon für Heranwachsende bereit. In dem gemeinsam mit der *Mentor Stiftung Deutschland*[379] entwickelten Heft *Günter, der innere Schweinehund für Schüler,* laut Klappentext ein »suchtpräventiv wirksames Comic-Buch für Kinder und Jugendliche«, werden jungen Lesern für die Einordnung von Mitschülern unter anderem die Kategorien *Opfer und Erpresser, Miesmacher und Misstrauische* sowie *Hinterhältige und Besserwisser* angeboten.[380] Frädrich, Gründer des »Transferinstituts GEDANKENtanken« und Lehrbeauftragter an der Berliner Steinbeis-Hochschule, ist studierter Mediziner, hat den Beruf jedoch kaum ausgeübt, sondern stattdessen erfolgreich Karriere als Trainer gemacht – nicht zuletzt dank seines beliebten Maskottchen, des »Schweinehundes Günter«.[381] Buchtitel des Coachs lauten z. B. *Günter der innere Schweinehund, hat Erfolg; Günter, der innere Schweinehund, lernt flirten; Günter, der innere Schweinehund, wird fit; Das Günter-Prinzip: So aktivieren Sie Ihren inneren Schweinehund; Das Günter-Prinzip für einen fitten Körper; Nichtraucher in fünf Stunden* oder auch *So kommen Sie als Experte ins Fernsehen. Wie Sie den Bildschirm erobern und sich als TV-Experte etablieren.* Unternehmen von der Sparkasse bis zur Diakonie buchen den 2011 vom Coaching-Magazin *TRAiNiNG* ausgezeichneten »Trainer des Jahres« gern für Feiern und Mitarbeiter-Motivationen.[382] Frädrichs simpel gestrickte, auf Differenzierung weitgehend verzichtende Botschaften bewegen sich auf der Ebene eines psychologischen Populismus, bei dem Ursache und Wirkung mit wenigen Handgriffen zugeordnet werden können. Herablassung, Häme und Stimmungsmache gegen Schwächere und Menschen, die vermeintlich ihrer »Eigenverantwortung« nicht gerecht werden, sind ein tragendes Element seiner Inszenierungen. Um größtmögliche Resonanz zu erzielen, schreckt Frädrich auch nicht davor zurück, gezielt populäre Vorurteile gegen Minderheiten zu bedienen – zum Beispiel die sich gegen alle wissenschaftlichen Erkenntnisse haltende Vorstellung, Übergewichtige seien willensschwache Individuen, die ihren »inneren Schweinehund« nicht überwänden und mit einer durch

378 www.beyer-wilmer.de/persoenlichkeit-sozialkompetenz/umgang-mit-konflikten-und-querulanten-souveränität-bewahren/. – Vgl. auch Günther Beyer: Geben Sie Querulanten keine Chance, in: *Die Welt* vom 28.8.2000.

379 Eine international tätige Stiftung unter der Schirmherrschaft von Königin Silvia von Schweden, die sich für die Stärkung des Selbstwertgefühls von Kindern und Jugendlichen engagiert. Vgl. http://mentorstiftung.de.

380 Vgl. Frädrich 2006b, S. 43–45.

381 Vgl. www.peoplebuilding.de/trainerteam/85-trainerteam/290-dr-stefan-fraedrich-motivation-die-wirkt, www.faircoach.de/coaches/153/top_speakers – Vgl. auch Alexander Kühn: Die Schweinehundversteher, in: *Der Spiegel/Karriere* vom 14.5.2014.

382 Vgl. http://stefan-fraedrich.de/referenzen/, www.trendjournal-tv.de/2009/03/diakonie/.

eigene Trägheit verschuldeten peinlichen Erscheinung ihre Umgebung beeinträchtigten.

> Und was ist, wenn dein BMI über 25 (bei Frauen 24) liegt? Ganz einfach: Dann bist du zu dick! [...] Hand aufs Herz: [...] Findest du dich nicht manchmal selbst zu dick? Zum Beispiel, [...] weil du dich kaum noch in Bikini, Badeanzug oder Badehose traust (oder besser: trauen solltest)? [...] Dick ist doof [...] Und dein Übergewicht ist dir immer wieder peinlich: zum Beispiel, wenn dich Verwandte und Freunde darauf ansprechen [...] Oder wenn du dich mit den schönen schlanken Menschen aus Werbung, Film und Fernsehen vergleichst. Ja, manche schämen sich für ihre Pfunde so sehr, dass sie sich gar nicht mehr in die Öffentlichkeit trauen! [...] Und wusstest du [...], dass dicke Frauen oft Eierstockzysten bekommen und bei dicken Männern die Genitalien verkümmern?[383]

Opfer kann es in einem solchen Denkkosmos natürlich grundsätzlich nicht geben. Stefan Frädrich:

> Wer außer uns selbst kann [...] dafür sorgen, dass es uns gut geht? [...] Niemand! Weil das gar nicht geht! [...] Jeder Mensch [...] hat daher die Aufgabe [...] seine EIGENEN Stimmungen zu managen! [...] Eine gesunde Psyche hat dauernde Streicheleinheiten von anderen nicht nötig. Sie sorgt selbst dafür, dass es ihr gut geht.

> Die Opferrolle widerspricht allem, was ich glaube und woran ich glaube. Sie ist [...] die Antithese zu jedem Gedanken, den ich denke, zu jedem Gefühl, das ich fühle, zu jeder Idee, die ich teile.[384]

> Wer nicht aus sich macht, was in ihm/ihr steckt, betrügt sich nicht nur selbst, sondern alle anderen auch. Er/sie fühlt sich als Opfer und ist dabei eigentlich Täter. Pervers, oder?[385]

383 Stefan Frädrich: Günter, der innere Schweinehund, wird schlank. Ein tierisches Diätbuch, Offenbach 2006, S. 20–25. – Vgl. im Gegensatz dazu die seriöse wissenschaftliche Debatte um das komplexe Phänomen Adipositas, z. B. die Pressemitteilung der Berliner Charité vom 3.1.2013 »Höhere Überlebenschancen bei Übergewicht«, die Homepage des Adipositas-Zentrums am Klinikum München-Bogenhausen – »Adipositas ist kein äußeres Zeichen von Willensschwäche« – sowie die Artikel »Das dicke Ende kommt zum Schluss« in der *Welt* vom 2.7.2016 und »Dünnsein ist eine Veranlagung, keine Leistung«, in: *Süddeutsche Zeitung* vom 3.11.2012.

384 www.stefan-fraedrich.de/blog/mach-mich-glucklich, www.stefan-frädrich.de/blog/hilfe-ich-bin-ein-opfer/, www.stefan-fraedrich.de/blog/gluck-ist-lernbar-die-formel-fur-ein-besseres-leben, www.stefan-fraedrich.de/blog/selbstfindung-ist-opferhaltung-2.

385 http://stefan-fraedrich.de/du-ausenseiter/. – Vgl. außerdem Stefan Frädrich: AC/DC und das erste Mal. 29 motivierende Gedankengänge. neobooks 2015.

Für Emanzipationsbewegungen und demokratische Institutionen, die sich auf die Seite Schwächerer und potentieller Opfer schlagen, hat der Coach, der auch schon als Sachverständiger bei Parlamentsanhörungen auftrat[386], folglich nur Hohn und Spott übrig:

> So manche Organisationen erscheinen bizarr, die einzelne Merkmale von Menschen als besonders schützens- und verteidigenswert inszenieren: Frauenbewegung, Gewerkschaften, Künstlersozialkasse. Tenor stets: »Unser Klientel hat es besonders schwer, also braucht es Unterstützung.« Blödsinn! Wie wäre es mit einer Männerbewegung? Einem Frisörinnen-Hilfsfonds mit Pflichteinzahlung bei jedem Scherenkauf in der Drogerie? Einer Vereinigung der Blondbehaarten? Und wo wir gerade dabei sind, beantrage ich hiermit einen Schutzverein für auf dem Land aufgewachsene Erstgeborene mit musisch-rhetorischer Begabung und Schwächen beim Fußballspiel![387]

Frädrichs bizarre Argumentation: Weil jeder auf eine Weise anders sei als die anderen, seien genau betrachtet alle Außenseiter. Wenn aber alle Außenseiter seien, sei niemand mehr Außenseiter: Schutzbedürftige Minderheiten könne es deshalb gar nicht geben, vielmehr habe jeder die Pflicht, seine Bedürftigkeit »verdammt noch mal« selbst zu beenden und sich alleine zu behaupten: »Kennen wir nicht auch Menschen, die ohne Gewerkschaft, Burnout oder Gejammer einfach gerne ihren Job machen und dabei erfolgreich sind – oft sogar ohne Ausbildung und trotz scheinbarer Benachteiligung?«[388]

Voraussetzung, um »ohne Gewerkschaft, Burnout und Gejammer« erfolgreich zu sein, ist für Frädrich vor allem ein Umfeld, in dem Menschen, die sich als Opfer erleben oder an schmerzhaften Erfahrungen leiden, nicht mehr vorkommen. Wer etwa daran denke, sich selbständig zu machen, aber eine Familie oder einen Freundeskreis habe, in dem Menschen von Arbeitslosigkeit betroffen seien, der müsse

> ständig einen Spagat zwischen seinen Wünschen und der Realität seiner Familie und Freunde machen, die sich mit ganz anderen Dingen beschäftigen: Arbeitssuche, Sicherheitsorientierung [...] Informatiker nennen das [...] »Müll rein, Müll raus«. [...] Darum [...] können wir Glück und Erfolg ruinieren, indem wir uns mit Unglück und Misserfolg umgeben! Vorsicht also beim Umgang mit Glück- und Erfolglosen! [...] Sicher kennen auch Sie Menschen, denen das Pech geradezu

386 Die Enquetekommission »Glück und Zufriedenheit von Familien« des Landtags von Nordrhein-Westfalen lud Frädrich am 18.9.2015 als Experten zu einer Anhörung ein. www.landtag.nrw.de/portal/WWW/dokumentenarchiv/Dokument/MME16-1377.html.

387 http://stefan-fraedrich.de/du-aussenseiter/.

388 Frädrich 2011, S. 244.

nachläuft [...] Andauernd über die Ursachen grübelnd. [...] Hilflos. Arm dran. Ach Gottchen. [...] [Sie] müffeln [...] uns die Bude voll. [...] Sie haben in Eau de Problem gebadet – ihr (Gedanken)umfeld stinkt. [...] Einzige Hilfe: [...] Kräftig lüften und sauber machen [...] Abstand halten. Sorry, Stinker.[389]

Die Vehemenz, mit der manche Mentaltrainer die Distanzierung von vermeintlich »erfolglosen« Individuen propagieren, erinnert bisweilen an den »Cut«, den Sekten von Neueinsteigern verlangen: Die eigene »Veränderung« muss gegen Anfechtung gesichert werden durch eine Abbindung auf der sozialen Ebene, wobei selbst Familie, Freunde oder der Partner nicht tabu sind. Hier offenbart der Programmatische Optimismus noch einmal seine ganze ersatzreligiöse Komponente inklusive radikal-fundamentalistischem Konversionsmodell. Mehr noch: Begriffe von Unreinheit wie »Müll«, »Stinker«, »Abstand halten«, »Lüften« und »Saubermachen« inszenieren Bilder regelrechter Infektions- und Verseuchungsgefahr – die zum Teil auch konkretisiert werden, man denke etwa an die Behauptung mancher Positiver Psychologen, Skeptiker und Erfolglose seien wegen einer angeblich schlechteren Immunabwehr häufiger Träger ansteckender Keime als Optimisten.

## Das »Energievampir«-Gespenst

»Die bewegen sich wie so Zecken,
wie so Parasiten.«

Auf die Spitze getrieben wird die Dämonisierung Erfolgloser in einem Wort, oder man sollte besser sagen Unwort, das seit einiger Zeit durch die Angebote der Coaching- und Selbstmanagementbranche geistert: Der »Energievampir«. *»Ich armes Opfer« – Energievampire erkennen und neutralisieren, Energievampire loswerden, Energievampire: erkennen – meiden – abwehren, Energetische Selbstverteidigung bei Energievampiren, Wie Sie den Energievampir in Ihrem Partner erkennen, Energievampire – wie du sie erkennst und dich schützt, Energievampire eliminieren: Mach eine Liste von Personen, Systematische Erkennung und Abwehr von Energievampiren, Energievampire entfernen, Energievampire ausschalten* – so lauten nur einige der kaum zu überblickenden Seminarangebote und Workshops, die die Suchmaschinen auf den Begriff hin ausspucken. Unter den Anbietern befinden sich immer wieder auch zertifizierte Coachs. Synonym verwendet werden Bezeichnungen wie *Blut-*

389 www.stefan-fraedrich.de/blog/nie-wieder-stinkstiefel.

*sauger, Depressive, Energiefresser, Energie-Sauger, Eristiker, Jammerlappen, Kritiker, mitleidheischende Energiebettler, Motzköpfe, Nörgler, Opfer, Parasiten, pathologische Individuen, Pessimisten, Psychovampire, Quengler, Querulanten, Selbstbemitleider, Skeptiker, Schmarotzer, Stinker, Stinkstiefel, toxische Personen, Trostbedürftige, Zecken, Zeitvampire* und *Zweifelssäher.* Energievampire »trampelten mit ihrer Negativität auf unseren positiven Gefühlen herum«, bürdeten uns ihre Sorgen auf und saugten uns leer, so lauten typische Beschreibungen. Zentrales beschworenes Charakteristikum ist dabei die »Heimtücke« des »Vampirs«: Dieser verstecke sich oft hinter einer vertrauten Fassade – der des freundlichen Mitmenschen, des netten Kollegen, des sympathischen Nachbarn, des Verwandten oder Freundes, ja sogar des Partners. »Wir kennen alle dieses Problem und finden es fast überall: Energievampire. Diese Blutsauger versuchen alles, um einem die Kraft zu nehmen. Ob Verwandte, Bekannte oder leider auch Freunde – Energievampire können sich hinter verschiedenen Menschen in unserem Umfeld verstecken«, erklärt der Blog »Über 30tausend. Denkweisen erfolgreicher Unternehmer«.[390] Die frühere Fernsehmoderatorin Angelika Wende, heute als Coach und homöopathische Beraterin tätig, formuliert es ähnlich:

> Wir alle kennen das [...], wenn wir mit einem Menschen zusammen sind und uns [...] ausgepowert fühlen. [...] Wenn wir das spüren, sind wir das Opfer eines Energieräubers geworden. [...] Energievampire sind unter uns, immer und überall [...] Sie leben [...] von der Lebenskraft anderer [...] Sie saugen [...] gierig und gnadenlos [...] [um] sich den lebensnotwendigen Saft für ihre blutleere Seele holen. Und da sind wir schon beim Wesen der Vampire angelangt. Sie sind blutleer, sie sind leidenschaftslos, sie sind innerlich taub. Sie sind gut getarnt [...] Sie sind voller Ängste, haben kein Vertrauen in sich selbst und andere und [...] suchen [...] Trost und Hilfe. [...] Alle Energievampire haben nur einen Antrieb: Sie wollen ihren Durst nach fremder Lebensenergie stillen.[391]

Die bloße physische Anwesenheit eines »Vampirs« in einem Raum reiche schon aus, um »gebissen« zu werden, warnt ein Community-Beitrag auf der Homepage der *Augsburger Allgemeinen Zeitung*: »Sie verstecken sich in den Hüllen der lieben Mitmenschen. [...] Die Spezies der Energievampire lebt von der positiven Energie der Menschen. Weil ihre eigene so negativ ist und sie keinen Bock haben, dagegen etwas zu tun. [...] Das mentale Verbeißen geht fix. Entweder

390 www.30tausend.de/energievampire/ – Immerhin plädieren die Autoren dafür, nicht sofort auf Abstand zu gehen, sondern zunächst Hilfe anzubieten. Die Befremdlichkeit des Bilds des »Blutsaugers« bleibt dennoch.

391 http://angelikawende.blogspot.de/2014/08/aus-der-praxis-energievampire-und-wie.html, www.wende-praxis.de/7.html.

durch Blickkontakt oder die bloße Anwesenheit. […] Nach jedem Übergriff sind sie gesättigt.[392] »Schützen Sie sich!«, beschwört angesichts dessen die Autorin Anna Stein ihre Leser, »diese saugenden Energievampire sind überall«, gerade in Zeiten der Arbeitslosigkeit […], der Wirtschaftskrisen […] und anderer Sorgen […] stürzen [sie] sich […] auf ihre Opfer, um das eigene Überleben zu sichern. Wo lauern sie? […] Wie kann man sich schützen? Wie kann man sie […] loswerden? All das sind Fragen, mit denen sich das Buch auseinandersetzt.[393] Selbst in Kirchen ist das Bild des hinterhältigen »Vampirs« mittlerweile hoffähig. Das Magazin *Engagiert*, die Zeitschrift des *Katholischen Deutschen Frauenbundes*, riet schon im Jahr 2006: »Gehen Sie ans Ausmisten. […] Wann fühlten Sie sich als Opfer? Schreiben Sie […] alle Opfer-Gefühle auf, […] dann verbrennen Sie das Papier […] – damit sollte das […] erledigt sein. […] Finger weg von Problemen anderer! […] Schützen Sie sich […] vor mentalem »Giftmüll« wie […] zu vielen Informationen durch Zeitungen. […] Auch negative Kontakte zu Energievampiren […] tun nicht gut.«[394]

Zehn Jahre später mahnt auch der frühere Franziskanerpater des Klosters Vierzehnheiligen, Christoph Kreitmeir, seine Leser auf ihrem Weg zu mehr Glück: »Jeder ist letztlich selbst verantwortlich für sein Leben. […] Meiden sollte man […] sogenannte ›Energievampire‹ […] Eine gute und vor allem machbare Perspektive für das neue Jahr.«[395] Hilfe bieten bei der Umsetzung dieser Perspektive wollen immer öfter auch Bildungseinrichtungen und Universitäten. Das Zentrum für Gender und Diversity der Ostbayerischen Technischen Hochschule Amberg-Weiden bot 2014 eigens einen Workshop an.

> Energievampire« – so hieß der Workshop, zu dem das Gender- und Familienbüro im Rahmen der Mentoring-Programme […] eingeladen hat. […] Mit welchen Lockstoffen […] wir unbewusst den Vampir in unser Leben einladen, erörterte die Referentin […] auf […] anschauliche Art. […] Teilnehmerinnen [konnten] erfahren, dass […] »Vampire« […] in verschiedene Gruppen einzuordnen sind. […] Darunter befindet sich […] das »ewige Opfer«.[396]

392 www.augsburger-allgemeine.de/community/profile/Landsberger_Pflanze/Der-Kampf-gegen-Energievampire-id13458841.html.

393 Anna Stein: Energievampire, Norderstedt 2011. www.amazon.de/Energievampire-Anna-Stein/dp/3842359195.

394 Engagiert, Ausgabe 1/2006. www.engagiert.de/no_cache/engagiert-archiv/single/article/leichter-durch-den-alltag-das-leben-entruempeln.html.

395 Vgl. Christoph Kreitmeir: Wege zum Glück im Jahr 2017. www.christoph-kreitmeir.de/presse/wege-zum-gl%C3%BCck-im-jahr-2017/.

396 www.oth-aw.de/informieren-und-entdecken/aktuelles/neuigkeiten/news/201403282093-mentoring-programme-amelie-und-first-steps-energievampire/.

Beigetragen zu diesem Hype haben zweifellos einige besonders reißerisch aufgemachte Publikationen wie Maryan Stones *Energievampire: Erkennen, meiden, abwehren*[397] oder Dorothy Harbours Bestseller *Achtung Energievampire! Das Praxisbuch für den psychischen Selbstschutz*. Vampire träten keineswegs nur in Gruselgeschichten auf, heißt es in der Einführung, vielmehr seien »berüchtigte Blutsauger wie Dracula« vermutlich umgekehrt »Beschreibungen ihrer realen Vorbilder [...]: der Energievampire, die sich nicht am Blut, sondern – weitaus schlimmer – an der Lebenskraft ihrer Opfer laben.«[398] Harbour beschäftigt sich mit dem *Kampf um Lebensenergie*, mit Strategien der *Sofortverteidigung*, mit Techniken zum *Schließen der Schleusen* sowie Methoden zum *Säubern des «Unterbewusstseins»*. Um nicht von »Langzeitschmarotzern« attackiert zu werden, sei es unumgänglich, die eigene »Aura« »von allen negativen Gedanken, Gefühlen und Bildern zu reinigen: Nur so können wir sicher sein, dass potenzielle Energievampire durch Altlasten auf unserem inneren ›Schrottplatz‹ gar nicht erst angezogen werden.«

Was verbirgt sich hinter dem bizarren Feindbild des »Energievampirs« – das, wie wir an den Beispielen sahen, keineswegs ein Betätigungsfeld abseitiger Spinner ist, sondern nicht zuletzt über das Vehikel des Coachings den Weg in die Mitte der Gesellschaft findet? Damit keine Missverständnisse entstehen: Die Welt ist bunt und Menschen sind – Gott sei Dank – verschieden. Nicht umsonst gibt es das Wort von der »Chemie«, die stimmen muss, wenn zwei etwas miteinander unternehmen – egal ob in der Arbeitsbeziehung, in der Freundschaft und erst recht in der Partnerschaft. Ist einer dominant und rigoros in der Durchsetzung seiner Interessen, der andere aber schüchtern beim Formulieren eigener Bedürfnisse, entstehen asymmetrische Beziehungen, in denen sich ein Teil bald unterdrückt fühlen muss. Auch gibt es zweifellos »schwierige« oder monomane Charaktere, die sich unentwegt selbst in den Mittelpunkt stellen, aber umgekehrt nicht zuhören und die Gefühle eines anderen erspüren können. Es gibt Menschen, die andere vor den eigenen »Karren« spannen und für sich nutzen, wobei die Grenze zum Ausnutzen schnell überschritten werden kann. In einigen Fällen – allerdings seltener, als es die hysterischen Warnungen vieler Coachs nahelegen – kann das auch neurotische Züge annehmen. Die klassische Psychologie kennt den Narzissmus, den emotionalen Missbrauch, die psychologische und die Co-Abhängigkeit und als Extremform das Stalking. Niemand, das sollte selbstverständlich sein, muss in Beziehungen eintreten oder verbleiben, die ihm nicht guttun, in denen er sich unwohl und unfrei fühlt oder an denen

397 Maryan Stone: Energievampire. Erkennen, meiden, abwehren, München 2006.

398 Dorothy Harbour: Achtung Energievampire! Das Praxisbuch für den psychischen Selbstschutz, München 1999.

er gar seelisch Schaden nimmt. Und niemand kann allein die Weltkugel tragen, weil wir alle begrenzt sind – was allerdings gerade im Selbstmanagement gern bestritten wird. Für Gutmütige, Schwächere und Menschen in Helferberufen kann es sehr wichtig sein, sich die eigenen Bedürfnisse zu vergegenwärtigen und auch Grenzen zu ziehen – dazu kann in manchen Fällen auch gehören, einen Kontakt ganz zu beenden. Soviel zur Klarstellung.

Aber ist das gemeint, wenn Berater und Coachs das Schreckbild des »heimtückischen Energieräubers« an die Wand werfen? Wohl kaum. Zweierlei spricht dagegen. Erstens die *Sprache*. In einer zivilen Gesellschaft gibt es – hoffentlich – einen Konsens: Selbst wenn wir jemanden noch so unangenehm, unausstehlich, unsympathisch oder belastend finden – er bleibt ein Mensch. Wir müssen ihn nicht umarmen, wir müssen ihn nicht in unser Schlafgemach lassen – aber wir müssen ihn als Mensch behandeln. Begriffe wie »Vampir«, »Blutsauger«, »Schmarotzer«, »Zecke« oder »Parasit« bezeichnen aber keine Menschen, sondern Ungeziefer. Und Verben wie »entfernen«, »ausschalten«, »neutralisieren« und »eliminieren« bedienen nicht die Regeln demokratischer Konfliktlösung, sondern eine Phantasie der Auslöschung. Die Sprachbilder sind es, die an der »Debatte« um den sogenannten »Energievampirismus« so erschrecken: Die Reduktion von Menschen auf eine einzige negative Eigenschaft – *der* Nörgler, *der* Hinterhältige, *der* Querulant – erinnert fast an jene NS-Sprachmuster, wie sie einst Victor Klemperer in seiner Untersuchung *Lingua Tertii Imperii* analysierte. Auch die Wesensbeschreibung des »Energievampirs« als »seelenlose Kreatur«, die einen »Wirt« benötige, um »zu überleben«, bewegt sich gefährlich nah an Hetzbildern, die einst der Stürmer von Juden entwarf. Das führt zum zweiten Punkt: Das Feindbild des »Energievampirs« ist derart plakativ –»diese saugenden Vampire sind überall« –, dass es gegen jeden verwendet werden kann. Gegen jeden, der der neuen Gesellschaftsnorm der »optimierten«, sich »selbst managenden« Persönlichkeit nicht genügt. Trauernde, Verletzte, Einsame, Zweifelnde, Überforderte, Menschen, die an Depressionen oder anderen psychischen Erkrankungen leiden – allein in Deutschland sind das mehrere Millionen – sie alle, das heißt potentiell jeder von uns, können mit der »Energievampir«-Schablone schon morgen kurzerhand zu Störenfrieden und Außenseitern gestempelt werden.

> Die alltäglichsten Fälle von Energievampirismus ergeben sich [...] aus der Tatsache, dass Menschen über unterschiedliche Energieniveaus verfügen. Beinahe in jeder Gruppe oder Familie [...] gibt es ein Individuum, das sich – zu Recht oder nicht – weniger vital als der Rest der Gruppe fühlt [...] Trostbedürftig [...] zwingt es seine Mitmenschen, [...] ihm ihre Aufmerksamkeit zu schenken.[399]

399 Ebd.

> Häufiger als viele glauben mögen, begegnen uns psychisch kranke oder in irgendeiner Weise seelisch gestörte Individuen. Da ihre Lebensenergie blockiert ist, versuchen sie anderen Menschen Kraft abzuzapfen. [...] [Sie] dringen [...] in die Persönlichkeit eines anderen Individuums ein, indem sie diesem Zweifel und Angst einflößen.[400]

Die Wiener »energetische Psychologin« Daniela Keller erklärt in ihrem Aufsatz *»Ich armes Opfer« – Energievampire erkennen und neutralisieren*:

> Mir gehts sooo schlecht!« Wer kennt das nicht? Eine gute Freundin, ein guter Freund beginnen ein Gespräch mit diesen Worten. Vorsicht [...] Es könnte sich um einen Energie-Vampir handeln. [...] Diese »armen Opfer« [...] sind immun dagegen, Verantwortung für ihre Handlungen zu übernehmen. Sie weigern sich, erfolgreich ihre eigenen Defizite zu erkennen.[401]

Keller rät, selbst Freunden und Verwandten maximal fünf Minuten einzuräumen, wenn sie über persönliche Nöte sprechen möchten – es sei denn, sie seien bereit, unverzüglich Lösungen zu erarbeiten, die sicherstellen, dass künftige Gespräche frei von negativen Inhalten ablaufen.

> Bei Freunden und Verwandten lächeln Sie und sagen: »Unsere Beziehung ist mir wichtig, aber es ist nicht hilfreich, dass du dich selbst bedauerst. Ich kann dir nur 5 Minuten zuhören, außer du bist bereit Lösungen zu besprechen. [...] Wenn das »Opfer« [...] entgegnet: »Was bist du denn für ein/e Freund/in«, fallen Sie darauf nicht rein. Antworten Sie: »Ich [...] mag dich sehr. Aber das ist alles, was ich anbieten kann.[402]

Im Berufsleben sei das Anhören von Sorgen noch restriktiver auf ein bis zwei Sätze zu beschränken – wobei die Abwehr des betreffenden Kollegen körperlich unterstützt werden könne:

> Bei Mitarbeitern antworten Sie: »Es tut mir Leid, dass dir das passiert ist.« Dann [...] lächeln Sie und sagen: »Ich werde positiv an dich denken [...] Ich hoffe du verstehst, ich habe eine Deadline und muss an die Arbeit zurück.« Gleichzeitig verschränken Sie die Arme, lösen den Augenkontakt oder drehen sich sogar weg. Körpersprache ist hier unterstützend: je weniger Kontakt, umso besser.[403]

400 Ebd.
401 Vgl. Strategien für das gesunde Selbst. – www.tools-of-life.at/wissen/psyche-spiritualit%C3%A4t/ich-bin-ein-opfer-energie-vampire/.
402 Ebd.
403 Ebd.

Dem schließt sich die Selbstmanagementbloggerin Barbara Singer an: Mit körperlichen Gesten sei es auch ohne Worte möglich, die »toxische Person« bloßzustellen. »Hilfreich ist, wenn Sie den Energievampir in dem Sinne bloßstellen, dass Sie [...] ihn in seinem Verhalten armselig wirken lassen. Das geht auch nonverbal.«[404]

Das »Energievampir«-Gespenst, so lässt es sich zusammenfassen, ist Ausdruck einer neuen Gesellschaftsidee: Der totalen – oder sollte man sagen: totalitären – Wellnessgesellschaft. Es repräsentiert eine neuartige Anspruchshaltung, nach der quasi ein »Grundrecht« darauf bestehe, 365 Tage im Jahr, zu jeder Zeit, an jedem Ort, nur noch von »Beschwingtheit«, »Flow« und »Empowerment« umgeben zu sein. Es ist praktisch der Anspruch, schon auf Erden im Paradies zu sein – und deshalb bitte von allem abgeschirmt zu werden, was dieses Paradies nach subjektivem Empfinden irgendwie stören könnte, einschließlich – und spätestens da wird es politisch – von als »negativ« etikettierten Mitmenschen. »Die/der nervt«, ist ein Ausspruch, den man heute fast täglich zu hören bekommt, im Bus, in der Bahn, auf der Straße, im Job, im Freundeskreis. In einer offenen Gesellschaft gibt es aber kein »Recht«, nie »genervt« zu werden – vielmehr gehören Reibungen essentiell zur Demokratie, die sich über die Bereitschaft ihrer Mitglieder konstituiert, sich in Verschiedenheit anzunehmen und trotz unterschiedlicher Weltanschauungen, Lebensphilosophien, Bedürfnisse, Charaktere und Temperamente miteinander auszukommen – oder aber Spannungen gewaltfrei zu kommunizieren.

Das Gefährliche am vermeintlichen »Recht auf Dauerpositivität« ist seine Eigendynamik: Wenn ich im Beruf den Anspruch habe, nur noch mit Kollegen zusammenzuarbeiten, die mir »Energie zuführen« und die anderen auf eine Art »schwarze Liste« setze, wie es manche Coachs propagieren – dann will ich im nächsten Schritt vielleicht auch nach Feierabend in der Fußgängerzone nur noch von Leuten umgeben sein, die mich »beflügeln« und Personen, die meine »Balance« beeinträchtigen könnten, »entfernt« sehen. Als ich unlängst die Friedrichstraße entlanglief, erregte sich eine junge Frau gegenüber ihrem Begleiter über den Anblick eines Obdachlosen: Das verderbe ihr die ganze Laune, wie der da sitze, überall schöne Schaufenster, schön gekleidete Menschen, dazu das schöne Wetter, ein perfekter Tag hätte das werden können – und dann kauere der da auf dem Boden mit seiner Leidensmiene und mache das alles kaputt; der schädige

404 https://autorinbarbarasinger.wordpress.com/2014/05/16/energievampire-die-wirkung-toxischer-personen/.

405 Vgl. Vanessa Steinmetz: Von Stinkbomben und Wasserdüsen, in: *Der Spiegel* vom 12.6.2014, sowie Kai von Appeln: Operation saubere Innenstadt, in: *Die Tageszeitung* vom 20.9.2009. – www.spiegel.de/panorama/gesellschaft/obdachlose-in-deutschland-verdraengung-mit-wasserduesen-a-974491.html, www.taz.de/!5167457/.

am Ende noch die Einnahmen der umliegenden Geschäfte, weil die Leute ja ganz deprimiert würden, wenn sie sowas sähen, so jemanden müsse die Stadt doch eigentlich wegbringen dürfen, irgendwohin, wo ihn keiner sehe und er die anderen nicht so runterziehen könne. Eine Einzelbeobachtung in der Berliner Innenstadt, gewiss. Aber sie deckt sich mit Untersuchungen, nach denen ungefähr seit dem Jahr 2005 jener Bevölkerungsanteil signifikant gestiegen ist, der Aussagen wie »Ich würde es begrüßen, wenn Obdachlose, offensichtlich Arme, Flaschensammler und Sinti und Roma notfalls auch mit Zwang am Betreten unserer Innenstädte gehindert würden« zustimmt. Mechanische Verdrängungsmaßnahmen wie Stahlzäune, Steinriegel, Metallstacheln zur Zerstörung von Schlafsäcken, Wasserdüsen zur Besprenkelung von Aufenthaltspunkten Wohnungsloser bis hin zum Versprühen übelriechender Gase unter Brücken sind in manchen Großstädten bereits im Einsatz oder waren schon einmal geplant.[405] Es wird sich schwer bestreiten lassen, dass das Mantra der Selbstgenerierbarkeit von Glück und Erfolg, das im Coaching, im NLP und in der Positiven Psychologie unermüdlich verbreitet wird, Schützenhilfe bei solchen Ausgrenzungsprozessen leistet: Denn wenn doch das eigene Schicksal – also auch das von Armut – immer eigenverantwortet ist, warum sollte es dann unethisch sein, Arme vom Aufenthalt in unseren urbanen Zentren auszuschließen? Sie dürften ja wieder hinein – sobald sie nur bereit wären, ihre (angeblich stets vorhandenen) Ressourcen zu nutzen, ihre Verantwortung wahrzunehmen und ihre Armut erfolgreich selbst zu beenden. Tun sie das nicht, sind sie es quasi »selbst«, die sich für das »Aufrechterhalten« ihres Zustands »entscheiden« – und sich damit auch selbst aus den Innenstädten ausschließen. Den Zusammenhang zwischen dieser neuen Norm einer immer-kompetenten Persönlichkeit, die ihre Probleme alleine löst und einer spürbar gestiegenen Feindseligkeit gegenüber denen, die sie nicht erfüllen, bestätigt das Konfliktforschungsinstitut der Universität Bielefeld, das regelmäßig Erhebungen zur gruppenbezogenen Menschenfeindlichkeit in Deutschland vorlegt: Sozialdarwinistische Vorstellungen sind demnach deutlich auf dem Vormarsch.[406] Die Coachingbranche kann man sowohl als Spiegel wie als Katalysator dieser Entwicklung begreifen. Populäre Mentaltrainer wie Stefan Frädrich reden gar nicht erst um den heißen Brei herum: Unter ausdrücklicher Berufung auf Darwin überträgt er dessen Modell der Selektion auf die Gesellschaft. Nur wer sich optimal an Veränderungen anpasse – für Frädrich heißt das vor allem, dass in Zukunft alle nur noch wie Unternehmer denken und handeln dürfen – und sich nach dem Vorbild der Natur verhalte, was bedeute, freie Nischen zu besetzen und zu verteidigen, könne mit Teilhabe rechnen:

406 Vgl. KLEIN U.A. 2014, S. 75. – Vgl. außerdem Ulrich Bösebeck: Stadtluft macht frei – und unsicher. Innere Sicherheit, Randgruppen und Stadtentwicklung. Als Download unter: www.uni kassel.de/fb6/person/glasauer/sicherheit/BoesebeckStadtluft.pdf.

> [Es] geht [...] ständig darum, eine [...] Nische zu finden, also ein Gebiet, [...] in dem sich noch kein anderer tummelt – und sich darin dann so breit wie möglich zu machen. [...] Gerechtigkeit? Quatsch. Survival oft he fittest. Darwin lebt. [...] Fragen wir uns nicht mehr: [...] Wer zahlt, wenn ich einen Job verliere?' Als ob sich die Welt nur um unsere Bedürfnisse drehe [...] Bringen Sie Nutzen! [...] Tun Sie, was in der Natur sinnvoll wäre![407]

Und in der Natur überlebe zwar unter Umständen noch der Mittelmäßige, so Frädrich, niemals aber der Schwache. Wer eine bestimmte Leistung nicht bringe und sich nicht andauernd verbessere, werde unweigerlich vom »Death oft he unfittest« hinweggerafft. Als Sinnbild für das Wesen der »wahren Welt« bemüht der Coach den Überlebenskampf in der Savanne, wo die leistungsschwächsten Antilopen quasi naturgesetzlich von den Löwen gejagt und getötet würden:

> Was Darwin meinte, war [...] »Death oft the unfittest«. [...] Und das kommt tatsächlich [...] der wahren Welt ziemlich nahe. [...] Das erleben Antilopen, wenn sie von Löwen gejagt werden und leistungsmäßig zu den ganz Schlechten gehören. [...] Sehen Sie die Parallelen zum täglichen Leben? Wo etwa der eine mühsam mit Veränderungen kämpft, heißt sie ein anderer herzlich willkommen. [...] Wo die Wirtschaftskrise [...] vertriebsschwachen Unternehmen das Genick gebrochen hat, konnten andere mühelos wachsen. Weil sie sich auch in guten Zeiten stets verbessert haben [...] Wo der eine ewig alleine bleibt, hat der andere längst neue Kontakte geknüpft.[408]

Der Gedanke, dass wir Menschen uns durch Phänomene wie Bewusstsein, Sprache, Differenzierungsvermögen, politisches Denken, Staatenbildung und wissenschaftlich-technischen Fortschritt wie auch durch Kultur, Religion, Philosophie, Ethik und die Fähigkeit zum Mitleid mit dem Schwächeren fundamental von anderen Lebewesen unterscheiden[409] und deshalb prinzipiell fähig sind, eine Gesellschaft zu realisieren, die auf anderen Gesetzen basiert als denen der freien Wildbahn, wo Löwen Antilopen fressen, nämlich auf Zivilisation, Recht, Humanität und Solidarität, mithin auf der Idee eines demokratischen und sozialen Miteinanders, bei dem noch der Leistungsschwächste, der Langsamste, der Unselbständigste und der Ineffizienteste seinen Platz findet, weil sein Daseinsrecht allein in seiner Menschenwürde gründet und nicht in seinem »Nutzen« – dieser für das Selbstverständnis der Bundesrepublik und

407 Frädrich 2012, S. 105

408 Frädrich 2011, S. 52–55.

409 Leider gilt dieses Alleinstellungsmerkmal auch in umgekehrter Richtung: Auch Phänomene wie Völkermord, Unterdrückung oder Folter kennt das Tierreich nicht. Der Mensch ist in positiver wie negativer Weise einzigartig unter allen Kreaturen, er ist, wie die Bibel in der Tat richtig beschreibt, die *gefallene* Krone der Schöpfung, das *gefallene* Ebenbild Gottes.

ihr Grundgesetz konstitutive Gedanke kommt im Weltbild der meisten Coachs nicht vor. Vielmehr bekräftigt Frädrich seine Terminologie eines »smarten Darwinismus«, wie man das nennen könnte, wenn er in einem »Motivationsvideo« mit dem Titel *Glück ist...Energievampire meiden!* beklagt, dass wir in unserer Erziehung gelernt hätten, auch die Schwächeren zu beschützen und deshalb »Jammerlappen« und »ängstliche Menschen« in unser Leben ließen, deren Verhalten er wörtlich mit dem von »Zecken« und »Parasiten« vergleicht. In drei Minuten liefert das Video des auch als »Botschafter und Vorbild« des Vereins *Optimisten für Deutschland* tätigen Coachs[410] Schablonen, mit denen der Zuschauer anschließend »Energievampire« im eigenen Umfeld identifizieren und entfernen soll – am besten gleich noch heute:

> Es gibt Menschen, die erhellen einen Raum, wenn sie ihn betreten – und andere, wenn sie ihn verlassen [lacht] [...] Leider [...] haben wir häufig gelernt, [...] dass wir auch die Schwächeren beschützen müssen [...] Das führt [...] dazu, dass wir auch Menschen in unser Leben lassen, die Energie saugen, sogenannte Energievampire [...] Jammerlappen, [...] ängstliche Menschen, die sagen [verzieht Körper und Gesicht zu einer spöttischen-herablassenden Geste]: Hilf mir, hilf mir [...] Wenn wir uns mit denen beschäftigen, fühlen wir uns hinterher *wie ausgesaugt*, denn unsere Energien haben *die* [...] geholt, davon haben die sich sozusagen *ernährt* [...], ja die bewegen sich wie so Zecken, wie so Parasiten [...] Ich glaub' [grinst] dass du jetzt sofort schon so'n paar Bilder im Kopf hast, wer in *deinem* Umfeld ein Energievampir ist [...] *Raus mit denen aus deinem Leben!* [...] Wenn du die [...] auflaufen lässt [...], werden die [...] *ver-schwinden* [...] – fang' gleich heute damit an![411]

Die programmatischen Optimisten werfen den von ihnen als »Opfer« oder »Jammerlappen« Gebrandmarkten vor, ängstlich zu sein und keine Verantwortung für ihr Leben übernehmen zu wollen. Es könnte umgekehrt sein: Dass die sich so überlegen gebenden Erfolgstrainer, die eimerweise Häme, Hohn und Verachtung über den Traurigen, Einsamen und Unglücklichen ausgießen, in Wahrheit diejenigen sind, die Angst haben. Angst vor den Geschichten der »armen Opfer«, weil diese Kratzer des Zweifels auf die allzu glitzernden Fassaden ihrer Selbstsicherheit werfen könnten; weil diese Geschichten ganz tief unten auch in ihnen die Ahnung wachrufen könnten, dass es das »autarke Selbst« nicht gibt, sondern, Selbstmanagement hin oder her, Menschen auf Menschen und auf Menschlichkeit angewiesen bleiben – und dass deshalb auch sie, die

410 Vgl. www.optimisten-fuer-deutschland.de/vorbilder.html.

411 Stefan Frädrich: Glück ist... Energievampire meiden! Motivationsvideo. www.youtube.com/watch?v=YXwGZwiNado – Die kursiv bzw. mit Bindestrich gesperrt geschriebenen Wörter simulieren deren Original-Akzentuierung im Video.

ewigen Stehaufmännchen, die dauerhaft Resilienten und scheinbar Unverwundbaren schon morgen zu denen gehören könnten, die die Gesellschaft um Unterstützung bitten müssen.

Die Angst vor Opfern und der daraus resultierende Wunsch, die, die es nicht schaffen, erfolgreich ihr eigenes »Unternehmen« zu sein, aus dem Fokus zu schaffen, kann sich in Einzelfällen bis zu eliminatorischen Phantasien steigern. »Wo ist die künftige Heimat derer, die [...] sich der Transformation verweigern?«, fragt etwa der Potsdamer Selbstmanagement-Blogger Christian Narkus, der mit seiner Webseite *Quant-Vital* »unser inneres, ureigenes Potential wiederentdecken« möchte.

> Was wollen die hier noch, frage ich mich. [...] Gefühlt kann es so nicht weitergehen. *Die eine oder andere Art »Mensch« wird weichen müssen* [...] Die Zeit des Händchenhaltens geht zu Ende [...] »Hilf dir selbst« kommt nicht von ungefähr: Jeder Mensch hat alles, was er braucht, [...] dazu erhalten.[412]

Wie das »Weichen-Müssen« der »einen oder anderen Art ›Mensch‹« konkret aussehen soll, wird nicht erläutert. Dass der Blog aber neben den üblichen Coaching-Weisheiten von der Selbstgenerierbarkeit der eigenen Glücks auch die durch das Unwesen der »Reichsbürger« bekannt gewordene krude Verschwörungstheorie bedient, nach der die Bundesrepublik Deutschland kein souveräner Staat sei und dort überdies Interviews mit dem umstrittenen Esoteriker Jo Conrad eingestellt sind, dem Kritiker das Bedienen antisemitischer Klischees vorwerfen[413], zeigt noch einmal, dass zwischen einem – wie wir sahen, bis weit in den etablierten und zertifizierten Teil der Coachingbranche hineinreichenden – sozialdarwinistischen Weltbild, das Menschen in Produktive und Unproduktive unterteilt und unbefangen mit Begriffen wie »Vampir«, »Zecke«, »eliminieren« oder »neutralisieren« operiert, und einem dezidiert rechten Weltbild, die Grenzen oft fließend sind.

412 Christian Narkus: Energievampire, Geschenke des Universums und Verantwortung. Blog-Eintrag vom 24.3.2013 [Hervorhebung G. St.]. – www.quant-vital.de/blog/energievampire-geschenke-des-universums-und-verantwortung/.

413 Vgl. https://de.wikipedia.org/wiki/Jo_Conrad, www.taz.de/!5356086/.

# Selbstmanagement als Komformitätsmaschine

## Grundrechte wegcoachen?

Das erklärte Versprechen von Coachings ist es, die Selbstbestimmung von Menschen zu stärken, ihre »Selbstwirksamkeit« zu erhöhen und sie in die Lage zu versetzen, auch in einer unübersichtlich gewordenen (Arbeits-)Welt ihren eigenen Weg zu gehen. Wir haben inzwischen allerdings gesehen, dass zwischen diesem Anspruch und der Wirklichkeit eine große Lücke klafft. Denn die Wertesysteme hinter gängigen Coachingansätzen wie dem NLP oder der Positiven Psychologie verfolgen gerade nicht die Emanzipation des Einzelnen, sondern im Gegenteil seine mentale »Programmierung« nach effizienzökonomischen Vorzeichen, was letztlich bedeutet, alle Überzeugungen, Gefühle, Identitäten und Bedürfnisse auszusortieren – »loszulassen« wie es dann gern euphemistisch heißt –, die nach den Maßstäben wirtschaftlicher Produktivität und Flexibilität nicht nutzbringend erscheinen. Die Deutung der Welt und der eigenen Existenz steht in vielen Coachings sozusagen schon fest, bevor die Welt überhaupt angeschaut und die Existenz reflektiert wurde: Positiv und optimistisch. Wer zu einer anderen Sichtweise kommt, hat diese über »negative Erklärungsmuster selbst erzeugt«. Die in Coachings vermittelte »richtige« Reaktion auf negativ erlebte Realitäten ist deshalb auch nicht der Versuch, diese Realitäten zu verändern – z. B. indem man sich gegen sie wehrt –, sondern sie durch eine Änderung der eigenen Glaubenssätze positiv umzudeuten (zu »refraimen«). Um zu zeigen, dass dies sogar für den so wichtigen Bereich des Rechts gilt, habe ich abermals ein kleines »investigatives« Experiment durchgeführt. Ich dachte mir die folgende kleine Geschichte aus und legte sie in einer Stichprobe mit der Bitte um Stellungnahme mehreren zertifizierten Coachinganbietern vor.

> Eine Freundin von mir ist in folgender Situation: Für ein Berufspraktikum war sie aus ihrer Heimat nach Süddeutschland umgezogen. Die Hoffnung auf Übernahme in ein Arbeitsverhältnis erfüllte sich jedoch nicht. Sie war an dem neuen Wohnort von Anfang an sehr unglücklich, weshalb sie jetzt wieder in ihre Heimatregion zurückwill. Ihr zuständiges Jobcenter lehnt das jedoch ab, und zwar mit der Begründung, dass in der Heimatstadt meiner Freundin die Mieten viel höher, die Vermittlungschancen aber deutlich geringer seien. Im Zuge ihrer Eingliederung habe sie dort zu leben, wo es nach Maßgabe von Kostenvermeidung und einer schnellen Arbeitsaufnahme geboten erscheine.

Sollte sie entgegen dieser Weisung doch in ihre Heimat zurückziehen, werde man für eine dortige Wohnung weder die Miet- noch die Heizkosten tragen. Da meine Freundin keine Ersparnisse hat, liefe das darauf hinaus, dass sie dann obdachlos würde. Für sie ist das aber keine Option, da sie immer bürgerlich gelebt und vor einem Leben in der Obdachlosigkeit und unter Brücken riesige Angst hat. Wegen dieser Angst hat sie sich der Anordnung des Jobcenters über ihren Wohnsitz gefügt, ist aber nun extrem deprimiert, weint immerzu, wenn sie mir telefoniert, weil sie riesiges Heimweh hat und sich an dem jetzigen Ort fremd fühlt. Sie sagt, für ihr persönliches Glück sei die Bindung an ihre Heimatregion ganz wichtig und sie betrachte das Recht, selbst bestimmen zu dürfen, an welchem Ort innerhalb Deutschlands man wohnen möchte, als ein Menschen- und Grundrecht. Was könnte ich ihr raten?
»

Die Antworten kamen prompt. »Ihre Freundin kann sich glücklich schätzen, jemanden wie Sie an ihrer Seite zu haben, der in dieser Lage sofort ans NLP denkt!«, schrieb mir begeistert eine NLP-Dachorganisation: Gerade mit NLP-Formaten lasse sich Heimweh gezielt und in kürzester Zeit auflösen. In diese Richtung wiesen mit einer Ausnahme alle Reaktionen auf meine Stichprobe: Mit NLP und Positiver Psychologie könne man die negativen Gefühle meiner Freundin effektiv neutralisieren und eine optimistische Sicht auf die durch die Anweisung des Jobcenters entstandene Lebenssituation installieren. Ein Institut brachte auch eine NLP-Ausbildung als mögliche Lösung ins Gespräch und schickte mir Anmeldeformulare zu einem »preiswerten« Basiskurs »für nur 300 Euro zuzüglich Mehrwertsteuer«. Auch eine Beratung für einen Stundensatz von 180 Euro könne Sinn machen, so eine weitere Offerte, vorausgesetzt, meine Freundin sei bereit, an ihren Glaubenssätzen zu arbeiten. Ein bundesweites NLP-Netzwerk wiederum empfahl eine »mit 40 Euro sehr günstige Mitgliedschaft« in einer NLP-Praxisgruppe zur Steigerung des eigenen Erfolgs. Dem zugeschickten Link folgend, las ich auf der auf der Homepage: »Entscheide Dich jeden Tag neu, das Leben zu führen, das Du wirklich führen möchtest. Anstatt Dich zu bemitleiden und zu jammern, sage: ›Ich gebe Gas.‹ Vielen Menschen ist überhaupt nicht klar, dass sie selbst die Schöpfer ihres Lebens sind.«

Das Ergebnis meines Experiments war eindeutig: Als Wurzel des Problems meiner fiktiven Freundin wurde durchgängig *deren eigenes inneres Erleben* identifiziert, welches wiederum als *Resultat ihrer »Glaubenssätze«* interpretiert wurde. Sie allein war die Verantwortliche ihres Unglücks! Die «Lösung» lag für die Coachinginstitute folglich in einer »Glaubenssatzarbeit« zur »Umprogrammierung« ihrer »negative beliefs« gegenüber der vom Jobcenter erzeugten Lebenssituation. Kein einziger der befragten Coachs formulierte auch nur ansatzweise den Gedanken, dass die schmerzvollen Gefühle eine reale und nachvollziehbare *äußere Ursache* haben könnten – nämlich eine ernste Grundrechtsverletzung, in diesem Fall die Verletzung des *Rechts auf Freizügigkeit, Grundgesetz Artikel 11, Allgemeine Erklärung der Menschenrechte Artikel 13, Europäische Menschenrechtskonvention Protokoll 4/Artikel 2*. Kein einziger Berater brachte die Idee ins Spiel, dass die Lösung des Problems deshalb gar nicht nach innen, also auf die Glaubenssätze meiner Freundin gerichtet sein müsste, sondern nach außen – nämlich auf ein Aufbegehren gegen die Grundrechtsverletzung mit Hilfe demokratischer und rechtsstaatlicher Mittel. Auch hat sich offenbar kein Befragter die Mühe gemacht, den beschriebenen Sachverhalt mal im Internet zu recherchieren. Dann hätte er gesehen, dass es meinen »fiktiven« Fall so ähnlich tatsächlich gegeben hat: Im Jahr 2010 wollte ein Berliner, den es nach Süddeutschland verschlagen hatte, zurück an die Spree. Da er auf Transferleistungen angewiesen war, beantragte er die Übernahme der im großstädtischen Raum höheren Miete – was das Jobcenter mit der Begründung verweigerte, der Wechsel ins teurere Berlin sei weder für einen Job noch aus sonstigen Gründen erforderlich. Aus Sicht der Behörde hatte das Menschenrecht auf Freizügigkeit zurückzutreten hinter Erwägungen von Kosteneffizienz und Eingliederung: Man werde nur die Kosten in Höhe der deutlich billigeren Mieten im ländlichen Raum übernehmen. Für die aber war in Berlin keine Wohnung zu bekommen. Im realen Fall wandte sich der Betroffene jedoch nicht an Coachs und absolvierte keine «NLP-Formate» zur »Neutralisierung« seines Heimwehs. Er tat etwas anderes, etwas, das sämtliche kognitiven Interventionen überflüssig machte, weil es die Lebensfreude und den Selbstwert durch eine Macht von außen wiederherstellte – *durch die Macht des Rechts*: Der Mann verklagte das Jobcenter vor dem Bundessozialgericht, weil er sein Grundrecht auf freie Wohnortwahl verletzt sah. Und die Bundesrichter sahen das genauso und verurteilten die Behörde unter Verweis auf Artikel 11 GG und die diesbezügliche Rechtsprechung des Bundesverfassungsgerichts zur Übernahme der Wohnkosten auch bei einem Umzug ins teurere Berlin.

> Laut einem Grundsatzurteil dürfen [Hartz IV-Empfänger] [...] umziehen, auch wenn der Wohnraum im Zuzugsgebiet teurer ist. Das ergebe sich aus einer verfassungskonformen Auslegung des Gesetzes. Dabei spiele es keine Rolle, ob der Umzug »erforderlich« sei, etwa um die Vermittlungschancen zu verbessern. [...] Andernfalls seien der Gleichheitssatz und die ebenfalls im Grundgesetz verankerte Freizügigkeit verletzt.[414]

414 Vgl. BSG stärkt Freizügigkeit von Hartz-IV-Empfängern, in: *Die Welt* vom 1.6.2010. www.welt.de/wirtschaft/article1603074 24/BSG-staerkt-Freizuegigkeit-von-Hartz-IV-Empfaengern.html. – Vgl. auch www.vdk.de/ov-moensheim/ID108984.

Im Wortlaut des Urteils:

> Im Rahmen der Prüfung ist [...] Art 11 Abs 1 GG zu beachten, weil [...] durch die Begrenzung der Unterkunftskosten am neuen Wohnort [...] [das] Recht auf Freizügigkeit [...] beeinträchtigt wird. [...] Nach Art 11 Abs 1 GG genießen alle Deutschen Freizügigkeit im ganzen Bundesgebiet. § 22 Abs 1 Satz 2 SGB II berührt den sachlichen Schutzbereich des Art 11 Abs 1 GG. Er betrifft auch die freie Wohnsitzgründung in einem Bundesland oder einer Gemeinde (BVerfG, Urteil vom 17. 3. 2004 - 1 BvR 1266/00, BVerfGE 110, 177 RdNr 33).[415]

In einem weiteren Verfahren unterstrich das Bundesverfassungsgericht 2012 noch einmal, dass die Verwirklichung von Grundrechten faktisch immer an eine materielle Basis gekoppelt ist. Zu sagen, es existiere bereits Freizügigkeit, wenn jemand nicht gewaltsam daran gehindert werde, an einen bestimmten Ort zu gehen, er müsse dann eben nur selbst schauen, wie er klarkomme und gegebenenfalls unter Brücken schlafen, erfüllt eben gerade nicht das umfassende Verständnis von Menschenwürde, Grundrechten und Freiheit, das das Grundgesetz meint und fordert.

> Die Menschenwürde kann [...] nur [...] geschützt werden, wenn die notwendigen materiellen Voraussetzungen [...] geschaffen sind. Der Leistungsanspruch aus Art.1 GG gewährleistet das gesamte Existenzminimum durch eine einheitliche grundrechtliche Garantie, die sowohl die physische Existenz des Menschen, also Nahrung, Kleidung, Hausrat, Unterkunft, Heizung, Hygiene und Gesundheit, als auch die Sicherung der Möglichkeit [...] zu einem Mindestmaß an Teilhabe am gesellschaftlichen, kulturellen und politischen Leben umfasst, denn der Mensch als Person existiert notwendig in sozialen Bezügen.[416]

Die richtige Adresse wären nicht ein NLP- oder Selbstmanagementinstitut, sondern Bürgerrechtsorganisationen und ein auf Grund- und Menschenrechtsfragen spezialisierter Anwalt gewesen. Das Recht, selbst zu bestimmen, an welchem Ort innerhalb seines Landes man leben möchte, daran darf man in diesem Kontext kurz erinnern, gehört zu den ältesten Freiheitsrechten in Demokratien. Es war in Deutschland bereits im Grundrechtskatalog der Paulskirche von 1848/49 enthalten.[417] Heute ist es fester Teil der UN- und der

415 http://lexetius.com/2010,2326.

416 BVerfGE 125, 175. Vgl. www.servat.unibe.ch/dfr/bv125175.html.

417 An die hohe Bedeutung dieses Menschenrechts sollte man sich auch erinnern, wenn heute die Beschränkung desselben etwa für Asylbewerber gefordert wird. Sicher ist bei großen Gruppen von Neuankömmlingen eine vorübergehende Zuweisung zulässig, um Erstschritte der Integration besser koordinieren zu können; dem hatte auch das Bundesverfassungsgericht in den 1990er Jahren zugestimmt. Zugleich aber erließ es strenge Auflagen wie eine

Europäischen Menschenrechtskonvention und gilt seit der Verabschiedung der UN-Behindertenrechtskonvention 2009 uneingeschränkt auch für Menschen mit schweren und schwersten körperlichen, geistigen oder psychischen Beeinträchtigungen. Es beschreibt das Recht, unabhängig von der eigenen materiellen, sozialen oder gesundheitlichen Situation eine Heimat suchen, finden und behalten zu dürfen bzw. eine persönliche Bindung an eine Stadt oder Region haben und diese gegen den eigenen Willen nicht aufgeben zu müssen. Dieses grundrechtlich-demokratische Verständnis von Heimat als Recht, etwas ohne Besitzanspruch sein eigen nennen zu dürfen, wie es der Wittenberger Pfarrer und Bürgerrechtler Friedrich Schorlemmer einmal wunderbar formulierte[418], unterscheidet sich grundlegend von jedem ausgrenzenden Blut- und Boden-Heimatbegriff, der die eigene Zugehörigkeit zu einer Region exklusiv interpretiert und daraus die Nichtzugehörigkeit des Anderen und die Abwehr des Fremden ableitet.

> In demokratisch verfassten Gesellschaften bedeutet Freizügigkeit im Sinne der Wohnsitznahme, dass der Einzelne geographisch dort leben darf, wo er es wünscht. [...] Die Wohnsitznahme ist eine persönliche, freie Entscheidung; daraus folgt, dass der Einzelne staatlich nicht gezwungen werden kann, aus bestimmten Orten und Gebieten fort- oder in festgelegte Orte und Räume zuzuziehen.[419]

In diktatorisch verfassten Ordnungen dagegen ist die Zuweisung des Wohnsitzes stets ein Instrument sowohl der Disziplinierung als auch der autoritären Durchsetzung ökonomischer Interessen. So kannte die DDR nicht nur keine Freizügigkeit nach außen, auch im Innern durfte der Wohnsitz oft nur mit Zustimmung der Partei- und Staatsmacht verändert werden. Dabei spielte politische Repression – manche Intellektuelle erhielten z. B. ein »Berlinverbot« – ebenso eine Rolle wie die lokale Arbeits-, Wohn- und Wirtschaftssituation.

> Anspruch auf [...] individuelle Wohnstandortwahl bestand nur dann, wenn in dem betreffenden Ort Arbeitskräfte gebraucht wurden. [...] Der Staat [verfolgte] auf allen Ebenen das zentrale Ziel, individuelle Wohnmobilität nach volkswirtschaftlichen Erfordernissen zu steuern, um [...] die »Produktivkräfte« und das »gesellschaftliche Arbeitsvermögen« zu entwickeln.[420]

enge zeitliche Begrenzung solcher Maßnahmen. Keinesfalls, das stellte das höchste Gericht damals klar, dürfe es zu einer dauerhaften und generellen Koppelung der Freizügigkeit an eine Transferleistungsfreiheit kommen.

418 Schorlemmer 2009, S. 9.

419 Hinrichs, Wilhelm: Die Freizügigkeit der Ostdeutschen: Vom Wunsch zur Wirklichkeit, in: *Deutschland Archiv* 34 (2001), 5, pp. 747–759. http://nbn-resolving.de/urn:nbn:de:0168-ssoar-212470, www.ssoar.info/ssoar/handle/document/21247.

420 Ebd.

Nicht die grundrechtlichen Bedürfnisse des Individuums, sondern Arbeitsmarkt-, Wachstums- und Produktivitätsinteressen der Wirtschaft legten in der DDR fest, wer wo leben durfte. Erst die friedliche Revolution von 1989 verwirklichte das Menschenrecht auf Freizügigkeit und freie Wohnsitzwahl für ganz Deutschland. Insofern ist die höchstrichterliche Abwehr von Versuchen, dieses wichtige Grundrecht heute erneut unter einen ökonomischen Vorbehalt zu stellen und für bestimmte Bevölkerungsgruppen – Arme, Arbeitslose, Behinderte oder Kranke – einzuschränken, ein Anlass, stolz auf unseren Rechtsstaat zu sein und ein wichtiges Signal zur Stärkung der Bürgerrechte in Deutschland. Ein Signal allerdings, das wohl nicht zustande gekommen wäre, wenn der Betroffene dem Rat von Coachs und NLPlern statt dem von Menschen- und Bürgerrechtsanwälten gefolgt wäre.

Den traurigen Verdacht, dass viele Coachs nicht den aufrechten Gang, sondern das Ducken, Sich-Fügen und Unterordnen lehren, erhärtet ein zweites Fallbeispiel, das ich mehreren Beratern zur Bewertung vorlegte. Wiederum handelt es sich um eine fiktive Geschichte, deren Sachverhalt mir aber durch Berichte als real vorkommend bestätigt wurde. Diesmal schlüpfte ich in die Rolle eines Onkels, der sich Sorgen um seinen in Ausbildung befindlichen Neffen macht: Weil dieser sich nicht bei sozialen Netzwerken im Internet anmelden möchte, wird er in seiner Berufsschulklasse isoliert.

> Seine Schwierigkeiten haben damit angefangen, dass er keinen Facebook-Account will, weil er die sozialen Netzwerke sehr kritisch sieht. Er ist ansonsten keineswegs technisch »hinter dem Mond«, hat mobiles Internet, E-Mail, Smartphone, ist täglich online, nur eben kein Facebook, twitter&co. Die Mitschüler in der Berufsschule haben ihn mehrfach aufgefordert, sich auch anzumelden, weil das »heute jeder mache«. Nachdem er auf seiner ablehnenden Position beharrte, gab es wohl subtile Anwandlungen von Ausgrenzung – man überging ihn fortan bei der Einladung zu Partys und berücksichtigt ihn, was noch schlimmer ist, auch nicht mehr beim Austausch von Lerngruppen und Übungsmaterial für den Unterricht – obwohl es ja keine große Sache wäre, ihm diese Informationen auch ohne Facebook per E-Mail zukommen zu lassen. Inzwischen ist daraus wohl fast so etwas wie Mobbing geworden.

Die Reaktionen der befragten Coachs kamen abermals postwendend – und wiederum gab es inhaltlich keine Unterschiede. Exemplarisch zitiere ich die Antwort eines DVNLP-zertifizierten Coachinginstituts:

> So wie es sich für mich liest, nimmt [...] [Ihr Neffe] das Ausgegrenztsein bewusst in Kauf. [...] Es ist seine Entscheidung. Mobbing [...] sehe ich nach Ihrer Beschreibung [...] nicht. Es ist eine Klasse, die dieses Medium [Facebook] zum Austausch gewählt hat. Ihr Neffe entscheidet sich gegen dieses Medium, und

dann sehe ich [...] die Holschuld auch auf seiner Seite. Er wird aus diesem Blickwinkel nicht bewusst übergangen, sondern nur nicht mit Extra-Aufmerksamkeit bedacht. [...] [Sollte] die Situation [...] ihn unglücklich machen, [...] könnte Coaching ansetzen, d.h. wir könnten uns die Sache aus Sicht der anderen [...] anschauen [...] Eine Meinung zu haben und sie zu vertreten [...], ist ja etwas, was generell [...] wertzuschätzen ist. Sich der [...] normalen technischen Welt zu entziehen, kann junge Menschen aber tatsächlich sehr ins Aus setzen.

Ein anderes NLP-Institut erklärte, Facebook sei ohnehin »Old Fashion« und »nichts als ein Seniorentreff«. Mein Neffe könne seine Isolation in der Klasse dadurch beenden, dass er offensiv für den »weitaus cooleren Whatsapp-Dienst« werbe; ein NLP-Kurs könne ihm helfen, sich dabei optimal zu verkaufen und in Szene zu setzen.

Erneut manifestiert sich in den Antworten das für Coachings typische Muster, die Ursache eines Problems allein beim Betroffenen zu verorten: Mein Neffe hat sich demnach durch seine kritische Haltung gegenüber sozialen Netzwerken »selbst für sein Ausgegrenzt-Sein entschieden«. Will er bei der Vorbereitung des Berufsschulunterrichts nicht länger ausgeschlossen bleiben, liegt die »Holschuld auf seiner Seite«, das heißt, er müsste seine ablehnende Minderheitsmeinung zu Facebook »aus Sicht der anderen anschauen« und in deren Sinne »positiv« verändern. Die Frage, die dabei nicht gestellt wird, ist die, ob in einer demokratisch-pluralistischen Werteordnung nicht auch bei der Nutzung des Internets gewährleistet sein muss, dass unterschiedliche Positionen zu Teilaspekten des Webs nachteilsfrei vertreten und gelebt werden können. Das, was das oben zitierten Antwortschreiben als »Extra-Aufmerksamkeit« bezeichnet, ist jedenfalls gerade das, was demokratische Gesellschaften unter dem Begriff Minderheitenrechte konstitutiv auszeichnet. Der Erlanger Verfassungs- und Menschenrechtler Heiner Bielefeld:

> Gleichheit im menschenrechtlichen Verständnis meint immer [...] die gleichberechtigte Möglichkeit der Menschen, mit ihren je spezifischen Überzeugungen [...] Anerkennung und Schutz zu finden [...] Recht verstanden, geht es dabei [...] nicht um die Privilegierung der Angehörigen von Minderheiten, sondern um die Überwindung der – meist unbeabsichtigten – besonderen Härten, die für Minderheiten dadurch entstehen können, dass [...] Überzeugungen der Mehrheitsbevölkerung durchschlagen [...] Denn menschenrechtliche Gleichheit meint niemals mechanische Gleichbehandlung, sondern gründet in der gleichen Achtung der Grundüberzeugungen aller Menschen in ihrer Vielfalt.[421]

421 Bielefeld 2012, S. 29 u. 41.

Im Digitalzeitalter aber kann zu Grundüberzeugungen, die zu besonderen Härten führen, auch ein ablehnender Standpunkt gegenüber sozialen Netzwerken gehören – die ja in der Tat alles andere als unumstritten sind: Vom laxen Umgang mit höchstpersönlichen Daten über die oft unklaren Grenzen zwischen privat und öffentlich mit zum Teil strafrelevanten Folgen in Form sogenannter »Facebookpartys«, über »Cybermobbing« mit in Einzelfällen suizidalen Folgen bis zur Verbreitung von Hass-Posts reicht das Spektrum der Risiken. Soziale Netzwerke fördern ferner eine neue Form des sozialen Drucks, weil von der Zahl der »Likes« und »Follower« zunehmend auch die Stellung in der analogen Welt abhängt. Durch Bildbearbeitung optimierte Selfies verstärken zudem in der Pubertät vorhandene Zweifel bezüglich des eigenen Körpers.[422]

Eine demokratischen Werten verpflichtete Lösung der von mir geschilderten Problemlage hätte deshalb versuchen müssen, alle Beteiligten an einen Tisch zu bringen und in einem unter Umständen moderierten Gespräch (Vertrauenslehrer, Antidiskriminierungsbeauftragter, Schülersprecher, Mediator) über Demokratie, Diversität, Mehrheits- und Minderheitenrechte zu einer Praxis zu gelangen, die unter Wahrung der jeweils unterschiedlichen Standpunkte allen die notwendige Mindest-Teilhabe ermöglicht. Konkret hätte das bedeuten können, sich für den Austausch unverzichtbarer Informationen wie Unterrichtsmaterial auf ein Medium zu einigen, dem alle zustimmen können – zum Beispiel die gute alte E-Mail. Eine alternative Abmachung wäre gewesen, dass sich die Mehrheit zwar weiter über Facebook austauscht, es ihr aber im Rahmen des Minderheitenschutzes zugemutet werden kann, einen winzigen Mehraufwand von wenigen Mausklicks zu betreiben, um dem »Facebookverweigerer«, der mit seiner ablehnenden Haltung ja nur ein demokratisches Grundrecht in Anspruch nimmt, relevante Dateien als E-Mail-Anhang zu schicken. Solche Lösungen hat keiner der von mir befragten Coachs vorgeschlagen.

Selbstmanagement und Coaching, damit schließt sich der Kreis und wir kommen zum Anfang dieses kurzen Kapitels zurück, treten mit dem Anspruch auf, Menschen in ihrem Selbstwert zu stärken. Selbstwert aber entsteht dann, wenn Menschen sich in ihren individuellen Überzeugungen und Bedürfnissen respektiert erleben. In seinem Selbstwert bestärkt konnte sich jener Mann fühlen, der auf seinem »Glaubenssatz«, dass das Menschenrecht auf freie Wohnortwahl uneingeschränkt auch für Arbeitslose gilt, beharrte und Recht bekam. Selbstbewusst können sich Menschen fühlen, die sich auch im Zeitalter der Digitalisierung nicht die Freiheit nehmen lassen, selbst zu entscheiden,

422 So beobachten Ärzte parallel zur Expansion sozialer Netzwerke eine signifikante Zunahme von Fällen, in denen sich bereits Minderjährige mit Operationswünschen in plastisch-chirurgischen Praxen vorstellen. Vgl. Ridderbusch 2014.

wie sie zu diesem technischen Wandel stehen und was und wieviel sie davon für sich nutzen wollen – und die Erfahrung machen, dass ihnen dabei der Rücken gestärkt wird. Viele Coachings, das zeigen meine Recherchen, leisten diese Stärkung des Rückgrats gerade nicht, sondern leiten Menschen dazu an, bei Konflikten mit Mehrheiten über die Homogenisierung der eigenen Überzeugungen selbst Teil der Mehrheit zu werden. »Mit den Wölfen heulen« nannte man das früher. Coachings wirken so als Generatoren jener neuen Konformität, die nicht nur die Bonner Politologin Christiane Florin mit Sorge bei der heutigen Studentengeneration beobachtet.

> Studenten und Uni-Betrieb haben sich dem angepasst, was der Arbeitsmarkt von ihnen fordert [...] Sie wirken fremdgesteuert [...] Und die Uni reagiert darauf, indem sie das nächste Career-Center eröffnet. [...] Effizient und smart zu sein – das waren mal Unternehmensziele, heute sind es gesellschaftliche Werte. [...] Ich erlebe [...] mehrheitlich Studenten, die klare Arbeitsanweisungen wollen. Sie spüren sehr genau, welche Erwartungen [...] die Gesellschaft [...] [hat]. Und diese Erwartungen wollen sie erfüllen.[423]

Florins Rat an junge Menschen: Alle Ratgeber ignorieren und wieder selbst denken. Ein Rat, dem ich mich nur uneingeschränkt anschließen kann: *Wage es, dich ohne Leitung eines Coachs deines eigenen Verstandes zu bedienen!* Denn in zu vielen Beratungen geht es darum, Menschen Fremdbestimmung als Selbstbestimmung zu verkaufen. Der flexible und ökonomische, der smarte und »optimierte« Mensch ist dort das Ziel, nicht der freie und selbstbestimmte. Ein Mensch, der darauf programmiert ist, als eigenen Willen zu lieben, was ihm in Wahrheit durch fremden Willen aufgedrückt wird. *Lieben, was ist, egal, was es ist* sozusagen. Es gibt eine Coachingtechnik, die das sogar wörtlich zu ihrem Motto erklärt. Und es ist vielleicht kein Zufall, dass ausgerechnet diese Technik gerade eine atemberaubende Ausbreitung und Popularität erlebt: Die Methode *The Work* der Amerikanerin Byron Katie.

423 Vgl. das Interview von Karin Janker mit Christine Florin: Wie die Generation ›Gefällt mir‹ das Streiten verlernt, in: *Süddeutsche Zeitung Magazin* vom 25.8.2014. Vgl. außerdem Florin 2014, ferner Koppetsch 2013.

# Die Coaching-Methode »The Work«

## Radikaler als alles, was irgendjemand sich vorstellen kann

Mit dem Neurolinguistischen Programmieren und der Positiven Psychologie hatte ich zwei der gängigen Quellen dargestellt, aus denen Coachings ihre Methodik beziehen. In jüngster Zeit taucht in Profilen von Beratern immer öfter noch ein drittes »Werkzeug« auf: Die Selbstmanagementmethode »The Work« der Amerikanerin *Byron Katie*, eigentlich Byron Kathleen Reid-Mitchell. Seit den 2000er Jahren findet ihr Selbsthilfe-Ansatz auch in Europa eine steigende Zahl von Anhängern. Von »reiner Weisheit« und einer »spirituellen Wegbegleiterin des neuen Jahrtausends« ist bisweilen die Rede, mancherorts werden ihre Coachings gar mit den Dialogen des Sokrates verglichen.[424] Auftritte Byron Katies füllen in Deutschland ganze Stadthallen, ihre Bücher, allen voran der Titel *Lieben was ist*[425], sind Bestseller, in manchen Buchhandlungen gibt es eigene Regalabschnitte für die Autorin. Obwohl diese Regale meist in der Esoterikabteilung stehen, proklamiert »The Work« für sich absolute weltanschauliche Neutralität: Es handele sich weder um eine politische noch religiöse noch esoterische Lehre, sondern um eine »einfache Technik«, die für »Menschen in jedem Alter und mit jedem Hintergrund« geeignet sei und deren »Einsichten in den menschlichen Geist [...] mit der Spitzenforschung der [...] Neurowissenschaft vollkommen übereinstimmen.«[426] »Die Technik lehrt nichts, impliziert nichts, ›drückt einem nichts aufs Auge‹. Sie läßt uns Freiheit.«[427] Wie im NLP und in der Positiven Psychologie wird ein universaler Anwendungsanspruch erhoben – es gebe kein Lebensthema, das mit dieser Coachingmethode nicht bearbeitet und gelöst werden könne:

> Die Einsatzgebiete sind unbegrenzt. The Work of Byron Katie eignet sich für jedes denkbare Thema, z. B. Partnerschaft, Liebeskummer, Familienangelegenheiten, Konfliktlösung, Suchtprobleme, Unsicherheit und Ängste, Misserfolg, Stressmanagement, Überlastung im Beruf, Burnout, Mobbing, finanzielle Schwierigkeiten, Unzufriedenheit mit dem eigenen Körper oder Missbrauch.[428]

424 Vgl. www.thework.com/sites/thework/deutsch/, Byron Katie 2013b, S. 8. Als Download unter www.thework.com/sites/thework/downloads/little_book/German_LB.pdf.
425 Byron Katie 2002.
426 Byron Katie 2013b, S. 3.
427 Boerner 1999 und für ihre Originalzitate, Byron Katie, Inc. 1999.
428 www.christina-syndikus.de/faq./

> The Work kann bei allen stressenden und verletzenden Gedanken angewendet werden, […] bei allen Existenzfragen, Krankheiten, […] bei psychischen und körperlichen Traumata. Dabei ist The Work für jeden Menschen möglich – gleich welchen Alters, welcher Bildung oder Kultur.[429]

Die Personalberaterin Susanne Dames, die im Auftrag der Bundesagentur für Arbeit schon mehr als 200 Beschäftigte von 30 Jobcentern in der »The Work«-Technik geschult hat, betont: »Ich habe bisher keine andere Methode kennengelernt, die so einfach und vielseitig ist, andere Ansätze/Methoden verstärkt und derart tiefgreifende und nachhaltige Veränderungen nach sich ziehen kann. Sie setzt beim Gegenüber keinerlei Wissen voraus.«[430]

Auch für »The Work« existiert seit 2009 ein deutschsprachiger Dachverband, der *Verband für The Work of Byron Katie (vtw)*. Er vergibt Zertifizierungen und will gezielt bestimmte Berufsgruppen ansprechen, darunter auch Lehrer und Pädagogen.[431] Einer der bekanntesten Vertreter der Methode hierzulande ist der frühere Schauspieler und Regisseur *Moritz Boerner*. Sein 1999 erschienenes Buch *Byron Katies The Work – Der einfache Weg zum befreiten Leben* liegt mittlerweile in 15 Auflagen vor und ist in Teilen auch durch Byron Katie selbst autorisiert.[432]

Wo für »The Work« geworben wird, fehlt nie der Hinweis auf den Ursprung der Methode, eine angeblich wundersame Heilungserfahrung. Über Jahre habe die frühere Lehrerin Kathleen an Depressionen gelitten, die sie ans Bett fesselten – bis sie an einem Morgen des Jahres 1986 plötzlich »in der Realität erwacht« und »alles ins Gegenteil verkehrt« gewesen sei:

> In ihren Dreißigern wurde Byron Kathleen Reid von einer starken Depression heimgesucht. […] Eines Morgens […] hatte sie eine alles im Leben verändernde Erkenntnis. Katie entdeckte, dass sie litt, wenn sie ihre Gedanken glaubte und dass sie nicht litt, wenn sie diese Gedanken nicht glaubte. Die Ursache für ihre Depression war nicht die Welt um sie herum, sondern ihre Überzeugungen über die Welt um sie herum. In einem Geistesblitz erkannte sie, dass wir […], indem wir der Wirklichkeit so begegnen, wie sie ist, […] unvorstellbare Freiheit und Freude [erfahren]. […] Plötzlich hatte sich alles ins Gegenteil verkehrt. […] Die alte Welt [hörte auf] auf zu existieren.[433]

429 www.thework-kiel.de/The-Work-of-Byron-Katie/.

430 Vgl. VERBAND Wertschätzende Coachingmethode: The Work – Hilfe zur Selbsthilfe, in: *Der Paktbote*. Magazin zum Bundesprogramm Perspektive 50plus, Ausgabe 8. Hg. vom Bundesministerium für Arbeit und Soziales, S. 9.

431 www.vtw-the-work.org/startseite.html:

432 BOERNER 1999, S. 4.

433 BYRON KATIE 2013B, S. 2.

Genaueres erfährt man nicht. Vieles spricht aber dafür, dass – ähnlich wie beim NLP und der Positiven Psychologie – auch bei der Ursprungsgeschichte von »The Work« Legendenbildung im Spiel ist. Der dänische Esoterik-Kritiker *Morten Tolboll*[434] verweist darauf, dass sich Bausteine der Methode teils wörtlich in – vor 1986 publizierten – Büchern des amerikanischen Selbstmanagement-Autors *Ken Keyes* wiederfinden. Keyes bezeichnete seine »Living-Love-Method« zur Stressminderung auch als »Inner Work«.[435] Darüber hinaus weist die Historie ein Muster auf, das uns schon von Martin Seligmans Ursprungserzählung der Positiven Psychologie bekannt ist: Das Muster einer *radikalen Konversion*, wie man sie oft auch bei Evangelikalen beobachten kann. Bei einer solchen Konversion kommt es infolge eines »Erleuchtungs-« oder »Bekehrungserlebnisses« zu einer blitzartigen Umkehrung des gesamten Glaubens- und Überzeugungssystem einer Person – mit einer dichotomen Rückschau auf die eigene Existenz, die fortan unterteilt wird in ein »altes Leben« – das fast immer als angstvoll, einsam, erfolglos, traurig und depressiv beschrieben wird – und ein »neues Leben« nach der »Bekehrung« oder »Erkenntnis«, das angeblich sämtlicher Sorgen ledig und von einer durch nichts mehr zu erschütternden Sinnerfüllung getragen ist. Man könnte auch von einem *plakativen Vorher-Nachher-Schema* sprechen. Viele »The Work«-Anbieter arbeiten mit solch einem Schema: Von einer »neuen Zeitrechnung«, die mit Byron Katies Methode beginne, ist da die Rede, von »einschneidenden Veränderungen«, von »umfassenden Heilungen«.[436] Verstärkt wird die religiöse Aufladung durch direkte Anleihen an biblische Bilder: Begriffe wie »Schöpfungsgeschichte« und »Damaskuserlebnis« werden ebenso bemüht wie der Gang in die Wüste.[437] Mit Formulierungen wie »Es werde Licht«, »Ich war der Geist der Welt«, »Ich war der Anfang und das Ende« oder »Wahrlich, ich sage euch« imitiert Byron Katie zudem gezielt den biblischen Sprachduktus. Am stärksten manifestiert sich das Konversionsmodell in der propagierten »hundertprozentigen Umkehr«. Eines der Intensivcoachings, die Byron Katie anbietet, führt den Begriff sogar im Namen – das sogenannte »Turnaround House«.[438] Wir hatten gesehen, dass die fetischartige Anbetung

434 Vgl. Tolbolls fundierte Analyse »A critique of Byron Katie and her therapeutic technique The Work«. Tolboll 2014, S. 17. Als pdf unter http://mortentolboll.weebly.com/a-critique-of-byron-katie-andher-therapeutic-technique-the-work.html. Der Philosoph, Künstler und Yogalehrer Tolboll beschäftigt sich seit 1985 selbst mit spirituellen und meditativen Techniken, hat sich dabei aber einen kritischen Blick bewahrt und will esoterische Lehren aus einer philosophischen Perspektive hinterfragen. Viele Aufsätze in seinem Blog befassen sich mit totalitären Elementen in Coaching- und Therapieangeboten.

435 https://en.wikipedia.org/wiki/Ken_Keyes,_Jr.

436 www.thework-kiel.de/The-Work-of-Byron-Katie/.

437 Vgl. Byron Katie 2012, S. 9.

438 Byron Katie 2013b, S. 47.

von Veränderung schon für das Neurolinguistische Programmieren und die Positive Psychologie bestimmend war – während Werte wie Kontinuität, Beständigkeit, Nachhaltigkeit oder Treue zu sich selbst in Coachingkonzepten praktisch nie vorkommen. Byron Katie spitzt die Idee einer »Transformation« jedes Einzelnen noch weiter zu: Die in den USA und Europa angebotene neuntätige »School of The Work« wirbt ausdrücklich damit, radikaler zu sein als »alles, was irgendjemand sich vorstellen kann«: Die Teilnehmer könnten sicher gehen, hinterher nicht mehr dieselben zu sein.

»Die «School for The Work» ist das ultimative innere Abenteuer. [...] Du wirst neun Tage damit verbringen, deine [...] Geschichten zu verlieren [...] Nach neun Tagen mit Katie bist du [...] nicht mehr der oder die Gleiche. [...] »Das ist radikaler als alles, was irgendjemand sich vorstellen kann.««[439]

## Weltanschauung und Wertesystem hinter der Methode »The Work«

»Opfer sind gewalttätige Menschen.«

»The Work« weist eine Reihe von Querverbindungen sowohl zum NLP und als auch zur Positiven Psychologie auf. So wird auf der Homepage des Deutschen Verbandes für Neuro-Linguistisches Programmieren ausdrücklich für »The-Work«-Ausbildungen und -Seminare geworben; »The Work«-Trainer traten zudem mehrfach auf DVNLP-Kongressen auf.[440] Auch einer der größten NLP-Anbieter in Deutschland, das DVNLP-zertifizierte Landsiedel-Institut, führt die Methode im Programm.[441] Auf die Positive Psychologie Bezug nehmende Coachs integrieren die Technik ebenfalls in ihre Arbeit.[442] In Einzelfällen taucht »The Work« sogar an Universitätsinstituten auf, meist solchen, die sich auch mit Positiver Psychologie beschäftigen.[443] Diese Verbindungen sind durchaus erklärbar, weist doch der Ansatz von »The Work« eine starke inhaltliche Nähe zu dem von NLP und Positiver Psychologie auf. Auch Byron Katies Ansatz ist radikalkonstruktivistisch und geht davon aus, dass

439 Ebd. S. 43.

440 www.dvnlp.de/profile/ausbildung/87, www.dvnlp.de/profile/ausbildung/1013. – Vgl. außerdem das Programm des DVNLP-Kongresses »Emotionen«, der vom 29. bis zum 30.10.2011 in Köln stattfand.

441 www.landsiedel-seminare.de/coaching/coach-module-a12-the-work.php.

442 https://positivepsychologieblog.com/tag/the-work-byron-katie/, www.ifapp.de, www.befort-coaching.de/methoden.html.

443 http://paed-psych.uni mannheim.de/unser_team/dr_ann_seibert_b_sc_psychologie/.

> unsere Gedanken [...] unsere Lebenssituation [beeinflussen] [...] Was [...], wenn unsere eigenen Überzeugungen uns daran hindern erfolgreich und glücklich zu sein? Und was, wenn es wirklich ›nur‹ an diesen Glaubenssätzen und Überzeugungen liegt?[444]

Auch im »The Work«-Modell sind es unsere Gedanken, über die wir unseren seelischen Zustand »kreieren«. Leid und Unglück entstehen laut Byron Katie durch das Festhalten an sogenannten »unwahren« Gedanken. Der wichtigste dieser »unwahren« Gedanken sei der, dass es in der Welt Dinge gebe, die es nicht geben sollte: Krieg, Armut, Unterdrückung, Gewalt, Unfälle, Krankheiten, also das, was wir gemeinhin das Böse oder Ungerechte nennen. In Byron Katies Denkkosmos existiert hingegen grundsätzlich nichts Böses: »Wer an die Existenz des Bösen glaubt, ist [...] verwirrt«.[445] Byron Katies radikale Grundüberzeugung: die Welt – wie sie aktuell ist – ist immer in Ordnung. Der Stress beginnt dann, wenn ich denke, etwas sollte anders sein, als es aktuell ist.[446] Empfindungen von Leid oder Schmerz seien Ausdruck eines quasi kranken Geistes, so Byron Katie, denn »geistige Gesundheit leidet nicht, niemals«. Wer meine, es gebe im Leben jemals einen berechtigten Grund zu leiden, der verabschiede sich vollständig aus der Wirklichkeit: Denn die Wirklichkeit, egal, woraus sie bestehe, sei »immer gut« – weshalb Byron Katie sie auch mit »Gott« gleichsetzt.[447]

> Die Wirklichkeit – die in jedem Augenblick so ist, wie sie ist – ist immer freundlich. Nur unsere Geschichte über die Wirklichkeit trübt unseren Blick, verschleiert die Wahrheit und macht uns glauben, die Welt sei ungerecht.[448]
>
> Alles Leiden spielt sich im Kopf ab. Es hat weder mit dem Körper noch mit den Lebensumständen eines Menschen zu tun.
>
> Es ist verrückt, zu glauben, das Leiden werde von etwas außerhalb des Geistes verursacht. Ein klarer Geist leidet nicht. Das ist unmöglich.[449]

*Opfer* kann es in dieser Denkstruktur generell nicht geben – zu keiner Zeit, an keinem Ort, in keiner Lage. Byron Katie wörtlich: »Ich habe noch nie ein wirkliches Opfer gesehen.«[450] Mehr noch: Indem sie an ihrer »Vorstellung« und

444 Vgl. www.ahcoach.com/the-work.html.
445 Byron Katie 2013a, S. 35.
446 www.landsiedel-seminare.de/coaching/coach-module-a12-the-work.php.
447 Boerner 1999, S. 292–293, Byron Katie 2013b, S. 7 u. 41–42.
448 Byron Katie 2013a, S. 21.
449 Vgl. Byron Katie 2013a, S. 5 und Byron Katie 2013c, S. 110.
450 Boerner 1999, S. 299.

»Projektion« festhielten, ihnen sei Böses geschehen oder zugefügt worden, seien es in Wahrheit die Opfer selbst, die sich und der Wirklichkeit Gewalt antäten.[451] Auf Twitter postete die »The Work«-Erfinderin deshalb 2014 den Satz: *Victims are violent people (Opfer sind gewalttätige Menschen).*[452]

> Wir projizieren, daß in dieser Welt ganz schreckliche Dinge passieren. Aber das einzige, was hier passiert, sind unsere Glaubenssätze darüber.«[453]
> »Nichts Entsetzliches ist je geschehen, außer in Ihren Gedanken. Die Wirklichkeit ist immer gut, sogar in Situationen, die uns wie Albträume vorkommen. Die Geschichte, die wir erzählen, ist der einzige Albtraum, den wir erlebt haben. Wenn ich sage, dass das Schlimmste, was uns passieren kann, eine Vorstellung ist, dann meine ich das wörtlich.[454]

Viele The-Work-Coachs betonen denn auch: Was immer einem Menschen widerfahren ist, welche Verletzungen oder Grausamkeiten auch immer jemand erdulden muss – die hundertprozentige Verantwortung für alles daraus folgende Leid liege niemals bei dem äußeren Ereignis oder dem Täter – sondern immer ganz allein bei dem Leidenden, der seinen Schmerz erst selbst «erschaffe», indem er an »seiner Story« festhalte, ihm sei etwas Schlimmes passiert oder angetan worden – statt sich »erwachsen« zu verhalten und »Eigenverantwortung« zu übernehmen.

> Unglück ist nur möglich, wenn ich nicht im Moment bin. [...] Ganz am Anfang ruft das Ego ganz laut: Aber, aber, aber... Ich habe doch Recht. Er/Sie hat mir das doch wirklich angetan. [...] Dieses oder Jenes ist doch tatsächlich geschehen!!! Das denke ich mir doch nicht aus! [...] Erstaunlicherweise bin ich ohne meine Story IMMER okay. Wenn du The Work eine Weile praktiziert hast, wird [...] eine neue Zeitrechnung beginnen. Gedanken werden immer rascher als Glaubenssätze entlarvt [...] Die erwachsene Frage der Eigenverantwortung »Ist das wahr?« löst die Kinderfrage nach dem Warum [...] ab.[455]

»The Work«-Coach Moritz Boerner konkretisiert es an einem Beispiel: Wenn ein Mensch einen anderen Menschen mit beleidigenden, herabwürdigenden Worten beschimpfe – dann liege die Verantwortung für die daraus entstehenden Verletzungen beim Beschimpften und seinen »Interpretationen« – und nicht bei

451 Byron Katie 2013a, S. 35.
452 Vgl. https://twitter.com/byronkatie/status/530038096524357632?lang=de, http://rosieradio.blogspot.de/2010/08/8-13-10-byron-katie-interview.html.
453 Boerner 1999, S. 297.
454 Byron Katie 2002, S. 280, Abschnitt 12: Freundschaft schließen mit dem Schlimmsten, was passieren kann.
455 www.thework.berlin/thework/.

dem, der die bösen Worte ausgesprochen habe. »Jemand belegt Sie mit einem Schimpfwort, und Sie [...] fühlen sich ungeliebt, unwert, ausgestoßen. Würden wir nur das Wort hören und nicht unsere eigenen Glaubenssätze hinzufügen, so könnten wir uns fragen: Ist es nicht wahr, daß wir in diesem Moment genau das sind, womit uns der andere bezeichnet? Unsere eigenen Interpretationen tun uns weh, nicht das Wort, das andere aussprechen.«[456]

## Die Realität als »höchstes Gesetz«

> »Woher weiß ich, dass Menschen
> morden sollten? Sie tun es.«

Bereits an dieser Stelle wird klar: Byron Katies Lehre ist alles andere als »neutral«. Sie bewegt sich vielmehr im Rahmen eines esoterischen Wertesystems, wie wir es schon bei Autoren wie Donald Walsch oder Colin Tipping kennenlernen konnten. Zentrales Kennzeichen dieses Systems ist die *Ablehnung jeden Maßstabs von Gut und Böse, von Richtig und Falsch, von Recht und Unrecht*: Denn in einer Welt, in der »alles eins«, »alles Gott« und damit »alles gut« ist, kann es logischerweise auch nichts Unrechtes oder Falsches geben. »Es gibt keinen Fehler im Universum«, heißt es bei Byron Katie. *Im »The Work«-System entfällt damit jede moralische Dimension.* Denn jede Art von Moral – auch unsere liberale, moderne, tolerante und aufgeklärte – beruht auf der Überzeugung, dass es bei allem notwendigen Wertepluralismus Dinge und Handlungen gibt, die *objektiv* schrecklich oder inhuman sind – z. B. die Misshandlung von Menschen. Wo jedoch gar keine Unterscheidung von richtig und falsch mehr existiert, erübrigt sich auch die individuelle Instanz dieser Unterscheidung, das Gewissen. Das Gewissen repräsentiert jene Stimme in uns, die nicht unterschiedslos »liebt, was ist«, sondern »Nein« ruft, wenn wir mit einem Unrecht konfrontiert werden oder im Begriff sind, selbst eines zu begehen. Das Gewissen war es, das einst Menschen wie die Widerstandskämpferin Sophie Scholl bezeugen ließ, dass »das, was ist« – seinerzeit der Nationalsozialismus – nicht »freundlich«, sondern die Manifestation des absolut Bösen war, dass aber *über* dieser abgrundbösen Wirklichkeit noch ein höheres Gesetz existiert: Das Gesetz der Menschlichkeit. Ebendiese Stimme des mit der Realität streitenden Gewissens will die »The Work«-Methodik zum Schweigen bringen. Für Byron Katie ist das »höchste Gesetz« nicht eine über jeder Realität stehende Gerechtigkeit – sondern *für sie ist das höchste*

456 Boerner 1999, S. 308.

*Gesetz gerade die herrschende Realität,* die deshalb immer »perfekt« sei – selbst dann, wenn sie aus Mord und Totschlag besteht: »Woher weiß ich, dass Menschen morden sollten? Sie tun es. Das ist die Realität *und sie ist perfekt, wie sie ist.*«[457]

Sätze wie »Menschen sollten nicht morden« bezeichnet Byron Katie daher als »Lügen« – weil sie im Widerspruch zur Realität stünden, in der gemordet wird. Alles Leid entstehe durch solche »Lügen«, dadurch, dass Menschen an ethischen Überzeugungen festhielten, die im Gegensatz zum tatsächlichen Geschehen in der Welt stünden. Der Schlüssel zum »Ende allen Leidens« liege folglich in der Löschung derjenigen Glaubenssätze und Werte, die nicht mit der »herrschenden Realität« übereinstimmten: Dann sei das, was geschehe, immer das, was man auch selbst wolle.

> Wenn ich ganz klar bin, dann ist das, was ist, das, was ich will.[458]

> Was ich will, ist das, was ist. Das ist nicht nur interessant, das ist ekstatisch! [...] Ich habe entdeckt, dass es im Leben niemals an irgendetwas fehlt, und dass das Leben keine Zukunft braucht.[459]

> Wenn ich [...] Krebs bekomme, gut. Wenn mein Mann mich verlässt, gut. [...] Wer würde nicht immer ja zur Wirklichkeit sagen, wenn er die Wirklichkeit liebt? Was könnte schon geschehen, dass ich es nicht aus ganzem Herzen willkommen hieße?[460]

Das uns schon als zentrales Element des NLP und der Positiven Psychologie bekannte Prinzip einer »positiven Umwertung« (»Refraiming«) negativ erlebter Realitäten wird bei Byron Katie sozusagen auf eine bizarre Spitze getrieben. Für sie schließt das »Lieben« der Wirklichkeit sogar Katastrophen wie Erdbeben und brutale Kriegshandlungen wie Bombeninfernos ein: »Alles ist gut so, wie es ist. [...] Wer liebt, was ist, sieht allem freudig entgegen: [...] Tod, Krankheit, Verlust, Erdbeben, Bomben, allem, was der Geist versucht sein könnte, als »schlecht« zu bezeichnen. [...] Zeigt mir die eine Sache außerhalb meiner selbst, die mich leiden lassen kann.«[461] In dem Zitat wird deutlich, dass es hier nicht um eine pragmatische »Akzeptanz« von Unheil geht in dem Sinne, eine schlimme Situation zu realisieren, ohne sie deshalb innerlich als gut zu betrachten. Bei Byron Katie geht es tatsächlich darum, sich auch auf grausame Wirklichkeits-

457 Boerner 1999, S. 164 [Hervorhebung G. St.].
458 Byron Katie 2013b, S. 42.
459 Ebd. S. 37–38.
460 Byron Katie 2013c, S. 75. Vgl. außerdem: Byron Katie 2013a, S. 10. – Byron Katies Bücher bestehen teilweise aus sich wiederholenden Textbausteinen, so dass viele Sätze in den einzelnen Titeln immer wieder auftauchen – fast wie in einer Art Baukastensystem.
461 Byron Katie 2013a, S. 35 [Hervorhebung G. St.].

anteile »zu freuen«: »Zu sagen – und es auch so zu meinen »Ich bin bereit ...« [...] »Ich freue mich darauf ...«. Manche von uns haben gelernt, das, was ist, zu akzeptieren [...] Ich bin hier, um dich einzuladen weiter zu gehen und das, was ist, sogar zu lieben! Das ist unser natürlicher Zustand.«[462]

Wir werden später noch konkrete Beispiele erleben, wo z.B. Missbrauchsopfer in »The Work«-Coachings den Satz »Ich freue mich darauf, missbraucht zu werden« bilden müssen. Die Methode »The Work« ist für Byron Katie das Werkzeug, um alle diejenigen Überzeugungen zu beseitigen, die einem solchen »Sich-Freuen« entgegenstehen könnten: Zu diesem Zweck habe sie die Methode erfunden.

> Also erfand ich eine Methode, um dies alles aufzulösen. [...] Was ich bringe, ist ein Ding, das wir The Work nennen.[463]

> The Work zeigt, dass das, wovon wir denken, dass es nicht hätte geschehen sollen, geschehen sollte. Es sollte geschehen, weil es geschehen ist [...] Wir können erkennen, dass die Wirklichkeit genau so, wie sie ist, gut ist.«[464]

> Du löst einen Glaubenssatz auf, und Tausende von Jahren verschwinden. Du löst Glaubenssätze auf, die nicht einmal deine eigenen sind, die weitergegeben wurden von Generation zu Generation.[465]

Als Beispiel für ein solches »Verschwinden von Tausenden von Jahren« nennt sie noch einmal das kultur-, religions-und generationsübergreifende Tötungsverbot:

> Menschen sollten nicht andere Menschen töten, ist das wahr? Morden Menschen auf diesem Planeten? Jeden Tag – auf der ganzen Welt! [...] Bist du je auf ein Insekt getreten? Natur! Ich gehe spazieren, ich trete aus Versehen in einen Ameisenhaufen und töte einige Tiere. [...] Jemand könnte sagen, es war Mord. Ich sage, es ist Natur. Wer wärst du ohne die Geschichte »Menschen sollten nicht morden«? [...] Du wärst frei [...] Denn du mordest deinen inneren Frieden, wenn du glaubst, andere sollten nicht morden. [...] Wozu brauchst du diesen Glauben? [...] Denkst du, du weißt mehr als die Natur, als Gott?[466]

Das Ziel der Methode »The Work« ist im Verständnis Byron Katies also nicht – wie viele der damit arbeitenden Coachs fälschlich behaupten – Überzeugungen zu *hinterfragen*. Das nämlich müsste *ergebnisoffen* geschehen, eine ehrliche

462 Byron Katie 2013b, S. 34 [Hervorhebung G. St.].
463 Boerner 1999, S. 290.
464 Byron Katie 2013b, S. 8.
465 Boerner 1999, S. 297.
466 Ebd., S. 163–164.

Überprüfung schließt immer die Möglichkeit auch einer Affirmation der hinterfragten Gehalte ein. Das Ziel der Coachingmethode »The Work« ist vielmehr die *Beseitigung von Überzeugungen*. Und zwar *aller*: Denn es gebe keinen einzigen Glaubenssatz in der Welt, der wahr sei. »Ist euch aufgefallen, dass es keinen Glaubenssatz gibt, der wahr ist? Nicht einen einzigen? [...] Wenn ein Glaube wirklich aufgelöst ist, dann kann er auch nicht wieder erscheinen.«[467]

Diese Behauptung macht sich auch der deutsche Dachverband vtw zu eigen. Auf seiner Homepage kann man eine Online-Broschüre zur Einführung in »The Work« herunterladen, deren Titelblatt in riesigen Lettern das Byron-Katie-Zitat ziert: *Keine Ihrer Überzeugungen ist wahr. Dies zu wissen, bedeutet Freiheit.*[468]

## »Niemand werden« – »Entschaffung« des Individuums

Instanz jeder Überzeugung und jedes daraus erwachsenden Streitens mit der Realität, insbesondere mit Phänomenen wie Gewalt, Unterdrückung und Ungerechtigkeit, ist das sich seiner selbst bewusste Individuum mit einer Herkunft, einer Persönlichkeit und einem Gewissen. Nur ein solches individuelles Ich mit einer Geschichte kann sich in Beziehung zur Welt setzen, für Überzeugungen eintreten und das lutherische *»Hier stehe ich und kann nicht anders«* rufen. Nur ein sich seiner selbst bewusstes Ich kann sich bejaht und angenommen oder aber verletzt und abgewiesen fühlen. Auch das Bewusstsein für die Rechte anderer konstituiert sich über das Ich-Bewusstsein: Kants für unsere westliche Ethik prägender kategorischer Imperativ – *Handle so, dass die Maxime deines Handelns zugleich allgemeines Gesetz sein könnte*, volkstümlich *Was du nicht willst, das man dir tu, das füg auch keinem andern zu* – basiert ja auf der Fähigkeit, die Situation eines anderen aus der eigenen Ich-Perspektive zu denken, also zu realisieren: Der andere könnte auch *ich* sein – und wie fände *ich* es, wenn jene Handlung, die ich gerade gutheiße, mich selber beträfe? Die menschenrechtsbasierte Demokratie kennt Menschen deshalb immer nur als Subjekte mit einem Namen, der gerufen und einer Geschichte, die erzählt werden kann: »Niemanden« gibt es in ihrem Ansatz nicht. Oder wie es der Schriftsteller George Tabori wunderbar treffend formulierte: *Jeder ist jemand*. Vielleicht nirgends zeigt sich das so deutlich wie in der Formulierung des Folterverbots im Grundgesetz: »Niemand darf der Folter unterzogen werden.« Ein *Niemand* dürfte also gefoltert werden – aber da im menschenrechtlichen Verständnis des Grundgesetzes »niemand« nicht existiert, niemals,

467 Ebd. S. 293 u. 298.
468 Verband 2015. Vgl. www.vtw-the-work.org/publikationen/vtw-broschuere.html.

unter keinen Umständen, in keiner Lage, markiert der Satz das Folterverbot in ausnahmsloser Gültigkeit und unaufhebbarer Absolutheit.

Ohne inneren Widerstreit zu »lieben, was ist«, wie Byron Katies Lehre es verlangt, ist deshalb nur möglich, wenn zuvor das Individuum mit seiner Geschichte und seiner daraus gewachsenen Urteilsfähigkeit ausgelöscht wird. Für »The Work« ist deshalb das, was freiheitliche Verfassungen ausdrücklich verbieten, ein zentrales Ziel: Das sich seiner selbst bewusste Ich in einen »Niemand« zu transformieren, der seine Identität und alle Überzeugungen verloren hat, ja der nicht einmal mehr von seiner eigenen Existenz weiß:

> Die erste Lüge ist »Ich«. Und um sie aufrechtzuerhalten, kommt »bin« dazu. [...] Ich habe alle meine Glaubenssätze mit [...] The Work aufgelöst [...] Das ist nichts anderes als Tod: [...] Ich weiß nicht, dass ich bin. [...] Es gibt [...] nichts umzubringen außer Glaubenssätzen. Es gibt nur eine wirkliche Freude im Leben – sich aufzulösen.[469]

> Nur der ungeprüfte Geist würde Sie für ein Ich halten, das in einem Körper lebt. [...] Der Mittelpunkt des Universums ist [...] das Lob des Nichts. Und nur dieser Mittelpunkt ist echt. [...] Es gibt keine Verantwortung, keinen Sinn, kein Leiden, keinen Tod.[470]

## »Beziehungen gibt es nicht«

Wo aber kein Ich mehr existiert, kann es auch kein Du mehr geben – und folglich keine Beziehung zwischen beiden. Wenn sie ein Gebet hätte, bestünde dieses aus nur einem einzigen Satz, so Byron Katie: »Gott, bewahre mich vor dem Verlangen nach Liebe, Anerkennung oder Wertschätzung. Amen.«[471] Im »The Work«-Modell erscheinen daher alle Arten von Beziehung als komplett entpersonalisierte Abstraktionen, für deren Existenz es vollkommen unerheblich ist, dass leibhaftige Individuen mit einer Herkunft und einer eigenen Geschichte eine Verbindung aufbauen. Alle »lieben« sich quasi automatisch, ohne dass sie etwas miteinander zu tun haben oder etwas voneinander wissen müssten:

> »Sie lieben mich, und es ist nicht persönlich gemeint. [...] Was habe ich damit zu tun? [...] Ich liebe Sie ganz und gar, und Sie müssen nicht einmal mitspielen [...] Ist das nicht herrlich? Ich kann Sie ganz und gar lieben, und Sie haben nichts damit zu tun.«[472]

469 Boerner 1999, S. 288, 295/296 u. 300/301.
470 Byron Katie 2013a, S. 10.
471 Byron Katie 2013b, S. 41.
472 Byron Katie 2006b, S. 14/15 u. 63.

Das Leben findet in unserem Inneren statt. Andere Beziehungen gibt es nicht.[473]

Wir heiraten uns selbst – oder gar nicht. Das ist die einzig wahre Liebesgeschichte. Ich bin mit mir verheiratet, ich liebe mich selbst.[474]

Zwar ist die Selbstliebe auch in der jüdischen, christlichen und humanistischen Tradition unbedingt verankert. Aber dort ist sie dialektisch: Man muss sich selbst lieben, um andere lieben zu können, und man bedarf umgekehrt der Bejahung durch andere (oder theologisch durch Gott), um auch zu sich selbst ja sagen zu können. Im Modell Byron Katies geht es dagegen um das Gegenteil von Selbstbejahung: Denn die würde beinhalten, seine Geschichte mit all ihren Facetten anzunehmen, statt sie »zu verlieren«. Sich selbst bejahen würde heißen, zu seinen Gefühlen, Glaubenssätzen und Überzeugungen zu stehen, statt sie »aufzulösen«. Wie sehr muss man sich selbst eigentlich ablehnen, um den Wunsch zu hegen, »niemand« zu werden? Doch genau das ist wesentlicher Teil der »The Work«-Philosophie. Byron Katie bietet dazu sogar ein spezielles Seminar an, das sogenannte »No-Body-Intensive«, dessen Ziel »die Entschaffung der eigenen Identität« ist. Das »No-Body Intensive« (ein Wortspiel, das übersetzt in etwa bedeutet: das »Kein-Körper-Intensiv-Seminar«, aber auch das »Keiner- oder Niemand-Intensiv-Seminar«) [...] Es wird angeschaut, wie wir eine Identität erschaffen [...] und wie wir sie entschaffen können.[475]

Auch das »Summercamp 2016« des deutschen »The Work«-Dachverbands vtw stand unter dem Motto *Dankbarkeit ist was wir sind ohne unsere Geschichte.* »The Work«-Coach Moritz Boerner empfiehlt, sich seine eigene Biographie immer wieder »wie ein Theaterstück« vorzustellen – so lange bis man ihrer überdrüssig sei und den Wunsch habe, »sie für immer zu vergessen«.[476] Außerdem solle man von sich selbst regelmäßig in der dritten Person sprechen und auch Freunde bitten, dies zu tun: So könne man lernen, sich von sich selbst zu distanzieren und sich als Person nicht mehr wichtig zu nehmen.[477]

Die Geringschätzung eines einzelnen Menschenlebens ist eine Konstante, die sich durch Verlautbarungen fast aller »The Work«-Coachs zieht. Wir hatten oben bereits ein Zitat, in dem Byron Katie das Ermorden von Menschen in befremdlicher Weise mit dem versehentlichen Tottreten von Insekten ver-

473 Ebd., S. 63.
474 Ebd., S. 63.
475 Byron Katie 2013b, S. 43/44.
476 Boerner 1999, S. 310.
477 Ebd. S. 305.
478 Byron Katie 2013c, S. 213.

gleicht. An anderer Stelle bescheinigt sie dem Ausruf eines Sterbenden, dass der Einzelne doch nichts als eine bedeutungslose »Larve« sei, »tiefe Erkenntnis«.[478] Moritz Boerner bezeichnet in einem Youtube-Video zur »Hinterfragung« des »Glaubenssatzes« *Es sollte keine Kriege geben* das Individuum als »Pünktchen im All« und Kriege als »ein Spiel« und als »vor der Ewigkeit unwichtige Augenblicke«.[479] Im grausamen Unfalltod drei junger Menschen sieht er ein »logisches Ineinandergreifen von Ursache und Wirkung«, »schön und göttlich« wie eine Sternenexplosion.

> Wir können die Perfektion der Schöpfung sehr wohl [...] in den Naturgesetzen erkennen [...] Die [...] Bedeutungslosigkeit des Menschen [ist] angesichts der Größe des uns umgebenden Raumes [...] offensichtlich [...]. Ein schwerer Autounfall zerstört das Leben dreier junger Menschen. Er ist die logische und unabwendbare Folge des Ineinandergreifens von Ursache und Wirkungen. Er erfüllt das Schicksal dreier Menschen endgültig. Er ist auf seine Weise ebenso schön und göttlich wie der Ausbruch eines Vulkans oder einer Supernova.[480]

Man könnte solche Aussagen auch so paraphrasieren: Du bist nichts, das »Universum« ist alles. Unverkennbar treten hier wieder Züge eines sozialdarwinistischen Menschenbildes zutage, wie sie sich in Ansätzen schon im NLP und der Positiven Psychologie zeigten – einschließlich der Auffassung vom menschlichen Leben als einem ewigen Ausleseprozess, der das Zerstören Schwächerer einschließen müsse, um den Fortbestand der »Besten« zu sichern.

> Die Kraft, die die besten und stärksten Spermien zur Eizelle steuerte, die das Kind sich zu einem Menschen entwickeln ließ, der sich behauptete, [...] der Selbstbewusstsein hatte [...] den schönsten und besten Partner zu finden [...], kam aus dem gleichen Erbe, wie die Möglichkeit zu zerstören. Wer Leben schaffen konnte, musste auch zerstören können.[481]

479 www.youtube.com/watch?v=_m6sjm5pN2w.
480 Boerner 1999, S. 138.
481 Ebd. S. 138.

## Körperfeindlichkeit und Verachtung körperlicher Bedürfnisse

»Körper haben keine Stimme.«

Ein weiteres Kennzeichen von Byron Katies Ideengebäude ist, dass keine Einheit von Körper und Seele existiert, wie sie für die europäische Tradition leitend ist – vom römischen »Mens sana in corpore sano« bis zur christlichen Theologie der »Auferstehung des Leibes«, wo sich Christus den Frauen und Jüngern *leiblich* offenbart und der ungläubige Thomas ihn sogar anfassen und seine Hände in die Wundmale legen darf. Dass die ausgeprägte Körper- und Lustfeindlichkeit der Kirchen dazu stets in eklatantem Widerspruch stand, ist eine andere Geschichte. Deren Distanz zum Körperlichen nimmt sich allerdings stellenweise milde aus gegenüber der Geistfixierung und Leibesverachtung, mit der man im Rahmen der Methode »The Work« konfrontiert wird: Byron Katie hält die Vorstellung, dass der Körper, den sie abfällig »ein kleines Etwas« nennt, Teil der eigenen Persönlichkeit mit einem eigenen Verlangen (Nahrung, Wärme, Sexualität) und einer eigenen Verletzlichkeit (Schmerz, Krankheit, Gewalt), sein könnte, schlicht für abwegig. Ziel müsse es sein, den Körper zu ignorieren und sich nicht mit ihm zu identifizieren.

> Körper denken nicht, Körper kümmern sich nicht [...], Körper kennen kein heftiges Verlangen, Körper wissen nicht, [...] Körper bekommen weder Hunger noch Durst. Der Körper spiegelt, woran sich der Geist klammert: [...] Alkohol, Drogen, Sex [...] Es gibt keine körperlichen, es gibt nur geistige Abhängigkeiten.[482]
>
> Unser Denken ist gelähmt, wenn wir uns mit dem Körper identifizieren. [...] Körper haben keine Stimme, auf die man hören könnte.[483]
>
> Wenn ich mich auf etwas außerhalb von mir konzentriere – und der Körper ist solch eine äußere Quelle –, dann hindert mich das [...] an der Erkenntnis dessen, was ich wirklich bin: unbegrenzt, unendlich, formlos, frei. [...] Wenn du keine Glaubenssätze über den Körper hast, gibt es keinen Körper. [...] Mein Denken sollte fließen – und nicht anhaften an diesem kleinen Etwas, dem Körper.[484]
>
> Du kannst nicht eins sein mit deinem Körper, er wird sterben. [...] Der Körper lebt sein Leben, es ist nicht meine Angelegenheit.[485]

482 Byron Katie 2013c, S. 74 u. 76.
483 Boerner 1999, S. 279.
484 Ebd. S. 145.
485 Ebd. S. 145. u. 147.

Daraus, dass der Körper »nicht die eigene Angelegenheit« sei, folgt für Byron Katie unter anderem, dass er auch nicht für empfundene Schmerzen verantwortlich sein könne: »Ich kann […] körperliche Schmerzen haben, und wenn ich keinen Glaubenssatz damit verbinde, existieren sie nicht.«[486]

An anderen Stellen vergleicht sie den Schmerz mit der »Schönheit einer Blume«[487] und nennt ihn einen »Freund« und »lieben Gast«, der so lange bleiben könne, wie er wolle. Schmerzleidenden gibt sie mit auf den Weg:

> Woher wissen Sie, dass Sie Schmerzen haben sollen? Weil Sie sie haben. […] Wenn Sie lieben, was ist – dann sind Sie im Himmel. Wenn Sie Schmerzen haben und glauben, dass Sie keine Schmerzen haben sollen – dann sind Sie in der Hölle.[488]

Mit anderen Worten: Schmerzpatienten schaffen sich ihre Hölle selbst – weil sie ihre Schmerzen nicht »lieben«. Eine Verhöhnung unzähliger verzweifelter Menschen – allein in Deutschland nehmen sich jedes Jahr rund dreitausend Personen das Leben, weil sie ihre Schmerzen nicht mehr aushalten – aber auch eine Beleidigung aller engagierten Palliativmediziner und Wissenschaftler, die unermüdlich versuchen, die Lage ihrer Patienten zu lindern und gegen die Menschheitsgeißel Schmerz anzukämpfen.

Für die Praxis kognitiver Interventionen mit der Methode »The Work« folgt aus alledem eine absolute Verständnislosigkeit sowohl gegenüber körperlichen Bedürfnissen als auch gegenüber körperlichen Leiden von Klienten. Das in ihren eigenen Büchern dokumentierte Gebaren Byron Katies liefert dazu erschreckende Illustrationen. Nur zwei Beispiele:

Eine gelähmte Klientin erzählt von ihrer durch die Behinderung unerfüllten Sehnsucht nach dem Ausleben von Sexualität.[489] Sie spricht damit eine große, lange tabuisierte Not an, die in Deutschland zum Glück seit einiger Zeit schrittweise aus der Dunkelkammer geholt wird: Lust und sexuelle Wünsche von behinderten, schwerkranken, gelähmten oder pflegebedürftigen Menschen. Im »The Work«-Modell mit seiner Geringschätzung des Körpers ist indes schon das Verspüren körperlichen Begehrens eine »Lüge«: Völlig verständnislos erklärt Byron Katie der Frau, dass »ihr Körper solche Bedürfnisse nicht hat«. Es sei allein ihr Denken, mit dem sie selbst erst das Verlangen nach Sexualität »erschaffe«. Der Klientin wird daher befohlen, den Satz *Ich will, dass mein Denken nicht das Bedürfnis nach Liebe, Sex und Berührung hat* zu bilden.[490]

486 Boerner 1999, S. 294.
487 Ebd. S. 144.
488 Byron Katie 2013a, S. 5.
489 Boerner 1999, S. 280.
490 Ebd. S. 281.

Eine Krebspatientin leidet im Endstadium unter extremen, entstellenden Beinödemen. Für Byron Katie ist der Urheber des Leidens jedoch nicht der Krebs, sondern die Patientin selbst mit ihrem »unwahren Gedanken«, dass der Krebs und ihre körperliche Entstellung nicht in Ordnung seien:

> Eins ihrer Beine war so geschwollen, dass es mindestens doppelt so dick wie das andere war. Ich schaute und schaute und konnte [...] kein Problem erkennen. Sie sagte: »[...] Sehen Sie sich dieses Bein an [...].« Ich antwortete: »[...] Nun sehe ich das Problem. Sie leiden unter der Überzeugung, dass das eine Bein so wie das andere aussehen sollte. Wer wären Sie ohne diesen Gedanken?«[491]

## »Nicht meine Angelegenheit« – Negierung der sozialen Frage

»Das Leben findet in unserm Innern statt, andere Beziehungen existieren nicht« – so lautet eine zentrale Position Byron Katies. Für ihr Ideengebäude leitet sie daraus die »Lehre von den drei Angelegenheiten« ab: Stress und Unglück entstünden vor allem dadurch, dass man sich in »fremden Angelegenheiten« bewege. »Ich kann nur drei Arten von Angelegenheiten im Universum finden: meine, deine und Gottes. [...] Alles, was außerhalb meiner oder deiner Kontrolle [...] liegt, nenne ich Gottes Angelegenheit. [...] Ein großer Teil unseres Stresses kommt daher, dass wir uns gedanklich außerhalb unserer eigenen Angelegenheiten befinden.«[492] »Auf diese Weise entsteht Einsamkeit [...] Wenn du dich um die Angelegenheiten anderer Menschen kümmerst, [...] dann lässt du dich alleine.«[493] So bezeichnet es Byron Katie als »verrückt«, wenn man mit einem nahestehenden Menschen mittrauere – weil es überhaupt nicht möglich sei, den Schmerz eines anderen zu teilen. »Manche Menschen halten Traurigkeit für einen Akt der Loyalität und meinen, die Menschen, die sie lieben zu verraten, wenn sie nicht mit ihnen leiden. Das ist verrückt.«[494] »Ich kann Ihren Schmerz nicht spüren. Wenn Sie geschlagen werden und ich meine, es »fühlen« zu können, fühle ich eine Projektion meiner Vermutung, wie es sich für Sie wohl anfühlen muss. [...] Es heißt, Mitgefühl bedeute, den Schmerz des anderen zu fühlen. Als ob das überhaupt möglich wäre!«[495]

Wenn du die drei Arten von Angelegenheiten genug verstehst, um in deinen eigenen Angelegenheiten zu bleiben, könnte dies dein Leben auf eine Art befreien, die du dir noch nicht einmal vorstellen kannst.[496]

491 Byron Katie 2002, S. 280ff.
492 Byron Katie 2013b, S. 7.
493 Byron Katie 2013a, S. 65.
494 Ebd.
495 Byron Katie 2006b, S. 64/65.

»In seinen eigenen Angelegenheiten bleiben« – *politisch* folgt daraus, dass im Denkkosmos von »The Work« kein Gerechtigkeits- und Teilhabediskurs existiert. Denn in einer Welt, die »immer genau so, wie sie ist, in Ordnung ist«, gibt es keine soziale Frage mehr: Auch wer nichts hat, hat es über die Auflösung »ungünstiger Glaubenssätze« jederzeit in der Hand, sofort ins Paradies einzutreten:

> Was ist nicht in Ordnung in dieser Welt? Und wenn es wahr wäre, daß es Dinge gibt, die nicht in Ordnung sind, warum sollten wir soviel Zeit damit verbringen, zu beweisen, [...] daß es wirklich Hunger gibt, daß da wirklich Probleme sind? [...] Stellt euch einen Menschen vor mit einem gesunden, klaren Verstand [...] ohne Freunde, ohne Arbeitsstelle, ohne Familie, ohne Geld – [...] Er wird glücklich sein. [...] Es ist unmöglich, nicht im Paradies zu sein.[497]

Die Münchener »The Work«-Coach und Positive Psychologin Susanne Keck knüpft daran an, wenn sie in ihrem Blog die Situation vieler Freiberufler thematisiert, die angesichts unsicherer Auftragslage in ständiger Angst leben, eines Tages ihre Miete nicht mehr bezahlen zu können. Gemäß der »The Work«-Regie (den Ablauf der Methode gehen wir gleich noch genau durch) schlägt die Beraterin ihnen vor, den »Glaubenssatz« *Nicht genug Geld für den Lebensunterhalt zu haben, wäre das Schlimmste, was passieren kann* »umzukehren« zur Aussage *Nicht genug Geld für den Lebensunterhalt zu haben, wäre das Beste, was passieren kann* – und dann Gründe zu finden, warum dies wahr sei: Zum Beispiel, weil man dabei »eine Menge lernen« könne, wie etwa »sich einzuschränken«. Keck schlägt Personen in prekären Verhältnissen vor, gezielt den Kontakt zu Bettelmönchen und »glücklichen Hartz-IV-Empfängern« zu suchen und sich an ihnen ein Beispiel zu nehmen.[498] Ein Vorschlag, der ganz im Sinne Byron Katies sein dürfte, bei der es heißt: »Wie weiß ich, dass ich nicht brauche, was ich haben will? Ich habe es nicht.«[499] »Ich sage ja zu Millionen von Dollars und ich sage ja zu dem, was andere Armut nennen. Es ist nicht meine Angelegenheit. Alles ist gut!«[500]

496 Byron Katie 2013b, S. 9.
497 Boerner 1999, S. 294.
498 Vgl. http://susanne-keck.de/blog/item/25-das-schlimmste-das-passieren-kann-ist-vielleicht-nicht-das-schlimmste.
499 Byron Katie 2013b, S. 42.
500 Boerner 1999, S. 300.

## Der Begriff des Vergebens bei Byron Katie

»Erkennen, dass es gar nicht geschehen ist«

Den Begriff des Verzeihens bei Byron Katie können wir in aller Kürze abhandeln, denn er ist praktisch deckungsgleich mit dem Konzept der »radikalen Vergebung« des Esoterikers Colin Tipping.[501] Wir erinnern uns: In unserem westlichen Wertesystem beruht der Akt des Vergebens auf der *Unterscheidung von Tat und Täter.* Die Synode der Evangelischen Kirche Berlin-Brandenburg hat dies 2002 in Anlehnung an ein Wort ihres damaligen Bischofs Wolfgang Huber in die wunderbare Formel gefasst: »*Kein Mensch ist mit seinen Taten oder Untaten, mit seiner Leistung oder seiner Fehlleistung gleichzusetzen. Das ist der Kern aller Menschlichkeit in der Gesellschaft.*«[502] Der Täter bleibt Mensch und wird so behandelt, so schwer das auch manchmal fallen mag – deshalb lehnen wir in Deutschland und Europa auch die Todesstrafe kompromisslos ab. Zugleich aber bleibt die Tat das, was sie ist, unmenschlich oder böse, sie wird in ihrem Charakter weder schöngeredet noch geleugnet. Diese Differenzierung, die die Verantwortlichkeiten beim Namen nennt, das Opfer und seine Geschichte ernst nimmt und dennoch den Verzicht auf Rache und damit potentiell Versöhnung und Resozialisierung auch des Täters möglich macht, ist eine der größten zivilisatorischen Leistungen der humanistischen Tradition. Verzeihen und Vergeben sind in dieser Tradition *zwischenmenschliche Akte*, die sich *von* jemandem *an* jemanden richten, Akte also, die eines *Ich* und eines *Du* bedürfen – und die deshalb auf der individuellen Ebene auch nicht erzwungen werden können. Auf einer ganz anderen Linie bewegt sich dagegen der *esoterische Vergebungsbegriff*: Weil in der Esoterik die Wirklichkeit »immer gut« ist, kann es dort gar keine bösen Taten geben – und also auch keine Täter, die einer Vergebung bedürfen würden. Vergebung wird vielmehr zu einer kognitiven »Entscheidung« umgedeutet: Das Opfer soll seine Erfahrung, dass ihm etwas zugefügt worden ist, als »unwahre Projektion« seines eigenen »verwirrten Geistes« anerkennen. Beispielhaft dafür steht die Definition von *Eileen Barkers*, eigenen Angaben zufolge eine der führenden »Coachs for Forgiveness Movement«:

> Vergebung ist eine Entscheidung […] Sie bedeutet, aufzuhören, das Schlechte zu beklagen […], sie bedeutet, das Bedürfnis aufzugeben, Recht zu bekommen. Sie bedeutet […] aufzuhören, sich als Opfer zu sehen. Sie bedeutet, eine neue

501 Vgl. hierzu mein Kapitel zur Vermengung von NLP und Esoterik, S. 65–67.

502 Vgl. Rolf Wischnath: Gott dem Herrn Dank sagen. Festschrift für Gerhard Heintze, Braunschweig 2002.

Geschichte zu erfinden über das, was einem widerfahren ist, die sowohl friedvoll als auch aufbauend ist. [...] Jeder von uns hat diese Kraft [...] Die Fähigkeit zur Vergebung hängt nicht davon ab, was jemand anders getan hat.[503]

Auf exakt dieser Ebene bewegt sich auch Byron Katie: Vergebung bedeute »zu erkennen, dass das, wovon du dachtest, dass es geschehen sei, gar nicht geschehen ist. Bis du sehen kannst, dass es [...] nichts zu vergeben gibt, hast du nicht wirklich vergeben. Wir sind alle unschuldig.«[504]

## Holocaustrelativierung und esoterischer Geschichtsrevisionismus

»Wenn Sie nach Auschwitz gebracht werden, leiden Sie nur dann, wenn Sie einen unwahren Gedanken glauben.«

»Bis du sehen kannst, dass es nichts zu vergeben gibt, hast du nicht wirklich vergeben« – ein solcher Satz beinhaltet eine gefährliche politische Dimension, die uns schon bei der Analyse der Querverbindungen des NLP zu esoterischen Autoren wie Donald Walsch oder Colin Tipping entgegentrat: Die für viele Coachings typische radikalkonstruktvistische Vorstellung, dass jeder »sein Leben selbst erschaffe« und die damit einhergehende Leugnung der Existenz von Opfern – und damit auch von Tätern – läuft in Bezug auf historische Erfahrungen wie den Nationalsozialismus fast zwangsläufig auf einen Geschichtsrevisionismus hinaus. Auch »The Work« ist dafür ein drastisches Beispiel. Byron Katie jedenfalls bekräftigt, dass, wer immer wo immer und wann immer die Hölle erlebt habe, sie sich ganz allein selbst geschaffen habe müsse: »THE WORK [...] zeigt euch, [...] dass ihr [...] eure eigene Hölle seid, es gibt niemanden außerhalb von euch, auf den ihr mit dem Finger zeigen könnt«[505]

Für die Einordnung der Höllen von Buchenwald bis Auschwitz folgt daraus die unfassbare Perfidie, dass der Finger der Verantwortlichkeit nicht auf diejenigen zu richten wäre, die die Todesfabriken erdachten, erbauten und bis zum letzten Tag am Laufen hielten – sondern auf die Opfer, auf die Entrechteten, Deportierten, Ermordeten. Byron Katie:

503 Eileen Barker: The Forgiveness Workbook, 2009 by Eileen Barker, S. 14/15.
504 Byron Katie 2013b, S. 42.
505 Boerner 1999, S. 123.

> Ein klarer Geist leidet nicht. Das ist unmöglich. Selbst wenn Sie […] und Ihre Familie nach Auschwitz gebracht werden, leiden Sie nur dann, wenn Sie einen unwahren Gedanken glauben. Ich liebe die Wirklichkeit. Ich liebe, was ist. Und auf welchem Weg es auch zu mir findet, meine Arme sind offen.[506]

> Nichts außerhalb von uns selbst kann uns leiden lassen. Gäbe es unsere ungeprüften Gedanken nicht, wäre jeder Ort das Paradies.[507]

Mit anderen Worten: Die Holocaust-Opfer haben die Hölle von Auschwitz quasi selbst geschaffen, indem sie infolge eines »unklaren Geistes« die »freundliche Wirklichkeit« der Vernichtungslager nicht erkannten, sondern den »unwahren Gedanken« glaubten, dass die Deportationszüge und Selektionsrampen etwas Böses seien. Sie hätten ihr Leid selbst erzeugt, indem sie dem Tod in den Gaskammern, Hungerbunkern, Folterkellern, tödlichen Arbeitseinsätzen und pseudomedizinischen Laboren nicht »die Arme öffneten«, sondern aufgrund »ungeprüfter Gedanken« meinten, dass an ihnen ein Menschheitsverbrechen verübt werde. Sie waren selbst die Verursacher ihres Traumas, indem sie mit der Realität der Tag und Nacht feuerspeienden Krematorien und dem süßlichen Geruch der verbrennenden Körper ihrer Angehörigen »stritten« – statt »zu lieben, was ist« und zu erkennen, dass sie doch »im Paradies« gelandet waren und sich nur durch »ihre Geschichte«, dass ihnen etwas Böses angetan werde, den Blick darauf verstellten. Wir mussten im Kontext von Coachingmethoden schon manche Verharmlosung der Shoah kennenlernen – die Konstruktion Byron Katies aber dürfte an Zynismus schwer zu toppen sein. Der »The Work«-Kritiker Morten Tolboll verweist in diesem Kontext auf eine in Europa wenig bekannte Publikation der Esoterikerin mit dem Titel *Losing the moon*. Darin »interpretiert« sie das Verbrennen jüdischer Babys bei lebendigem Leibe durch die SS als Ausdruck der »unbeschreiblichen Liebe des Universums«.[508] Unter der Überschrift *You're destroying my dream* und mit der vorangestellten Bemerkung, dass die folgenden Passagen als Abkehr von allgemein anerkannten Wertvorstellungen gelesen werden könnten und auf keinen Fall irgendwelche Gewalt entschuldigen sollten, entspinnt sich dort folgender Dialog:

> *Freund:* Ich interviewte einmal einen jüdischen Mann, der zwei Jahre in Auschwitz war. […] Eines Tages beschlossen sie [die Deutschen], einfach die Babys zu verbrennen. Die Nazis machten eine Grube und ein großes offenes Feuer,

506 Byron Katie 2013a, S. 21. – Der Satz taucht noch in weiteren Büchern der Autorin auf, so in Byron Katie 2013c, S. 110.
507 Byron Katie 2013a, S. 35.

> und als die jungen jüdischen Frauen aus dem Zug stiegen, nahmen ihnen die Nazischergen ihre Babys weg und warfen sie direkt ins Feuer. […]
> *Byron Katie:* Ich höre von dir, dass die Nazis Babys in die Grube warfen. […] Das rührt an die Frage absoluter Liebe zu Gott. Bedeutet sie »Ich liebe Gott« oder »Ich liebe Gott nur manchmal, wenn er mir die Wirklichkeit gibt, die ich gern hätte?« Krieg ist das, was ist. Er ist Natur. […] Wenn jemand […] mir mein Baby entreißt – […] dann bin ich dabei. Nimm mein Baby fort. Wirf es ins Feuer. […] Mein […] Krieg mit der Wirklichkeit ist der Grund meines Schmerzes […], nicht der »Verlust« meines Babys. […] Es gibt nichts Schreckliches. Soll ich es wiederholen? Es gibt nichts Schreckliches. Es gab nie etwas Schreckliches. Und es wird niemals etwas Schreckliches geben. […] Indem man mir mein Baby wegnimmt, räumt man mit der Illusion auf, dass ich die Mutter sei, und da mein Baby und dort der Vater [und] wir werden es großziehen [und] glücklich sein […] Aber das Baby fortreißen – das ist größer. Das ist das Höhere, weil es dir deine Geschichte entreißt. […] Das Baby ist weg und du bleibst zurück mit […] deinen Glaubenssätzen. Das ist es. Das ist, was ist. Das ist absolute, UN-beschreibliche Liebe. […] Kannst du wissen, ob Hitler nicht mehr Menschen zur Erkenntnis führte als Jesus? […] Unsere Geschichten über die Realität halten uns von der Einsicht ab, dass Gott alles ist. Und Gott ist gut.[509]

Byron Katies Gesprächspartner scheint noch nicht überzeugt:

> *Freund*: Gott ist alles. Und Gott ist heilig. Also ist alles heilig. Aber wie kann es dann das Böse geben?
> *Byron Katie:* Das Böse gab es nie und das Böse wird es niemals geben. Das Böse ist nur eine Geschichte […] darüber, wie deiner Meinung nach die Welt sein sollte […] Wer wärst du ohne diese Geschichte? Du wärst in Frieden. Und du wärst dankbar. […] Ich werde die ganze Welt dazu bringen, das zu erkennen. Und im Namen dieses Glaubens hätte ich das Baby ins Feuer geworfen.[510]

Mit ihrer Methode »The Work« will Byron Katie nach eigenen Worten zu einer Haltung führen, die nicht mehr Partei ergreift, sondern der ein Akt des unbeschreiblichsten Verbrechens gegen die Menschlichkeit unterschiedslos genauso recht wäre wie ein Akt des Menschlichen. Erst wer eine solche Haltung einnehme, habe »Meisterschaft« erlangt.

508 Vgl. Tolboll 2014. S. 4–6.
509 Byron Katie 1998, S. 35–39.
510 Ebd.

> Die Meisterin kann nicht Partei ergreifen. Sie liebt die Wirklichkeit, und die Wirklichkeit schließt alles ein. [...] Ihre Arme sind offen für alles [...] alle Verbrechen, alle Heiligkeit. [...] Sie macht keinen Unterschied. [...] Unbeteiligt betrachtet sie die Dinge – wenn sie kommen, entspricht das ihrem Wunsch, und wenn sie gehen, will sie auch das. Ihr ist alles recht. Sie liebt, was kommt, und sie liebt, was geht.[511]

In ihren Coachings gelingt es Byron Katie offenbar immer wieder, diese Position auf Klienten zu übertragen. So berichtet die Teilnehmerin eines der jährlich stattfindenden »New-Year-Cleanse«-Workshops von ihrer anfänglichen Empörung über Byron Katies Behauptung, in der Welt sei »nie etwas Entsetzliches« geschehen. Die Frau reiste nach eigenen Angaben zu dem Workshop, um dort klarzumachen, dass es ihr niemals möglich sein werde, die Realität von Verbrechen gegen die Menschlichkeit zu »lieben«.[512] Man könnte auch sagen: Die Frau war in einem guten Zustand zu der Veranstaltung gefahren. Während dieser aber geschieht etwas Seltsames. Dem Bericht zufolge änderte sie ihre Meinung innerhalb von Stunden um hundertachtzig Grad. Durch die Anwesenheit Byron Katies sei ihr bewusst geworden, dass sie ihre »Glaubenssätze« über Hitler und den Holocaust bisher nie »hinterfragt« habe. Im Zuge der durchgeführten »Hinterfragung« mit der Methode »The Work« habe sie dann erkannt, dass sie gar nicht hundertprozentig und mit Absolutheit sicher wissen könne, ob der Holocaust wirklich nur zerstörerisch war oder ob er nicht auch Heilendes in die Welt gebracht habe. »Ich hatte eine anrührende Idee: Was, wenn dieses Ereignis nicht hundertprozentige, absolute, totale und komplette Zerstörung war? Was, wenn etwas Heilendes aus ihm hervorgegangen sein könnte? Könnte es möglich sein, dass das Universum ultimativ freundlich ist?«[513] Nach dem Praktizieren von »The Work« habe sie Hitler von einem hellen Lichtball umstrahlt gesehen und erkannt, dass die bedingungslose Liebe des Universums alles einschließe, auch Krieg und Gewalt: »Ich konnte einen Lichtball sehen, der Hitler umgab [...] Grausamer Krieg, [...] Gewalt [...] – bedingungslose [...] Liebe umfasst alles [...] Alles ist gut, egal was es ist.«[514] Durch das Coaching mit Byron Katie sei ihr ferner klar geworden, dass sie nicht hundertprozentig sicher wissen könne, dass der Tod in den Lagern schlimmer war als das ganz normale Sterben, das jeden Menschen einmal erwartet. »Ich begriff, dass ich nicht wirklich WUSSTE, dass der Tod grausam war. Ich wusste nicht, dass, wenn ich mit einer Gruppe

511 Byron Katie 2013a, S. 5.
512 https://workwithgrace.com/ending-the-holocaust/.
513 Ebd.
514 http://workwithgrace.com/tag/nothingness/.

anderer Menschen in einem Moment gemeinsam sterben würde, dies schlimmer wäre, als wenn ich ganz normal alleine stürbe.«[515] Durch das Anwenden von »The Work« habe sie schließlich auch verstanden, dass sich für den Zweiten Weltkrieg keine Verantwortlichen benennen ließen – denn jeder Krieg sei von so vielen Aspekten abhängig, dass letztlich niemand hundertprozentig sicher wissen könne, wer ihn begonnen habe. Byron Katies Methode habe ihr demonstriert, dass sie nicht einmal mit Absolutheit wissen könne, ob »der Diktator« irgendwas mit der Sache zu tun hatte. »Ich [...] wusste nicht, wessen Schuld es war. Ich könnte sagen, es war die Schuld des Diktators [...] aber ich weiß das nicht wirklich. Viele Faktoren müssen zusammenkommen, um einen Krieg auszulösen.«[516] Auf einer ähnlichen Ebene wie dieser Bericht bewegt sich der Youtube-Clip *Moritz Boerner macht The Work über den Holocaust*[517], der den »Glaubenssatz« *Es hätte keinen Holocaust geben dürfen* »auflösen« will und das erschreckende Dokument eines esoterischen Geschichtsrevisionismus darstellt.[518] Auch Boerner bekräftigt in seinem Video, dass man nicht wissen könne, ob es wirklich besser gewesen wäre, wenn es keinen Holocaust gegeben hätte: »Kann ich wirklich wissen, es wäre besser gewesen, es hätte keinen Holocaust gegeben? Das kann ich nicht wissen. Viele, viele Dinge sind geschehen, die nicht geschehen wären, wenn es keinen Holocaust gegeben hätte.«[519]

Indem er den Begriff des Holocaust auf alle möglichen anderen Verbrechen ausdehnt, relativiert der »The Work«-Coach den beispiellosen und systematisch organisierten industriellen Massenmord an Juden, Sinti und Roma und Homosexuellen zu einer beliebigen Untat unter »Hunderttausenden«: »Verhindert dieser Glaubenssatz ›Es hätte keinen Holocaust geben sollen‹, dass wieder ein Holocaust geschieht? Meines Erachtens nicht. Genau in diesem Moment gibt's auf der Welt hunderttausende von Holocausts, kleine und große.«[520] Endgültig geschmacklos wird es, wenn Boerner eigene Gefühle von Scham, Trauer und Mitleid als »Holocaust« bezeichnet, der in ihm stattfinde, sobald er denke, dass es Auschwitz nicht hätte geben dürfen. »Was habe ich davon, wenn ich denke ›Es hätte keinen Holocaust geben sollen?‹ [...] Ich spüre Scham. Ich spüre das

515 https://workwithgrace.com/ending-the-holocaust/.
516 Ebd.
517 Moritz Boerner macht »The Work« über den Holocaust. www.youtube.com/watch?v-=k2Ft3ars9dk
518 Unter esoterischem Geschichtsrevisionismus verstehe ich die Relativierung politischer Verbrechen – und damit die Entlastung der Täter – mittels esoterischer Konstruktionen, etwa der Idee von dem »einen Universum«, in dem es nichts Falsches gebe oder der Lehre vom »universellen Karmagesetz« oder dem »Gesetz der Anziehung«, demzufolge Opfer eines Verbrechens dieses durch ihr »Denken« oder ihr »Karma« selbst ausgelöst hätten.
519 www.youtube.com/watch?v=k2Ft3ars9dk.
520 Ebd.

Leid, das damals war. […] Der Holocaust findet jetzt in mir statt, wenn ich innerlich dagegen kämpfe, dass es so etwas gegeben hat.«[521]

Schon nicht mehr verwunderlich ist, was der »The Work«-Coach daraus folgert: Dass man endlich einen Schlussstrich unter die Vergangenheit ziehen müsse. Damit der »Holocaust im eigenen Innern« ende, gelte es, das Leben nicht länger durch »sinnlose Gedanken« an »vergangene Holocausts« zu »vergiften«: Erst dann könne man frei und glücklich leben.

> Wer wäre ich, wenn dieser Gehirnteil nicht mehr in mir wäre, der vom Holocaust weiß? Ich wäre freier […] Ich könnte frei und glücklich sein. […] Es sollte keinen Holocaust in mir geben, der gegen vergangene Holocausts sinnlos kämpft […] Es sollte keinen Holocaust in meinem Denken geben […] Gedanken, die […] mein Leben vergiften, Gedanken an die Vergangenheit.[522]

Indes transferiert Boerner mit diesen Aussagen nur ein zentrales Ziel der »The Work«-Methodik auf die historisch-politische Ebene: Die eigene »Geschichte zu verlieren«, insbesondere wenn diese belastend oder verstörend ist. Byron Katie:

> Manche Menschen verbringen ihr ganzes Leben damit, die Vergangenheit ändern zu wollen […]: »Es hätte keinen Holocaust geben dürfen.« Falls Sie das, was geschehen ist, mit dem vergleichen, was sich Ihrer Ansicht nach hätte zutragen sollen, führen Sie Krieg mit Gott. […] Wenn Sie glauben, dass es unter bestimmten Umständen gerechtfertigt sei, zu leiden, werden Sie zu einem Verfechter des Leidens und halten es in sich am Leben.[523]

> Als ich 1986 erwachte und die Wirklichkeit erkannte, […] war [ich] fest entschlossen, alle belastenden Geschichten aufzulösen, die je erzählt worden sind. Ich war der Geist der Welt, und jedes Mal, wenn ich eine Geschichte […] in mir aufgelöst hatte, verschwand sie auf der ganzen Welt.[524]

In solchen Worten manifestiert sich nicht weniger als das größenwahnsinnige und zum Glück aussichtslose Ansinnen, der Menschheit ihr Gedächtnis zu rauben – das politische, ethische, kulturelle, historische. Man möchte sich besser nicht vorstellen, was für Konsequenzen aus solch kruden Allmachtphantasien abgeleitet werden könnten: Das Tagebuch der Anne Frank, die Zeugenberichte Max Mannheimers, die Dokumentationen Claude Lanzmanns oder die Gedenkstätte Yad Vashem als Sammlungen »belastender Geschichten«, die es »aufzulösen« gilt, damit sie »auf der ganzen Welt verschwinden«?

521 Ebd.
522 Ebd.
523 Byron Katie 2013a, S. 21.
524 Ebd. S. 7.

## »The Work« und der Tod

»Wenn hier […] jemand eine Bombe reinwürfe, dann wäre da […] Bewegung in der Luft und […] das wäre wunderschön.«

Die erschreckenden Äußerungen Byron Katies und ihrer Anhänger zur NS-Vergangenheit werden nicht besser, aber erklärbarer, wenn man sich die Stellung des Todes innerhalb ihrer Lehre näher ansieht. Das Verhältnis zum Tod ist dort durch drei Parameter gekennzeichnet. Erstens ist er *ausschließlich positiv* definiert: Für Byron Katie ist der Tod nicht das größte Fragezeichen des Lebens und seine größte Sinnerschütterung, auf die seit Jahrtausenden Religionen und Philosophien Antworten suchen und trotz Impulsen der Hoffnung unsere Empörung doch nie ganz beseitigen konnten. Im Modell Byron Katies ist der Tod vielmehr etwas restlos Geklärtes: Er *ist gerade die Sinnerfüllung*, er ist das Ziel allen Strebens, Träumens und Denkens: »Der Tod ist alles, was je erträumt wurde, einschließlich des Traums vom Selbst. […] Ich finde den Gedanken an den Tod aufregend.«[525] »Das ist nichts anderes als Tod. SEIN.«[526]

Diese positive Definition des Todes bezieht Byron Katie – das ist das zweite Parameter – auf *jede Form und jeden Zeitpunkt* des Todes – *das heißt ausdrücklich auch auf den frühen, unnatürlichen oder gewaltsamen Tod*. Deutlich wird das z. B. im Coaching mit einer Mutter, deren Tochter Suizid beging. Deren völlig menschliche, von Trauer und Ratlosigkeit gekennzeichnete Gefühlslage wird von Byron Katie mit einem ungeduldigen »Ja, ja!« abgewimmelt. Stattdessen erklärt sie der Frau, sie dürfe nicht von sich nicht behaupten, »ihre Work getan« zu haben, solange sie nicht einsehe, welches Geschenk sie mit dem Selbstmord ihrer Tochter erhalten habe.[527] Auch in ihrem Buch *Wer bin ich ohne diesen Gedanken?* bekräftigt sie, dass der Suizid des eigenen Kindes keinen Grund zu leiden darstelle und die Angehörigen nichts angehe:

> Wenn sich deine Tochter umbrächte, wessen Angelegenheit wäre das? […] Wie kannst du wissen, dass das Leben besser für sie wäre als der Tod? […] Für wen hältst du dich? […] Wenn sich meine Tochter […] umgebracht hätte, würde ich nicht denken: »Süße, du hättest hierbleiben sollen.«[528] Solange wir nicht wissen, dass der Tod ebenso gut ist wie das Leben und stets zur rechten Zeit kommt, spielen wir unwissentlich die Rolle Gottes.[529]

525 Byron Katie 2013a, S. 50. Außerdem: Byron Katie 2013c, S. 115.
526 Boerner 1999, S. 296.
527 Ebd., S. 109–114.
528 Byron Katie 2013c, S. 143.
529 Ebd.

An anderer Stelle berichtet Byron Katie fast mit Stolz von der Geburt ihres Enkelkindes, das nach der Entbindung zunächst nicht atmete: Während alle um sie herum Panik bekamen und im drohenden Sterben des Neugeborenen etwas Schreckliches sahen, habe dessen vermeintlicher Tod bei ihr Lächeln, tiefen Frieden und bedingungslose Zustimmung ausgelöst: »Ich wusste, dass [das Baby] […] ohne einen einzigen Atemzug ein vollständiges Leben gehabt hätte. Ich liebe die Wirklichkeit, […] das, was ist.«[530]

Die Haltung einer absoluten Bejahung auch des unnatürlichen oder gewaltsamen Todes bestimmte bereits einen Vortrag Byron Katies aus den 1990er Jahren, von dem Moritz Boerner einen autorisierten Mitschnitt wiedergibt. In dem Dokument mit dem Titel »Das Ende des Leidens« wird die Situation eines Bombenanschlags erörtert – eine Situation, die heute eine ganz akute Aktualität besitzt im Angesicht des Terrorismus und der unsäglichen Blut- und Leidensspur, die diese hinterhältigste Form des Verbrechens in den USA, Israel, Europa, vor allem aber den Regionen des Nahen und Mittleren Ostens, wo die meisten Opfer zu beklagen sind, hinterlassen hat. Byron Katie indes verortet die Ursache des vom Terror ausgehenden Grauens nicht in der Tatsache, dass dabei Menschen bewusst andere Menschen umbringen, verstümmeln und traumatisieren. Auch nicht darin, dass Menschen plötzlich aus dem Leben gerissen und Angehörigen ihre Liebsten genommen werden. Nach ihrem Bekunden ist auch dies alles nichts Böses:

> Es gibt nur das Gute, es gibt nur Gott. Es gibt nur Freude! Jeder Gedanke, der uns davon abhält, das zu sehen, ist unwahr. […] Gibt es eine Kraft da draußen, die nicht liebevoll und freundlich gesinnt ist? […] Nein. […] Wir nehmen etwas, heften einen Glauben daran und nennen es dann böse. […] Ich habe noch nie ein wirkliches Opfer gesehen.[531]

Die Verantwortung für das von einem Attentat ausgehende Leid verortet Byron Katie stattdessen im westlichen Wertesystem – weil dieses das Leben für wertvoller halte als den Tod. Würde der Tod – und zwar egal welcher Art und welchen Zeitpunkts – als gegenüber dem Leben absolut gleichrangig und gleichwertig gelten, würde ein Bombenattentat auch kein Problem mehr darstellen:

530 Byron Katie 2002, S. 283.
531 Boerner 1999, S. 296–300.
532 Ebd., S. 119.
533 Byron Katie 2013c, S. 100.

> Wenn jetzt jemand hier hereinstürmen und schreien würde, daß er eine Bombe hätte, dann würden einige von euch sagen »Das ist schrecklich!« [...] [Aber] wenn es keinen Glauben darüber gibt, [...] daß das Leben wertvoller ist als der Tod, dann gibt es kein Problem damit, daß jemand hier eine Bombe reinwirft.[532]

An anderer Stelle belehrt Byron Katie – die soweit ich es überblicke, nie vom Verlust von Gliedmaßen betroffen war – Opfer von Verstümmelungen wie abgerissenen Armen, dass sie ihr Leid durch ihren Wunsch, zwei Arme haben zu wollen, allein selbst verantworteten:

> Wenn ich meinen rechten Arm verliere, woher weiß ich dann, dass ich nur einen Arm brauche? Ich habe nur einen. Es gibt keinen Fehler im Universum. [...] Das Leiden beginnt mit der Geschichte: »Ich brauche zwei Arme«, weil diese Geschichte im Widerspruch zur Wirklichkeit steht. Ohne die Geschichte habe ich alles, was ich brauche. [...] Solange ich nicht bereit bin, auch noch meinen linken Arm zu verlieren, ist meine *Work* nicht getan.[533]

Byron Katie geht aber noch einen Schritt weiter. Der »These« folgend, dass es »keinen Fehler im Universum« gebe, erklärt sie, dass eine Bombenexplosion eigentlich »wunderschön« sei: Da gebe es eine Bewegung in der Luft, da ertöne vielleicht eine Stimme. Erst unsere Ethik, die das Werfen einer Bombe auf Menschen als nicht richtig einstufe, verursache Schmerz und Terror.

> Wir denken hier, daß das Leben höher zu bewerten ist als der Tod. Aber alles ist gleichwertig.[534]

> Wenn hier also jemand eine Bombe reinwürfe, dann [...] [beginnt] der Schmerz [...] da, wo wir denken [...] »Das ist nicht richtig«, nicht eine Sekunde früher. Es gäbe Bewegung in der Luft und vielleicht eine Stimme, und das wäre wunderschön [...] Wenn ich den Glauben hätte, daß Leben wertvoller als Sterben sei, dann würde ich wie verrückt rennen, aber [...] beides ist gleich, beides ist richtig.[535]

In einem Video, das manche »The Work«-Coachs nach den Pariser Mordattacken des IS vom November 2015 als »wunderbaren Beitrag« auf ihren Homepages posteten, wiederholt Byron Katie diesen Standpunkt, indem sie den »Glaubenssatz« *Terroristen verbreiten Gewalt in der Welt – ist das wahr?* »überprüft«. Ergebnis der »Überprüfung«: Nicht die Terroristen verbreiteten

534 Ebd1., S. 294.
535 Ebd., S. 296/297.

eigentlich Gewalt in der Welt, sondern wir selbst – weil wir den »ungeprüften Gedanken« glaubten», dass Terroranschläge etwas Schlechtes seien. Solange wir an diesem Glauben festhielten und nicht endlich jede Unterscheidung von gut und böse aufgäben, seien wir selber Gewalttäter.[536] »Kraft und Frische« bescheinigt »The Work«-Coach Moritz Boerner solchen Ideen. Er knüpft damit auch an eine eigene, erst 2013 neu aufgelegte obskure Publikation aus den 1980er Jahren an, in der er der Immunschwächekrankheit Aids eine spirituelle Dimension zuschreibt: Weil der Organismus durch die Zerstörung des Immunsystems endlich dazu gebracht werde, nicht mehr zwischen guten und schlechten Mikroben zu unterscheiden.

> Während [...] Plakate dazu mahnen,»Aids keine Chance« zugeben, fordert der Autor [...], gerade *in* Aids die Chance zu erkennen. [...] Denn die Krankheit, unter der wir wirklich leiden [...] ist die Trennung [...] des »Guten« vom »Bösen«. [...] Aids zersetzt die Immunität des Einzelnen [...] Nun kann das »böse Außen« in das »gute Innen« hinein. [...] Aids schafft [...] völlige [...] Offenheit [...], Aids begnügt sich nicht mit Lippenbekenntnissen, Aids ist radikal [...] Aids ist ein [...] Buddha.[537]

Bleibt abschließend noch das dritte Kennzeichen des Todes im »The Work«-Kosmos: Byron Katie nennt den Tod einen »traumlosen Schlaf« und stellt ihn in einen positiven Gegensatz zum »wirren Traum namens Leben«:

> Was sollte am Sterben nicht in Ordnung sein? [...] Bevor ein Gedanke entsteht, gibt es niemanden, gibt es nichts [...] Ein traumloser Schlaf ist also eine gute Sache. Du hast diesen wirren Traum namens Leben verlassen. [...] Ich erzähle gerne die Geschichte von einem meiner Freunde auf dem Sterbebett. [...] Die Offenbarung war, dass es keine Offenbarung gab. [...] Wenn du weißt, dass niemand kommen wird, um dich zu retten, lösen sich alle Überzeugungen auf.[538]

Deutlich wird: Das hier aufscheinende Verständnis vom Tod ist *nihilistisch*. Byron Katie identifiziert den Tod eindeutig nicht mit der namentlich in den monotheistischen Religionen formulierten Hoffnung auf ein bewusstes Weiterleben in einer jenseitigen Welt. Wer von dem großartigen, heute oft zu Unrecht belächelten Glauben getragen wird, dass ein Mensch im Tod nicht ende, sondern dass es ein Auf-Gehoben-Sein darüber hinaus geben könnte –

536 »When you believe your thoughts when you watch television what you were believing caused violence in your world. It is not right or wrong, that is where violence is born.« – Vgl. http://wpas.worldpeacefull.com/2015/12/byron-katie-terrorists-are-spreading-violende-in-the-world-is-it-true/.

537 Boerner 2013, www.moritzboerner.de/MBoerner/Print/Chance_AIDS/Chance_AIDS/body_chance_aids.html.

538 Byron Katie 2013c, S. 111–115.

und zwar mit allem, was diesen Menschen ausgemacht hat, mit seiner ganz individuellen Geschichte und Identität, mit all seinen Erinnerungen, mit seinen Gedanken und Gefühlen, mit seinen Träumen und Sehnsüchten, wer glaubt, dass es einst vielleicht sogar ein Wieder-in-die-Arme-Schließen geben könnte bei vollem Bewusstsein – der wird zwar einen gewaltsamen, krankheits- oder unfallbedingten Tod auch nie als »Geschenk« betrachten, aber er wird einen wunderbaren Trost und Halt finden. Wenn demgegenüber die Erfinderin von »The Work« den Tod als Zustand, in dem es »niemanden und nichts« gibt charakterisiert – was legitim ist, man darf natürlich Atheist und Nihilist sein – zugleich aber diesen Zustand als »alles, was je erträumt wurde« bezeichnet – dann bedeutet das zusammengenommen, dass für sie gerade die *Auslöschung des individuellen Menschen mit seiner Geschichte das höchste zu erstrebende Ziel darstellt.* Die Methode »The Work«, bei der es, wie wir sahen, ja genau darum geht – »niemand« zu werden, »seine Geschichte zu verlieren«, seine Überzeugungen auszulöschen und sein »Ich zu entschaffen« –, fügt sich nahtlos in diese Struktur ein: Sie ist sozusagen das Instrument, den Tod und die *Ver-Nicht-ung* der eigenen Person im buchstäblichen Sinne bereits im Hier und Jetzt vorwegzunehmen. Oder ausgedrückt in den einführenden Worten von Byron Katies Buch *Losing the moon*: »Die Welt existiert nicht [...] Es gab sie nie. [...] Es gibt niemanden und nichts. [...] Bist du bereit, ohne Welt zu leben? [...] Bist du bereit, den Mond zu verlieren?«[539]

## Die Coachingmethode »The Work« in der Analyse

Wir können bis hierher zusammenfassen: Wenn es in der eingangs zitierten Werbebroschüre hieß, »The Work« sei »radikaler als alles, was irgendjemand sich vorstellen kann«, dann ist das eher eine Unter- denn eine Übertreibung. Byron Katies Lehre stellt nicht weniger dar als einen Angriff auf den Wertekonsens aller menschenrechtsbasierten Gesellschaften. Sie ist ein Angriff auf alle Überzeugungen, die an ein über jeder Realität stehendes Gesetz der Menschlichkeit glauben und im individuellen Menschen mit seiner Geschichte den Träger unveräußerlicher Rechte erkennen und nicht etwas, das es »aufzulösen« gilt. Sie ist ein Angriff auf die geistigen Grundlagen der westlichen Demokratie, die den Glauben, die Gedanken und das Gewissen als Ausdruck der Persönlichkeit jedes Menschen achtet, die zu schützen und nicht zu »entschaffen« ist. Sie ist eine Kriegserklärung an alle Ideen, die nicht unterschiedslos »lieben, was ist«, sondern in einem Leben in Freiheit, Würde, Frieden und Sicherheit

539 Byron Katie 1998, S. 3.

das höchste Gut erkennen, in Krankheit, Hunger, Armut, Ausgrenzung, Rassismus, Flucht, Krieg, Terror und Gewalt hingegen zu bekämpfende Geißeln der Menschheit. Lebendig sein heißt widerständig sein: Wer zu gar nichts mehr inneren Widerstreit verspürt und zu allem ja sagt, was geschieht, dessen Lebensflamme ist bereits erloschen. Byron Katies Ideengebäude ist deshalb auch eine nihilistische Absage an das Leben selbst. Die zentrale Behauptung von »The Work«, dass »nichts Entsetzliches in der Welt je geschehen« sei und es »niemals einen berechtigten Grund zu leiden« gebe, kann man überdies angesichts der Tatsachen, die uns aus den Kriegsregionen des Nahen Ostens, von den Flüchtlingsrouten des Mittelmeers oder auch von den Drogenkriegen in Mittelamerika erreichen, nur als groteske Form von Realitätsverweigerung bezeichnen. Byron Katies Lehre ist somit das Gegenteil von weise: Sie ist dumm, empathielos, stellenweise zynisch und von beispielloser intellektueller, emotionaler und menschlicher Armut.

Nun beschwichtigen »The Work«-Anbieter gern, die Stärke dieser Coachingtechnik liege gerade darin, dass sie auch losgelöst von den Wertvorstellungen ihrer Erfinderin praktiziert werden könne. Zweifel hieran sind allerdings angebracht nach den obigen Einblicken, die offenbarten, dass für Byron Katie ihre Methode und Weltanschauung untrennbar zusammengehören. Schauen wir es uns aber genau an: Wie läuft ein »The-Work«-Coaching eigentlich konkret ab?

Die Offenheit, mit der die Szene das Verfahren zur Schau stellt, ist verblüffend: Man braucht nur in die nächste Buchhandlung zu gehen, die meist vorrätigen Titel Byron Katies oder Moritz Boerners aus dem Regal zu ziehen und aufzuschlagen – die Bücher bestehen zum Großteil aus aufgezeichneten Klienten-Sitzungen. Im Netz existieren zudem zahlreiche Youtube-Clips von »The Work«-Coachings, ergänzend bieten die Homepages von Byron Katie, Moritz Boerner und weiterer Coachs Videos und Tondokumente zum Herunterladen an. Man kann praktisch »live« dabei sein, wenn persönliche Erfahrungen von Klienten als »Verwirrung« abgekanzelt, ihnen buchstäblich die Worte im Mund umgedreht und alle Widerstände gegen das esoterische Weltbild Byron Katies zur Aufgabe gebracht werden, bis am Ende Menschen zurückbleiben, die keine Überzeugung, keinen Willen und keinen Selbstwert mehr zu besitzen scheinen und sogar für erlittene Straftaten oder Krankheiten noch die »Verantwortung« übernehmen: Menschen deren Ich tatsächlich in erschütternder Weise »entschaffen« wurde. Man kann mit Byron Katie überdies eine Person erleben, die herablassend an ihre Klienten herangeht, die auf individuelle Nöte ohne Einfühlungsvermögen reagiert und die Respekt nur vor ihren eigenen Sichtweisen zu kennen scheint. Wie es möglich ist, solche Sitzungen als »tief berührend« und Byron Katie als »faszinierend emphatische Frau« zu feiern, wie dies in der Coachingszene und darüber hinaus vielfach geschieht, bleibt rätselhaft.

## Die Erde dreht sich um die Sonne – ist das wahr? Die »vier einfachen Fragen« der Methode »The Work«

An dieser Stelle möchte ich zunächst zwei der in Deutschland noch ganz wenigen kritischen Auseinandersetzungen mit der Methode nennen. Das erste ist die 2009 bei Rowohlt erschienene sehr lesenswerte Arbeit der Psychologin und Wissenschaftsjournalistin Heike Dierbach mit dem Titel *Die Seelenpfuscher – Pseudotherapien, die krank machen.*[540] Dierbach arbeitet sich darin durch den seit den 1990er Jahren wild wuchernden alternativen »Therapie«-Dschungel und nimmt einige der bedenklichsten Angebote unter die Lupe – darunter auch Byron Katies »The Work«. Die Autorin entlarvt fundiert und verständlich geschrieben die »Beweise« für die Wirksamkeit zahlreicher esoterischer »Heilverfahren« als Mythen. Der andere Hinweis gilt einer im Netz eingestellten Kundenrezension zu Byron Katies Beststeller *Lieben was ist.* Dem Autor Peter Wurst gelingt es darin auf nur zwei Seiten, zentrale Widersprüche und manipulative Tricks der »The Work«-Methodik punktgenau zu erfassen und darzustellen.[541]

Zu Beginn einer »The Work«-Sitzung schreibt der Klient anhand eines vorgedruckten »Arbeitsblatts« auf, was ihn gerade belastet.[542] Die Fragen auf dem Blatt lauten *Wer oder was macht dich traurig?*, *Wer oder was frustriert dich und warum?*, *Wer oder was sollte sich ändern?* Die Antworten werden so in die für das »The Work«-Modell zentrale Form von »Glaubenssätzen« gegossen, also z. B. *Es macht mich traurig, dass... ich auf Bewerbungen nur Absagen bekomme, Meine Freundin frustriert mich, weil... sie nur noch Zeit für ihren Job hat, Es sollte sich ändern, dass... Menschen mit Behinderungen immer noch benachteiligt sind,* usw. Jetzt beginnt das eigentliche Coaching: Der Klient wird aufgefordert, diese »Glaubenssätze« anhand von »vier einfachen Fragen« zu »überprüfen«. Klingt völlig harmlos: Dass man seine eigenen Sichtweisen immer mal wieder in Frage stellen sollte, ist spätestens seit der Aufklärung Allgemeingut. Wer es nicht tut, riskiert, dass das, was er für seine Überzeugung hält, ein auf Vermeidung von Auseinandersetzung basierendes Kartenhaus ist. Nur eine hinterfragte Überzeugung ist eine echte Überzeugung. Aber: Eine echte Hinterfragung ist nur eine, die zwei Vorausset-

540 Dierbach 2009.

541 Wurst 2014, Amazon-Kundenrezension vom 23.03.2014. www.amazon.de/gp/aw/cr/rR2PT9663PCXQWZ.

542 Diese »Worksheets« sind in allen Büchern Byron Katies abgedruckt, z. B. Byron Katie 2010, S. 441. Sie können außerdem auf der vtw-Homepage heruntergeladen werden. Vgl. www.vtw-the-work.org/.

zungen erfüllt. Sie muss *offen und frei im Ergebnis* und *offen und frei in der Durchführung* sein. Die »vier einfachen Fragen« des »The-Work«-Coachings lauten im Einzelnen:

> 1. Ist das wahr? (mein belastender Gedanke/meine Überzeugung/mein Glaubenssatz)
> 2. Kann ich wirklich sicher wissen, dass das wahr ist? / Kann ich hundertprozentig und mit Absolutheit wissen, dass das stimmt?
> 3. Wie reagiere ich auf den (belastenden) Gedanken? / Wie geht es mir, wenn ich an dem Gedanken festhalte?
> 4. Wer wäre ich ohne den Gedanken? / Wie ginge es mir, wenn ich die Überzeugung fallenließe?[543]

Auch hier scheint auf den ersten Blick noch alles harmlos und sinnvoll. Insbesondere die erste Frage ist nicht zu beanstanden: Stimmt es eigentlich, was ich in einer Sache annehme? Habe ich mir meine Meinung dazu wirklich selbst gebildet oder sie von irgendwo übernommen? Übertrage ich vielleicht etwas aus einem früheren Lebenszusammenhang auf eine aktuelle Situation und komme so zu einer verzerrten Wahrnehmung? Keine ernsthafte Auseinandersetzung kommt ohne solche Überlegungen aus. Im »The Work«-Coaching wird die Freiheit dieses Überlegens allerdings empfindlich eingeschränkt: Es ist dem Klienten nämlich verboten, zu differenzieren, er darf ausschließlich einsilbig mit »ja« oder »nein« antworten.

> Die Antwort auf die Fragen eins und zwei ist nur eine Silbe lang: Sie lautet entweder ja oder nein. [...] Wenn deine Antwort ein »weil ...« oder »aber ...« enthält, dann ist das nicht die einsilbige Antwort [...] und du machst nicht mehr The Work.[544]

»Aber-Fragen machen die Idee [von The Work] kaputt«, erklärt dazu ein Lehrer, auf dessen Betreiben Gymnasiasten in Neuss Byron Katies Methode praktizieren mussten. Er habe deshalb einen »erfahrenen Leiter« hinzugezogen, um bei den Schülerinnen und Schülern alle Sätze mit »aber« konsequent zu unterdrücken.[545] »A critical way of thinking is eliminated in The Work« *(Kritisches Denken wird bei The Work eliminiert)* stellt Morten Tolboll dazu treffend fest.[546]

543 Vgl. Boerner 1999, S. 20–21; Byron Katie 2010, S. 9. u. 442; Byron Katie 2013b, S. 19.
544 Ebd.
545 »The Work« von Byron Katie sorgte für rege Diskussionen – Lehre »mit sektenhaften Ansätzen«, in: *Neuss-Grevenbroicher Zeitung* vom 14.10.2002. www.rp-online.de/nrw/staedte/rhein-kreis/lehre-mit-sektenhaften-ansaetzen-aid-1.289169
546 Tolboll 2014, S. 4.

Auch die zweite Frage – *Kann ich hundertprozentig und mit Absolutheit wissen, dass das stimmt?* – darf nur einsilbig beantwortet werden. Eine Beeinflussung des Klienten erfolgt hier zudem bereits durch die Frageformulierung: Der Verweis auf die Ebene des Absoluten und Hundertprozentigen spekuliert darauf, dass der Klient unsicher wird und nur mit »nein« antworten zu können glaubt. Moritz Boerner, sich an angehende »The Work«-Coachs wendend:

> Die zweite Frage: Kannst du wirklich wissen, daß es wahr ist? [...] *Die Antwort muß hier fast immer lauten: »Nein, das kann ich nicht wissen.*[547]

> Bauen Sie den Glaubenssatz, um den es geht, immer wieder in Ihre Fragen ein, z. B. [...] »Dein Leben wäre besser, wenn dein Vater dich nie geschlagen hätte – kannst du das wirklich wissen?« *Natürlich wird die Antwort [...] immer Nein lauten, weil man das eben nicht hundertprozentig wissen kann.* Lassen Sie Ihrem Gegenüber aber Zeit, dies [...] selbst herauszufinden.[548]

Eine Frage aber mit dem Hintergedanken zu stellen, dass der Klient darauf nur in einer Weise antworten wird und ihm das dann als »Selbsterkenntnis« zu verkaufen – das überschreitet klar die Grenze zur Manipulation. Von einem »Taschenspielertrick« spricht der »The Work«-Kritiker Peter Wurst. Dass das Ziel der zweiten Frage gar nicht die Prüfung von Überzeugungen ist, sondern von vornherein deren Zerstörung, demonstriert der Umgang mit Klienten, die sich der Regie widersetzen und es zunächst doch wagen, mit »ja« zu antworten. Moritz Boerner schlägt vor, solchen Personen vorzuhalten, dass sie sich über Gott stellten und sie als dumm und besserwisserisch dastehen zu lassen:

> Und wenn jemand darauf beharrt, mehr zu wissen als Gott? Machen Sie darauf aufmerksam [...] Manchmal ist es auch gut, wenn Menschen zunächst einmal für eine Weile anderen bei THE WORK zuhören – sie bemerken dann meist sehr schnell, wie dumm es ist, wenn man alles besser weiß, als die Existenz selbst.[549]

Auch auf der Homepage des NLP-Landsiedel-Instituts wird angehenden »The Work«-Coachs empfohlen, Klienten die Frage *Kannst du mehr wissen als Gott?* vorzulegen.[550] Wer aber wird sich trauen, vor versammeltem Publikum zu behaupten, er könne mehr wissen als Gott, ohne der Lächerlichkeit preisgegeben zu werden? Esoterik-Kritiker Tolboll berichtet aus Gesprächen mit »The Work«-Aussteigern, dass viele diese zweite Frage als eine Art Inquisition erlebt hätten.[551] Inquisitorische Züge trägt auch die Strategie, Klienten mit einer penetranten Wiederholung der ersten und zweiten Frage massiv einzuschüchtern: Mit einem

547 Boerner 1999, S. 37 [Hervorhebung G. St.].
548 Ebd., S. 241. [Hervorhebung G. St.]
549 Ebd., S. 240/241.

regelrechten Frage-Bombardement treibt Byron Katie zum Beispiel eine brustamputierte Frau so lange in die Enge, bis sie »bekennt«, dass nicht der Krebs, sondern sie selbst die Verantwortliche ihrer körperlichen Verstümmelung sei:

> *Klientin*: Der Krebs hat [...] meinen Körper ruiniert.
> *Byron Katie*: Der Krebs hat deinen Körper ruiniert – stimmt das?
> *Klientin [noch ganz selbstbewusst]*: Ja! Das stimmt ganz definitiv! Ich sehe so aus, als wäre ich einem Schlachter in die Hände gefallen. [...]
> *Byron Katie [überlegen]*: Ich weiß, ich weiß, Schätzchen. Also: Der Krebs hat deinen Körper ruiniert – stimmt das?
> *Klientin [verunsichert, aber offenbar noch überzeugt]*: Er hat ihn verändert.
> *Byron Katie*: Der Krebs hat deinen Körper ruiniert – ist das wahr?'
> *Klientin [völlig berechtigt zu ihrer Ansicht stehend]*: Ja! Es *ist* wirklich wahr! [...]
> *Byron Katie*: Du warst mit diesen Operationen [gemeint sind die Brustamputationen] einverstanden [...] Du bist hingefahren und hast sie *bezahlt*, damit sie dich operieren. [...] Also hast du die Entscheidung getroffen. Niemand hat dich dazu gezwungen [...] Der Krebs hat deinen Körper ruiniert – stimmt das?
> *Klientin [absolut korrekt argumentierend]*: [...] Hätte ich den Krebs nicht bekommen, [...] hätte ich den Operationen nicht zustimmen müssen.
> *Byron Katie*: »Der Krebs hat deinen Körper ruiniert« – stimmt das?
> *Klientin [offenbar unsicher werdend]*: Es kommt mir immer noch so vor. [...]
> *Byron Katie*: »Der Krebs hat deinen Körper ruiniert« – stimmt das?
> *Klientin [offenbar verzweifelt und in die Enge getrieben]*: Ich kann nicht *Nein* sagen! [...]
> *Byron Katie [herablassend]*: [...] Oh Schätzchen, wir sind nirgendwo Opfer. [...] Wir können niemals sagen: Der Krebs hat mein Leben ruiniert. [...] Also: Der Krebs hat meinen Körper ruiniert – dreh's um.
> *Klientin [gibt auf und fügt sich dem Befehl Byron Katies]*: *Ich* habe meinen Körper ruiniert.
> *Byron Katie*: Ja.[552]

Deutlich wird: Die zweite Frage ist eine reine Suggestivfrage, die allein dem Brechen des Widerstands gegen die Übernahme von Byron Katies Weltbild dient, in dem es niemals Opfer gibt. Nach demselben Muster bringt sie eine Frau mit Schlafstörungen dazu, »einzusehen«, dass sie nicht an Schlaf-, sondern an »Denkstörungen« leide – weil sie an dem »unwahren Gedanken« festhalte, Schlaf zu brauchen.[553] Und in derselben Weise fordert sie auch Menschen mit

550 www.landsiedel-seminare.de/coaching/coach-module-a12-the-work.php.
551 Tolboll 2014, S. 8.
552 Byron Katie 2010, S. 227–239.
553 Ebd., S. 41–59.

Aids, MS und Grippe auf, ihre Diagnosen zu »hinterfragen«.[554] Die schon in NLP und Positiver Psychologie zu beobachtende Strategie, Krankheiten als eigenverantwortete Produkte den Erkrankten selbst anzulasten, ist auch für das »The Work«-Modell konstitutiv. »Eine junge Frau erkennt, dass sie mit ihren [...] kritischen Glaubenssätzen es selbst gewesen ist, die ihren Körper krank gemacht hat«, berichtet eine Teilnehmerin der «School of The Work».[555] Die Homepage eines österreichischen »The Work«-Coachs stellt den Beitrag eines Klienten online, der erzählt, wie er 20 Jahre an chronischer Bronchitis gelitten, dann aber durch die zweite «The Work»-Frage erkannt habe, dass er sich die Bronchitis allein selbst «erschaffen» hatte, um Opfer spielen und sich vor Leistung drücken zu können.[556] Ich behaupte: Wenn man lange genug auf jemanden einwirkt, könnte man ihn mit der zweiten »The Work«-Frage auch dazu bringen, daran zu zweifeln, dass sich die Erde um die Sonne dreht. Die Erde dreht sich um die Sonne – kann ich wirklich mit Absolutheit wissen, dass das stimmt? Es gibt keinen Film, auf dem man den Planeten bei ihren Bewegungen zuschauen kann, wir sehen mit unseren Teleskopen und Sonden immer nur winzige Ausschnitte. Also: Die Erde dreht sich um die Sonne – kann ich wirklich hundertprozentig wissen, dass das wahr ist? Wir scheinen Beweise zu haben, die uns *glauben* lassen, dass es wahr ist – Berechnungen von Planetenbahnen. Wir haben Berechnungen von Planetenbahnen – kann ich absolut und hundertprozentig wirklich sicher wissen, dass sie wahr sind...? So könnte man das immer weitertreiben – irgendwann wird ein so traktierter Mensch mit hoher Wahrscheinlichkeit einknicken. Mit der hochsuggestiven zweiten Frage kann man Klienten deshalb jeden denkbaren und undenkbaren Mist einreden. Welche erschreckenden Möglichkeiten der Manipulation sich hier auftun, dokumentiert der Bericht Moritz Boerners von einer Frau, deren Sohn bei einem Autounfall verbrannte. Fünfzehn Jahre habe sie täglich an den schrecklichen Tod ihres Kindes denken müssen. Eine völlig menschliche Reaktion: Für viele, die ein so heftiges Trauma erleiden, bleibt der Schmerz dauerhaft Teil ihrer Lebensgeschichte, den es zu integrieren gilt. Bei »The Work« aber geht es nicht ums Integrieren, sondern ums »Verlieren« unserer Geschichte. Und so erzählt die Frau lachend, wie ein Intensivcoaching mit Byron Katie ihre Trauer für immer restlos beseitigt habe: Die zweite »The Work«-Frage habe ihr nämlich klar gemacht, dass sie ja gar nicht hundertprozentig sicher wissen könne, dass es dieses Auto, diesen Unfall und diesen Tod ihres Sohnes je gegeben habe – außer in ihrer »Vorstellung.«[557] »The Great

554 Ebd., S. 40 u. 54.
555 www.yoga-aktuell.de/yoga-praxis/bewusstsein/ieben-was-ist-byron-katie-the-work/.
556 http://juergen-schiefer.com/erfahrungsbericht-nach-3-jahren-mit-the-work-von-byron-katie/.
557 Boerner 1999, S. 12.

Undoing« nennt Byron Katie ihre Methode auch – das »Große Ungeschehen-Machen«...[558]

Kommen wir zur dritten Frage: *Wie reagierst du auf diesen (belastenden) Gedanken?* bzw. *Wie geht es dir, wenn du an dem (stressauslösenden) Gedanken festhältst?* Auf belastende und stressauslösende Gedanken reagiert der Mensch normalerweise mit Symptomen von Belastung und Stress: Unruhe, Anspannung, Angst, Erschöpfung. Paraphrasiert heißt die dritte Frage daher *Wie geht es dir psychisch, wenn du psychisch belastet bist?* Das aber ist eine Pseudofrage, die der Klient wieder in nur einer Weise beantworten kann. Das hochgradig Manipulative ist dabei, dass die Frageform von vornherein unterstellt, dass der Klient seinen belasteten Zustand durch seine »Gedanken« selber hervorbringe. Die eigentlich zentrale Untersuchung, ob die Gedanken nicht einen realen äußeren Grund haben könnten, wird so verhindert. Plastisch wird das, wenn Byron Katie die Frage im Coaching mit der Schlafproblem-Klientin konkretisiert: »*Wie behandelst du dich selbst*, wenn du den Gedanken glaubst, dass du nachts schlafen solltest?«[559] *Die Klientin selbst* ist es also, die sich angeblich schlecht »behandelt«, indem sie »den Gedanken glaubt«, Schlaf sei wichtig für ihre Gesundheit (was eine erwiesene medizinische Tatsache ist). *Die Klientin selbst* ist es, die sich mit ihrem angeblich »unwahren Gedanken«, Schlaf zu brauchen, ihre Verzweiflung erst selbst zufügt. Sie ist somit nicht Opfer – sondern die allein verantwortliche Täterin! Ein anderes »Hinterfragungsergebnis« lässt die dritte Frage von vornherein gar nicht zu. »Durch die WORK übernehmen wir die hundertprozentige Verantwortung für unser Leben. [...] Du bist dein eigener Erlöser.«[560]

Um die Absurdität der dritten Frage zu illustrieren, machen wir eine kleine Zeitreise ins ehemalige Ostberlin und stellen uns einen Menschen vor, der unter der Teilung seiner Stadt leidet. Sein Leid hätte er gemäß dem »The Work«-Arbeitsblatt – *Wer oder was macht dich traurig oder wütend?* – vermutlich so formuliert: »Es macht mich traurig und wütend, dass die Mauer Berlin teilt, Menschen voneinander trennt und meine Freiheit einschränkt.« Die dritte Frage eines »The Work«-Coachings hätte entsprechend lauten müssen: »*Wie reagierst du, wenn du den Gedanken glaubst, dass die Mauer Berlin teilt, Menschen voneinander trennt und deine Freiheit einschränkt?*« bzw. »*Wie behandelt du dich selbst, wenn du den Gedanken glaubst, dass die Mauer Berlin teilt, Menschen voneinander trennt und deine Freiheit einschränkt?*«

558 Byron Katie 2010, S. 416.
559 Byron Katie 2010, S. 44.
560 Ebd., S. 264.

Beim »The Work«-Coaching handelt es sich eindeutig um eine Schein-Fragetechnik: Der Hilfesuchende, der das Modell am Anfang vermutlich nicht durchschaut, meint, ihm würden vier ehrlich gemeinte Fragen vorgelegt. In Wahrheit folgen diese Fragen in Anordnung und Formulierung von Anfang bis Ende einer festgelegten Regie – hin zu einem von Beginn an feststehenden Ergebnis: Der Klient ist sein eigener Peiniger und selbst der Verursacher seines Leids. Auf dieser Ebene bewegt sich denn auch die vierte und letzte Frage: *Wer wärst du ohne diesen Gedanken?* bzw. *Wie ginge es dir ohne diese Überzeugung?* Auch diese Frage ergibt nur einen Sinn, wenn man davon ausgeht, dass allein der *Gedanke* und nicht ein hinter diesem stehendes äußeres Geschehen die Empfindungen einer Person hervorbringt. Zudem impliziert sie, dass »Festhalten« oder »Fallenlassen« von Gedanken jederzeit frei wählbare Vorgänge wären, unabhängig von Biographie, Persönlichkeitsstruktur und Lebensumständen eines Menschen. Bei der Klientin mit den Schlafstörungen stellt sich das so dar:

> *Byron Katie*: Also: Wer wärst du ohne diese Geschichte »Ich muss schlafen«. [...]
> *Klientin [unsicher, ratlos]*: Wer wäre ich ohne sie? Ich weiß es nicht. Keine Ahnung.
> *Byron Katie [antwortet daraufhin selbst (!) für ihre Klientin]*: Du könntest jemand sein, der nicht schläft, jemand, der unbeschwert Schlaftabletten nimmt [...] Du könntest einfach unbeschwert dein Leben genießen [...]
> *[Die Klientin scheint nicht überzeugt, Byron Katie wiederholt die Frage]*: Wer wärst du ohne diese Geschichte?
> *Klientin [jetzt im Sinne der »The Work«-Regie antwortend]*: Ich wäre mehr in Frieden.[561]

Mit der vierten Frage führt die »The Work«-Technik deshalb

> den Taschenspielertrick fort [...] Übersetzt lautet die Frage bloß: Wer wärst du, wenn du nicht leiden würdest? Insofern ist die Antwort auch hier [...] durch die Art der Frage schon festgelegt. Die Freude und Erleichterung, die der Hilfesuchende nach der vierten Frage empfindet, ist daher eine völlig triviale Einsicht und nicht das Ergebnis einer tiefen Selbsterkenntnis.[562]

561 Byron Katie 2010, S. 58.
562 Wurst 2014. www.amazon.de/gp/aw/cr/rR2PT9663PCXQW.

## Die »Umkehrungen« der Methode »The Work«

> »Ich freue mich darauf, von meinem Vater sexuell missbraucht zu werden.«

Das Ergebnis der Untersuchung ist eindeutig: Die Methode »The Work« kann entgegen anderen Verlautbarungen nicht losgelöst von der Weltanschauung ihrer Erfinderin Byron Katie praktiziert werden. Durch den hochsuggestiven Charakter der vier Fragen wird der, der sich darauf einlässt, automatisch zur Übernahme ihres Wertesystems gezwungen. Es ist damit ein Coachingverfahren, in dem Coach und Klient sich grundsätzlich nicht auf Augenhöhe begegnen können, sondern der Klient unweigerlich zum Objekt eines Ideologietransfers wird. Dabei könnte man es eigentlich bewenden lassen – würde nicht, wie zum zusätzlichen Beweis dieses Resümees, die »The Work«-Methodik noch einen draufsetzen: Die Bildung sogenannter »Umkehrungen«. Dabei soll ein belastender Gedanke, insbesondere wenn er eine äußere Ursachenzuschreibung enthält, »umgekehrt« und auf den Klienten selbst bezogen werden. Anschließend wird er aufgefordert, für die umgekehrten Aussagen je drei Situationen in seinem Leben zu finden, die »beweisen«, dass sie »wahr« sind.

> Schreibe den Satz [...] so, als sei er über dich geschrieben. Da, wo du den Namen eines anderen hingeschrieben hast, setzt du dich selbst ein. Anstelle von » er« oder »sie« setzt du »ich« ein. [...] Finde [...] mindestens drei konkrete, echte Beispiele, wie die Umkehrung in dieser Situation für dich wahr ist.[563]

> Die Umkehrungen sind ein sehr kraftvoller Teil von The Work. So lange du denkst, die Ursache für dein Problem befände sich »da draußen«, so lange du denkst, jemand oder etwas anderes sei für dein Leiden verantwortlich – so lange bleibt die Situation hoffnungslos. [...] Bringe die Wahrheit [...] zu dir selbst.[564]

> Umkehrungen [...] halten mir direkt und ungeschminkt den Spiegel vor. Sie zeigen mir, wer ich bin. [...] Sie offenbaren mir meinen eigenen Schatten, den Teil von mir, den ich nicht sehen will oder wollte.[565]

Das Tückische an solchen Sätzen ist, dass sie manchmal natürlich einen Funken Wahrheit enthalten können – und deshalb leicht verfangen. Konflikte laufen bekanntlich nicht immer nur in einer Richtung ab. Nicht ohne Grund gibt es Sprichwörter wie »Sich auch mal an die eigene Nase fassen« oder das Bibelwort »Nimm zuerst den Balken aus dem eigenen Auge, bevor du dich um den

563 Byron Katie 2013b, S. 21 u. 18.
564 Byron Katie 2013b, S. 33.
565 Boerner 1999, S. 50.

Splitter im Auge deines Bruders kümmerst.« Nicht selbstgerecht zu werden, sich der eigenen Fehlbarkeit bewusst zu bleiben und Ursachenforschung auch bei sich selbst zu betreiben, ist zunächst mal ja kein schlechter Ratschlag. Im »The Work«-Modell geschieht jedoch das, was typisch ist für alle Selbstmanagement-Ideologien: Unter bestimmten Bedingungen richtige Aussagen werden durch platteste Generalisierung zu durch nichts begründbaren »Gesetzmäßigkeiten« hochstilisiert. Daraus, dass es in der Tat Glaubenssätze geben kann, die unwahr oder nur übernommen sind, wird gefolgert, dass *alle* Glaubenssätze unwahr und nur übernommen seien. Daraus, dass sich Gut und Böse nicht immer eindeutig zuordnen lassen, kein Mensch nur gut oder nur böse ist und diese Kategorien natürlich auch missbrauchbar sind, wird abgeleitet, dass Böses *generell* nicht existiere und *jede* Unterscheidung von richtig und falsch obsolet sei. Daraus, dass manchmal ein nach außen gerichteter Vorwurf tatsächlich die Projektion des eigenen Innern darstellt, wird der Schluss gezogen, dass dies *immer* so sei – und noch dazu mit dem Nimbus der Unfehlbarkeit versehen: »Wenn ich [...] die Umkehrungen formuliere, stelle ich fest, wie [...] fehlerlos der Spiegel [...] funktioniert.«[566] Zu welch absurden Selbstbezichtigungen Klienten durch diesen »fehlerlos funktionierenden« Spiegel gebracht werden können, offenbaren die Aufzeichnungen von »The Work«-Coachings in Byron Katies und Moritz Boerners Büchern. Eine Auswahl:

Ein Mann, der als Kind immer wieder von seinem trinkenden Vater verprügelt wurde, muss sich im »The Work«-Coaching selbst als ständig Betrunkener beschuldigen – »betrunken« von dem »ungeprüften Gedanken«, dass es nicht in Ordnung sei, wenn ein Vater trinkt und sein Kind zusammenschlägt.[567]

Eine Frau, deren Tochter an einer Überdosis Drogen starb, muss sich in der Sitzung mit Byron Katie selbst als Drogensüchtige bezichtigen – süchtig nach der »Droge des unwahren Gedankens«, dass Kinder keine Drogen nehmen sollten.[568]

Ein engagierter Arbeitnehmer, der nie ein Wort der Anerkennung von seinem Vorgesetzten erhält, muss den Satz *Ich will, dass mein Chef mich anerkennt* umkehren zu *Ich will, dass ich meinen Chef anerkenne.* Byron Katie: »Schau dir das mal an, erzeugt das nicht eine heilsame Demut?«[569]

Die »The Work«-Kritikerin Heike Dierbach zitiert einen Youtube-Clip, in dem ein krebskranker Mann seinen Wunsch *Ich will, dass mein Tumor aufhört, zu wachsen* zum Wunsch *Ich will, dass mein Tumor nicht aufhört, zu wachsen* »umkehren« und anschließend drei »Gründe« finden muss, warum es besser

566 Boerner 1999, S. 54.
567 Ebd., S. 104. Vgl. auch Byron Katie 2010, S. 385/386.
568 Boerner 1999, S. 112/113.
569 Ebd.

für ihn wäre, wenn sich sein Krebs immer weiter ausbreitet.[570] »Das ist aufregend, das ist wirklich aufregend!«, begeistert sich Byron Katie in dem Clip.

Verstörend mögen vielen bereits diese Beispiele erscheinen. Ihre volle Bedenklichkeit entfalten die Umkehrungen aber dort, wo es um ganz große Verletzungen geht. Wir erinnern uns: »The Work« erhebt einen universalen Anwendungsanspruch, ausdrücklich wird die Methode von Anbietern auch zur Bearbeitung von Traumata empfohlen, wie sie durch Gewalt- oder Missbrauchserfahrungen entstehen. In Byron Katies Bestseller *Wer wäre ich ohne mein Drama?* befindet sich die Aufzeichnung eines Coachings mit einem Mann, der als Achtjähriger vom eigenen Vater vergewaltigt wurde. Gemäß der »The-Work«-Anweisung *Da wo du den Namen eines anderen hingeschrieben hast, setzt du dich selbst ein*, muss der Klient sein Trauma *Mein Vater hat mich missbraucht* zunächst zur Aussage *Ich habe mich missbraucht* und anschließend zu dem Satz *Ich habe ihn missbraucht* »umkehren«.

> *Byron Katie*: »Er hat mich missbraucht« – dreh's um.
> *Klient*: Ich habe mich missbraucht?
> *Byron Katie*: Ja. [...] *Du* hast dich missbraucht [...] , um seine Akzeptanz zu erkaufen. [...] Und wir denken unser Leben lang: »Er hat mich missbraucht«. [...] Es gibt noch eine weitere Umkehrung.
> Klient: [...] Ich habe ihn missbraucht?
> *Byron Katie*: Ja. Du hast deinen Körper benutzt, um seine Anerkennung, seine Akzeptanz zu erlangen.
> *Klient*: Der Gedanke ist mir nie gekommen.
> *Byron Katie*: Nun, Liebling, das ist der letzte Ort, an dem wir suchen – bei uns selbst. [...] Als ich drei Jahre alt war, habe ich zugelassen, dass der Mann, der das Haus unserer Nachbarn reparierte, mich angefasst hat [...], aber das ist mir erst mit dreiundvierzig Jahren klar geworden. Er hat mir das angetan – ja, das war wirklich ein guter Witz. [...] Wenn du wirklich hinschaust, dann bist du es, der sich da vor sich selbst bloßstellt. Und das tut am Anfang richtig weh.[571]

Im Wertesystem Byron Katies trägt also auch ein dreijähriges Kind selbst die Verantwortung für einen sexuellen Übergriff – weil es diesen »zugelassen« habe. Fatal, auch weil hier ein Scham-Muster bedient wird, über das nach Übergriffen oft Schweigespiralen installiert werden: »Du hast doch mitgemacht!«, »Wenn du das irgendwo erzählst, stellst du dich doch selber bloß!« usw. Und dieses Coaching ist kein Einzelfall. Heike Dierbach zitiert aus einer Sitzung, in der eine von Vater und Großvater misshandelte Frau erst den »Glaubenssatz«

570 DIERBACH 2009, S. 141.
571 BYRON KATIE 2010, S. 413–415.

*Väter sollten ihre Töchter nicht belästigen* bilden, daraus die »Umkehrung« *Töchter sollten ihre Väter nicht belästigen* ableiten und dann vor versammeltem Publikum »darlegen« muss, auf welche Weise sie als Kind ihren Vater »belästigt« habe.[572] Eines besonders erschütterndes Dokument liefert Byron Katie in ihrem Buch *Lieben was ist*. Dort geht es um eine Klientin namens Diane, die als Neunjährige vom Stiefvater penetriert wurde. Der hatte sich zuvor schon an der Schwester vergangen, die sich daraufhin der Mutter anvertraute. Statt aber einzugreifen, sah die Mutter schweigend zu, wie der Stiefvater die Schwester rücksichtslos zusammenschlug. Wegen dieser grauenhaften Szene traut sich das neunjährige Mädchen verständlicherweise nicht, der Mutter zu erzählen, dass es auch missbraucht wird: Es fürchtet – absolut verständlich – dann dasselbe Schicksal zu erleiden wie die Schwester. In der »The Work«-Logik aber wird das Kind dadurch selbst zum Verantwortlichen für die an ihm verübte Gewalt. Die zweite »The Work«-Frage dient als »Beweis«:

> *Byron Katie*: [...] Was hast du gedacht, als du davon erzählen wolltest und dann doch nichts gesagt hast?
> *Klientin*: Ich hatte immer das Bild vor Augen, als meine ältere Schwester geschlagen wurde. [...] Und meine Mutter saß einfach nur da. [...] *schluchzend* Und ich weiß nicht, wie ich das los werden soll. [...]
> *Byron Katie*: Wenn du deiner Mutter von dem Missbrauch erzählst, wirst du auch geschlagen – kannst du wirklich wissen, dass das wahr ist? [...]
> *Klientin*: Ja.
> *Byron Katie*: [...] Kannst du absolut sicher wissen, dass du geschlagen wirst [...] ? Antworte nur mit Ja oder Nein [...] Du scheinst Beweise zu haben, die dich glauben lassen, dass es wahr ist. Und, kleines Mädchen, kannst du wirklich wissen, dass dir das auch passieren würde?[573]

Die Manipulation mit dem Verweis auf die Ebene Letztversicherten und die Vorgabe, nur mit »ja« oder »nein« zu antworten, wirken prompt: Die Klientin wird unsicher und antwortet schließlich, dass neben der Prügel vielleicht noch eine andere Reaktion des Stiefvaters denkbar gewesen wäre – dass er sie aus der Familie verstoßen hätte. Fast triumphierend sieht Byron Katie darin den »Beleg«, dass ihre Klientin also nicht mit absoluter Sicherheit habe wissen können, dass sie auch geschlagen worden wäre, wenn sie von dem Missbrauch erzählt hätte.[574] Mit dem raffinierten Einsatz der »The Work«-Fragen wird so ein völlig absurder Verantwortungszusammenhang konstruiert: Der Missbrauch eines Kindes als »Folge« seiner »Reaktion« (Schweigen) auf seinen

572 Dierbach 2009, S. 146.
573 Byron Katie 2002, S. 306/307.
574 Ebd.

»ungeprüften Gedanken« (will heißen seine völlig nachvollziehbare Angst, bei Nicht-Schweigen vom Stiefvater zusammengeschlagen oder verstoßen zu werden).

> *Byron Katie:* [...] Was passiert dann, wenn du nichts sagst? [...]
> *Klientin*: Er [der Stiefvater] macht weiter [mit dem Missbrauch] [...]
> *Byron Katie:* Ja, mein Schatz, es geht einfach weiter. [...] Was hat er getan, meine Süße?
> *Klientin*: Es war sexueller Missbrauch [...] Manchmal war es jeden Abend. [...] Manchmal ging das wochenlang so weiter.
> *Byron Katie*: Ja, meine Süße. [...] Der Missbrauch ging immer weiter.[575]

»Ergebnis«: Das Kind bzw. die heutige Klientin habe den fortgesetzten Missbrauch selbst verursacht. Nachdem Byron Katie das Opfer so weit hat, werden die »Umkehrungen« ausgepackt. Die Klientin hegt den offensichtlichen Wunsch, sich mit ihrer Mutter auszusöhnen und deren damaliges Versagen zu verzeihen – kann dies verständlicherweise jedoch nicht, ohne dass die Mutter zuvor den Fehler ihres Wegschauens eingesteht. Nach Byron Katies Lehre jedoch sind sowohl der Anteil des Stiefvaters (Missbrauch beider Schwestern und zusätzlich schwere Körperverletzung einer Schwester) als auch der Mutter (Schweigen und Wegsehen bei beiden Delikten) am Trauma der Klientin »nicht deren Sache«: *Byron Katie*: [...] Ihr Anteil [gemeint ist der Anteil der Mutter am Gewaltgeschehen] könnte so riesig sein *(*hält die Hände weit auseinander). Das ist nicht deine Sache. Sieh zu, dass du deine Angelegenheiten regelst.[576]

Mit der Aufforderung *Sieh zu, dass du deine Angelegenheiten regelst* wird stattdessen die zuvor künstlich konstruierte Verantwortungszuschreibung an das Opfer wieder aufgenommen: Der vom Stiefvater penetrierten Klientin wird von Byron Katie befohlen, den Satz »Er hat mich missbraucht« zur Aussage »*Ich* habe *ihn* [den Stiefvater] missbraucht« umzudrehen. Die Klientin wird außerdem angewiesen, den Satz *Ich brauche es, dass Mom der Familie sagt, dass sie etwas falsch gemacht hat* – das hieße, die Mutter soll ihr damaliges Weggucken einräumen – umzukehren zu *Ich brauche es, dass ich meiner Familie sage, dass ich etwas falsch gemacht habe* – das meint, die Klientin, also das Missbrauchsopfer, soll gegenüber der übergriffigen Familie ihr »Zulassen« der sexuellen Übergriffe und damit ihre »Eigenverantwortung« für die an ihr verübten Straftaten bekennen. Byron Katie zeigt sich hochzufrieden mit der Einsichtsfähigkeit ihrer Klientin Diane:

575 Ebd., S. 308/309.
576 Ebd.

*Byron Katie:* Wie schön das ist.
*Klientin:* Ich hätte den Missbrauch früher beenden können, wenn ich darüber geredet hätte. Ich habe etwas falsch gemacht. Aber jetzt mache ich es richtig... [...] *flüsternd, weinend* Ich mache es richtig.
*Byron Katie:* Es ist offensichtlich Zeit, dass du das erkennst.[577]

Diese »Umkehrungen« repräsentieren sozusagen die »5. Stufe« eines Coachings nach Byron Katie (die Fragen 1-4 sind die Stufen 1 bis 4, die Umkehrungen sind Stufe 5). Den »idealen« Abschluss einer »The Work«-Intervention bildet aber noch eine weitere 6. Stufe – eine spezielle Variation der »Umkehrung«. Wir erinnern uns: Byron Katie geht es nicht darum, traumatische Anteile von Wirklichkeit zu integrieren, um damit umzugehen. Ihr geht es darum, dass der Klient das, was er eigentlich nie wieder erleben wollte – Gewalt, Missbrauch, Krankheit, Terror, Krieg, Bomben, Folter, Erdbeben, Verlust, usw. – in Zukunft »lieben« und »freudig willkommen heißen« soll. Dementsprechend lautet die Anweisung für die 6. Stufe eines »The Work«-Coachings: »Ich will nie wieder ...« wird umgekehrt zu »Ich bin bereit, wieder ...« und »Ich freue mich darauf, wieder ...« [...] Zu sagen *und zu meinen*, »Ich freue mich darauf ...«, öffnet dich aktiv für das Leben, so wie es sich entfaltet.«[578]

Durch diese besondere Form der Umkehrung, so Moritz Boerner, werde dem Klienten klargemacht, dass das, was er bisher als böse oder ungerecht betrachtet habe, für ihn »notwendig« gewesen sei – und es deshalb gelte, sich zu fügen und zu »ergeben«, falls es nochmal passiere:

> Das, was ich nicht erleben will, könnte [...] wieder passieren. Ich [...] heiße diese erneute Erfahrung, die offensichtlich für mich notwendig ist, willkommen. [...] Und wer dann sagt: »Ich freue mich darauf....«, für den mag großer Humor sichtbar werden [...] Die Nr. 6 hat auch [...] zu tun, mit der Erkenntnis [...], daß es Dinge gibt [...], in die man sich [...] besser ergibt.[579]

Im Coaching mit dem Mann, der als Achtjähriger von seinem Vater missbraucht wurde, kommt der »große Humor« gegen Ende der Sitzung:

*Byron Katie*: Also lass uns sehen, ob wir jetzt »Ich freue mich darauf....« schaffen.
*Klient*: Ich freue mich darauf, von meinem Vater sexuell missbraucht zu werden. [...]

577 Ebd., S. 313.
578 Byron Katie 2013b, S. 34 [Hervorhebung G. St.].
579 Boerner 1999, S. 81–82.

*Byron Katie*: […] Ich sage oft, dass Vergebung einfach darin besteht zu erkennen, dass das, was deiner Meinung nach passiert ist, eben nicht passiert ist.
*Klient*: Ich verstehe das.
*Byron Katie*: Es werde Licht.
*Klient*: Amen.[580]

Auch Byron Katie erklärt ihrem Klienten noch den Sinn dieser besonderen Form der Umkehrung: Einzusehen, dass sein übergriffiger Vater nichts anderes gewesen sei als »Gott«, der ihm mit den Übergriffen nur genau das gegeben habe, was er brauchte, »um nach Hause zu finden«:

*Byron Katie:* Ich habe die Erfahrung gemacht, dass Gott alles ist. […] Also hat Gott die Gestalt deines Vaters angenommen und dir das gegeben, was du brauchst […]
*Klient:* Es ist eine Gnade. […] Und ich bin so dankbar, dass du hier bist. Du kannst dir gar nicht vorstellen, wie dankbar ich bin […] Danke Katie.[581]

Auch für Moritz Boerner nimmt Gott mal die Gestalt des netten Nachbarn an – ein andermal aber, »wenn wir nicht hören wollen«, die des bösen Onkels oder des Mörders.

Gott […] erscheint […] als Nachbar, als Ehemann, als böser Onkel, als Mörder. […] Da es nur das Hier und Jetzt gibt, bleibt dem Göttlichen gar keine andere Wahl, als mich […] zu pieksen, wenn ich nicht höre, und stärker zu pieksen, wenn ich immer noch nicht höre.[582]

Schwärzeste Pädagogik, von der wir dachten, wir hätten sie im modernen Deutschland hinter uns gelassen, rehabilitiert im Gewand eines esoterischen und menschenverachtenden Wertesystems.

580 Byron Katie 2010, S. 416.
581 Ebd, S. 416–418.
582 Boerner 1999, S. 149.

## Byron Katies Coachingmethode im Spiegel amerikanischer Quellen

»Ich würde nicht zögern zu sagen,
The Work ist eine Sektenerfahrung.«

Dem Resümee des »The Work«-Kritikers Peter Wurst ist uneingeschränkt zuzustimmen: Bei Coachings, wie wir sie eben sezieren konnten, kann man nur von einer Anatomie der Gehirnwäsche sprechen. Jedem approbierten Psychotherapeuten, der in solcher Weise mit Patienten umspränge, würde unverzüglich die Zulassung entzogen. Die Frage, die sich aufdrängt, ist deshalb, ob es sich bei »The Work«-Interventionen überhaupt noch um Coachings handelt – oder ob wir es mit einer Art Sekte zu tun haben. Für eine Einschätzung ist ein Blick in die USA hilfreich, dorthin, wo Byron Katies wie auch die meisten anderen Coachingmethoden ihre Heimat haben. Mancher Europäer könnte versucht sein, darin wieder mal einen Beleg für die angebliche Naivität der Amerikaner zu sehen. Aber für das Bedienen antiamerikanischer Ressentiments eignet sich das Thema nicht. Zwar ist Coaching ursprünglich ein originär amerikanisches Produkt. Es ist gewissermaßen die Übertragung des amerikanischen Traums von den unbegrenzten Möglichkeiten – also einer Utopie – auf die kognitiv-mentale Ebene, und, darin liegt zugleich seine größte Schwäche, es nimmt die Utopie wörtlich. Menschen brauchen Träume und Utopien, aber wenn man sie wörtlich nimmt, verkehren sie sich ins Gegenteil, werden totalitär oder zum Mythos. Die Entzauberung des amerikanischen Mythos aber ist seit jeher ebenfalls eine Konstante amerikanischer Kultur, von Arthur Miller über Dennis Hopper, Andy Warhol, Bob Dylon, Susan Sontag, Noam Chomsky, Philipp Roth bis zu Deborah Feldman. Nicht zu vergessen, dass eine der prominentesten Kritikerinnen der Positiven Psychologie, Barbara Ehrenreich, Amerikanerin ist. So könnte man froh sein, wenn die deutlich kontroversere Auseinandersetzung, die jenseits des Atlantiks zum Thema Coaching und Selbstmanagement stattfindet, auch bei uns zu sehen wäre. Doch davon sind wir weit entfernt: In Deutschland konnte sich der Coachingboom der letzten Dekaden weitgehend ungestört von kritischer Begleitmusik vollziehen. »The Work of Byron Katie« ist dafür ein gutes Beispiel: Gibt man die Suchbegriffe »Byron Katie« bzw. »The Work« und »gefährlich« in eine Suchmaschine ein, erhält man zig deutschsprachige Trefferseiten – die fast alle Byron Katies Methode als *die* Lösung sämtlicher Probleme feiern; nur ganz wenige skeptische Beiträge stehen dem gegenüber. Wiederholt man die Suchanfrage in englischer Sprache (»Byron Katie« bzw. »The Work« plus »dangerous«) bekommt man dagegen sofort eine beachtliche Zahl auch kritischster Urteile und schärfster Analysen. So wies die *Los Angeles Times* darauf hin, dass vom kalifornischen Verband der Psychiater und Psychotherapeuten bereits 1999 ein Verfahren gegen Byron Katie eingeleitet wurde. Hintergrund waren offenbar Klagen von Gewaltopfern, ihnen sei in »The Work«-Sitzungen selbst die Verantwortung für die erlebte Gewalt und ihr Leid zugeschoben worden. Da Byron Katie jedoch über keine therapeutische Ausbildung verfügt und »The Work« überdies nicht als »Therapie« (ohnehin kein geschützter Begriff), sondern meist als »Meditation«, »Coaching« oder neuerdings auch »pädagogisch-psychologische Fragetechnik« vertrieben wird, waren der Berufsvertretung die Hände gebunden.[583] »Extrem ungesund, extrem schädlich«, lautet das Fazit einer amerikanischen PTBS-Patientin (Posttraumatische Belastungsstörung) nach einem Seminar mit Byron Katie.[584] Nach Ansicht einer anderen PTBS-Betroffenen kann »The Work« bei sensiblen Menschen schwere psychische Krisen auslösen.[585] In einem weiteren PTBS-Forum empört sich ein Teilnehmer über einen Youtube-Clip, in dem Byron Katie Menschen, die unter Folter erpresste Geständnisse ablegen, die volle Verantwortung dafür zuweist – sie hätten ja die Wahl gehabt, sich gegen ein Geständnis und für die Fortsetzung der Folter zu entscheiden:

> Ich habe die Wahl. Wenn sie mich foltern und ich gestehe, ich ihnen also gebe, was sie hören wollen, weil sie mich gefoltert haben, wer traf die Entscheidung? Ich. Ich tat es. Ich kann also nicht sagen »Sie haben mich gefoltert, sie zwangen mich dazu, zu gestehen.« Ich habe es selbst getan.[586]

Im Internetforum des *Cult Education Institute (CEI)* – das ist eine amerikanische NGO für öffentliche Aufklärungsarbeit zu destruktiven Kulten, geleitet von Rick Alan Ross, einem vom United States Federal Court anerkannten Sektenexperten –, sowie im Forum von *Guruphiliac.lefora.com*, einer Selbsthilfeseite von und für Menschen mit Sektenerfahrung, befinden sich Erfahrungsberichte der »School of The Work«.[587] Wir erinnern uns: Das ist jene neuntägige Veranstaltung, die in Broschüren von Byron Katies Organisation als »radikaler als alles, was irgendjemand sich vorstellen kann« beworben wird. Die eingestellten Posts bestätigen die Charakterisierung durchaus: So berichten Teilnehmer von einem nicht angekündigten bis zu 36-stündigen Fasten zu Beginn

583 Vgl. Allison Adato: How a Self-Help-Guru is born, in: *Los Angeles Times* vom 24.11.2002. http://articles.latimes.com/2002/nov/24/magazine/tm-katie47

584 http://ask.metafilter.com/188473/The-Work

585 www.new-synapse.com/aps/wordpress/?p=296

586 Vgl. www.myptsd.com/c/threads/the-work-and-byron-katie-reviews.12219/ sowie www.youtube.com/watch?v=Pb2OnkIe4LY, Minute 5:50

587 Vgl. »Byron Katie and ›The Work‹ Participant Reports«. http://forum.culteducation.com/read.php?12,67778,page=1. Vgl. außerdem: »Byron Katie's School For The Work March '09«. http://guruphiliac.lefora.com/topic/2118847/Byron-Katies-School-For-The-Work-March-09#.VjCnC7tdGdA

der mehrere tausend Dollar teuren »School«, was im Zusammenhang mit einer anschließenden rein veganen und extrem eiweißarmen Verpflegung bei mehreren Personen zu Kreislaufproblemen geführt habe. Essen außerhalb der Mahlzeiten, die stets absolut schweigend einzunehmen waren, sei untersagt gewesen.[588] Unter den etwa 300 Anwesenden habe sich eine signifikante Zahl von Menschen mit offen erkennbaren Krankheitsbildern befunden – genannt werden Depressionen, Phobien und Psychosen.[589] Eine Anamnese oder besondere Betreuung dieser Personen habe nicht stattgefunden; viele hätten sich offenbar auf Drängen von Freunden oder Bekannten zur »School« gemeldet. Ein anderer, erstaunlich großer Teil der Seminarbesucher habe dagegen aus psychisch völlig Gesunden mit akademischen Berufen und einem sehr hohem Bildungsgrad bestanden:

> Ich war überrascht über die Zahl von Teilnehmern mit Bildungsberufen: Lehrer, Doktoren, Psychologen, Sozialarbeiter, Berater aller Art. Noch überraschter war ich darüber, wie jeder von ihnen gegen Ende auf so einen »entrückten Zustand« reduziert schien, in dem sie zu keiner einzigen intelligenten Unterhaltung mehr fähig waren.[590]

Zu Beginn der »School« habe jeder Ton- und Videomitschnitten zustimmen und sich mit der späteren Verwertung seiner persönlichen Geschichte durch die »The Work«-Foundation einverstanden erklären müssen. Auf diese Weise werden offenbar Teile von Byron Katies Bestsellern produziert, die ja vielfach aus Aufzeichnungen von Coachings und Klientensitzungen bestehen.

> Da war ein Team-Mitglied, das jede Geschichte und jedes Ereignis aufnahm. Katie's Bücher werden weitgehend aus diesen Storys gemacht, und zu Beginn wird ein Vertrag unterschrieben, mit dem man seine Genehmigung zur Verwertung der eigenen Geschichten erteilt.[591]

Ebenfalls zu Beginn sei die Aufforderung ergangen, Wertgegenstände sowie »nicht benötigte« Medikamente in eine Box zu werfen, deren Inhalt anschließend für immer weggeworfen werde. Zwar konnte man seine Sachen nach Ende der »School« zurückerhalten, aber dies sei erst am letzten Tag mitgeteilt worden. Laut Berichten warfen Teilnehmer Uhren, Schmuck, Kreditkarten und sogar Eheringe in die Box in der Annahme, dass sie dann für immer weg wären. Hierbei habe ein enormer Gruppendruck geherrscht, fast keiner habe sich später getraut, seine Sachen zurückzufordern.[592]

588 Ebd.
589 Ebd.
590 Ebd.
591 Ebd.
592 Ebd.

Die täglichen Sitzungen mit den vier Fragen und Umkehrungen in einem fensterlosen Konferenzraum hätten von morgens 7 bis spätabends 23 Uhr gedauert. Während dieser Stunden seien Handys und Smartphones weggeschlossen und der Kontakt nach außen unterbunden gewesen.[593] Ein Veranstaltungsprogramm sei nicht verteilt worden, so dass die Teilnehmenden nie wussten, was sie als nächstes erwartet. Posts berichten von einem Verlust des Raum- und Zeitgefühls, nach einiger Zeit habe man nicht mehr sagen können, der wievielte Tag der »School« gerade war. Die »School of The Work« beinhalte ferner ein sogenanntes »Scham-Modul«, bei dem jeder über seine am stärksten schambesetzten Erlebnisse sprechen solle. Auch hier sei der Gruppendruck so groß gewesen, dass fast niemand gewagt habe, sich der Aufforderung, vor Publikum intimste Details von sich preiszugeben, zu widersetzen.[594]

> Ich war völlig schockiert, dass diese Leute vor einer Menschenmenge ihre intimsten Erfahrungen durchgingen, direkt vor einer Unzahl von Menschen, ohne jeden Arzt.[595]

Im Kontext solcher »Scham-Module« kommt es dann offenbar zu jenen verstörenden Szenen aus Byron Katies Büchern, in denen sich Gewaltopfer selbst die Verantwortung für die an ihnen begangenen Delikte zuweisen oder Amputierte sich selbst ihrer körperlichen Verstümmelung bezichtigen. Zweifel an diesem Verfahren seien solange mit der zweiten »The Work«-Frage zu »überprüfen« gewesen, bis die Zweifler einknickten. Personen, die die »School« offen kritisierten, seien auf subtile Weise kaltgestellt worden.[596] Viele Berichte erzählen von leeren, gestressten und deprimierten Gesichtern.

> Es belastete mich, so viele Menschen schreien, stöhnen, niedergeschlagen, depressiv oder verwirrt zu sehen [...] Ich dachte, ich würde dort ganz viele lächelnde und entspannte Gesichter sehen. Was ich am häufigsten sah, waren entweder leere oder niedergeschlagene/wahnsinnige/verwirrte Gesichter.[597]

Im Anschluss an die »School« beobachteten einige an sich eine signifikante Verschlechterung des seelischen Gesundheitszustands mit Unruhe, Schlafstörungen und ständigen Schuldgefühlen. Andere erzählen, dass sie Wochen gebraucht hätten, um ihr inneres Gleichgewicht wiederzufinden. Ein Teilnehmer erlitt eine psychotische Episode, die er auf die »School of The Work« zurückführt:

593 Ebd.
594 Ebd.
595 Ebd.
596 Ebd.
597 http://guruphiliac.lefora.com/topic/2118847/Byron-Katies-School-For-The-Work-March-09#.VjCnC7tdGdA.

> Ich endete für mehrere Monate auf Anti-Psychotika. Natürlich kann ich nicht beweisen, dass das nicht passiert wäre, wenn ich nicht zu Byron Katies «School» gefahren wäre, aber ich bin überzeugt, dass das die Ursache war. Bei mir wurde nie zuvor eine psychische Störung diagnostiziert, trotzdem ich mehrere Psychologen und einen Psychiater gesehen habe. [...] Ich würde meinen jetzigen Zustand als [...] unglücklich, [...] niedergeschlagen, traurig, verwirrt [und] hoffnungslos beschreiben.[598]

Die meisten Erfahrungsberichte kommen zu dem Schluss, dass es sich zumindest bei Byron Katies Intensivseminaren wie der »School«, dem »New Year Cleanse« oder dem »Turnaround-House« um einen Sektenkult handelt. Auch mein Befund, dass »The Work« ein Instrument zur Übertragung von Byron Katies eigener Weltanschauung auf die Klienten ist, wird geteilt.

> Die Boot-Camp-Taktik [und] der Anpassungsdruck erschienen mir sehr sektenhaft. Ich würde nicht zögern, zu sagen, The Work ist eine Sektenerfahrung.[599]

> Obwohl The Work als für jeden geeignet präsentiert wird, egal welcher Religion, [...] wurde sehr klar, dass das nicht stimmt. In Wirklichkeit ist Katie's [...] Glaubenssystem sehr streng, sehr bestimmend und sehr anti-christlich. Und jeder, dessen eigenes Wertesystem damit nicht zusammengeht, wird behandelt wie ein »unerleuchteter« Depp, der seine Gedanken so lange »hinterfragen« muss, bis er die Dinge genauso sehen kann wie Katie.[600]

Die zitierten Berichte sind durchwegs in fehlerfreiem Englisch geschrieben, differenziert und zivilisiert in der Form (sachlich, respektvoll auch bei Meinungsverschiedenheiten mit anderen Forumsteilnehmern); sie weisen auf einen höheren Bildungs- und Reflexionsgrad der Autoren hin. Inhaltlich decken sie sich sowohl untereinander als auch mit Szenen aus Byron Katies Büchern. Sie erscheinen somit bei aller Subjektivität und schwierigen Überprüfbarkeit von Augenzeugenberichten glaubwürdig – und erhärten damit den Befund, dass es sich bei »The Work« um eine sektenhafte Methodik handelt. Zumal, wenn man sich einmal einige generelle Kennzeichen von Sektenstrukturen vergegenwärtigt. Mir würden etwa neun einfallen:

598 http://forum.culteducation.com/read.php?12,67778,page=1.
599 Ebd.
600 Ebd.

1. *Überhöhung der Erfinderin/des Erfinders einer Lehre/Methode*
Jeder Satz von ihr/ihm ist »reine Weisheit«, Fehlen jeder Distanz, wörtliche statt kritische Lesart der Lehre

2. *Irrationale Heilsversprechen*
»Lösung aller Probleme«, »Ende aller Leiden«, »direkter Weg zum Glück«; zugleich sind alle anderen Wege angeblich Irrwege

3. *Einsatz manipulativer kognitiver Techniken (»Gehirnwäsche«)*
Gezieltes Verunsichern und Auflösen bisheriger Glaubenssätze durch Suggestionen, Denkverbote, Vorgaben für die Beantwortung von Fragen usw.

4. *Propagierung hundertprozentiger Veränderung und »Umkehr«*
Bruch mit allem bisherigen Denken, plakatives Vorher-Nachher-Schema (»schlechtes« altes Leben versus »gutes« neues Leben), Forderung nach Neuausrichtung des gesamten Wertesystems, Bekenntnis zu Radikalität und Kompromisslosigkeit (»Ganz oder gar nicht«-Haltung)

5. *Herauslösung aus bisherigen sozialen Milieus*
»Freiwillige« oder aufgedrängte Entfremdung von Freunden und Angehörigen, die die Umkehr kritisch sehen

6. *»Erleuchtungs«- oder Elitebewusstsei*n
Proklamierung eigener »Meisterschaft«, Anspruch, exklusiv »in der Wahrheit«, »in Gott« oder im Besitz eines »höheren Bewusstseins« oder einer »spirituellen Erkenntnis« zu sein, manchmal verbunden mit der Haltung, deshalb über dem Staat, dem Gesetz oder der Gesellschaft zu stehen, Überlegenheitsgestus und herablassendes Verhalten gegenüber Andersdenkenden, »Ungläubigen« oder »Nicht-Erleuchteten«

7. *Tendenz zur Mission*
Drängen von Mitgliedern in eine Werbe- und Missionstätigkeit

8. *Abgeschlossenheit nach außen und Kontrolle nach innen*
Abschirmung von Zusammenkünften, Schaffung einer psychologischen, manchmal auch finanziellen Abhängigkeit, Einmischung ins Privatleben, Aufbau von Gruppendruck, Besitzanspruch auf den ganzen Menschen einschließlich seiner innersten Glaubenssätze, Gedanken und Gefühle

9. *Aufbau einer Drohkulisse bei nicht-konformem Verhalten*
Stigmatisieren, Bloßstellen oder Lächerlich-Machen von kritischen Mitgliedern und Seminarteilnehmern, Erzeugen von Scham- und Schuldgefühlen, »Fertigmachen« und Bedrohen von Aussteigern, Erpressung durch Verbreiten von in Sitzungen gewonnen intimen Details usw.

Mit Ausnahme vielleicht des neunten Punktes lässt sich eine Relevanz erheblicher Teile dieser Liste für Byron Katies Coachingtechnik schwerlich abstreiten. Auch das sektentypische Kriterium hierarchischer Strukturen scheint erfüllt: Denn wenn doch die »The Work« angeblich so einfach ist, dass es jeder als »Hilfe zur Selbsthilfe« allein durchführen kann – wegen dieser Banalität lehnte das Deutsche Patentamt auch einen Patentschutz der Methode ab[601] –, wozu bedarf es dann eines mehrstufigen Systems von »Ausbildungen« und »Zertifikaten«, vom *Coach für The Work (vtw)* über den *Certified Facilitator of the Institute of The Work of Byron Katie (ITW)* bis zum *Lehrcoach (vtw)*? Jeder »The Work«-Coach muss zudem einen »Ethik-Kodex« unterschreiben, der Loyalitätsvorschriften enthält – unter anderem die Pflicht, die Methode stets als »professionell und effektiv« darzustellen und das Verbot, sich »negativ« über andere »The Work«-Coachs zu äußern:[602] Eine Distanzierung von einzelnen Vertretern (z.B. von Byron Katie) oder bestimmten Anwendungen (z.B. bei Krankheits- und Gewalterfahrungen) könnte also als Pflichtverletzung ausgelegt werden. Wenn »The Work« vielleicht auch keine »Vollsekte« darstellt und sicher nicht mit stramm-aggressiv auftretenden Organisationen wie Scientology gleichgesetzt werden kann, erscheint es nach allem, was ich hier zusammengetragen habe, dennoch notwendig, von einer *stark sektenartigen Lehre und Methode* zu sprechen.

Die damit verbundenen Risiken liegen auf der Hand: *Auf der individuellen Ebene* eine erhebliche Gefährdung der seelischen Gesundheit insbesondere von Personen, die mit Traumata kämpfen oder von Ausgrenzungserfahrungen wie Armut, Arbeitslosigkeit und Einsamkeit betroffen sind. Denn schädliche autoaggressive Muster, die bei solchen Menschen oft vorhanden sind – insbesondere die Neigung, sich für die eigene Lebenslage noch selbst die ganze Verantwortung aufzuladen –, werden durch »The Work«-Interventionen in unverantwortlicher Weise bestärkt. *Auf der gesellschaftlich-politischen Ebene* leistet ein Ideenkonstrukt wie »The Work« demokratiefeindlichen Haltungen massiv Vorschub: Denn Demokratie basiert auf der Annahme, dass es Über-

601 Vgl. Dierbach 2009, S. 143.
602 Vgl. Verpflichtungen gegenüber dem Verband für The Work of Byron Katie und seinen Mitgliedern, in: Verband für The Work of Byron Katie: *Ethik-Kodex*. http://www.vtw-the-work.org./

zeugungen gibt, die *objektiv wahr* sind (z.B. die Erklärung der Menschenrechte oder der Artikel 1 des Grundgesetzes). Demokratie beruht darauf, dass Menschen für Überzeugungen gewaltfrei streiten – statt sie »aufzulösen« und »umzukehren«. Demokratie bedeutet, Spannungen auszuhalten und Widersprüchliches zuzulassen, auch in sich selbst – statt stete innere und äußere Dauerharmonie zu propagieren. Demokratie heißt, Partei zu ergreifen und sich an Teilen der Realität zu reiben – statt zu »lieben, was ist«, egal was es ist. Demokratie heißt zu glauben, was laut Byron Katie »hoffnungslos« ist – nämlich dass eine Veränderung der Wirklichkeit, ja dass sogar »Wunder« im Sinne Hannah Arendts, wie sie etwa 1989 geschahen, prinzipiell möglich sind. Demokratie bedeutet schließlich das Bekenntnis, eine Geschichte zu haben und aus dem Bewahren ihrer Erinnerung die Zukunft zu gestalten – statt sie »zu verlieren« und »loszulassen«. Gerade für uns Deutsche hat sich das Annehmen, Festhalten und Weitergeben unserer Geschichte, auch mit ihren belastenden Seiten, als ganz großer Glücksfall erwiesen. Wenn »The Work« demgegenüber lehrt, »dass das Leben keine Zukunft braucht« und »dass das, von dem du meintest, dass es geschehen ist, gar nicht geschehen ist«, so ist dies unvereinbar mit jeder politischen, gesellschaftlichen und historischen Verantwortung.

## »The Work« auf dem Marsch durch die Institutionen

> »Grundwissen Psychologie«,
> »erneuerter Blick auf das Schulgeschehen«,
> »in der Wirtschaft erfolgreich angewandt«

Wäre Byron Katies Methode eine beliebige Selbsthilfe-Mode, mit der sich manche Menschen in ihrer Freizeit beschäftigen, hätte ich keinen Anlass gesehen, sie in meine Untersuchung des Phänomens Coaching aufzunehmen. Wir sind, gottlob, ein freies Land, und zu dieser Freiheit gehört selbstverständlich auch, dass erwachsene Menschen Byron Katies Lehre anhängen und »The Work« machen dürfen, wenn sie dies freiwillig tun und meinen, dass es ihnen hilft. Anlass zur Besorgnis entsteht jedoch dann, wenn Wertesysteme, die totalitäre Elemente und suggestiv-manipulative Techniken enthalten – beides ist meines Erachtens bei »The Work« der Fall –, über das Vehikel des vermeintlich »neutralen« Coachings in die Mitte der Gesellschaft vordringen und dabei auch systemrelevante Bereiche wie Bildungseinrichtungen, Behörden und wirtschaftliche Strukturen erreichen. Gerade in dieser Zeit des Erstarkens des politischen Populismus gilt es, unsere liberale Demokratie auf allen Ebenen zu verteidigen und sich daher auch einem psychologischen Populismus entgegenzustellen, der die vermeintliche »Lösung« aller Probleme durch die gefährliche Haltung propagiert, »sich in die Dinge zu ergeben«, »zu allem immer ja zu sagen« und »zu lieben, was ist, egal was es ist«. Spielte sich »The Work« in Deutschland noch vor zehn Jahren in sogenannten »Offenen Gruppen« von wenigen Anhängern ab – laut Dachverband vtw gibt es sie in 23 Städten –, so taucht die Methode heute in Schulen, in der Erwachsenenbildung, in Arbeitsagenturen, in Unternehmen, in der Personalentwicklung, an Universitäten, bei Kirchengemeinden und im Gesundheitswesen auf. Das sind überdies Bereiche, wo Menschen nicht immer frei sind, zu entscheiden, ob sie eigentlich mit der in der »The Work«-Methodik enthaltenen Weltanschauung konfrontiert werden wollen. Im Folgenden liefere ich eine Bestandsaufnahme des Vorkommens von Byron Katies Lehre in Deutschland ohne Anspruch auf Vollständigkeit.

### Volkshochschulen und Weiterbildungsinstitute

Ein fester Anlaufpunkt für »The Work« ist heute die Erwachsenen- und Berufsbildung. An Volkshochschulen gehören Kurse fast schon zum Standard: Ein Blick in die VHS-Programme offenbart ein breites bundesweites Angebot von Schleswig-Holstein bis Bayern, von Baden-Württemberg bis Brandenburg. Ein paar Beispiele: Einen »Erlebnisvortrag«, um »die Gedanken zu hinterfragen, die uns unglücklich machen«, bietet die VHS Oldenburg an. Wer »nachhaltige Veränderung« sucht, kann in der Rubrik »Pädagogik und Psychologie« an derselben VHS auch gleich eine einwöchige Schulung buchen. Eintägige Workshops zu Byron Katies Lehre offeriert die VHS Ostholstein. »Gehen Sie die ersten Schritte auf Ihrem Weg zu einem wundervollen Leben«, verspricht die VHS Regensburg: »In Zeiten der Hektik [...] wünschen sich viele Menschen mehr Leichtigkeit, Harmonie und inneren Frieden. [...] The Work von Byron Katie ist dabei ein [...] effektives Werkzeug.« Einen ganzen »Gedankengroßputz« mit diesem Werkzeug konnte man an der VHS Ingolstadt vornehmen. Anhand praktischer Übungen aufzuzeigen, wie man seine »Leidenssituation für sich nutzen kann«, ist das Anliegen der VHS Düsseldorf. Dort lief die angeblich »millionenfach erprobte« Methode 2015 gar unter der Rubrik »Grundwissen Psychologie«...

Auch im Feld der beruflichen und politischen Bildung ist »The Work« inzwischen angekommen. Das Weiterbildungs-Informations-System *WIS* der Deutschen Industrie- und Handelskammern (DIHK) hatte mehrfach Seminare im Verteiler.[603] Das von der Bundeszentrale für politische Bildung geförderte *Gustav Stresemann Institut (GSI)* in Niedersachsen veranstaltete 2013 einen 265 Euro teuren »intensiven Einstieg« in die Methodik, der die Kursteilnehmer

603 Vgl z. B: http://wis.ihk.de/seminar-kurs/the-work-of-byron-katie.html.

in die Lage versetzen sollte, »The Work« anschließend jederzeit auch bei Mitmenschen anzuwenden.[604] Und die *Akademie Frankenwarte* in Würzburg bot 2017 im Auftrag der SPD-nahen Friedrich-Ebert-Stiftung für 435 Euro eine »Burn-In-Werkstatt« an, deren Stundenplan hauptsächlich aus »The Work«-Übungen bestand, um zu lernen, »zu lieben, was ist«.[605]

### Regelschulen

Handelt es sich bei Besuchern von Volkshochschul- oder Weiterbildungskursen um volljährige Personen, die jederzeit wieder gehen können, wenn das Vermittelte ihnen missfällt, verhält sich dies anders in Bereichen, wo Menschen im Rahmen eines Pflichtverhältnisses (Ausbildung, Arbeit, Transferleistungsbezug) mit Ideensystemen konfrontiert werden. Das gilt noch einmal im Besonderen für den schulischen Kontext: Nicht ohne Grund hat z. B. der Gesetzgeber die Religionsmündigkeit deutlich vor die Volljährigkeit gesetzt – weil er verhindern will, dass Heranwachsende in der wichtigen Phase eigener Identitätsfindung gegen ihren Willen mit bestimmten Glaubensinhalten beschult werden. Da es dem Instrument Coaching jedoch gelungen ist, sich als »objektiv« zu präsentieren, wird es vom Neutralitätsgebot im Bildungsbereich oft gar nicht erfasst. Die Evangelische Zentralstelle für Weltanschauungsfragen warnte bereits vor fünfzehn Jahren vor Versuchen der »The Work«-Bewegung, Byron Katies Lehre in die Schulen zu tragen.[606] Auf der Homepage des Dachverbandes vtw finden sich auch heute Hinweise auf solche Bestrebungen. So berichtet ein Berufsschullehrer, dass er Elemente der Technik immer wieder im Unterricht einsetze, weil dies »den Blick auf das Schulgeschehen erneuere«.[607] Vtw-Mitglieder laden zu Byron Katie-Seminaren speziell für Lehrer und Schüler ein oder bieten unter dem Pippi-Langstrumpf-Motto *Ich mach mir die Welt, wie sie mir gefällt* »The Work«-Kurse bereits für die Einschulungsphase an.[608]

604 Vgl. Jahresprogramm 2013 des Gustav Stresemann Instituts in Niedersachsen e. V., S. 45 u. 51. www.bpb.de/system/files/dokument_pdf/Jahresprogramm_GSI-Bevensen_2013.pdf.

605 Programm der »Burn-In-Werkstatt« vom 17.–19.2.2017 an der Akademie Frankenwarte. www.frankenwarte.de, www.fes.de.

606 *Materialdienst. Zeitschrift für Religions- und Weltanschauungsfragen.* Heft 10/03, S. 369.

607 Der Eintrag des Lehrers auf der vtw-Homepage wurde inzwischen entfernt, ein Screenshot liegt vor.

608 Vgl. Verband 2015, S. 38. – Zu der in der Coachingszene immer wieder gern als Vorbild bemühten Pippi Langstrumpf eine kleine Anmerkung: Ja, Pippi Langstrumpf macht sich die Welt, »wie sie ihr gefällt« – und zwar *in der Phantasie*. Und das ist wunderbar. »The Work« und andere Selbstmanagementtechniken meinen dagegen, das ginge auch real – ein fataler Trugschluss. Pippi Langstrumpf ist überdies eine Figur, die keineswegs »liebt, was ist«, sondern mit der Realität streitet und Partei ergreift – und zwar für Schwache und Opfer. Sie beschützt einen Jungen, der von einer Bande Stärkerer bedroht wird. Sie leidet

Auch die Pädagogische Hochschule Oberösterreich in Linz hatte schon »The Work«-Fortbildungen für Lehrkräfte im Programm.[609] Wie beim NLP muss zudem von einer Dunkelziffer ausgegangen werden, da vermutlich bei weitem nicht jede schulische Anwendung von »The Work« öffentlich bekannt wird.

Vergegenwärtigt man sich noch einmal die zentralen Punkte des Ideengebäudes hinter Byron Katies Methode – dass es keine einzige Überzeugung in der Welt gebe, die wahr sei; dass die herrschende Realität das »höchste Gesetz« und daher immer »perfekt« sei; dass es »keinen Fehler im Universum« gebe und »das, was geschehen ist, geschehen *sollte*« einschließlich von Erfahrungen wie Auschwitz; dass Leidende stets selbst die Verursacher ihres Leids seien und Opfer nicht existierten; dass es gelte, jede Unterscheidung von richtig und falsch aufzugeben und unterschiedslos »zu lieben was ist« – dann ist die Vorstellung des Einsatzes einer solchen Lehre im Schulalltag unseres sich zu demokratischen Werten und Menschenrechten bekennenden Landes beunruhigend. Auch ist zu bedenken, dass nach Expertenschätzung in jeder Klasse in Deutschland Kinder sitzen, die schon einmal mit Gewalt konfrontiert waren.[610] Durch die Integration tausender Flüchtlingskinder mit teils traumatischen Kriegserfahrungen dürfte sich die Zahl noch erhöhen. Der Gedanke, dass Gewalt- der Missbrauchsopfer im Schulunterricht zu einer »Überprüfung ihrer Geschichte« gedrängt werden könnten, bei der sie sich mittels »Umkehrungen« selbst die Verantwortung für das Erlebte zuweisen müssen oder der Gedanke, dass den Bombeninfernos syrischer Städte entkommene Kinder in unseren Schulen mit einer Methode arbeiten müssen, deren erklärtes Ziel es ist, »Bomben und Tod freudig willkommen zu heißen« oder der Gedanke, dass Schülerinnen und Schüler, deren Familien vielleicht von Terror betroffen waren, mit der Lehre einer Frau konfrontiert werden, die in einem Anschlag eine »wunderschöne Bewegung in der Luft« sieht, die kein Problem darstelle, wenn man nur den

mit einem verprügelten Pferd und weist dessen Besitzer voller Wut in die Schranken. Sie weint und wird ganz still, als sie einen kleinen toten Vogel findet – weil für sie der Tod nicht »freundlich«, sondern grausam und verstörend ist. Sie cancelt ihren Abschied, als sie ihre Freunde Annika und Thomas zusammenbrechen sieht – weil sie spürt, dass deren Schmerz nicht bloß ein »ungeprüfter Gedanke« ist. Pippi Langstrumpf ist nicht nur fröhlich und leicht, sondern auch melancholisch, tieftraurig, empört, mitleidend oder verunsichert – und deshalb ist sie so menschlich und zeitlos lebendig.

609 Vgl. Pädagogische Hochschule Oberösterreich: Fortbildung für Lehrerinnen und Lehrer an allgemein bildenden Pflichtschulen, allgemein bildenden höheren Schulen und Bildungsanstalten für Kindergartenpädagogik. Programm 2016/17, Linz 2016, S. 125. www.ph-ooe.at.

610 Vgl. z. B. die 2017 veröffentlichte Missbrauchsfolgenstudie der Kinder- und Jugendpsychiatrie am Universitätsklinikum Ulm. Laut den Erhebungen hat mindestens ein Drittel der deutschen Bevölkerung in de r Kindheit körperliche oder psychische Gewalt erlebt. www.uniklinik-ulm.de/struktur/kliniken/kinder-und jugendpsychiatriepsychotherapie/home/forschung/forschungsprojekte/missbrauchsfolgenstudie.html.

Tod für genauso wertvoll halte wie das Leben – dieser Gedanke wäre nicht mehr nur beunruhigend; er wäre unerträglich. Hier ist eine Sensibilisierung von Rektorinnen und Rektoren gefordert – und gegebenenfalls ein Einschreiten der Schulbehörden. Wünschenswert erschiene es, wenn die kritische Auseinandersetzung mit Selbstmanagement-Ideologien und den darin transportierten fragwürdigen Weltbildern genereller Bestandteil von Lehrplänen in allen Bundesländern würde.

## Arbeitsagenturen und Jobcenter

Ein weiteres Ausbreitungsgebiet für »The Work« sind die Arbeitsagenturen und Jobcenter. Den Anfang machte ein Projekt in Oldenburg, wo Byron Katies »wertschätzende Coachingmethode« im Rahmen des vom Bundesministerium für Arbeit und Soziales geförderten Beschäftigungspaktes »Perspektive 50plus« zur Anwendung kommt. Projektleiterin ist »The Work«-Lehrcoach Susanne Dames von der »Jobakademie« des Jobcenters Oldenburg.

> Der Beschäftigungspakt *Oldenburg 50plus* bietet seinen Kunden mit *The Work* eine wertschätzende Coachingmethode an, um neue Wege aus der Langzeitarbeitslosigkeit aufzuzeigen. Der Kern des Ansatzes von Byron Katie ist, negative Handlungs- und Gedankenmuster in vier Fragen und Umkehrungen [...] zu überwinden. Susanne Dames, Personalberaterin im Pakt sowie Paktkoordinatorin Kathrin Kraft setzen sich [...] dafür ein, dass dieser einfache, aber wirksame Ansatz auch im Regelgeschäft der Jobcenter Anwendung finden kann.[611]

Der Einsatz war erfolgreich: Nach Angaben von Dames haben inzwischen bundesweit schon über 200 Mitarbeiter von mehr als dreißig Jobcentern eine Einführung in Byron Katies Coachingtechnik erhalten – mit dem offensichtlichen Ziel, sie anschließend an Arbeitslosen anzuwenden:

> Ich arbeite seit 2011 als Beraterin für langzeitarbeitslose Menschen [...] The Work kommt fast täglich zum Einsatz, in Form von Einzel-Coachings, Einführungs-Workshops und Workshops zu Themen wie »Arbeitslosigkeit und Hartz IV«, »Krisen und Konflikte«, »Arbeit und Geld« oder »Körper und Gesundheit«. Wegen des großen Interesses biete ich seit 2014 The Work [...] auch für Mitarbeiter der Jobcenter bundesweit an. Bisher haben mehr als 200 Kollegen aus über 30 Jobcentern die Einführung erlebt.[612]

611 Bundesministerium für Arbeit und Soziales (Hg.): *Der Paktbote.* Magazin zum Bundesprogramm Perspektive 50plus, Ausgabe 8, S. 9.

612 Verband 2015, S. 39.

»The Work of Byron Katie« wurde ferner ins *Handbuch für gute Praxis* der Beschäftigungspakte 50plus des Bundesministeriums für Arbeit und Soziales aufgenommen, Seminare tauchen zudem in der Weiterbildungsbörse *kursnet* der Arbeitsagenturen auf. Ganz im Sinne der zentralen Behauptung Byron Katies, dass jedes Problem allein eigenverantwortet sei, konstatiert Dames als Ergebnis des »The Work«- Einsatzes in Jobcentern, dass die Gründe für Arbeitslosigkeit bei den Arbeitslosen selbst zu suchen seien: Byron Katies Coachingtechnik zeige, dass Krisen, Stress und Konflikte bei erwerbslosen Menschen nicht die Folge ihrer Erwerbslosigkeit darstellten, sondern umgekehrt deren Ursache. »Bei den Teilnehmenden im Projekt 50plus wurde deutlich, dass die eigentliche ›Baustelle‹ nicht die Arbeitslosigkeit selbst ist, sondern vielmehr eine Anhäufung von nicht verarbeiteten Dramen und stressvollen Erinnerungen, die Ängste, Süchte, Krisen und Konflikte verursachen.«[613] Dies aber beinhaltet eine ideologische Deutung von Arbeitslosigkeit. Denn andere denkbare Gründe für die signifikant höhere Erwerbslosigkeit über Fünfzigjähriger – eine Geringschätzung des Alters und Älterer in unserer Gesellschaft zum Beispiel oder eine fetischartig auf Effizienz, Leistung und Wettbewerb getrimmte Wirtschaftsauffassung – bleiben ebenso ausgeblendet wie die Frage, ob wir uns nicht insgesamt in einer am Menschlichen vorbeizielenden ökonomischen Struktur bewegen, die systemimmanent Opfer produziert – und die viel eher zu hinterfragen wäre als der Arbeitslose und dessen »Glaubenssätze«. Hier setzt denn auch das politische und rechtliche Unbehagen ein: Arbeitslose und Transferbezieher stehen in einem – hochexistentiellen – Abhängigkeitsverhältnis. Zwar ist das Oldenburger »The Work«-Coaching laut Dames freiwillig. Gut so. Aber das ist keine Garantie, dass das immer so laufen muss. Grundsätzlich ist es seit den Agenda-2010-Gesetzen möglich, über »Eingliederungsvereinbarungen« die Teilnahme Erwerbsloser an »Maßnahmen«, und das sind immer öfter auch Coachings, zu erzwingen – etwa durch Kürzen des Hartz-IV-Regelsatzes oder durch Androhung von Obdachlosigkeit mittels Einstellen der Mietzahlung. Die Vorstellung, dass Erwerbslose durch solch existenzgefährdende Sanktionen dazu gebracht werden könnten, gegen ihren Willen Glaubenssätze offenzulegen, Überzeugungen »aufzulösen« und mit »The Work of Byron Katie« eine auf esoterischen Werten basierende Methode zu praktizieren, wäre jedenfalls alarmierend – und verfassungsrechtlich bedenklich: In solchen Fällen müsste von einer Verletzung des Grundrechts auf Glaubensfreiheit ausgegangen werden, die laut Rechtsprechung des Bundesverfassungsgerichts immer auch die negative Glaubensfreiheit einschließt, also das verbriefte Recht, es nachteilsfrei ablehnen zu dürfen, mit bestimmten weltanschaulichen Lehren beschult

613 Ebd., S. 40

zu werden. Und noch etwas ruft Unbehagen hervor: »The Work« sei für den Einsatz bei Arbeitslosen auch deshalb so geeignet, weil die Methode »beim Gegenüber keinerlei Wissen« voraussetze, heißt es beim Projekt des Oldenburger Jobcenters. Unwissen als Vorteil? Immerhin handelt es sich bei Coachings um tief ins Seelengefüge von Menschen eingreifende Interventionen. Byron Katie verwendet für ihre Methode den Begriff der »Operation«, andere Anwender sprechen von einem »rasierklingenscharfen Schwert«. Man stelle sich einen Arzt vor, der es als Vorzug kommuniziert, dass eine anvisierte Operation beim Gegenüber keinerlei Wissen voraussetze – unvorstellbar im Jahr 2017. Mit Aufklärungspflicht, Patientenrechtegesetz, Unabhängigen Patientenberatungen und den entsprechenden Erweiterungen des BGB haben wir uns als Gesellschaft vielmehr das Leitbild des mündigen Patienten gegeben, der auch im Prozess einer Behandlung und Intervention selbstbestimmtes Subjekt auf Augenhöhe bleiben soll. Wenn demgegenüber in der Coachingbranche Vorwissen für entbehrlich gehalten wird, legt dies nahe, dass dort ein analoges »Leitbild des mündigen Klienten« bisher nicht existiert. Wissen bedeutet eben Macht: Ein Klient, der weiß, dass eine »The Work«-Anwendung beinhalten kann, dass ein Krebskranker über »Umkehrungen« den Satz *Ich will, dass mein Tumor metastasiert* bilden muss, dürfte ein anderes Bild von der Methode bekommen als jemand, dem dieses Wissen vorenthalten wird. Die hierarchische Haltung vieler Coachs – hier der »wissende« Berater mit »weitem« Bewusstsein, dort der »unwissende« Klient mit »einschränkenden Überzeugungen« – ähnelt auffallend dem autoritären Beziehungsverständnis, das bei esoterischen »Heilern« zu finden ist. Der »Karma-Heiler« Otmar Jenner zum Beispiel erklärt, es sei überhaupt nicht nötig, dass seine Klienten selbst an Karma oder Reinkarnation glaubten – es genüge, dass er sich damit auskenne. »Der Erfolg Ihrer Behandlung hängt nicht davon ab, ob Sie an Reinkarnation glauben. Es reicht, wenn mir das Phänomen vertraut ist und ich Sie dementsprechend behandele.«[614]

In diesem Zusammenhang ist es dann vielleicht doch von gewissem Interesse, dass die »The Work«-Projektleiterin Susanne Dames vom Oldenburger Jobcenter ausweislich ihrer Homepage neben dem »Certified Facilitator of The Work of Byron Katie« auch über Abschlüsse in »Geistigem Heilen« und »Spiritueller Medizin« verfügt – erworben unter anderem beim eben zitierten Otmar Jenner. Überschneidungen zwischen Jenners Karma-Lehre und der Lehre Byron Katies sind durchaus vorhanden – insbesondere die Vorstellung, dass »das Ich verlöschen« und jede Unterscheidung von Gut und Böse beseitigt werden müsse, um »Gesundheit« zu erlangen:

614 Jenner 2011, S. 113–115. Im Klappentext des Buches heißt es: »Geistige[s] […] Heilen […] ist risikolos, frei von schädlichen Nebenwirkungen und hilft oft in hoffnungslosen Fällen.«

> Eine Frau wird im 18. Jahrhundert von ihrem Mann erschlagen. Im 19. Jahrhundert [...] wiedergeboren, heiratet [sie] [...] einen [...] gewalttätigen Mann. [...] Im Streit [...] erschlägt er sie [...] Das ist das karmische Prinzip. [...] Opfer- und Täter-Schema sind [...] austauschbar [...] Kleiner Trost: Es gibt [...] das Verlöschen im Nichts, also die Auflösung des Ichs [...] Um Vollständigkeit zu erreichen, also Gesundheit. Denn jede Trennung macht krank. [...] Das Prinzip des Bösen gehört als Gegenpol zum Guten.[615]

Selbstverständlich hat Frau Dames gemäß der Religionsfreiheit jedes Recht, sich in geistigem Heilen ausbilden zu lassen, so viel sie will. Es muss nur gewährleistet sein, dass sie und andere ihren esoterischen Glauben nicht in staatliche Institutionen tragen und deren Strukturen nutzen, um insbesondere abhängige Menschen im Sinne der eigenen Weltanschauung zu beeinflussen. Der Umstand, dass viele Esoteriker ihre Spiritualität als Wissenschaft missverstehen, nährt jedoch genau hieran Zweifel. Dass es mit »The Work« einem dezidiert esoterischen Konstrukt gelungen ist, in den Anwendungskatalog der eigentlich zu weltanschaulicher Neutralität verpflichteten Bundesbehörde Arbeitsagentur zu gelangen, ist jedenfalls ein durchaus diskussionswürdiger Vorgang.

## Universitäten

Diskussionswürdig erscheint auch, dass »The Work« in jüngster Zeit an Universitäten auftaucht. Und zwar nicht analytisch im Sinne einer psychologischen oder sozialwissenschaftlichen Kritik. Sondern evaluativ mit dem offen kommunizierten Ziel, die Methode als wissenschaftsfundiert in Pädagogik, Psychologie und Gesundheitswesen einzuführen. Zu diesem Zweck wurde »The Work« in den wissenschaftlicher klingenden Terminus *IBSR (=Inquiry-Based Stress Reduction)* umbenannt. »Haben Sie keine Lust mehr auf Stress?«, fragt etwa die Homepage des Lehrstuhls für Pädagogische Psychologie der Universität Mannheim. In diesem Fall sei ein Coaching mit IBSR genau das Richtige: »IBSR (Inquiry-Based Stress Reduction) ist eine einfache und potentiell wirkungsvolle Technik. Mit Hilfe von IBSR sollen Sie lernen, die stressvollen Gedanken zu identifizieren und zu hinterfragen, welche Sie dabei hindern, effizient und konzentriert Ihre beruflichen Herausforderungen zu meistern.«[616] Derzeit evaluiere man die Methode, die »in der Wirtschaft bereits erfolgreich angewendet wird«, interessierte Probanden könnten sich melden. Unter der Überschrift »Forschung zu IBSR« führt die verantwortliche wissenschaftliche Mitarbeiterin vier Studien

615 Ebd.
616 http://paed-psych.uni-mannheim.de/IBSR/.

an, die allesamt Byron Katies »The Work« zum Gegenstand haben. Veröffentlicht sind sie durchwegs in umstrittenen Publikationen für wissenschaftlich umstrittene Therapien, z.B. dem *Institute of Transpersonal Psychology*, dem *European Journal of Integrative Medicine* oder den *Alternative and Complemantary Therapies*. Bei der *Transpersonalen Psychologie* handelt es sich um den nicht anerkannten Ansatz, durch Erzeugung »transpersonaler Bewusstseinszustände« die klassische Psychotherapie »spirituell zu erweitern«. Unter *Integrativer Medizin* versteht man die Kombination von Schulmedizin mit alternativen Verfahren; das muss nicht immer schlecht sein, kann aber auch ein Einfallstor für fragwürdige Methoden ins Gesundheitswesen bilden. *Komplementärmedizin* ist ein Synonym für Alternativmedizin; Institute fielen in der Vergangenheit teils durch obskure Forschungen auf.[617] Gern wird auch auf eine Studie von David Wise und Rodney Anderson von der kalifornischen Stanford University verwiesen, die »The Work« als »weltweit beste kognitive Therapie« einstufe. Ein Beweis für eine Wirksamkeit ist auch das nicht: Zum einen reicht eine Studie nicht aus, zum anderen hatte ich anhand der »Charakterstudie« der Positiven Psychologen von der Universität Zürich gezeigt, wie sich gerade bei evaluativen Untersuchungen durch die Art der Fragestellung und Auswertung Ergebnisse erheblich beeinflussen lassen. Fast wie ein Haftungsausschluss liest sich denn auch ein fettgedruckter rechtlicher Hinweis für die »The-Work« bzw. »IBSR«-Probanden der Universität Mannheim: Die Methode sei KEINE therapeutische Maßnahme, sondern lediglich eine »pädagogisch-psychologische Fragetechnik«…

## Unternehmen und ehrenamtliche Initiativen

Der Verweis der Mannheimer Psychologen auf die »erfolgreiche Anwendung in der Wirtschaft« bestätigt sich beim Blick ins Internet: Eine Reihe von Unternehmen, namentlich solche im Personalentwicklungsbereich, weisen auf ihren Homepages Kompetenzen in Byron Katies Methodik aus. Ein paar Beispiele: Zertifizierte vtw-Coach ist z.B. die Verkaufstrainerin Simone Gerber, auf deren Referenzliste mehrere namhafte Automobilhersteller

617 Für bundesweites Aufsehen sorgte 2012 eine Masterarbeit am Institut für Komplementärmedizin der Universität Frankfurt/Oder, die »untersuchen« wollte, inwieweit der Aufenthalt in einem sogenannten »Kozyrev-Spiegel« die »Wahrscheinlichkeit des Empfangs von Informationen des Universums« erhöht. Vgl. Peter Conrad: Der Kozyrev-Spiegel in der Praxis. Masterarbeit, angenommen vom Institut für Transkulturelle Gesundheitswissenschaften/Komplementäre Medizin der Europa-Universität Viadrina in Frankfurt/Oder. Vgl. auch: Zu tief in die Röhre geschaut. Esoterik an der Uni Viadrina, in: *Süddeutsche Zeitung* vom 12.6.2012 und *Zwischen Esoterik und Wissenschaft. Streit um Alternativmedizin an der Uni Frankfurt/Oder*, Deutschlandfunk vom 8.4.2013.

stehen.[618] Ebenfalls »The-Work«-Coachs sind die Mitarbeiter am Berliner »Institut für Angewandte Positive Psychologie«, dessen Kundenliste zahlreiche bekannte öffentliche und private Unternehmen umfasst, vom Bahnhersteller Bombardier über das Deutsche Rote Kreuz, die Bundeagentur für Arbeit, die Brandenburgische Landwirtschaftsakademie bis hin zu diversen Pflegediensten.[619] Auch die »Schönfeld-Unternehmensberatung für Organisationsentwicklung« wirbt auf ihrer Website damit, dass einer ihrer Mitarbeiter bereits zweimal Byron Katies »School of The Work« in Kalifornien absolviert habe. »The Work« sei »ein wirkungsvolles Instrument [...] bei belastenden Themen, in Teamprozessen sowie in der Führungskräfteentwicklung durch Persönlichkeitsentwicklung.«[620] Zu den Organisationen, Kunden und Unternehmen, die mit Schönfeld kooperieren, zählen laut Webseite Universitäten, Jobcenter, Kommunalverwaltungen, Wohnungsbaugesellschaften und Weiterbildungsinstitute.[621]

Nicht nur in der bezahlten Arbeit in Unternehmen, auch im Ehrenamt spielen Coachings zunehmend eine Rolle. »The Work«-Coachs berichten auf ihren Homepages häufig von ehrenamtlichem Engagement, in der Sterbehilfe, in der Kriseninterventon oder in der Flüchtlingsarbeit. Bei Sommerfesten ehrenamtlicher Initiativen kann man zuweilen auf Vorträge und Werbestände für die Methode stoßen. Es ist immer bewundernswert und unbedingt zu würdigen, wenn Menschen sich in dieser Weise für andere einsetzen. Beim Ehrenamt und den mit seiner Hilfe geschaffenen Angeboten handelt es sich zudem um freiwillige Veranstaltungen. Dennoch ist zu bedenken, dass diejenigen, an die sich die Angebote richten, oft in prekären Lebenslagen stecken, in denen sie für jede Zuwendung dankbar sind und daher nicht immer über die Souveränität verfügen, die ihnen unterbreiteten Hilfsmethoden zu durchschauen und dann selbstbestimmt daraus zu wählen. Unbehagen löst zum Beispiel der Umstand aus, dass »The Work« vereinzelt auch in Projekten gegen Fremdenfeindlichkeit auftaucht. Angenommen, jemand wird wegen seiner Herkunft Opfer rechtsradikaler Bedrohung, dann sähe eine »The Work«-Intervention ungefähr folgendermaßen aus:

*Frage des »The Work«-Arbeitsblatts:* Wer oder was belastet dich?
*Antwort des Klienten:* Es belastest mich, dass ich rassistisch beleidigt und bedroht werde.

618 www.coaching-im-verkauf.de/cms/zeigeBereich/6/referenzen.html.
619 www.ifapp.de/inhouse/referenzen.html.
620 http://www.schoenfeld-unternehmensberatung.de/news/the-work-byron-katie.html.
621 www.schoenfeld-unternehmensberatung.de/referenzen/oeffentlicher-dienst.html; www.schoenfeld-unternehmensberatung.de/referenzen/hochschulen-und-private-akademien.html.

*»Überprüfung« des belastenden »Gedankens«* :

1. Ist das wahr? (dass du rassistisch beleidigt und bedroht wirst)?
2. Kannst du wirklich hundertprozentig und mit völliger Absolutheit sicher wissen, dass das wahr ist?
3. Wie reagierst du / Wie behandelst du dich selbst, wenn du den Gedanken glaubst, dass du rassistisch beleidigt und bedroht wirst?
4. Wer wärst du ohne den Gedanken/die Geschichte »Ich werde rassistisch beleidigt und bedroht«?

Die »Umkehrungen« müssten gemäß der »The Work«-Anleitung (»da, wo du den Namen eines anderen hingeschrieben hast, setzt du dich selbst ein«) heißen:

»Glaubenssatz«: Rechtsextremisten beleidigen und bedrohen mich
→ Umkehrung 1: Ich beleidige und bedrohe mich
→ Umkehrung 2: Ich beleidige und bedrohe Rechtsextremisten.

Anschließend müsste das Opfer je drei Beispiele finden, die zeigen, dass die Umkehrungen »wahr« sind. Die »Umkehrung Nummer 6« (aus »Ich will nie wieder...« wird: »Ich freue ich mich darauf...«) müsste lauten: *Ich freue mich darauf, von Rechtsextremisten beleidigt und bedroht zu werden.*

Im Netz gibt es tatsächlich ein Video, in dem Byron Katie eine schwarze Frau, deren Kinder mutmaßlich wegen ihrer Hautfarbe geschlagen wurden, dazu bringt, zu »erkennen«, dass die Existenz von Rassismus nur ein »ungeprüfter Gedanke« sei.[622]

## Kirchen

Die Position der Kirchen zur Coachingbranche im Allgemeinen und zu »The Work« im Speziellen darf indifferent genannt werden. Einerseits stehen zentrale Aspekte von Byron Katies Lehre – die absolute Selbstverantwortlichkeit des Einzelnen, die Behauptung, die Wirklichkeit sei immer gut, die Leugnung der Existenz von Opfern und die damit einhergehende Verharmlosung von Gewalt – in unvereinbarem Gegensatz zu Grundlinien christlichen Fühlens, Denkens und Handelns. Entsprechend kritisch sehen kirchliche Sektenbeobachtungsstellen Byron Katies »kurzen Weg zur Freiheit.«[623] Die Erzdiözese München verweist auf das »esoterische, pseudowissenschaftliche und sozialdarwinis-

622 Vgl. www.thework.com/en/resources/videos/racism%R2%80%94-work-byron-katie, www.blacktalkradionetwork.com/thecontextofwhitesupremacy/, www.facebook.com/RWSWJ/posts/680641711962688. www.forum.culteducation.com/read.php?4,9147,page=37.

623 *Materialdienst. Zeitschrift für Religions- und Weltanschauungsfragen*, 66. Jahrgang, Heft 10/03, S. 369.

tische Menschenbild« hinter der Methode.[624] Trotz solcher Warnungen hat »The Work« es jedoch geschafft, sich in erheblichem Umfang den Weg in kirchliche Bildungsangebote zu ebnen. So tauchten wiederholt Seminare im Fortbildungskalender der Pädagogischen Hochschule der Erzdiözese Wien auf.[625] Auch in der Katholischen Erwachsenenbildung stößt man immer wieder auf Angebote zur »Einstellungsänderung« durch »The Work«, so etwa in den katholischen Bildungswerken von Rottweil, Reutlingen und dem Zollernalbkreis. Das Familienerholungswerk der Diözese Rottenburg-Stuttgart offeriert ein- und zweiwöchige Intensivkurse in Byron Katies Coachingtechnik.[626] Bei der ökumenischen Initiative »Pilgern für die Einheit der Christen« gehörte sie sogar schon zum Marschgepäck: Anlässlich einer Wanderung vom Büchenberg zum Kloster Kreuzberg 2011 gab es »neben Kaffee und Kuchen [...] ›The Work‹ [...] Eine ausgezeichnete Übung [...], mit der man jede Projektion auflösen kann.«[627] Auf evangelischer Seite setzt sich das Bild fort: Die Evangelische Studierendengemeinde Tübingen bot mehrfach Gesprächsabende zu Byron Katies Buch *Wer wäre ich ohne mein Drama?* an.[628] Als »genialen Weg zu Selbsterkenntnis und persönlicher Wahrheit« preist die Evangelische Familienbildungsstätte Salzgitter Byron Katies Methodik.[629] »Mut zum Neubeginn mit The Work of Byron Katie« möchte die »Kirche der Stille« der Evangelisch-Lutherischen Kirchengemeinde Altona Ost ihren Gläubigen machen.[630] »Stressmanagement mit den vier einfachen Fragen von The Work« kann man auch in einem ganztägigen Workshop der Familienbildung Eppendorf erlernen: *Ein Gedanke, der weh tut, ist nicht wahr!* verkündet dazu das Programm der Evangelisch-Lutherischen Kirche in Norddeutschland. Mitzubringen seien Socken und eine Decke.[631] »Mit The Work können wir die Gedanken identifizieren, die die Ursache für unsere Leiden sind«, schließt sich die Hamburger Diakonie mit einer zweitägigen Byron-Katie-Schulung an.[632] »Willst du Recht haben oder glücklich sein?«, lautet der Titel eines zweitägigen Byron-Katie-Seminars des Evangelischen Bildungswerks Bremen vom März 2018. »The Work«-Coachs

624 www.weltanschauungsfragen.de/informationen/informationen-a-z/informationen-b/betz/
625 Vgl. Kirchliche Pädagogische Hochschule Wien/Krems: *Fortbildung Religion Erzdiözese Wien.* Journal 2015/16, S. 12.
626 www.familienerholungswerk.de/angebote/detail/datum/2016/12/19/kurs-the-work-of-byron-katie-248/.
627 https://pilgernfuerdieeinheitderchristen.wordpress.com/tag/the-work-byron-katie/.
628 So z.B. am 29.05. und 19.06.2017. Vgl. http://esg-tuebingen.de/gespraech.
629 Das Angebot ist momentan nicht verfügbar, ein Screenshot liegt vor.
630 http://kirche-der-stille.de/2016/10/mut-zum-neubeginn-mit-the-work-von-byron-katie/.
631 Vgl. *Nordkirchen-Mitteilungen*, Ausgabe April 2016, hg. von der Evangelisch-Lutherischen Kirche in Norddeutschland, Kiel 2016, S. 121.
632 http://diakonieundbildung.de/nc/start/veranstaltungen/veranstaltungsdetails/details/frieden-erleben-durch-freiheit-von-den-gedanken-the-work-nach-byron-katie/.

sind auch in der Supervision der Diakonie Württemberg unterwegs.[633] »Wer sich in Gedanken an der Wirklichkeit reibt und sie ablehnt, bereitet sich Stress«, erklärt schließlich Pfarrer Michael Seibt, der »The Work« am Evangelischen Bildungszentrum Haus Birkach in Stuttgart anbietet. Belastende Gedanken seien daher durch »Umkehrungen« aufzulösen.[634] Für einen protestantischen Pfarrer eine erstaunliche Position. Denn seine eigene Kirche existiert nur deswegen, weil sich vor genau 500 Jahren ein gewisser Martin Luther massiv an der Wirklichkeit unter anderem des Ablasshandels rieb, seine ablehnenden Gedanken dazu aber nicht »umkehrte« und »auflöste«, sondern in Form von 95 Thesen an die Tür der Wittenberger Schlosskirche schlug – was ihm in der Tat Stress einbrachte, aber die Wirklichkeit Europas und der Welt in einer Weise veränderte, die er wohl selbst nie für möglich gehalten hätte. Und dass diese Schlosskirche heute in einem wiedervereinigten, demokratischen Deutschland steht und das Jubiläum der Reformation 2017 dort in Frieden, Freiheit und ohne Angst begangen werden konnte, hat unter anderem damit zu tun, dass sich vor gut einem Vierteljahrhundert Christinnen und Christen in Wittenberg, Leipzig, Berlin und vielen weiteren Regionen Ostdeutschlands »den Stress bereiteten«, die herrschende Wirklichkeit aus Einparteien-Diktatur, Mauer, Stasi-Repression, Verfall von Städten und Raubbau an der Umwelt in Gedanken, Worten und Taten abzulehnen und sich offen mit ihr anzulegen.

### Gesundheitswesen

Die Verbreitung von Byron Katies Methode im Gesundheitswesen lässt sich schwer abschätzen. Internetrecherchen stützen einerseits den Befund, dass ein großflächiges Vordringen hier bisher vermieden werden konnte. In Einzelfällen lässt sich »The Work« in allgemeinärztlichen Praxen nachweisen, meist mit homöopathischem und naturheilkundlichem Schwerpunkt, im Zusatzangebot mancher Physiotherapiepraxen, in psychosomatischen Kliniken sowie bei Heilpraktikern.[635] Anzutreffen ist die Methode ferner in der Gesundheitsprävention[636], in manchen Yogapraxen und im Wellness- und Kosmetikbereich.

633 www.diakonie-wuerttemberg.de/aus-und-fortbildung/supervision-und-coaching/supervisorenscuhe/supervisoren-detailansicht/.

634 Vgl. das Programm 2016/17 des Evangelischen Bildungszentrums Haus Birkach in Stuttgart. www.hausbirkach.de.

635 Bei Youtube existieren mehrere von einer Heilpraktikerin hochgeladene Videos, die eine Wirksamkeit der Methode bei Magersucht belegen sollen. Vgl. www.youtube.com/watch?v=9AdN6UUbAwg.

636 Vgl. z. B. den Präventionsatlas Berlin-Brandenburg: Prävention und Gesundheitsförderung in Berlin und Brandenburg, Berlin, hg. von HealthCapital Berlin Brandenburg – Netzwerk Gesundheitswirtschaft: Berlin 2011, S. 54.

Bedenkt man allerdings, dass in den USA »The Work« teilweise bereits in Krankenhäusern eingesetzt wird, ist davon auszugehen, dass Byron-Katie-Anhänger auch bei uns verstärkt an Kliniken, psychosomatische Zentren, Reha-Einrichtungen oder Hospize mit einer entsprechenden Lobbyarbeit herantreten könnten. Auf der Homepage des Dachverbandes vtw berichten Coachs, dass sie die Methode im Kontext ihrer hauptberuflichen Tätigkeit als Gesundheitstrainer in die betriebliche Vorsorge von Unternehmen einbrächten. Solange ein solcher Einsatz auf ausdrücklichen eigenen Wunsch eines Beschäftigten oder Patienten erfolgt – vergleichbar etwa der Inanspruchnahme einer persönlichen seelsorgerischen Betreuung – wäre dagegen noch nichts einzuwenden. Genau hier liegt aber das Problem: »The Work« wird fälschlich als neutrales psychologisches Verfahren präsentiert und nicht als das, was es in Wahrheit ist – nämlich ein klar weltanschaulich gebundenes Glaubens- und Wertesystem mit massiven esoterischen Elementen. Wir haben gesehen, welch fatale Kognitionsmuster durch die hochsuggestive »The Work«-Technik erzeugt werden können, etwa wenn Krebspatienten dazu gebracht werden, sich Metastasen zu wünschen oder sich selbst die Verantwortung für ihre körperliche Entstellung zuzuweisen. Eine Aufklärung von Institutionen und Personal im Gesundheitswesen bezüglich der psychologisch schädlichen und gefährlichen Seiten der »The Work«-Methodik erschiene deshalb angebracht.

# Was zu tun ist gegen den Optimierungszwang

## Müssen wir neue Grundrechte formulieren?

> Wir müssen […] darauf Wert legen, daß wir […] unser kostbarstes Gut, […] unsere Menschen, vor den Beschädigungen des gesellschaftlichen Apparates schützen. Es ist nicht so, daß sich nur unsere Sprache in Kauderwelsch […] zu verwandeln droht. Es ist sogar so, daß viele Begriffe nicht mehr da sind, die unsereinem, als wir aufwuchsen, selbstverständlich waren, z. B. der Begriff der Muße, daß ein Mensch spazieren gehen muß, […] daß ein Mensch imstande sein muß, sich einzuschließen oder isoliert auf eine Bank zu setzen und etwas zu lesen, […] ohne daß er gefragt wird, ob das in Übereinstimmung mit irgendeiner Verpflichtung geschieht […] Es muß […] eine Warnung ausgesprochen werden vor der zu großen Inanspruchnahme des einzelnen und vor dem Ausradieren der Freiheit. – *Arnold Zweig*[637]

> Ich glaube, sehr viele in diesem Land spüren, daß bestimmte […] Verlautbarungen […] der Regierenden […] von Täuschung oder Selbsttäuschung diktiert werden. […] Niemand hat den Mut, […] zu sagen, daß im Computerzeitalter auf Dauer herkömmliche Arbeitsplätze in großer Zahl vernichtet werden. Kein Politiker hat die Weitsicht, aus der Einsicht in diese Tatsache neue Projekte für eine Bürgergesellschaft zu entwerfen, welche die Menschen nicht an ihrer Stellung im Arbeitsprozeß messen […] würde. Das wäre ein großes umwälzendes Programm. Aber von einer Lebenslüge zu zehren, erzeugt […] innere Leere […]. In diese Leere strömen Pseudorettungsideen, […] aggressive Dumpfheiten, gefährliche Vorurteile, gegen die Menschen anfällig sind, die ihrer selbst und ihrer Stellung in der Gesellschaft nicht sicher sein können: Genau dies erleben wir gerade. – *Christa Wolf*[638]

Am Ende meines Buches über das Coaching-Phänomen kann ich festhalten: Anders als gemeinhin angenommen und kommuniziert, sind Coachings meist keine objektiven Veranstaltungen, in denen wertneutrale Kultur- oder Kognitionstechniken vermittelt werden. Weit eher gleichen sie weltanschaulich-ideologischen Schulungen, denen ein dezidiertes Menschenbild zugrunde liegt: Das Bild des unbegrenzten, optimierten Menschen. Eines Menschen, der im Wettbewerb mit den hochgezüchteten, ständig »upgedateten« Systemen da-

637 Zitiert nach KUNZE 1977, S. 53.

638 Christa Wolf: Vom freien Willen gegen Verführung. Rede zum Gedenken an Hermann Sinsheimer, in: Christa Wolf: Der Worte Adernetz. Essays und Reden, Frankfurt am Main 2006, S. 101.

durch mithält, dass er sich selbst permanent »upgraden« und hochzüchten muss. Dieser neue Mensch darf nirgends mehr ankommen, darf keine Bindungen mehr aufbauen, nichts mehr festhalten und kein Bedürfnis nach Sicherheit mehr besitzen. Er muss vielmehr sein wie ein leeres Gefäß, damit jederzeit das an Glaubenssätzen, Werten und Emotionen hineingefüllt werden kann, was seine marktmäßige Verwertbarkeit und Effizienz gerade verlangt. Das in Coachings vermittelte Ideal vom Menschen ist deshalb der heimatlose und entwurzelte Mensch: Ein Mensch ohne Identität und Überzeugung. Alles, was dieser Mensch denkt und tut, selbst im Privaten, muss in Übereinstimmung mit seiner Verpflichtung zur Selbstoptimierung geschehen: Arnold Zweigs einst auf den totalitären Anspruch des Sozialismus gemünzte Warnung vor dem Ausradieren der Freiheit erhält unter dem Vorzeihen des digitalen Kapitalismus eine ganz neue und zwingend aktuelle Dimension: Wer seine Haltungen, sein Denken, sein Glauben und sogar sein Fühlen nach ökonomischer Verfügbarkeit »programmieren« muss, um sozial und materiell nicht ausgeschlossen zu werden, ist definitiv nicht mehr frei. Und wer erst die Charakternorm einer »unternehmerischen« oder »sich selbst managenden Persönlichkeit« erfüllen muss, um seine Grundbedürfnisse decken zu können, ist ebenfalls nicht mehr frei.

Zeichen dieser neuen Unfreiheit sind längst überall zu besichtigen. Wer heute in Universitäten das Gespräch mit jungen Menschen sucht oder ihrer Konversation lauscht, kann eine Generation erleben, deren zentrale Antriebfeder nicht mehr Freiheit, sondern Angst ist. Angst, in den allgegenwärtigen »Rankings« zu weit hinten zu landen; Angst, nicht die nötige »Flexibilität« zu besitzen, um im gnadenlosen Wettbewerb zu bestehen; Angst die »falsche Einstellung« zu haben und deshalb von guter Arbeit ausgeschlossen zu werden; Angst, irgendwann zu denen zu gehören, die aus den sicheren Innenstädten in kriminalitätsbelastete Vorstädte abgeschoben oder unter behördlichem Zwang zur Annahme zugewiesener Arbeit verpflichtet werden. Haltungen wie »Meine Leidenschaft war immer Kunstgeschichte, aber damit ist man wertlos für Unternehmen, da hab' ich lieber Wirtschaftsingenieur genommen« oder »Ich hätte meine Masterarbeit gern über den Abbau von Arbeitnehmerrechten geschrieben, aber mit einem kritischen Thema hat man hinterher keine Chance bei Arbeitgebern, deshalb mach' ich besser was über Aktienrecht« sind nach meiner Beobachtung die Regel, nicht die Ausnahme. Für junge Menschen scheint es heute selbstverständlich, Veränderungsbereitschaft bis zur Selbstaufgabe zu demonstrieren, um die Erwartungen der Marktgesellschaft zu erfüllen und nicht zu den Aussortierten zu gehören: Ausrichten der eigenen Meinung und Weltanschauung nach den Interessen von Unternehmen und Wirtschaft, Umziehen zu jeder Zeit und an jeden Ort, Akzeptanz von Fernbeziehungen, Kontakt zu Freunden nur noch über Facebook und Skype, Verzicht auf regionale Bindungen und ein festes Zuhause. Eine erstaunliche Umdeutung erfährt in diesem Kontext der Begriff der Solidarität. In einem Berliner Café wurde ich Zeuge, wie sich junge Frauen am Nebentisch, offenbar Abiturientinnen, über ihre Berufswünsche unterhielten: BWL, Wirtschaftsinformatik, Unternehmensberaterin. Eine tanzte aus der Reihe, sie wollte Psychologie studieren – worauf sie sich heftiger Kritik ihrer Tischnachbarinnen ausgesetzt sah: Das bringe »ja jetzt nicht gerade die Wirtschaft weiter« und sie verhalte sich mit diesem Berufswunsch »unsolidarisch«, weil sie mit so einem Fach »nicht zum Wachstum beitrage« und wegen der schwierigen Arbeitsmarktlage am Ende »vielleicht noch den anderen auf der Tasche« liege. Solidarisch ist nach diesem neuen Verständnis, wer alle Entscheidungen in seinem Leben nach Maßgabe ökonomischen Nutzens trifft, eigene Träume und Bedürfnisse radikal dahinter zurückstellt, seine Glaubenssätze entsprechend »anpasst« und gegebenenfalls bereit ist, auch auf die Inanspruchnahme verbriefter Grundrechte wie dem der Freiheit der Berufswahl oder der Freizügigkeit zu verzichten. Die Anerkennung als vollwertiges Mitglied der Gesellschaft wird heute nicht mehr, wie einst von unseren Verfassungsvätern im Artikel 1 unmissverständlich festgeschrieben, bedingungslos aus der Menschenwürde abgeleitet, sondern ist an Vorleistungen geknüpft, zu denen Effizienz, ökonomische Verwertbarkeit, Kostenneutralität sowie die »freiwillige« Aufgabe von Menschenrechten zählen, sofern diese die Flexibilität und marktmäßige Verfügbarkeit behindern könnten. Coachings wirken in diesem Prozess der Entdemokratisierung in mehrfacher Hinsicht als Katalysatoren.

## Psychologischer Populismus

*Erstens*: Coachings blenden gesellschaftliche und sozioökonomische Ursachen von Fehlentwicklungen aus und weisen die Verantwortung für die aus der fetischartigen Effizienzideologie resultierenden Verwerfungen einseitig dem Einzelnen zu. Sie suggerieren, dass es für hochkomplexe Problemlagen stets einfache Lösungen gebe und arbeiten dabei mit einem massiv vereinfachten Bild des Menschen und seiner Psyche. Viele Coachingverfahren kann man deshalb als Form eines *Psychologischen Populismus* bezeichnen. Damit zielen sie nicht nur am individuellen Menschen und seinen Bedürfnissen vorbei, sondern verhindern auch das dringend gebotene Nachdenken über eine demokratischere und sozialere Wirtschaftsordnung mit einer gemeinschaftlichen Verantwortung.

*Zweitens*: Fast alle Coachingmethoden greifen Elemente esoterischer Wertesysteme auf und tragen sie in Institutionen, Behörden, das Bildungswesen und Unternehmen. Sie rehabilitieren damit längst überwunden geglaubte sozialdarwinistische Ideen wie den Vorrang des Schnellsten, Stärksten und Flexibelsten. Coachings entlasten den Einzelnen gerade nicht, wie sie so gerne behaupten, sondern erhöhen im Gegenteil den Druck durch ihr Postulat einer angeblichen »Wählbarkeit« unseres Erlebens: Zum allgemeinen Anforderungsdruck der digitalisierten Arbeitswelt kommt so noch ein »emotionaler« Leistungsdruck hinzu, nämlich der Anspruch an das Individuum, auch seinen seelischen Zustand nach Maßgabe ökonomischer Effizienz »zu managen«, sein »psychologisches Kapital« zu steigern und sich unabhängig von äußeren Bedingungen gefälligst »glücklich« zu sein, damit das »Glück« marktmäßig verwertet werden kann. Durch die für esoterische Deutungsmuster typische Leugnung der Existenz von Opfern und die damit verbundene Verharmlosung von Gewalt relativieren Coachings zudem die Ausgrenzungsprozesse, die mit einer radikalen Gewinnmaximierungsökonomie einhergehen. Denn wenn es angeblich keine Opfer in der Welt geben kann, sondern alles, was Menschen widerfährt, »eigenverantwortet« ist, dann muss das auch für Lebenslagen wie Armut, Arbeitslosigkeit oder Obdachlosigkeit gelten. Coachings legitimieren so die heute dominierende Spielart des Kapitalismus, die Papst Franziskus in seiner ersten Enzyklika treffend als »Wirtschaft der Ausschließung« anprangerte.

*Drittens*: Indem Coachings einen ideologisch-programmatischen Optimismus propagieren, der jede Form von »Negativität« pauschal diffamiert, unterminieren sie die Kritikfähigkeit gegenüber der heutigen »Wirtschaft der Ausschließung« und der ihr zugrunde liegenden unbegrenzten Wachstumsideologie. Denn wer angeblich »negative« Wörter wie »nicht« und »aber« aus seinem Wortschatz entfernt, die Wirklichkeit als »immer gut« betrachtet, »zu allem immer ja« sagt und »liebt, was ist, egal was es ist«, wie es viele der verbreiteten Coaching-Verfahren lehren, der kann auch keinen Widerspruch mehr gegen die Aushöhlung demokratischer und sozialer Standards vorbringen. Coachings präsentieren sich so zumindest teilweise als Machtinstrumente eines digitalen Effizienzkapitalismus und als Lernorte postdemokratischen Denkens.

## Die Gedanken sind nicht frei: Bausteine eines neuen Totalitarismus

Und das Ende dieses postdemokratischen Prozesses ist noch nicht erreicht. Ganz kurz soll hier an drei Beispielen eine Ahnung vermittelt werden, was auf uns zukommen könnte, wenn wir nicht anfangen, als Einzelne und als Gesellschaft Kritikfähigkeit gegenüber Optimierungsideologien einzuüben.

### Beispiel 1: »Neuro-Enhancement«

Darunter versteht man die Erhöhung der Hirnleistung durch pharmakologische oder kognitive Interventionen. Während das chemische Hirndoping hierzulande noch verboten ist, werden »natürliche« Maßnahmen zur Potenzsteigerung des Gehirns von Politik, Gesundheitswirtschaft und Bildungsträgern teils offensiv propagiert. Dabei finden eigentlich zur Behandlung von Erkrankungen wie Demenz konzipierte Trainings Anwendung bei Gesunden, um deren Leistung zu maximieren. Die von der FU Berlin, der Berliner Senatsverwaltung für Wirtschaft, Technologie und Forschung und der AOK geförderte Online-Plattform *NeuroNation* etwa stellt Apps für sogenanntes »Gehirnjogging« bereit – und lässt keinen Zweifel daran, dass es dabei um Produktivitätssteigerung geht: »Woran liegt es, das einige Menschen zur Unproduktivität neigen, während andere wahre Arbeitstiere sind? Der Schlüssel zum weniger unproduktiv sein liegt vor allem im Arbeitsgedächtnis.«[639] Um den Status der eigenen Hirnleistung zu kontrollieren, kann der Anwender sie »in Echtzeit« mit der Millionen anderer Gehirne vergleichen. Besonders im Urlaub sei tägliches Gehirnjogging schon während der Anreise unverzichtbar, da sonst nach wenigen Ferientagen der IQ sinke, was die Arbeitsleistung nach Urlaubsende vermindere, warnt die vom Bundesministerium für Gesundheit ausgezeichnete Webseite. »Faulenzer-Urlaub senkt den IQ […] – schon nach wenigen Urlaubstagen. […] Ob noch im Urlaubsflieger oder schon unter Palmen. […] Statt anspruchslosem Nichtstun können kleine NeuroNation-Brainsnacks […] zu einer […] leistungsstarken Rückkehr an den Arbeitsplatz verhelfen.«[640]

### Beispiel 2: »Klarträumen«, auch luzides Träumen genannt

Darunter versteht man das Phänomen, dass manche Menschen die Inhalte ihrer Träume aktiv beeinflussen können.[641] Sie erleben dann Dinge, die im realen Leben nicht oder schwer umsetzbar wären – fliegen, die Eigernordwand besteigen, unter Wasser sein, ohne zu atmen, sexuelle Phantasien ausleben – und dies ihren Berichten zufolge in einer sehr viel realistischeren Dimension als im normalen Schlaftraum. Schlafmediziner gehen davon aus, dass solche Erfahrungen tatsächlich existieren. In der seriösen Forschung ist aber noch umstritten, ob dieses »Klarträumen« von jedem erlernt werden kann oder ob es sich um eine besondere Veranlagung handelt. In der Adaption durch Coachings wird luzides Träumen dagegen bereits vollmundig als für jeden ganz einfach trainierbare Technik kommuniziert: »Eine der fundamentalen Grundannahmen im NLP lautet ›Was ein Mensch erreichen kann, kann prinzipiell jeder erreichen‹«.[642] Der DVNLP-zertifizierte Business-Coach Stefan Dittrich:

639 https://www.neuronation.de/weniger-unproduktiv-sein.

640 http://www.neuronation.de/science/faulenzer-urlaub-senkt-den-iq-%E2%80%93-das-gegenmittel-gibt%E2%80%99s-als-brainsnack-im-app-format.

641 Vgl. https://de.wikipedia.org/wiki/Klartraum. Vgl. außerdem Sophia Münder: Sich ans Ziel träumen. […] Verfolgt uns der Optimierungswahn bis ins Bett?, in: *Neue Zürcher Zeitung* vom 8.10.2014.

642 https://nlp-zentrum-berlin.de/infothek/nlp-psychologie-blog/item/lucides-traeumen.

Stell Dir vor, es gäbe eine virtuelle Realität, in der Du [...] ALLES erleben kannst [...] Du kannst Dich in dieser Welt nicht verletzen, nicht sterben und es gelten nur die Gesetze, die Du selbst machst. Du kannst einfach alles haben [...] Gibt es nicht? – Doch! [...] »Lucid Clear Dream« schließt endlich eine Lücke in unserer Coaching-Praxis [...] Wir müssen uns nicht länger vorstellen, wir würden in unserem Traumauto sitzen oder am perfekten Ort im perfekten Haus mit dem perfekten Partner leben. Wir können es tatsächlich erleben. Die Möglichkeiten sind schier unbegrenzt.[643]

Deutlich wird, was die Coachs am Klarträumen fasziniert: Nicht die Erfahrung als solche, sondern *ihre ökonomische Verwertung*. Der NLP-Blog *Neuro-Programmer* etwa beklagt, dass wir bisher hunderttausende Stunden unseres Lebens unproduktiv »verschliefen«.[644] Auch Coach Stefan Dittrich betont das enorme Optimierungspotential, das sich mit der Erschließung des Schlafs zu Leistungszwecken eröffne. In Wirtschaft und Arbeitswelt werde Klarträumen deshalb schon bald zum Standard gehören: »Im Leistungssport oder in kreativen Berufen werden Klarträume [...] mit ganz erstaunlichem Erfolg angewendet. Wir befinden uns in einer Zeit, in welcher das gesamte kollektive Bewusstsein einen drastischen Wandel durchläuft. In Zukunft wird nichts mehr bleiben wie es ist und so werden [...] Techniken wie das Klarträumen [...] einen Siegeszug auch in der Wirtschaft erleben.«[645]

Ganz in diesem Sinne zeigte sich auch das bis 2014 ausgestrahlte Wissenschaftsmagazin *Planetopia* begeistert, dass es in Deutschland Menschen gebe, die ihren Schlaf nicht zum Ausruhen, sondern zur Leistungsmaximierung nutzten:

Es gibt Menschen, die sind Nacht für Nacht Herr ihrer Träume: Sie können nicht nur bewusst steuern, was sie träumen, sondern können das Geträumte sogar nutzen, um ihre Leistungen beim Sport, im Job oder beim Hobby zu steigern. PLANETOPIA hat Mark Hettmanczyk getroffen. Der ausgebildete Sporttherapeut ist einer von rund 800000 Klarträumern in Deutschland und nutzt die Nacht nicht nur zur Erholung, sondern vor allem zur Leistungssteigerung.[646]

So rückt mit unserem Schlaf einer der ganz wenigen Rückzugsräume des Privaten, die uns noch geblieben waren, in den Fokus der Ökonomisierer.[647] Schlaf und

643 Dittrich 2016, S. 21.
644 www.neuro-programmer.de/weitere-methoden/luzides-traeumen-2/.
645 Dittrich 2016, S. 171.
646 www.planetopia.de/archiv/news-details/datum/2013/08/05/erfolg-im-schlaf-leistungssteigerung-durch-bewusst-gesteuert-traeume.html.
647 Vgl. hierzu Adrian Lobe: Schläfst du noch, oder arbeitest du schon?, in: *Der Tagesspiegel* vom 10.4.2016.

Träume, das kann man ohne Übertreibung sagen, sind das Geheimnisvollste eines Menschen überhaupt, intimer noch fast als Sexualität. Aber selbst die ebenso intimen kleinen und großen Rituale, mit denen wir unseren Schlaf umrahmen, die Art also, wie wir abends ins Bett gehen oder morgens aufstehen, bleiben nicht verschont vom Zugriff der Verwerter. Im *Tagesspiegel* erschien unlängst ein Auszug aus dem Selbstmanagement-Beststeller *Mircale Morning* des Amerikaners *Hal Elrod*.[648] Elrod vertritt die These, dass das Gelingen oder Misslingen eines Lebens letztlich nur von einem Faktor abhänge: Davon, wie wir morgens aufstünden. An jedem Morgen befänden wir uns vor der Herausforderung, unsere »Mittelmäßigkeit« zu überwinden und endlich »das Leben zu erschaffen, das man wirklich will – ein Leben [...] ohne Grenzen.«[649] Entscheidend sei dabei *die innere Haltung* zum Frühaufstehen: Sie müsse von *Begeisterung* getragen sein. Das natürliche und menschliche Gefühl, lieber noch im Bett bleiben zu wollen, wenn der Wecker um 5 klingelt, sei durch systematisches Training auszuschalten. Elrod spricht vom »Aufsteh-Motivations-Niveau«, kurz »AMN«, dessen »Level« durch die minutiöse Durchorganisation des Morgenablaufs – den »Miracle Morning« – gesteigert werden könne. Jede Handlung, jeder Gedanke und jedes Gefühl müsse kontrolliert werden. Für die Erhöhung des »AMN« formuliert Elrod eine täglich zu lesende »Morgen-Affirmation«:

> Ich werde mich nicht länger mit dem begnügen, was unterhalb des Niveaus von Erfolg [...] liegt, zu dem ich tatsächlich fähig bin [...]. Tatsächlich habe ich eine Verantwortung, [...] ein Beispiel für meine Umgebung zu sein. [...] So kann ich die eigenverantwortliche, erfolgreiche Person werden, von der ich weiß, dass ich sie sein kann. [...] Unterschrift, Datum[650]

Weil für das begeisterte Frühaufstehen auch die Stimmungen am Vorabend eine Rolle spielen, sei in derselben Weise auch das Zubettgehen mit einer »Abend-Affirmation« auszurichten:

> Die Wahrheit ist [...], dass [...] ich [...] nur so viel Schlaf benötige, wie ich mir selber sage [...]. Viele der erfolgreichsten Menschen [...] konnten mit 4 bis 6 Stunden Schlaf optimale Ergebnisse erreichen. Ich kann es mir nicht erlauben, dem Irrglauben zu verfallen, dass mehr Schlaf mein Leben auch nur im Geringsten verbessern wird. [...] Ich kann es nicht länger akzeptieren, weniger als mein Bestes von mir zu bekommen. [...] Unabhängig davon, wie lange es dauert bis ich eingeschlafen bin, wovon ich träume, wie müde oder überwältigt

648 Hal Elrod: Miracle Morning. Vgl. https://www.pressreader.com/germany/der-tagesspiegel/20161001/282553017732302.

649 Ebd.

650 Vgl. https://www.leb-dich-fit.de/morgenaffirmation/.

> ich mich jetzt oder wenn ich aufwache fühle, werde [ich] [...] voller Energie aufstehen, um das außerordentlichste Leben, das ich mir vorstellen kann [...] zu erschaffen. [...] Unterschrift, Datum[651]

Unverkennbar sticht hier noch einmal die allen Coachingideologien innewohnende calvinistisch-ersatzreligiöse Komponente hervor. Was aber am meisten erschreckt, ist, wie hier ein eindimensionales und damit auch geistig verarmtes ökonomisches Wachstumsdenken schamlos in unseren allerpersönlichsten Raum, unser Schlafzimmer, einbricht. Aber der Effizienztotalitarismus der Menschenoptimierer kennt nichts Persönliches, Privates, er kennt keine Grenze des Respekts, sondern er hat den Anspruch, dass ihm alles, *ausnahmslos alles*, zu gehören, zu gehorchen und gefügig zu sein hat. Dass eine renommierte und zu Recht geschätzte große Tageszeitung mit intellektuellem Anspruch wie der *Tagesspiegel* den platt-ideologischen Thesen Elrods ohne kritische Kommentierung eine ganze Seite zur Selbstdarstellung einräumt, unterstreicht indes noch einmal, wie weit radikales Optimierungsdenken – nicht zuletzt über das Vehikel des Coachings – bereits in die Mitte der Gesellschaft vorgerückt ist.

### Beispiel 3: »Cyborgs«

Hier handelt es sich um den Einsatz technischer Interventionen, die eigentlich zum Ausgleich von Defiziten Erkrankter gedacht sind – z. B. Implantate mit Mikrochips, die Nerven stimulieren oder Muskeln bewegen – bei Gesunden, um deren Leistung über das natürliche Maß zu steigern. Auch dieses Phänomen hat das Stadium bloßer Science Fiction verlassen. Für Aufsehen sorgte etwa die Ankündigung eines Internetkonzerns, Technologien zu entwickeln, mit denen die Kunden künftig über ihre Hirnströme durchs Web surfen sollen. In vielen Städten haben sich zudem Cyborg-Vereine gebildet, deren Mitglieder sich freiwillig Chips einpflanzen[652], um die Entstehung eines neuen »digitalen« Menschentypus aktiv voranzutreiben. Im Karrieremagazin der Wirtschaftsprüfungsgesellschaft KPMG wirbt der Coach Patrick Kramer offensiv für die Schaffung dieses neuen Menschen:

> Höher, schneller, weiter – digitale Implantate geben dem menschlichen Körper neue Fähigkeiten und der Mensch wird dabei selbst immer mehr zu einem digitalen Wesen. [...] Genauso wie wir heute die Leistungsfähigkeit unserer

651 Vgl. https://www.leb-dich-fit.de/abendaffirmation/.

652 Vgl. Thomas Jüngling: Das Zeitalter der Maschinen-Menschen hat begonnen, in: *Die Welt* vom 12.6.2014. https://www.welt.de/wirtschaft/webwelt/article128842469/Das-Zeitalter-der-Maschinen-Menschen-hat-begonnen.html.

> Smartphones […] 10 000-fach steigern können, werden wir die Leistungsfähigkeit unserer Gehirne […] vergrößern. […] Die Anwendungen sind grenzenlos. Diese technischen Möglichkeiten werden die Menschheit in ihrer jetzigen Form völlig verändern. […] Meine Frau und ich sind jedenfalls bereit.[653]

Immerhin hielt es KPMG für nötig, darauf zu verweisen, dass es sich um einen Gastbeitrag handele, der nicht unbedingt die Meinung der KPMG wiedergebe. Dass Visionen einer solchen Hybris aber überhaupt im Magazin einer sich selbst seriös verstehenden Unternehmensberatung auftauchen, ist ebenfalls ein Indiz für die fortgeschrittene Durchdringung der Gesellschaft mit der Idee des optimierten (Über-)Menschen.

Das ist beunruhigend, ja alarmierend. Denn was in allen drei Beispielen aufscheint, sind die Bausteine einer neuen Form des Totalitarismus: Eines Effizienztotalitarismus, der sich am menschlichen Maß vergreift – und der irgendwann auch politisch gefährlich werden könnte: Es gehört nicht viel Phantasie dazu, sich auszumalen, dass Menschen mit einer angeblich tausendfach gesteigerten Hirnleistung sich als eine Art »Avantgarde« verstehen und daraus auch einen politischen Führungsanspruch ableiten könnten. Dann droht jene digitale Diktatur, vor der der israelische Historiker Yuval Noah Harari in seinem Buch *Homo Deus* eindringlich warnt.[654] »Die Gedanken sind frei« – so lautet die erste Zeile des berühmten gleichnamigen Liedes, das seit 1800 alle Vorkämpfer für Freiheit, Demokratie und Menschenrechte in Deutschland auch durch die dunkelsten Abschnitte unserer Geschichte begleitet hat – und schließlich 1949 für den Westteil und 1989 für ganz Deutschland Wirklichkeit wurde. Wenn wir nicht aufpassen, riskieren wir, dieses von Generationen unter Einsatz ihres Lebens erkämpfte unendlich kostbare Gut wieder zu verspielen und unsere Freiheit bedenkenlos auf dem Altar eines armseligen Wettbewerbs- und Technologiefetischismus zu opfern.

653 Patrick Kramer: Die Digitalisierung des Menschen, in: KPMG Wirtschaftsprüfungsgesellschaft (Hg.): perspektiv: wechsel. Das Karrieremagazin. Ausgabe #4/Sommersemester 2017: Werte leben. Innovationen schaffen, S. 18.

654 Yuval Noah Harari: Homo Deus. Eine Geschichte von Morgen, München 2017. – Vgl. auch: Adrian Lobe: Ist die Menschheit bald am Ende… oder braucht es eine neue humane Erzählung? Der israelische Historiker Yuval Noah Harari entwirft in »Homo Deus« eine düstere Vision des Technologiezeitalters, in: *Die Zeit* vom 10.4.2017.

# Wider die Optimierung des Menschen – Plädoyer für ein neues Grundrecht

Ist unsere Lage also hoffnungslos? Gehört unsere zivile und liberale Demokratie mit menschlichem Antlitz, auf deren Aufbau wir nach den Abgründen an Unmenschlichkeit des 20. Jahrhunderts in Deutschland so stolz waren, einem zu Ende gehenden Zeitalter an? Wird unser humanistisches Menschenbild, das seit zwei Jahrtausenden unsere Auffassung vom Zusammenleben geprägt hat, bald vom Bild eines digitalen Maschinenmenschen abgelöst, dessen Stellung nicht mehr in der Idee seiner unantastbaren Würde, sondern in seiner Optimierungsbereitschaft gründet? Oder gibt es eine Möglichkeit, unsere Überzeugung vom Wert jedes Einzelnen unabhängig von seiner Leistung zu verteidigen?

Die gute Nachricht lautet: Es gibt sie! Denn in einer Einschätzung haben die Selbstmanagement- und Optimierungsstrategen vermutlich recht: 95 Prozent aller Menschen, so beklagt etwa Coach Elrod, wollten nicht das Maximale aus sich herausholen, sondern gäben sich »mit weit weniger« zufrieden. Ob es 95 Prozent sind, sei dahingestellt. Aber dass es die große Mehrheit ist, die *nicht* jenes »grenzenlose« Leben will, das NLP, Positive Psychologie und andere Coachingideologien für uns entworfen haben, ohne uns je nach unseren eigenen Vorstellungen vom Glück zu fragen, steht außer Frage. Die Mehrheit will auch im 21. Jahrhundert eine Gesellschaft, *in der der Mensch Mensch bleiben darf.* Und das bedeutet eine Gesellschaft, in der wir offen auch zu unseren Eigenheiten und Grenzen stehen dürfen – ohne Angst, deshalb ausgeschlossen zu werden. Es bedeutet eine Gesellschaft, in der man ebenso Skeptiker, Pessimist wie Optimist sein darf – ohne Angst, wegen der »falschen« Einstellung keine Arbeit oder keine Freunde mehr zu finden. Es heißt eine Gesellschaft, in der das Private – auch digital – privat und unsere Gedanken frei bleiben. Es heißt eine Gesellschaft, in der wir weiterhin selbst bestimmen, was wir in unseren Ferien oder in der Mittagspause tun, mit welchen Gefühlen wir abends zu Bett gehen und morgens aufstehen – ohne Angst, bei der nächsten Kündigungswelle aussortiert zu werden, weil wir unseren Schlaf oder Urlaub zur Erholung statt zur Effizienzsteigerung genutzt haben. Es heißt eine Gesellschaft, in der wir Wurzeln schlagen und Beziehungen aufbauen dürfen – zu Menschen, Städten, Landschaften, Regionen – und in der wir uns auch für diese Bindungen und gegen unbegrenzte Flexibilität entscheiden dürfen – ohne Angst, als Preis dafür in Mülleimern nach Flaschen suchen zu müssen. Es heißt eine Gesellschaft, in der wir furchtlos bekennen dürfen, dass wir etwas nicht schaffen oder können. Eine Gesellschaft, in der wir furchtlos den Satz »Ich bin nur ein Mensch« aussprechen dürfen – und das Befreiende dieses Satzes wiederentdecken. Es heißt schließlich eine Gesellschaft, in der »Du Opfer!« kein Schimpfwort mehr ist, sondern Menschen ihre Verletzlichkeit zeigen und sich ihrer Narben oder ihrer Trauer nicht mehr schämen müssen.

*Und weil wir, die wir diese Gesellschaft wollen, in der auch im 21. Jahrhundert das menschliche Maß das Maß der Dinge bleibt, in der Mehrheit sind, haben wir die Macht.* Wir haben die Macht, den Siegeszug der Selbstmanagementideologien zu stoppen. Allerdings verhält es sich ein bisschen wie mit dem Klimawandel: Wir haben vermutlich nicht unbegrenzt Zeit, die notwendigen Pflöcke einzuschlagen, um unsere humanistischen und demokratischen Werte sturmfest zu machen gegen den Angriff einer »Herrschaft der Optimierten«. Ohne Anspruch auf Vollständigkeit zu erheben, muss es dabei meines Erachtens um drei Pflöcke gehen:

Der Einfluss von Denkschulen, in denen die Mär von der Unbegrenztheit des Menschen verbreitet und die permanente Anpassung des Einzelnen an Wachstum, Digitalisierung und Beschleunigung propagiert wird, muss begrenzt werden. Das bedeutet, dass insbesondere das Instrument des Coachings als wesentliches Transportmittel für Optimierungsideologien aus systemrelevanten Bereichen wie Bildung, Weiterbildung und Personalentwicklung wieder zurückgedrängt werden muss. Das erste Gebot heißt dabei *Aufklärung*: Es braucht mehr Wissen und mehr kritisches Bewusstsein. Beim Einzelnen, der es wieder wagen sollte, sich seines eigenen Verstandes ohne die Leitung eines Coachs zu bedienen. Und bei Personalern, Unternehmensleitungen, Behörden Gewerkschaften, Schulen, Universitäten, NGOs und Kirchen, dort also, wo über den Einsatz von Coachings entschieden wird. Vielen – übrigens auch manchen Coachs selbst – sind die esoterischen und demokratiefeindlichen Wertesysteme hinter gängigen Coachingverfahren gar nicht bewusst. Eine kritische Auseinandersetzung damit sollte auch Eingang in die Lehrpläne von Schulen finden. Denn wir brauchen eine junge Generation, die nicht zuerst danach fragt, was Markt und Wettbewerb von ihr erwarten, sondern zuerst danach, was Demokratie und Zivilgesellschaft fordern. Auch das Recht könnte bei der Zurückweisung von Optimierungsideologien eine konstruktive Rolle spielen. Wenn sich Gerichte im Zuge von Auseinandersetzungen um unfreiwillige – z. B. vom Arbeitgeber oder Jobcenter angeordnete – Coachings der Auffassung anschlössen, dass es sich bei solchen Mentaltrainings nicht um neutrale Veranstaltungen handelt, sondern um Schulungen, in denen »beliefs« vermittelt werden, also letztlich weltanschauliche Positionen – dann gäbe es über das Grundrecht der (negativen) Glaubensfreiheit eine Handhabe, Coachings als Instrument der Personalentwicklung einzuschränken: Führungskräfte, abhängig Beschäftigte wie auch Transferleistungsbezieher könnten dann nicht zu einer Teilnahme verpflichtet und im Falle einer Verweigerung nicht sanktioniert werden.

Um unseren zentralen Grundwert der Freiheit auch in Zukunft zu sichern, müssen dringend Konzepte entwickelt werden, die den individuellen Menschen aus dem Wettbewerb und den marktökonomischen Prozessen herausnehmen. Wettbewerb und ökonomisches Denken sind eine gute Sache, die Wohlstand gebracht hat und weiter Wohlstand bringen kann – solange sie strikt auf Sachen und die Herstellung materieller Güter beschränkt bleiben, also etwa auf die Entwicklung von Elektroautos, sparsamen Lokomotiven, modernen Waschmaschinen oder neuen Umwelttechnologien. Wenn es um soziale Werte wie Wohnen, Bildung, Kultur oder Gesundheit geht, wird die Ausrichtung an wirtschaftlichen Kriterien dagegen schon sehr viel zwiespältiger. Endgültig destruktiv und menschenfeindlich wird sie, wenn sie den Menschen selbst zur zu verkaufenden Sache und sogar seine Seele und sein Gefühlsleben zum zu vermarktenden »Psychologischen Kapitel« degradiert. Wenn der Mensch seine eigene Persönlichkeit erst »wettbewerbsgerecht« transformieren und seine Anschauungen und Empfindungen nach ökonomischen Erfordernissen »programmieren« muss, um die grundlegenden Bedürfnisse einer würdigen Existenz zu decken – dann ist das das endgültige Ende der Freiheit und jeder freien Gesellschaft, dann sind sämtliche Grundrechte in akuter Gefahr, dann hat der Staat nicht mehr eine Ökonomie, sondern die Ökonomie hat den Staat. Um es in ein plastisches Bild zu gießen: Wenn ich heute irgendwo eine schwangere Frau sehe, dann macht mich dieser Anblick paradoxerweise oft traurig. Und zwar deshalb, weil ich daran denken muss, dass dieses kleine Wesen, das sich da im Mutterleib abzeichnet, im Grunde schon jetzt den Märkten gehört: Denn die Märkte werden einst darüber bestimmen, welchen Beruf es erlernen muss, um nicht von Teilhabe ausgeschlossen zu werden; die Märkte werden darüber entscheiden, an welchem Ort es zu leben hat und ob es überhaupt ein festes Zuhause haben darf oder wie ein Gegenstand stetig von einem Ort zum anderen verfrachtet wird, wo es gerade mal einen Job gibt; die Märkte werden so auch über die Gestaltung seiner Beziehungen bestimmen. Ja die Märkte werden ihm sogar vorgeben, wie es zu denken hat und welche Gefühle es sich erlauben darf und welche es unterdrücken muss, wenn es nicht im Abseits landen will. Dieses kleine Kind im Bauch seiner schwangeren Mutter wird niemals die Freiheit schmecken, sein ganzes Leben nicht; es weiß es nur noch nicht. Eine deprimierende, niederschmetternde Erkenntnis – und ein Verrat an allem, woran wir als Demokraten eigentlich glauben. Es sei denn, wir fangen endlich an, etwas zu ändern und den Primat des Politischen gegen das Ökonomische zurückzuerobern. Denn das Konzept der Freiheit, das ist die Lektion, die heutige Liberale meist vergessen habe, ist in einer hochdifferenzierten arbeitsteiligen Industriegesellschaft ohne eine voraussetzungslose, von jeder ökonomischen Verwertbarkeit unabhängigen sozialen und materiellen Mindestbasis nicht darstellbar.

Brauchbare Vorschläge, wie diese Mindestbasis und damit die Freiheit auch unter künftigen Bedingungen zu sichern ist, wie also eine Herausnahme des individuellen Menschen aus der zerstörerischen Spirale von Wettbewerb und (Selbst-)Optimierung gelingen könnte, liegen seit geraumer Zeit auf dem Tisch und werden jenseits der politischen Parteien bereits lebhaft diskutiert. Am prominentesten ist zweifellos das Konzept eines bedingungslosen Grundeinkommens, das immer mehr Anhänger findet, auch in der Wirtschaft.[655] Bei einer Volksabstimmung in der Schweiz 2016 stimmten immerhin bereits 25 Prozent dafür, in Deutschland steht der Idee laut Umfragen sogar die Hälfte der Bevölkerung positiv gegenüber. Ungeahnte Resonanz findet seit 2014 auch ein durch den Berliner Michael Bohmeyer initiiertes und durch Crowdfounding finanziertes Experiment zum Grundeinkommen.[656] Das Grundeinkommen, bei dem sicher noch manche offenen Fragen bestehen, wäre zweifellos ein überzeugender Weg, den Optimierungsdruck aus der Gesellschaft zu nehmen. Denn wer weiß, dass seine existentielle Grundlage künftig nicht mehr von seiner Wettbewerbsfähigkeit abhängt, braucht seine Persönlichkeit auch nicht länger nach Marktinteressen zu »programmieren«: Er ist wieder frei – und gewänne gerade aus dieser Freiheit heraus die Stärke, der Gesellschaft auch wieder etwas zurückzugeben. Viele Beobachter gehen deshalb davon aus, dass ein Grundeinkommen nicht etwa zum Zusammenbruch der Wirtschaft führen würde – »weil dann ja keiner mehr arbeitet« – sondern zu einer massiven Stärkung des Wohlstands. Andere Modelle schlagen die Verwirklichung optimierungsunabhängiger Teilhabe über eine gerechtere Verteilung der verbleibenden Arbeit mit massiven Arbeitszeitverkürzungen oder über einen öffentlichen Beschäftigungssektor vor, der sinnstiftende und gesellschaftsstärkende Arbeit gerade im kulturellen und sozialen Bereich erschließt – das sogenannte »solidarische Grundeinkommen«, wie es Berlins Regierender Bürgermeister Michael Müller unlängst in die Diskussion gebracht hat. Einen weiteren Baustein könnte der gezielte Ausbau regionaler Wirtschaftskreisläufe bilden, die nicht in dem Maße anfällig für globale Schwankungen sind und die einseitig exportfixierte deutsche Ökonomie sinnvoll ergänzen würden. Bei all diesen Vorschlägen ginge es darum, schrittweise jene Bürgergesellschaft zu entwickeln, von der Christa Wolf in ihren letzten Lebensjahren träumte: Eine Art des Zusammenlebens, bei der der Einzelne sich seiner Stellung wieder sicher sein kann, weil er zuallererst Bürger

655 So sprach sich unter anderem der Siemens-Chef Joe Kaiser für ein Grundeinkommen aus, in: *Süddeutsche Zeitung* vom 20.11.2016. Der renommierte Hamburger Volkswirtschaftler Thomas Straubhaar hält die Finanzierung eines solchen Sozialmodells grundsätzlich für möglich. Vgl. Straubhaar, Thomas: Radikal gerecht. Wie das bedingungslose Grundeinkommen den Sozialstaat revolutioniert, Hamburg 2017.

656 Vgl. www.mein-grundeinkommen.de.

ist – im Gegensatz zur heutigen Marktgesellschaft, in der er gezwungen wird, zuallererst Wettbewerber zu sein.

Angesichts der erdrückenden Dominanz des Ökonomischen und Digitalen im 21. Jahrhundert muss ernsthaft die Notwenigkeit neuer Menschenrechte diskutiert werden. Denn der bestehende Katalog reicht möglicherweise nicht mehr aus, um das, was in Jahrhunderten erkämpft wurde und uns jahrzehntelang selbstverständlich erschien, auch für die kommenden Generationen zu sichern. Wir werden die kognitiven und technischen Konzepte zur Optimierung des Menschen nicht aufhalten können, wir werden nicht verhindern können, dass sie propagiert und von manchen genutzt werden. Aber wir können sehr wohl verhindern, dass sie unsere Gesellschaft als Ganzes bestimmen und zum Zwang für alle werden. Denn wie und nach welchen Regeln wir unser Zusammenleben gestalten, das bestimmen am Ende weder Mentalstrategen noch Algorithmen – sondern das bestimmen, wenn wir es wollen, immer noch wir als demokratisch verfasste Gemeinschaft aller Bürgerinnen und Bürger. Konkret: *Im 21. Jahrhundert, dem Jahrhundert der Selbstoptimierung, muss es verbrieftes Menschenrecht werden, sich selbst nicht zu optimieren.* Es muss einklagbares Menschenrecht werden, sich angst- und diskriminierungsfrei entsprechenden Interventionen und Trainings zu verweigern.

Als Land wie als Gesellschaft würden wir damit ein machtvolles Signal nach innen und nach außen senden: Dass wir auch unter sich ändernden wirtschaftlichen und technologischen Bedingungen nicht bereit sind, unsere Grundwerte zur Disposition zu stellen – und dass wir im Zweifel deshalb das Politische über das Ökonomische und das Prinzip des menschlichen Maßes über das des maßlosen Gewinns stellen. Wir würden damit an unsere Jugend, die heute fatalerweise oft meint, nur noch dann Rechte in Anspruch nehmen zu dürfen, wenn sie sich »effizient« verhält, die Botschaft senden: Nein! Nein, ihr dürft eigene Bedürfnisse und Lebensentwürfe verfolgen, auch wenn die nicht »wettbewerbsgerecht« sind. Ihr dürft Bindungen aufbauen und auf ihnen bestehen, auch wenn das eure ökonomische Flexibilität »behindert«. Ihr dürft – wie es einst die Humboldts forderten, denen wir gerade ein großartiges Forum im Herzen unserer Hauptstadt bauen – *zweckfrei* die Ausbildung oder das Studium wählen, das euren Neigungen und Talenten entspricht – auch, wenn es als »marktmäßig unverwertbar« gilt. Ihr dürft denken, was ihr wollt und glauben, woran ihr wollt. Und bei alledem dürft ihr volle Teilhabe an dieser Gesellschaft einfordern. Denn es gibt keine »Eigenverantwortung«, sich in einer radikalisierten Gewinnmaximierungsökonomie im Hinblick auf die eigene »Verwertbarkeit« zu optimieren und danach seine Persönlichkeit, seinen Charakter, sein Denken und sogar sein Fühlen auszurichten. Eine solche »Verantwortung« lässt sich, und wenn noch so oft anderes behauptet wird, weder aus der antiken, noch aus der jüdischen, noch aus der christlichen, noch aus der humanistischen, noch aus der aufklärerischen, noch aus der demokratisch-emanzipatorischen noch aus sonst irgendeiner für Europa, Deutschland und den Westen maßgeblichen Tradition ableiten. Die einzige Verantwortung, der ihr gerecht werden müsst, ist das unbedingte Bekenntnis zu Menschenrechten und demokratischen Grundwerten, das unbedingte Bekenntnis zur Gewaltlosigkeit, das klare Bekenntnis zu Verfassung und Recht und zur Achtung vor dem Nächsten, gleich welcher Rasse, Herkunft, Religion, geschlechtlichen Identität, sexuellen Orientierung oder politischen Überzeugung dieser ist.

Wenn wir dieses starke Signal aussenden und so den Menschen wieder die Haltung eines bürgerlichen Selbstbewusstseins ermöglichen, dann werden wir auch den Populisten in Europa das Wasser dauerhaft wieder abgraben. Denn wer sich unabhängig von seinem Nutz- und Marktwert als bejahtes Mitglied der Gesellschaft erleben kann, der ist nicht mehr ansprechbar für Ressentiments gegen das Fremde und gegen Minderheiten. Wer vom Druck befreit ist, sich jeden Tag »selbst erschaffen« und dabei sein »Ich auflösen« zu müssen, sondern Kontinuität und im Leben erfahren und dabei seine ganz eigene individuelle Identität entdecken und entfalten darf, der geht nicht mehr nationalistischen, völkischen oder fundamentalistischen Ersatz- und Pseudo-Identitäten auf den Leim.

Wie könnte ein solches »Selbstoptimierungsverweigerungsrecht« konkret aussehen? Ich habe einen ersten Entwurf mit vier Absätzen verfasst, der sich als Diskussionsgrundlage versteht.

## Selbstoptimierungsverweigerungsrecht – ein neues Menschenrecht für das 21. Jahrhundert

Die Gedanken sind frei. Niemand darf aufgrund seiner Denkweisen, seiner Lebenseinstellungen, seiner Grundhaltung oder seiner Gefühlslage bevorzugt oder benachteiligt werden.

Jeder hat das Recht, gemäß seinem bestehenden körperlichen, mentalen und emotionalen Charakter zu leben. Niemand darf wegen der Weigerung, körperliche, mentale oder technische Interventionen an sich durchzuführen oder durchführen zu lassen, die auf eine Optimierung, Steigerung oder Effizienzerhöhung seiner körperlichen, mentalen oder emotionalen Leistung abzielen, benachteiligt werden. Niemand darf gezwungen sein, seine Persönlichkeit erst gemäß einer Norm auszurichten oder seine Gedanken und Gefühle erst nach Vorgaben zu programmieren, um seine materiellen und sozialen Grundbedürfnisse zu decken.

Niemand muss seine Grundhaltungen, Überzeugungen und Glaubenssätze offenbaren. Niemand muss gegen seinen Willen Daten über seine Lebens- und Ernährungsgewohnheiten, seine körperliche und geistige Fitness, sein Schlaf-

Sexual- oder Bewegungsverhalten, seine Art zu denken oder seine Gemütszustände aufzeichnen, übermitteln oder sonstwie zu Auswertungszwecken zur Verfügung stellen. Gesundheitsprüfungen sind nur in den engen Grenzen der arbeitsmedizinischen Vorsorge zulässig und dürfen nur der Arbeitssicherheit, nicht der Leistungssteigerung dienen.

Niemandem, der eine weitergehende Erfassung seiner körperlichen, mentalen oder emotionalen Parameter und insbesondere das Tragen sogenannter Wearables oder den Einsatz von digitalen Implantaten ablehnt, darf daraus ein Nachteil entstehen, weder bei der Inanspruchnahme von Daseinsfürsorge, medizinischer Versorgung und Versicherungsleistungen noch im Arbeitsleben, weder in der sozialen und materiellen noch in der politischen und kulturellen Teilhabe.

In Berlin gibt es gleich hinter dem Bundestag einen wunderbaren Ort. Am Reichstagsufer steht dort die »Galerie der Grundrechte«: Gläserne Tafeln, in die die Artikel 1 bis 19 unseres Grundgesetzes eingraviert sind – und uns daran erinnern, dass diese Artikel keine Sonntagsreden oder schönen Ideale darstellen, sondern das nicht verhandelbare Fundament unseres Gemeinwesens, dem sich alles Handeln, gerade auch wirtschaftliches Handeln, unterzuordnen hat. Während der Betrachter die Artikel liest und dabei die Galerie abschreitet, spiegelt sich sein Gesicht in seinen Menschenrechten: Freiheit der Persönlichkeitsentfaltung, Freiheit des Glaubens, der Religion, des Gewissens und der Weltanschauung, Freiheit der Berufswahl, Freizügigkeit und Freiheit der Wohnortwahl, das Recht, seine Glaubensüberzeugungen für sich zu behalten, das Recht auf Asyl und Schutz vor politischer Verfolgung, das Verbot von Diskriminierung, das Verbot, zu einer bestimmten Arbeit gezwungen zu werden, um nur einige zu nennen. Ganz vorn, auf der allerersten Tafel, steht der Artikel 1 des Grundgesetzes: *Die Würde des Menschen ist unantastbar.* Es steht nicht dort: Die Würde des optimierten Menschen ist unantastbar. Es steht nicht dort: Die Würde des produktiven Menschen ist unantastbar. Auf der Tafel steht nicht: Die Würde des wettbewerbsgerechten, des resilienten oder des erfolgreich sich selbst managenden Menschen ist unantastbar. Unsere Verfassungsväter formulierten weder Die Würde des flexiblen Menschen ist unantastbar noch Die Würde des effizienten Menschen ist unantastbar. Sie schrieben nur: *Die Würde des Menschen ist unantastbar.* Ohne Zusatz. Ohne Einschränkung. Ohne Ausnahme. Ohne Wenn und Aber. Bedingungslos. Unaufhebbar.

Das neue Menschenrecht, sich seiner Selbstoptimierung zu verweigern, stünde in unmittelbarer Linie zum Geist des ersten Artikels des Grundgesetzes, es wäre seine logische Ableitung und natürliche Konsequenz. Streiten wir dafür, dass es eines Tages in der Galerie unserer Grundrechte erscheint! Streiten wir für ein Land und für eine Welt, in der der Mensch weiterhin Mensch bleiben darf!

# Literatur


ALLISON 2002: Adato, Allison: How a Self-Help-Guru is born, in: *Los Angeles Times* vom 24.11.2002.

AEBERLI 2011: Aeberli, Stephanie: Risiken und Nebenwirkungen von Coaching aus der Sicht von Supervisorinnen und Supervisoren von Coachs, Zürich 2011.

ALY 2013: Aly, Götz: Die Belasteten. Euthanasie 1939–45, Frankfurt am Main 2013.

ARBEITSKREIS 2008: Arbeitskreis LifeKritik e. V.: Der Tollense Lebenspark – Fragen an ein modernes Esoterik-Gesundheits-Projekt, Hannover 2008.

BACEVICH 2009: Bacevich, Ansrew J.: Grenzen der Macht. Das Ende des amerikanischen Traums?, Hamburg 2009.

BAER 2012: Baer, Udo: Radikale Vergebung als Täterschutzprogramm, Neukirchen-Vluyn 2012.

BERNDT 2014: Berndt, Christina: Resilienz – Das Geheimnis psychischer Widerstandskraft, München 2014.

BIELEFELD 2012: Bielefeld, Heiner: Streit um die Religionsfreiheit. Aktuelle Facetten der internationalen Debatte, in: Erlanger Universitätsreden 77/2012, 3. Folge, Erlangen 2012.

BLICKHAN 2015: Blickhan, Daniela: Positive Psychologie. Ein Handbuch für die Praxis, Bielefeld 2015.

BODE 2004: Bode, Sabine: Die vergessene Generation. Die Kriegskinder brechen ihr Schweigen, Stuttgart 2004.

BODE 2009: Bode, Sabine: Kriegsenkel. Die Erben der vergessenen Generation, Stuttgart 2009.

BOERNER 1999: Boerner, Moritz: Byron Katies The Work. Der einfache Weg zum befreiten Leben, München/Manhatten Beach CA 1999.

BOERNER 2013: Boerner, Moritz: Die Chance Aids. Ideen und Möglichkeiten, das Phänomen Aids durch kreative Arbeit an sich selbst zu bewältigen, München 2013.

BÖRDLEIN 2002: Bördlein, Christoph: Das sockenfressende Monster in der Waschmaschine. Eine Einführung ins Skeptische Denken, Aschaffenburg 2002.

BÖRDLEIN 2002: Bördlein, Christoph: Gefärbtes Wasser in neuen Schläuchen. Das »Neurolinguistische Programmieren« (NLP), in Skeptiker. Zeitschrift für Wissenschaft und kritisches Denken / Gesellschaft zur Wissenschaftlichen Untersuchung von Parawissenschaften (GWUP) e.V. – 15 (2002), 3, S. 99–104.

BÖRDLEIN 2008: Bördlein, Christoph: Sogenannte Psychotechniken aus wissenschaftlicher Sicht – am Beispiel NLP. Vortrag vor der Elterninitiative gegen seelische Abhängigkeit und religiösen Extremismus e. V., München 2008.

BÖLL 1986: Böll, Heinrich: Anekdote zur Senkung der Arbeitsmoral, in: Deutsche Kurzgeschichten, Stuttgart 1986.

Brunssen 2010: Brunssen, Frank: »Jedem das Seine« – zur Aufarbeitung des lexikalischen NS-Erbes, in: *Aus Politik und Zeitgeschichte*, Heft 8/2010.

Bürgel 2014: Bürgel, Ilona: Übertriebener Optimismus – die unterschätzte Kraftressource, in: *Focus* vom 24.12.2014.

Byron Katie 1998: Losing the moon. Byron Katie Dialogues on Non-Duality, Truth and other Illusions, Manhatten Beach CA 1998.

Byron Katie 2002: Byron Katie mit Stephen Mitchell: Lieben was ist. Wie vier Fragen Ihr Leben verändern können, München 2002.

Byron Katie 2006a: Byron Katie: Byron Katie über Gesundheit, Krankheit und Tod, München 2006.

Byron Katie 2006b: Byron Katie: Byron Katie über Liebe, Sex und Beziehungen, München 2006.

Byron Katie 2010: Byron Katie: Wer wäre ich ohne mein Drama?, München 2010.

Byron Katie 2012: Ich brauche deine Liebe. Stimmt das?, München 2005.

Byron Katie 2013a: Byron Katie: Eintausend Namen für Freude, München 2013.

Byron Katie 2013b: Byron Katie: The Work. Eine Einführung. Ojaj 2013.

Byron Katie 2013c: Byron Katie: Wer bin ich ohne diesen Gedanken? Weisheit für jeden Tag, München 2013.

Carnegie 2011: Carnegie, Dale: Sorge dich nicht – lebe!, Frankfurt am Main 2011.

Chomsky 2017: Chomsky, Noam: Requiem für den amerikanischen Traum: Die 10 Prinzipien der Konzentration von Reichtum und Macht, München 2017.

Dames/Kraft o.J.: Dames, Susanne / Kraft, Kathrin: Wertschätzende Coachingmethode: The Work – Hilfe zur Selbsthilfe, in: Bundesministerium für Arbeit und Soziales (Hg.): Der Paktbote. Magazin zum Bundesprogramm der Perspektive 50plus. Ausgabe 8, S. 9.

Detjen 2013: Detjen, Joachim: Politische Bildung. Geschichte und Gegenwart in Deutschland, Berlin 2013.

Dierbach 2009: Dierbach, Heike: Die Seelenpfuscher. Pseudo-Therapien, die krank machen, Hamburg 2009.

Dilts u.a. 1991: Dilts, Robert B. / Hallborn, Tim / Smith, Suzi: Identität, Glaubenssysteme und Gesundheit. Höhere Ebenen der NLP-Veränderungsarbeit, Paderborn 1991.

Dittrich 2016: Dittrich, Stefan F. M.: Lucid Clear Dream: Das moderne Klartraum-Coaching, Norderstedt 2016, S. 21.

Dorsch o.J.: Dorsch, Ulrike: Drei, zwei eins – dieser Job ist meins! Der erste Eindruck entscheidet über Ja oder Nein, Aufsatz für die Homepage des Patenmodells »Arbeit durch Management« der Evangelischen Diakonie.

Dudek 1999: Dudek, Peter: Grenzen der Erziehung im 20. Jahrhundert, Bad Heilbrunn 1999.

DVNLP 2009: Deutscher Verband für Neurolinguistisches Programmieren (Hg.): Perspektiven. Der offizielle Coaching-Guide des DVNLP, Berlin 2009.

DVNLP 2017: Deutscher Verband für Neurolinguistisches Programmieren (Hg.): Denkweisen. Der offizielle NLP-Guide, Berlin 2017.

Ehrenreich 2010a: Ehrenreich, Barbara: Smile or die. How Positive Thinking Fooled America & The World, London 2010.

Ehrenreich 2010b: Ehrenreich, Barbara: Why Forced Positive Thinking Is a Total Crock, in: *Alternet*, 20.5.2010. www.alternet.org.

Elterninitiative 2016: Elterninitiative zur Hilfe gegen seelische Abhängigkeit und religiösen Extremismus e. V. / Bayerische Arbeitsgemeinschaft Demokratischer Kreise e.V.: Radikalisierung, Machtmissbrauch, totalitäre Ideologien und dubiose Therapiemethoden. Tagungsbericht 2016, München/Pfaffenhofen 2016.

Fahidi 2014: Fahidi, Éva: Die Seele der Dinge, Berlin 2014.

Feldman 2017: Feldman, Deborah: Überbitten, Berlin 2017.

Florin 2014: Florin, Christiane: Warum unsere Studenten so angepasst sind, Hamburg 2014.

Frädrich 2005: Frädrich, Stefan: Gustav, der innere Schweinehund. Das tierische Motivationsbuch, Offenbach 2005.

Frädrich 2006a: Frädrich, Stefan: Das Günter-Prinzip. So aktivieren Sie Ihren inneren Schweinehund, Offenbach 2006.

Frädrich 2006b: Frädrich, Stefan: Günter, der innere Schweinehund für Schüler. Ein tierisches Motivationsbuch, Offenbach 2006.

Frädrich 2011: Frädrich, Stefan: Das Günter-Prinzip. So aktivieren Sie Ihren inneren Schweinehund, Offenbach 2011.

Frädrich 2012: Frädrich, Stefan: Das Domino-Prinzip. Wie Sie aus Steinen, die Ihnen in den Weg gelegt werden, etwas Schönes bauen, Berlin 2012.

Fredrickson 2014a: Fredrickson, Barbara: Die Macht der guten Gefühle, Frankfurt am Main/New York 2014.

Fredrickson 2014b: Fredrickson, Barbara: Die Macht der Liebe, Frankfurt am Main/New York 2014.

Freund 2014: Freund, Andrea: Nach zwei Wochen Trauer ist aber bitte Schluss!, in: *Frankfurter Allgemeine Zeitung* vom 25.11.2014.

Friedrichs 2008: Friedrichs, Julia: Gestatten Elite. Auf den Spuren der Mächtigen von morgen, Hamburg 2008.

Friedrichs u.a. 2009: Friedrichs, Julia / Müller, Eva / Baumholt, Boris: Deutschland dritter Klasse: Leben in der Unterschicht, Hamburg 2009.

Gabriel 2005: Gabriel, Thomas: Resilienz – Kritik und Perspektiven, in: *Zeitschrift für Pädagogik* 51 (2005).

Harari 2017: Harari, Yuval Noah: Homo Deus. Eine Geschichte von Morgen, München 2017.

Haberzettl 2005: Haberzettl, Martin: Verfügt NLP über ein »Menschenbild«? Eine kritische Revision einiger »Grundannahmen«, München 2005.

Harbour 1999: Harbour, Dorothy: Achtung Energievampire! Das Praxisbuch für den psychischen Selbstschutz, München 1999.

Hartmann u.a. 2016: Hartmann, Christian / Vordermayer, T. / Plöckinger, O. / Töppel, R.: Hitler, Mein Kampf. Eine kritische Edition, München/Berlin 2016.

Havener 2009: Havener, Thorsten: Denken Sie nicht an einen blauen Elefanten, Berlin 2009.

Hemminger 2004a: Hemminger, Hansjörg: Die Überschätzung mentaler Glaubenssätze. Positives Denken und NLP. Texte und Materialien des Weltanschauungsbeauftragten der Evangelischen Kirche in Württemberg, Stuttgart 2004.

Hemminger 2004b: Hemminger, Hansjörg: NLP in der Kirche – Auf der Suche nach Beurteilungskriterien. Texte und Materialien des Weltanschauungsbeauftragten der Evangelischen Kirche in Württemberg, Stuttgart 2004.

Henning o.J.: Henning, Lynn: Ganzheitliches Lebenstraining für Körper, Geist und Seele für mehr Lebensfreude und Leistungsfähigkeit. Aufsatz für die Homepage des Patenmodells »Arbeit durch Management« der Evangelischen Diakonie.

Hinrichs 2001: Hinrichs, Wilhelm: Die Freizügigkeit der Ostdeutschen: Vom Wunsch zur Wirklichkeit, in: *Deutschland Archiv Nr.* 34/2001.

Janker 2014: Janker, Karin: Wie die Generation »Gefällt mir« das Streiten verlernt, in: *Süddeutsche Zeitung* vom 25.8.2014.

Jansen 2013: Jansen, Robert: NLP – eine Ideologie des 21. Jahrhunderts, Norderstedt 2013.

Jenner 2011: Jenner, Otmar: Spirituelle Medizin. Heilen mit der Kraft des Geistes, Hamburg 2011.

Joseph 2014: Joseph, Stephen: Was uns nicht umbringt. Wie es Menschen gelingt, aus Schicksalsschlägen und traumatischen Erfahrungen gestärkt hervorzugehen, Berlin 2014.

Kanning 2009: Kanning, Uwe Peter: Von Schädeldeutern und anderen Scharlatanen: Unseriöse Methoden der Psychodiagnostik, Lengerich/Rockledge 2009.

Kanning 2013: Wenn Manager auf Bäume klettern. Mythen der Personalentwicklung und Weiterbildung, Lengerich/Rockledge 2013.

Keller 2016: Keller, Claudia: Resilienz ist das falsche Mittel gegen Krisen, in: *Der Tagespiegel* vom 21.11.2016

King 2004: King, Angelika: Abenteuer Timeline. Reisen auf der mentalen Zeitlinie, Norderstedt 2004.

Klein u.a. 2014: Klein, Anna / Groß, Eva / Zick, Andreas: Menschenfeindliche Zustände. Eine wesentliche Gefahr für das Zusammenleben in Demokratien, in: Ralf Melzer / Friedrich-Ebert-Stiftung (Hg): Fragile Mitte – Feindselige Zustände. Rechtsextreme Einstellungen in Deutschland 2014, Bonn 2014.

Koch 2013: Koch, Alexander (Hg.): Farbe für die Republik. Fotoreportagen aus dem Alltagsleben der DDR, hg. von der Stiftung Deutsches Historisches Museum, Berlin 2013.

Koppetsch 2013: Koppetsch, Cornelia: Die Wiederkehr der Konformität. Streifzüge durch die gefährdete Mitte, Frankfurt am Main / New York 2013.

Kracauer 1930: Kracauer, Siegfried: Die Angestellten. Aus dem neuesten Deutschland, Frankfurt am Main 1930.

Kriesl 2013: Kriesl, Ilona: Neues Standardwerk der Psychiatrie DSM-5: Psychisch krank über Nacht, in: *Der Stern* vom 31.5.2013.

Kunze 1977: Kunze, Reiner: Die wunderbaren Jahre, Frankfurt am Main 1977.

Lambeck 1988a: Lambeck, Martin: Das Nicht-Wissen in der Physik und das New Age, in: Materialdienst der Evangelischen Zentralstelle für Weltanschauungsfragen, Heft 4/88.

Lambeck 2005a: Lambeck, Martin: Irrt die Physik? Über alternative Medizin und Esoterik, München 2005.
Lambeck 1988b: Lambeck, Martin: New Age-Physik und Lehrbuchphysik – ein Vergleich, in: Praxis der Naturwissenschaften/Physik, Heft 6/88.
Lindner 2014: Lindner, Julia: Die 10 größten Irrtümer der Pädagogik, in: Bayerisches Staatsministerium für Bildung und Kultus, Wissenschaft und Kunst (Hg.): *Schule und Wir,* Nr. 1, München 2014.
Lukesch 2013: Lukesch, Helmut: Wunsch und Wirklichkeit – Der esoterische Machbarkeitswahn, in: Wisniewski, B., Vogel, A. (Hg.): Schule auf Abwegen – Mythen, Irrtümer und Aberglaube in der Pädagogik, Baltmannsweiler 2013.
Maercker 2006: Maercker, Andrea / Rosner, Rita (Hg.): Psychotherapie der posttraumatischen Belastungsstörungen. Krankheitsmodelle und Therapiepraxis, Stuttgart 2006.
Mausfeld 2009: Mausfeld, Rainer: Auf der Schattenseite. Psychologen waren aktiv an Entwicklung und Einsatz von Foltertechniken im Anti-Terrorkampf beteiligt. Ein Denkanstoß, in: *Gehirn und Geist* 7–8/2009.
Miegel 2014: Miegel, Meinhard: Hybris. Die überforderte Gesellschaft, Berlin 2014.
MFS 1985: Ministerium für Staatssicherheit (MfS) der Deutschen Demokratischen Republik (Hg.): *Wörterbuch der politisch-operativen Arbeit,* Berlin 1985.
Mitscherlich 1967: Mitscherlich, Alexander / Mitscherlich, Margarete: Die Unfähigkeit zu trauern, München 1967 (2016).
Müller-Hohagen 2002: Müller-Hohagen, Jürgen: Geschichte in uns, Berlin 2002.
Nawrocki 1981: Nawrocki, Joachim: Zehn Punkte für die Zukunft, in: *Die Zeit* vom 17.4.1981.
Ottomeyer 2014: Ottomeyer, Klaus: Die Behandlung der Opfer. Über unseren Umgang mit dem Trauma der Flüchtlinge und Verfolgten, Stuttgart 2014.
Papst Franziskus 2013: Papst Franziskus: Evangelii gaudium. Apostolisches Schreiben über die Verkündigung des Evangeliums in der Welt von heute, Rom 2013.
Poppe 2009: Poppe, Grit: Weggesperrt, Hamburg 2009.
Rath/Mayring 2013: Rath, Norbert / Mayring, Philipp: Glück – aber worin liegt es?, Göttingen 2013.
Rathenow/Hauswald 2005: Rathenow, Lutz / Hauswald, Harald: Leben in Ostberlin, Berlin 2005 (2014).
Ridderbusch 2014: Ridderbusch, Katja: Fürs Selfie unters Messer. in: *Der Tagesspiegel* vom 1.11.2014.
Rose 2012: Rose, Nico: Lizenz zur Zufriedenheit, Paderborn 2012.
Rose 2014: Rose, Nico: Fokus aufs Funktionierende. Positive Psychologie. in: *Managerseminare* Heft 194/Mai 2014.
Rose 2015: Rose, Nico: Strategien für mehr Glück im Job, in: *t3n. Magazin für Digitalwirtschaft*, Nr. 41 / 4. Quartal 2015.
Rosenberger 2014: Rosenberger, Bernhard (Hg): Modernes Personalmanagement. Strategisch – operativ – systemisch, Wiesbaden 2014.

Roth/Strueber 2014: Roth, Gerhard / Strüber, Nicole: Wie das Gehirn die Seele macht, Stuttgart 2014.

Rothfels/Eschenburg 1958: Rothfels, Hans / Eschenburg, Theodor: Vierteljahreshefte für Zeitgeschichte, Jahrgang 6, Heft 2, München 1958.

Sales 2013: Sales, Pedro H. Ferreira: Bedanken – Verzeihen – Abbitten. Ein NLP-Format zum Umgang mit biographisch bedeutenden Personen, NLP-Master-Arbeit, München 2013.

Sallmann 2009: Sallmann, Salli: Badetag, Frankfurt am Main 2009.

Schäfer 1991: Schäfer, Hans-Georg: Berlin im Zweiten Weltkrieg, München 1991.

Schermuly u.a. 2014: Schermuly, Carsten Christoph / Schermuly, Marie-Luise / Schölmerich, Franziska / Rauterberg, Hannah: Zu Risiken und Nebenwirkungen lesen Sie… – Negative Effekte von Coaching, in: *Zeitschrift für Arbeits- und Organisationspsychologie*, Göttingen 2014.

Schleich 1997: Schleich, Günter: Positives Denken macht krank. Vom Schwindel mit gefährlichen Erfolgsversprechen, Frankfurt am Main 1997.

Schmid 2012: Schmid, Wilhelm: Unglücklichsein. Eine Ermutigung, Frankfurt am Main 2012.

Schmid 2014: Schmid, Wilhelm: Gelassenheit. Was wir gewinnen, wenn wir älter werden, Berlin 2014.

Schorlemmer 2009: Schorlemmer, Friedrich: Wohl dem, der Heimat hat, Berlin 2009.

Schröm 1998: Schröm, Oliver: Rechter Wahn. Braune Esoterik auf dem Vormarsch. in: *Die Zeit* vom 28.5.1998.

Schwartz 2015: Schwartz, Robert: Die Mission der Seele, München 2015.

Schweidlenka 2003: Schweidlenka, Roman: Rechte Energie in esoterischem Zeitgeist, in: Elterninitiative zur Hilfe gegen seelische Abhängigkeit und religiösen Extremismus e.V. / Bayerische Arbeitsgemeinschaft Demokratischer Kreise e. V. (ADK): Rechtsradikale und – extreme Tendenzen in Esoterik und Satanismus, München/Pfaffenhofen 2003.

Sedmak u.a. 2011: Sedmak, Clemens / Kapferer, Elisabeth / Oberholzer, Kurt (Hg.): Marktwirtschaft für Menschen, in: Wissenschaftliche Schriftenreihe der Wirtschaftskammer Salzburg, Münster 2011.

Seidl 2015: Seidl, Barbara: NLP. Mentale Ressourcen nutzen, Freiburg 2015.

Seligman 1993: Seligman, Martin: What you can change and what you can't, London 1993.

Seligman 2001: Seligman, Martin: Pessimisten küsst man nicht. Optimismus kann man lernen, München 2001.

Seligman 2005: Seligman, Martin: Der Glücksfaktor. Warum Optimisten länger leben, Bergisch-Gladbach 2005.

Seligman 2011: Seligman, Martin: Flourish. A visionary new understanding of happiness and well-being, New York 2011.

Siefer 2009: Siefer, Werner: Das Genie in mir. Warum Talent erlernbar ist, Frankfurt am Main / New York 2009.

Spicer 2017: Spicer, André: »Arbeit ist scheiße«, in: *brand eins* Wirtschaftsmagazin, Ausgabe 03/2017, Hamburg 2017.

SPICER/CEDERSTRÖM 2016: Spicer, André / Cederström, Carl: Das Wellness-Syndrom. Die Glücksdoktrin und der perfekte Mensch, Berlin 2016.
STEIN 2011: Stein, Anna: Energievampire, Norderstedt 2011.
STONE 2006: Stone, Maryan: Energievampire. Erkennen, meiden, abwehren, München 2006.
STRASSMANN 2011: Straßmann, Burkhardt: Unter der Honigdusche: Rund hundert Schulen bieten schon Glücksunterricht an, in: *Die Zeit* vom 30.12.2011.
STRAUBHAAR 2017: Straubhaar, Thomas: Radikal gerecht. Wie das bedingungslose Grundeinkommen den Sozialstaat revolutioniert, Hamburg 2017.
SUCKUT 1996: Siegfried Suckut (Hg.): Das Wörterbuch der Staatssicherheit. Definitionen zur »politisch-operativen Arbeit«, Berlin 1996.
TIPPING 2004: Tipping, Colin: Ich vergebe. Der radikale Abschied vom Opferdasein, Bielefeld 2004.
TISCHER 2013: Tischer, Dirk: Meine eigene Geschichte der Veränderung durch verschiedene NLP-Formate, NLP-Master-Arbeit, München 2013.
TOLLBOLL 2014: Tolboll, Morten: A critique of Byron Katie and her therapeutic technique The Work, Rold Forest 2014.
TOMOFF 2015: Tomoff, Michael: Positive Psychologie in Unternehmen, Heidelberg 2015.
TSOKOS/GUDDAT 2014: Tsokos, Michael / Guddat, Saskia: Deutschland misshandelt seine Kinder, München 2014.
VERBAND 2015. Vgl. www.vtw-the-work.org/publikationen/vtw-broschuere.html.
VOGEL 2004: Vogel, Klaus W.: Positive Psychologie im Klassenzimmer. Spiele und Aktivitäten für die Grundschule, Salzhausen 2004.
WALSCH 2006: Walsch, Neale Donald: Zuhause in Gott. Über das Leben nach dem Tode, München 2006.
WALSCH 2008: Walsch Neale Donald: Gespräche mit Gott. Band 2: Gesellschaft und Bewusstseinswandel, München 2008.
WEHLER 2013: Wehler, Hans Ulrich: Die neue Umverteilung. Soziale Ungleichheit in Deutschland, München 2013.
WELZER 2016: Welzer, Harald: Die smarte Diktatur, Frankfurt am Main 2016.
WINNEN 2006: Winnen, Angelika: Kafka-Rezeption in der Literatur der DDR. Produktive Lektüren von Anna Seghers, Klaus Schlesinger, Gert Neumann und Wolfgang Hilbig, Würzburg 2006.
WOLF 2006: Wolf, Christa: Der Worte Adernetz. Essays und Reden, Frankfurt am Main 2006.
WURST 2014: Wurst, Peter: Hinterhältige Gehirnwäsche – Eine Kritik an »The Work«. Amazon-Kundenrezension vom 23.3.2014.
ZEH 2009: Zeh, Juli: Corpus Delicti, Frankfurt am Main 2009.

# Internetquellen


www.adkh.ch
www.aheyer.de
www.alexander-training.de
www.angela-bachfeld.com
www.angelikawende.blogspot.de
www.ankh-reinkarnation.beepworld.de
www.apotheken-umschau.de
www.archiv.connection.de
www.ar-hannover-training.de
www.articles.latimes.com
www.augsburger-allgemeine.de
www.ausbildungsbruecke.patenmodell.de
www.autoren-coach.de
www.autorinbarbarasinger.wordpress.com
www.bbx.de
www.befort-coaching.de
www.beratung360plus.de
www.berrinberker.de
www.beyer-seminare.de
www.blog.training-deluxe.de
www.bodenschatz-li.de/
www.bs.cyty.com/kirche-von-unten
www.charakterstaerken.org
www.chris.sinnvoll-fuehren.com
www.christaseitz.de
www.christina-syndikus.de
www.coach-hannover.de
www.coaching-institut-koeln.de
www.coaching-report.de
www.coaching-straubing.com
www.cocoon-center.ch
www.dach-pp.eu
www.dailykos.com
www.dambeck.com
www.daserste.ndr.de
www.dbvc.de
www.ddr89.de
www.derstandard.at
www.derwesten.de

www.deutschlandfunk.de
www.dgppf.de
www.dhm.de
www.diakonie-altholstein.de
www.diedenkweisen.de
www.dmlcc.de
www.dr-carstenschwarz.de
www.3-balance-coaching.com
www.30tausend.de/
www.3sat.de
www.duesseldorf.de
www.dvnlp.de
www.ekd.de
www.11drei-institut.de
www.elo-forum.org
www.engagiert.de
www.erfolg-mindpower-system.de
www.er-volk-reich.de
www.esg-tuebingen.de
www.ethikinstitut.de
www.ewi-psy.fu-berlin.de
www.excellis.de
www.ezw-berlin.de
www.faz.net
www.fen-net.de
www.feuerborn.eu
www.filmfesthamburg.de
www.flowchange.com
www.focus.de
www.forum.culteducation.com
www.fragdenstaat.de
www.fritz-schubert-institut.de
www.fr-online.de
www.gespraechemitgott.net
www.gespraechemitgott.org
www.gesund-im-unternehmen.com
www.guruphiliac.lefora.com
www.gvoon.de
www.hafawo.at
www.handelsblatt.com
www.haufe.de
www.heise.de
www.horizont.at
www.huffingtonpost.de
www.humanitysteam.de

www.ifapp.de
www.ihr-life-coach.de
www.ilonabuergel.de
www.ingolstadt-vhs.de
www.inntalinstitut.de
www.inntal-institut.de
www.inspiredmove.ch
www.institut-fuer-nlp-und-hypnose.de
www.intarix.de
www.ja.or.at
www.jetzt-erfolgreich.com
www.journalofhappiness.net
www.journals.plos.org
www.juergen-schiefer.com
www.jutta-duelsen.de
www.jutta-duelsen.de
www.karrierebibel.de
www.keb-zak.de
www.keck-coaching.de
www.king-selbstcoaching-kurse.de
www.kirche-hamburg.de
www.kordingcoaching.de
www.kphvie.ac.at
www.krapp-gutknecht.de
www.landsiedel-seminare.de
www.landtag.nrw.de
www.lebenheute.com
www.lebensfreude-online.info
www.lebensfreude-und-optimismus.de
www.lexetius.com
www.life-akademie.com
www.lifecoach-bensheim.de
www.lifekritik.de
www.lyrics.wikia.com
www.mahr-martina.de
www.managerseminare.de
www.medienpolitik.net
www.medizin-im-text.de
www.mein-weg.com
www.michael-gippert.de
www.mortentolboll.blogspot.de
www.myptsd.com
www.ndr.de
www.netzwerk-nlp.de
www.newmind.de

www.new-synapse.com
www.nicola-hammerschmidt.com
www.nlpcoach.wordpress.com
www.nlp-europa.de
www.nlp-gesundheitswesen.de
www.nlp-nielsen.de
www.nlp-perspektiven.de
www.nlpportal.org
www.nytimes.com
www.nzz.ch
www.optimisten-fuer-deutschland.de
www.othaw.de
www.otmarjenner.de
www. paedpsych.jk.uni-linz.ac.at
www.paedpsy.psychologie.tu-darmstadt.de
www.paed-psych.uni-mannheim.de
www.patenmodell.de
www.pm.ruhr-uni-bochum.de
www.positivepsychologie.eu
www.pp-praevention.de
www.psiram.com
www.psychologicalscience.org
www.psychologie.uzh.ch
www.quant-vital.de
www.randomhouse.de
www.resilienzforum.de
www.robert-betz.com
www.rodorf.de
www.rp-online.de
www.scinexx.de
www.sein.de
www.sekten-info-nrw.de
www.sektenwatch.de
www.seligmaneurope.com
www.spirituellesheilen.eu
www.springer.com
www.springermedizin.at
www.stasi-mediathek.de
www.stefan-fraedrich.de
www.stern.de
www.steuernetz.de
www.stiftung-aufarbeitung.de
www.sunternehmensentwicklung.de
www.susanne-keck.de
www.susannekreft.de

www.sylvia-philippi.de
www.tagesanzeiger.ch
www.tagesspiegel.de
www.taz.de
www.thework.com
www.thework-kiel.de
www.tipping-methode.de
www.tools-of-life.at
www.trendjournal-tv.de
www.uni-kassel.de
www.uni-trier.de
www.unternehmer.de
www.valeo-gesundheit.de
www.vdk.de
www.verfassungen.de
www.vhs-ostholstein-nord.de
www.vhs-regensburg-land.de
www.vtw-the-work.org
www.welt.de
www.weltanschauungsbeauftragte.elk-wue.de
www.weltanschauungsfragen.de
www.wis.ihk.de
www.wissenschaft.de
www.workwithgrace.com
www.wuwekom.de
www.youtube.com
www.zeit.de
www.zeitmanagementtipps.de
www.zeitzuleben.de
www.zenartblog.wordpress.com
www.zhi.at
www.zukunftswerkstatt-tk.de
www.zum-glueck-gecoacht.de

Georg Steinmeyer

# Siegfried Kracauer als Denker des Pluralismus

## Eine Annäherung im Spiegel Hannah Arendts

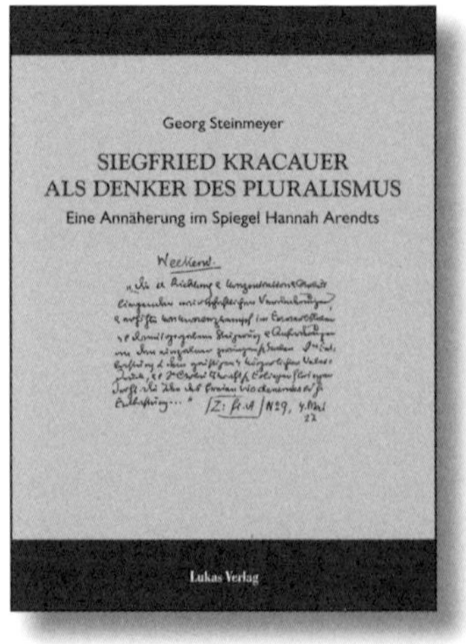


Der Journalist, Soziologe und Filmkritiker Siegfried Kracauer (1889–1966) stand lange etwas im Schatten anderer deutscher Intellektueller wie Adorno oder Benjamin. Oft jedoch taucht sein Name im Zusammenhang mit Denkschulen wie dem Frankfurter Institut für Sozialforschung auf, wo er zeitweise mitarbeitete. In der vorliegenden Studie wird die Eigenständigkeit des Denkers Siegfried Kracauer deutlicher als bisher gewürdigt. Der Zugang über Hannah Arendt, einer weiteren unabhängigen Denkerin des 20. Jahrhunderts, eröffnet dabei ganz neue Perspektiven auf sein Werk. So wird deutlich, wie zentral Pluralismus und die Absage an geschlossene Weltbilder für sein Denken waren.

Kracauer sah in der Anerkennung der Unterschiedlichkeit der Perspektiven kein Problem, sondern eine Bereicherung und eine Voraussetzung für eine menschengemäße Gesellschaft. Damit offenbart die Arbeit nicht zuletzt die Aktualität Kracauers, der sich mit Tendenzen der totalen Ökonomisierung aller Lebensbereiche einerseits und eindimensionalen Gegenreaktionen in Form politischer Totalitarismen und religiöser Fundamentalismen andererseits konfrontiert sah.

Broschur, 234 Seiten
ISBN 978-3-86732-030-6
€ 19,80